国家哲学社会科学成果文库

NATIONAL ACHIEVEMENTS LIBRARY
OF PHILOSOPHY AND SOCIAL SCIENCES

马克思主义经典著作重要术语中国化渊流考释

靳书君 等著

人民出版社

作者简介

靳书君（1972— ），江苏师范大学马克思主义学院副院长，特聘教授，博士生导师，江苏省重点学科带头人。兼任中国马克思恩格斯研究会常务理事、团中央"青年讲师团"成员、党史学习教育江苏省委宣讲团成员、中共广西区委讲师团特聘教授。先后从广西师范大学马克思主义理论与思想政治教育专业获法学硕士学位，从南开大学马克思主义中国化研究专业获法学博士学位，从中共中央编译局马克思主义发展史专业博士后出站。统注中文版《共产党宣言》七卷本，主编《马列经典句读丛书》五卷本，执行主编"青年马克思主义者培养工程"教材《青年马克思主义者学习必读》。获省社会科学优秀成果奖四项，全省干部教育培训好课程三门，全省统战理论政策创新成果一等奖，全省高校思想政治理论课示范课堂一等奖。被评为广西新世纪十百千人才、全区高校优秀中青年骨干教师培养工程优秀培养对象、全区高校思想政治教育领军人物。

《国家哲学社会科学成果文库》
出版说明

为充分发挥哲学社会科学研究优秀成果和优秀人才的示范带动作用，促进我国哲学社会科学繁荣发展，全国哲学社会科学工作领导小组决定自 2010 年始，设立《国家哲学社会科学成果文库》，每年评审一次。入选成果经过了同行专家严格评审，代表当前相关领域学术研究的前沿水平，体现我国哲学社会科学界的学术创造力，按照"统一标识、统一封面、统一版式、统一标准"的总体要求组织出版。

全国哲学社会科学工作办公室
2021 年 3 月

目　　录

CONTENTS

导　言

　　在哲学社会科学工作座谈会讲话中，习近平总书记引述恩格斯的名言："即使只是在一个单独的历史事例上发展唯物主义的观点，也是一项要求多年冷静钻研的科学工作，因为很明显，在这里只说空话是无济于事的，只有靠大量的、批判地审查过的、充分地掌握了的历史资料，才能解决这样的任务。"① 总书记还进一步讲："我看过一些西方研究马克思主义的书，其结论未必正确，但在研究和考据马克思主义文本上，功课做得还是可以的。相比之下，我们一些研究在这方面的努力就远远不够了。"② 研究和考据经典文本，本是我国古典经学和理学的优良传统，目前在研究和考据马克思主义经典著作文本上，这种传统优势尚未充分发挥出来。马克思主义经典著作从德语、英语、法语文本，经过日语、俄语文本，译成汉语文本，其中的原著术语经历了跨语言旅行和实践，生成了中国马克思主义概念。"概念是人脑的最高产物"，"概念的形成及其运用，已经包含着关于世界客观联系的规律性的看法、见解、意识"。③ 这些中国马克思主义概念是全面地准确地理解马克思主义经典著作科学体系和科学精神的基石。西方学者较早关注马克思主义重要术语中国化，20 世纪 60 年代，英国学者施拉姆把术语转换和理论创新区分为"马克思主义形式的中国化"和"马克思主义实质的中国化"；70 年代末美国左派学者沃克尔把话语理论引进马克思主义中国化研究，挑

---

① 《马克思恩格斯文集》第 2 卷，人民出版社 2009 年版，第 598 页。
② 习近平：《在哲学社会科学工作座谈会上的讲话》，人民出版社 2016 年版，第 11—12 页。
③ 《列宁全集》第 55 卷，人民出版社 2017 年版，第 139、149 页。

战实质—形式两分法，提出"中国话"和"中国化"形神一体，强调在中国语境中理解汉语马克思主义术语；进入 80 年代，澳大利亚学者尼克·奈特、美国学者德里克、田辰山提出研究"马克思主义母语化"，提倡从中西方两大语言系统的跨文化对话中考察术语转义，德国汉学家李博、美国华裔学者刘禾梳理了四十多个马克思主义术语在欧—日—中语言中的流变。我国学者研究马克思主义中国化和中国马克思主义发展史，从思想流传的角度展开的占绝大多数，从文本传播的角度展开的占一定部分，更少部分具体到术语转换的研究集中在近年，开始把术语转换作为中国马克思主义发展的基本形式，希冀通过考察术语转换推进马克思主义中国化和中国马克思主义发展史研究。马克思主义经典著作在德、英、法、俄等语言版本中不存在术语转换问题，但和汉语无法直接对译术语，几乎等于术语再造。这种语言张力不仅没有阻碍经典著作进入中国，反而成为马克思主义中国化的源头活水，中国人不是另造新术语，而是在术语翻译过程中，借助汉字拼义功能进行意义生产和再生产，生成中国马克思主义概念。进一步在研究和考据马克思主义文本上做功课，必须批判地审查、充分地掌握马克思主义原著术语跨语言旅行的历史资料，深入研究汉语马克思主义术语史。研究马克思主义在中国的传入、接受和中国化，除了关注马克思主义经典著作在母语文化中术语的意义演变，重要的是汉语语境中术语传入、定名和普及的过程，何时以及用何词表达新概念，考证注疏中国马克思主义概念的发生和发展。

　　研究马克思主义经典著作在中国翻译、传播、阅读、理解、应用和影响，既要站到马克思主义中国化、马克思主义发展史、社会主义思想史的高度，又要进入中国现代思想史、中华民族发展史乃至人类文明史的高度。马克思主义在华传播与汉语白话文运动同步启动，马克思主义经典著作汉译产生的新术语，成为现代汉语体系的核心概念，为建构言文一致的中华民族通用国语奠定了基石，这是马克思主义"经典"在中国走进"现代"的深层逻辑。列宁指出："从逻辑的一般概念和范畴的发展与运用的观点出发的思想史——这才是需要的东西！"① 以《共产党宣言》为代表的马克思主义经典著作中的重要术语，在汉语中经历多种译词译法才确定下来，考察这些术

----

① 《列宁全集》第 55 卷，人民出版社 2017 年版，第 148 页。

语在汉语语境中的译词演变，及其演变过程中的意义生产和再生产，就是从概念和范畴的发展与运用出发的思想史研究，质言之，即中国马克思主义概念史研究。笔者尝试将 20 世纪中叶以来在国内外学界方兴未艾的"概念史"研究范式引入马克思主义研究，并坚持两个基本前提：一是概念史研究必须科学化，按照历史唯物主义世界观从社会历史实践的视野分析语境，汲取马克思主义历史语义学营养；二是概念史研究必须中国化，要创造性地转化和应用我国经学考据学传统，对译者、译文、译词进行知识考古。按照这个前提，笔者主要运用知识考古学方法、历史语义学方法、结构语言学方法和话语分析技术，努力将语际传播与历史语境、术语迁衍与意义生产、词语构造与语用实践、概念工具与话语建构统一起来，以期打造一个比较可靠、比较规范的概念史学术范式。概念史研究主要考察马克思主义概念的出现以及其意义的演变过程，但概念是用术语表达的，概念的发生、发展和社会化，其表现也就是表达概念的相应术语的起源、传播和意义变化。在这一意义上，对马克思主义经典著作重要术语中国化进行概念史研究，就是马克思主义发展史，尤其是在汉语语境传播、接受及中国化研究领域最具基础性和前沿性的方向。

　　研究马克思主义经典著作重要术语中国化，选择什么文本的汉译文献作为研究的基本线索，不仅关系到对经典作家原著术语理解的科学性，更关系到对中国马克思主义概念理解的精准度。就如苏联学者尼·伊·拉宾所说，马克思的《1844 年经济学哲学手稿》之所以被后人拿来对马克思主义进行非马克思主义的解释的出发点，就是因为"揭示生产结构的那些概念在这里还没有用科学的术语来表述"①。相比之下，《共产党宣言》则是马克思主义科学术语基本形成的标志。阿兰·巴迪欧深刻地看到："马克思和他的朋友们在 1848 年写出了《共产党宣言》……其中最为重要的问题是共产主义的存在和马克思概括出的这些术语。"② 马克思主义经典著作重要术语中国化是经多人研究、多次重译逐步定型的，汉译最早、译本最多、流传最广的经典著作提供了术语考证的基本线索。《共产党宣言》既是马克思主义术语

① 参见中共中央编译局：《马列主义研究资料》第 3 辑，人民出版社 1982 年版，第 30 页。
② 转引自蓝江：《作为肯定辩证法的共产主义观念——巴迪欧的解放政治学》，《毛泽东邓小平理论研究》2017 年第 9 期。

成熟的标志性文献，又是翻译民族语种最多的世界性文献，还是汉译最早流传最广的经典性文献，在各民族语言翻译过程中使用的重要术语发展出现代科学概念，这些概念在不同语言文化之间映射出不同的民族风格、民族气派，赋予马克思主义基本原理民族化、国别化特色。本书从《共产党宣言》等经典著作定译本中，甄选 30 个重要术语进行概念史研究，并按照术语译词衍变的路向，整理出 50 件有案可稽的《共产党宣言》译文译本，包括 10 个摘译文，10 个节译文，10 个变译文，10 个译述，特别是 10 个全译本，同时辅以《德意志意识形态》《法兰西内战》《资本论》《哥达纲领批判》《国家与革命》等相关经典著作权威译文译本，又比照 1848 年德文版、1882 年俄文版、1888 年英文版、1904 年幸德秋水和堺利彦日文版四种外语母本，正本清源，勾稽辟莽，捋析条分，穿凿贯通，勾勒马克思主义术语中国化考证研究的基本线索。

　　本书按照历史逻辑和学术逻辑相结合的原则谋纲布篇，共分八章，章下设节、目。第一章，研究马克思主义经典著作重要术语中国化的机理、历程和术语融通。之后将 30 个重要术语分六章展开术语考证和概念注疏，包括经济术语五个：生产资料、所有制、资本、市场、生产方式；政治术语五个：人民、共和、专政、阶级、法律；社会学术语五个：自由、平等、共同体、社会有机体、市民社会；哲学术语五个：实践、社会存在、人的本质、生产力、生产关系；民族学术语三个：民族、民族国家、民族融合；总体术语七个：社会主义、共产主义、无产阶级、意识形态、共产党、党内政治生活、马克思主义中国化。第八章，阐发运用汉语马克思主义术语，打造中国马克思主义话语体系，包括新时代中国特色社会主义话语体系。

第 一 章

马克思主义原著术语汉译与中国化

国际马克思恩格斯基金会主席、德国洪堡大学教授赫尔弗里德·明克勒认为：经典作家最重要的标志就是，他们总是能不断地被重新发掘和重新解读；他们的理论的潜力并不只局限在某些特定的环境内。从 1848 年马克思主义诞生，到 1948 年延安时期结束中国马克思主义范畴成熟，以经典著作为载体，马克思主义历经全世界百年传播，最终在中国结出最丰实的思想成果和概念成果。历史证明，中国不仅是马克思主义经典著作思想成果、实践成果最丰厚的国家，也是概念成果、话语成果最丰实的国度。

第一节 马克思主义原著术语中国化的实现机理

在马克思主义经典著作汉译过程中，中国马克思主义者翻译、解释原著术语，马克思主义中国化表现为实践、认识、解释，再实践、再认识、再解释的循环往复，这种根植中国大地的阅读解释活动，具有深厚的现实基础，遵循深刻的对话逻辑，内含特有的造词方式，通过中国化时代化大众化生成中国马克思主义概念。一切自然科学的基本学科原则是数学，数学在整体性上是物的发展学，对自然现象的说明实现数学化，才进到科学的深层，所以恩格斯认为自然科学的发展离不开"数学方法的发现和完善化"[①]。推而言

①《马克思恩格斯文集》第 9 卷，人民出版社 2009 年版，第 411 页。

之，马克思主义在整体性上是人的发展学，成为社会科学的基本学科原则，社会现象要获得真正科学的阐明，对其分析必须达到马克思主义化的层次。毛泽东指出："解释和发展，这就是我们的工作。要解释，我们现在解释太少了。还要发展，我们在革命中有丰富的经验，应当发展这个学说。""不是搬，而是分析，研究，理解。"① 毛泽东提出"中国实际马克思主义化"的本真涵义，就是中国马克思主义者在分析中国社会实际的过程中解读马克思主义文本，马克思主义在中国本质上是一种实践、认识、解释过程，从中可以廓清马克思主义原著术语中国化的实现机理。

一、现实基础

中国读者和译者理解马克思主义经典著作的前提条件源自于作者不同境遇造成的理解距离，这种理解距离不但不是解释和翻译活动的障碍，读者和译者正是从自我的境况出发，分析作者的历史语境，从而透过文本的语词把握文本的深层意义。这使读者和译者获得的词语意义认知，不仅来自本人的直接体验，同时借助前人的间接经验，依靠整个人类社会的知识积累推动有限个人实现认识上的飞跃。沟通读者、译者和作者情境的，是读者和译者在理解文本时，就已经把自我的特殊境遇带进了解释过程之中，就已经在实践和应用作者的文本。所以，马克思主义中国化进程中的应用问题，和一般自然科学、经验科学所讲的先理解后应用相反，应用从一开始就规定了理解，是理解活动必有的要素。实践应用对经典著作理解的基本条件的阐释，使阅读解释活动的展开不仅仅局限在文本内部，而是进入读者和译者自身的现实语境。人是在改变现存世界、创造现世生活中理解和应用经典作家的文本，而不是像神学或法学解释那样，纯粹是为救赎人的灵魂或罪过去领悟神的精神或法的精神。在科学实践观基础上，理解距离不单是语汇距离、语法距离，从根本上是物质生产条件的差异形成的历史距离，应用问题则是根据当今时代的情形和问题，穿越历史距离寻求前人总结的历史经验和规律，凭借对当下社会生活本质的把握深化对前人文本的理解，又通过对

---

① 《毛泽东文集》第 7 卷，人民出版社 1999 年版，第 77 页；《建国以来毛泽东文稿》第 7 册，中央文献出版社 1992 年版，第 203 页。

文本的理解强化自我的历史自觉，这就把阅读解释活动真正置于现实的基础之上了。

鉴于恩格斯在创立马克思主义学说和国际共产主义运动中享有的崇高威信，一些俄国的革命者曾再三请求恩格斯对俄国农村公社的社会主义前途发表看法，恩格斯说："因为我十分清楚，我对俄国经济状况的细节了解得很不够。"① 马克思恩格斯清楚地看到横亘在他们和各国马克思主义者之间的理解距离，在没有充分的调查研究之前，拒绝了对外国问题的直接发言权。他们要求各国马克思主义者应当敏锐地把握社会历史条件发展变化的脉搏，由于新出现的历史条件向马克思主义提出了新的问题，马克思主义必须通过回答这些新问题走向民族化、时代化。中国马克思主义者善于认识和把握社会历史条件的发展变化，清醒地认识到存在于他们和经典作家之间的理解距离。距离产生美，文本和现实之间的距离成为马克思主义原著术语中国化发展的现实依据。邓小平指出："我们的革命导师马克思、列宁、毛泽东同志历来重视具体的历史条件，重视从研究历史和现状中找出规律性的东西来指导革命。"② 江泽民说："我读过很多马克思的著作。在马克思那个时代，微积分还没有运用到经济学中，因此，现在的边际效用概念还没有形成。在应用马克思主义时，我们必须考虑到那个时代的知识局限。"③ 理解距离的张力使马克思主义原著术语不断被新的历史条件（物质）所限制和改变，马克思主义原著术语被烙上中国化的印迹。

要使马克思主义在中国发生效力，就必须穿越理解距离，找到一条通达马克思原初语境的桥梁，实践应用正是马克思主义和中国具体实际相结合的现实起点。许韦婷认为："若要探究马克思主义中国化中，最具影响力的历史起源，则应从毛泽东对于马克思主义的诠释与应用研究起。"④ 毛泽东强调，学习马克思主义的目的全在于应用，并确立了以实际问题为中心研究马克思主义的阅读解释模式。"应用"规定了"理解"的方向和

① 《马克思恩格斯文集》第4卷，人民出版社2009年版，第449页。
② 《邓小平文选》第2卷，人民出版社1994年版，第121页。
③ ［美］罗伯特·劳伦斯：《他改变了中国：江泽民传》，于海江等译，上海译文出版社2005年版，第451页。
④ 转引自陈洪江、靳书君：《台湾学者研究马克思主义中国化的基本情况》，《科学社会主义》2011年第2期。

性质，马克思主义一开始就是被中国人作为当前行动的直接指南而接受的，中国马克思主义者把应用问题当作马克思主义和中国实际之间的结合点。江泽民明确提出了"三个着眼于"的要求，要求全党着眼于马克思主义在中国的实际应用，着眼于对实际问题的理论思考，着眼于新的实践和新的发展。这表明，在马克思主义中国化的历史进程中，实践、应用、理解，同步存在于对马克思主义文本的解释活动当中，融进了中国社会历史变迁的实际运动，马克思主义中国化关注的不是在中国引进某个学说流派，也不是构建某种思想体系，而是进入中国社会的具体实践，成为中国马克思主义者的看家本领，围绕中国革命、建设和改革的实际问题，向马克思主义经典作家要立场、要观点、要方法，这成为中国马克思主义概念发生发展的源头活水。

二、对话逻辑

既然读者和译者在实践应用文本的过程中要穿越理解距离，是理解作者的前提条件，那么文本和术语意义就不是封闭的，而是在读者、译者和作者的互动关系中不断生成的。那么，读者、译者和作者怎么样共谋文本和术语意义？对马克思主义经典著作的阅读活动是建立在读者和作者双方对话逻辑基础上的视野融合过程。在阅读自然科学文本的过程中，通行的是独白逻辑，作者进行说明性的独白，读者是沉默的，而读者对历史科学文本的阅读是解释性的。在这里"沉默不是金"，阅读活动成为一个由问和答双方互相缘起的运动，任何经典文本都是对某一应用问题的回答，文本对该问题的回答在读者看来必定会产生新的问题，这个新的问题就构成读者向作者的提问。读者之所以能够发现问题，是因为他有一种和作者视野不同的视野，视野重叠就不会提出问题，问答双方携带自己的特定视野相遇，组成一个新的视野，达到视野融合。这种融合不是代数学上的交集，两个集合重叠的部分组成更小的子集，相反，在读者视野移入作者视野、作者视野置入读者视野的双向互动中，读者因为发现了新问题而拓宽了自己的视野，文本由于回答了读者的问题而拓展了作者的视野，融合而成的新视野大大扩展了，已经超出了任何一方的原有视野，也就是说，提升到了一个更高层次的普遍性。当然，如果读者和作者之间的对话不是建立在科学实践观之上，读者和作者之间的问答就是一种无关宏旨的闲聊，阅读解释活动变成柏拉图式的精神恋爱，读者或是囿于自身视野单恋，或是移情于文本失去自身视野，视野无法融合和扩展，实际上不可能真正理解。所以，要真正按照对话逻辑完成视野融合，必须要求读者能够根据社会实践的需要提出真正的问题。在阅读马克思主义经典著作时，不是经典作家居高临下的词句独白，而是站在中国国情的历史地平线上的读者与作者的平等对话。在实践的平台上，具体地说，是站在物质生产方式的历史地平线上，读者越是明确自己的视野，越是能够深刻地实现文本语境和视野还原，实现与作者的深度对话，达到二者的视野融合，从而发生术语意义的生产和再生产。

在中国具体实践中应用马克思主义，如果怀有对经典作家的文本崇拜，只唯书、只唯上、不唯实，迷恋于照搬照抄照转，移情变成了自我遗忘，就会变成马克思主义文本的独白。毛泽东指出："教条主义同一切迷信一样，是一种主观盲目性，既是对马克思列宁主义理论精神实质的无知，也是对客观现实的无知，是双重的盲目。"① 马克思主义经典作家直接提到中国的内容不多，只有依靠中国马克思主义者的主动发问，才能让马克思主义说中国话，讲中国事，把马克思主义变成活生生的东西，赋予经典著作时代价值。毛泽东还说过，马克思主义，你不找它，它不会自己跑过来；因为你不主动找它，它不知道你需不需要它。中国马克思主义者不是把马克思主义经典著作看作客体，而是当作另外一个主体，不是当成"他"，而是当成"你"，当成在寻求中国实际问题答案时平等的对话伙伴，遵循你—我—他的逻辑理路。在解读马克思主义经典文本时，完全不是经典作家通过文本居高临下的独白，而是站在中国国情的历史地平线上寻求与文本之间的平等对话，是带着中国问题对经典作家的不停追问，从而使马克思主义经典著作在中国焕发鲜活的生命力。邓小平指出，列宁不是从书本里，而是从实际、逻辑、共产主义理想上找到俄国革命的道路，这里的逻辑就是从实际出发的问答逻辑。英国的马克思主义中国化研究大师施拉姆认为："马克思本人的著作只是他所揭示的立场、观点、方法的

① 《毛泽东思想研究大系·哲学家》第 3 卷，人民出版社 1993 年版，第 371 页。

具体体现，未必比斯大林或毛泽东本人对同样一些原则的应用更高明。"①
正是对话逻辑奠定了马克思主义中国化的逻辑前提，中国马克思主义者通过
对经典作家的发问，对马克思主义文本的解释逐步深入到实谓、意谓、蕴
谓、当谓、必谓的层次，解构了文本的语言独立王国。毛泽东、邓小平接受
马克思主义的入门老师多是《共产党宣言》《国家与革命》和《共产主义
ABC》等经典著作，这些著作描述的是西欧经典社会主义和苏俄军事共产主
义的纲领和目标，但他们却从中读出了新民主主义和中国特色社会主义的新
思想和新概念。

　　与马克思主义经典文本对话，既不可能太上忘情，完全进入经典作家的
视野，也不能守株待兔，把术语意义看成是中国马克思主义者的期待。江泽
民提出："以马克思主义的理论勇气，总结实践的新经验，借鉴当代人类文
明的有益成果，在理论上不断扩展新视野，作出新概括。"② 运用马克思主
义分析社会历史条件，是马克思主义原典视野和中国原初视野之间的沟通和
对话，而对策进一步由适当向正确转化，马克思主义在实践中化中国，中国
同时也在化马克思主义，最后化至一个更高的普遍性。中国马克思主义者因
为发现了新问题而拓宽了自己的视野，经典文本由于回答了中国的问题而拓
展了经典作家的视野，由此，融合而成的新视野大大扩展了，超出了马克思
主义原著视野和中国原初视野。在实现方式上，马克思主义中国化过程中既
发生了作者视野进入读者视野的正向移动，同时，也发生了读者视野置入作
者视野的反向移动。在双向移动中，中国马克思主义者和马克思主义经典作
家的原有视野相遇、接触、交融，开拓了更加宽广的理论视野，形成新的理
解、新的意义、新的真理，新的视野囊括了经典作家和中国马克思主义者的
双重视野，你中有我，我中有你，熔铸在汉语马克思主义术语意义中，厚积
于中国马克思主义概念体系中。

三、造词方式

　　中国人借助经典著作而跨越时空阻隔，围绕中国问题和马克思、恩格

---

①　张静、靳书君：《美国马克思主义中国化研究概述》，《毛泽东邓小平理论研究》2008 年第 3 期。
②　《江泽民文选》第 3 卷，人民出版社 2006 年版，第 537 页。

斯、列宁展开对话，一句话一句话地向他们发问、寻问、追问。这是读者和作者之间将心比心、以心换心，特别是走心入心、不忘初心的问答。在中国读者置身不同时代语境，向经典作家不断的探询追问中，马克思主义经典著作中的理论词句，呈现出更深刻、更深远、更深邃的语义。马克思和恩格斯指出："全部问题只在于从现存的现实关系出发来说明这些理论词句。"①中国人阅读、解释、应用马克思主义经典著作，理论词句中的重要术语中国化有两种情况：第一种情况是马克思恩格斯列宁经典著作母本中的概念词，在翻译过程中融入中国语境，概念获得丰义和转义，产生中国马克思主义概念，如"阶级""专政""资本""所有制""共同体""生产方式""民族国家""意识形态""党内政治生活"等概念，其德语、英语和俄语母本母词是元典概念；第二种情况是，在德语、英语或俄语母本中，经典作家并未作为科学概念的术语词，在中国语境中的所指具有特定的意义，在汉译过程中对这些术语进行了意义生产和再生产，生成了中国马克思主义概念，如"人民""革命""民族解放""社会和谐"等汉语马克思主义概念词，在外语母本中的母词，原本只是一般术语而非特定概念。从马克思主义中国化概念史上看，前一种情况是概念发展史，第二种情况是概念发生史，术语的跨语言旅行为概念发生发展提供了语言载体和意义空间，在以不同译法多次翻译马克思主义原著术语的过程中，汉译词的衍变表达出中国人对马克思主义理论词句的理解历程，同时也是汉译词的意义生产过程，通过意义生产和通识生成汉语马克思主义概念。马克思主义入华之前，在广州、上海等地中英混杂形成的洋泾浜语，音译英文术语，如把 class 译作克拉，把 chance 译作枪势，这种音译取汉字发音而非义素构词，包括一些由商务渗入民间俚语的洋泾浜词，如 modern girl 读作摩登狗儿，husband 称为黑漆板凳，由于俚语词义与英语词义无对应关系，实质上仍然是音译词，无法发挥汉字拼义的特有优势，洋泾浜音译词既无法进入现代汉语成为常用词汇，更不可能为现代汉语话语系统提供科学概念。后来成为现代汉语常用术语和科学概念的汉译词，都是对西方外来术语的意译词，包括对译词和仿译词，如将陈独秀《〈新青年〉罪案之答辩书》中"德莫克拉西"和"赛因斯"，变成"德先

① 《马克思恩格斯文集》第 1 卷，人民出版社 2009 年版，第 547 页。

生"和"赛先生",最后通译为"民主"与"科学"。马克思主义经典著作的汉译过程中,最初常常需要采用一个短句描述马克思主义新术语新概念,那些中国人关注度高的重要术语会随着使用频率提高,逐步精炼为一个词组,直到实际运用中反复提萃,固定通用一个特定的汉语词对译原著术语,这就是汉语马克思主义术语的词汇化过程。从最早"纠股办事之人"短句到"资产阶级"这个概念词,就是如此的词汇化过程。在 1899 年 2 月《万国公报》刊载的《共产党宣言》最早摘译文中,英国传教士李提摩太和中国人蔡尔康在《大同学》第一章《今世景象》,合译如此:"纠股办事之人,其权笼罩五洲,突过于君相之范围一国。"此处的短句"纠股办事之人",到 1908 年民鸣节译本中,以中国传统词语"绅士"和"阀"新创词组"绅士阀"对译。1912 年,陈振飞节译本简练为文言词"绅士"。在五四运动时期,陈溥贤、李大钊和李泽彭在 1919 年 5 月以后对《共产党宣言》的白话节译文中,三人都是用词组"有产者本位"对应。之后在陈望道译本和华岗译本中,此处又被译作"无产阶级"的对立术语——"有产阶级",一直到成仿吾、徐冰译本,才最终定译为"资产阶级"一词,成为汉字文化圈的通用概念。在马克思主义原著术语汉译词的衍变过程中,翻译者利用汉字义素拼义构词,造词法有借词、配词和组词三种。借词即从同属汉子文化圈的日语借形,直接借用和制汉字词,又有两种类型,一种是原语借词,即借用幕末以来日译西学特别是明治后期日译社会主义著作产生的术语词,如"政党""特色""个人""独裁""要素""哲学""有机体""殖民地""无产阶级""意识形态"等。另一种是回归借词,汉语古典词或汉译西书术语词传入日本,日本以之对译英语社会主义术语,再经甲午战后留日旅日华人回流中国,《共产党宣言》汉译术语中就有大量回归借词,"实践""资本""革命""主义""市民"都是汉语古典词回归,"共产""自由""平等""共和""阶级""本质""法律"则是传入日本的汉译西书术语词回归,回归术语词虽与出国前词形无异,但术语含义已完成从固有古典义向新生现代义的转化。配词就是非经日语词中转,中国从汉语古典词中选词对译英语、俄语或德语马克思主义术语,使古典词义扩大、缩小、引申、借指,对接马克思主义原著术语意义,成为汉语马克思主义概念词,"人民""民族""民主""专政""生产""时代""市场""价值""社会存在"等都是旧词新义、古词马义。严复在《天演论·译例言》中指出："新理踵出，名目纷繁，索之中文，渺不可得，即有牵合，终嫌参差。译者遇此，独有自身衡量，即义定名。"如果既有汉语古典词、和制汉字词都无法对译马克思主义术语，那就"自身衡量，即义定名"，援引汉字义素，拼义组成新词对译，像"扬弃""所有制""共同体""先锋队""人的本质""生产资料""生产方式""民族融合""政治生活"等马克思主义术语，都属汉字组词。

四、概念生成

经过中国马克思主义者和经典作家问答双方的视野融合，原著术语向汉语术语转换，将呈现给读者什么样的普遍价值？语言是读者和文本对话的普遍媒介，语言渗透了读者对世界的全部经验，在阅读解释活动中，历史通过语言实现着传统思想文化的具体化，在读者语境中形成历史效果。同时，文本依靠语言得以与读者的历史传统和当代经验相结合，实现文本普遍意义的具体化，从而超越文本的历史局限，走进作者所处的当代历史，产生效果历史。那么，历史传统和当代经验何者为第一性呢？立足于科学实践观之上，这种效果历史绝不是脱离具体环境和背景的高度抽象的东西，语言是表达现实关系的，语言对文本普遍意义的具体化，奠基于当前社会历史发展的实际需要，离群索居的鲁滨孙不仅读不出文本的普遍意义，甚至可能语言退化。显然，如果离开了科学实践观，一般的阅读逻辑就无法证明，母本是梵文的印度佛经在汉语世界的影响为什么远超出在印欧语系内的影响？马克思主义经典著作用西方语言写成，为什么反而在汉字文化圈里面产生的历史效果最大？马克思主义中国化，表现为让马克思主义讲汉语，更准确地说，是让马克思主义讲现代汉语，让现代汉语常用词容受马克思主义原著术语和原著概念。马克思主义经典原著使用的德语、英语、法语和俄语，直接语源都来自古拉丁语，它们之间转译时术语可以直接对译，翻译成汉语就要发生根本性的术语革命。历史上，每一次大规模的外来思想和文本的中国化，都伴随着汉语言文字的生活化、平民化、口语化，马克思主义中国化则对汉语白话文运动起到了关键性的作用。中国马克思主义者并不是先翻译出汉语对等词，再搬来分析中国的实际问题。其实，翻译作为一种解释活动，绝不是忘我移情，而是在这个包括理解和应用的解释活动中，用渗透了中国历史传统和当代经验的汉语言元素，进行配词、借词、组词，产生马克思主义经典著作的汉译术语，获得对舶来的马克思主义经典著作的理解。汉译术语词超越早期的音译模式，利用汉字拼义功能意译，并且反复匹配选择译词，推进术语意义生产和再生产，累译而通，定译术语最终成为内涵外延精准丰富的马克思主义概念。汉语马克思主义术语跨中、西、马语言容受贯通，既要方言超升，又要古语重生，最终更要外国语内附，即汉语术语在外来语词对译下生成传统中学和西学未有的马克思主义新概念。在汉译术语不断迁衍顶替的过程中，最大程度地拼义出马克思主义新概念意义的术语，最终成为定译词，新概念决定新术语的取舍。可见，汉语马克思主义术语的产生并非移花接木，而是投桃报李，以取之中国的语言元素，把马克思主义原著术语具体化，形成中国化的概念、范畴，这些概念、范畴已经包含中国马克思主义者对中国问题的认识和理解。概念是人脑的最高产物，也是马克思主义经典著作重要术语中国化的最终产物，是打造理论体系、价值体系和话语体系建构的基石。

列宁在《哲学笔记》中指出："人的概念不是不动的，而是永恒运动的，相互过渡的，往返流动的；否则，它们就不能反映活生生的生活。"①在中国马克思主义者向马克思主义经典文本追问的过程中，进行着术语的跨文化旅行和实践，运用中国马克思主义概念进行判断、推理，总结中国社会实践的独特经验，中国问题的最终答案是使用完全中国化的语言形式表述的，所以形成了中国马克思主义的概念体系和话语体系。经典作家利用术语将思想具体化于文本之中，中国读者在马克思主义中国化进程中与文本之间视野融合，就是要读出经典著作重要术语表述背后的普遍意义，再根据自己的处境把这种普遍意义具体化到本民族或新时代的概念体系中。在这种话语体系转换中发生了马克思主义文本普遍意义的具体化，美国研究马克思主义中国化的学者德里克、田辰山认为："马克思主义母语化对中国马克思主义和共产主义运动的胜利至关重要。""从德文到英文已经产生了这种变化，再从英文到日文，最后到中文，再加上我们有一个

---

① 《列宁全集》第55卷，人民出版社2017年版，第213页。

中国化的运动，一个通俗化的运动，最后形成了完全属于我们自己的语言体系。"① 中国马克思主义者让马克思主义说汉语，不丢老祖宗，又说出了老祖宗没有说过的新话，提供了中国马克思主义者可以直接运用的概念工具，被中国革命、建设和改革的生动实践赋予了时代化的价值和意义。

　　170多年来，人类发展史都是按照马克思主义和《共产党宣言》所规划的道路在前进。谁不愿回答它的问题，谁就别想进入人类现代思想大厦之门；谁拒绝它的科学概念，谁就难以融入当代先进话语体系。相比和中国传统文化，马克思主义与西方文化圈更有近缘关系，为什么至今没有在西方国家发扬光大呢？实际上，运用马克思主义解决中国问题不一定能立竿见影，就如同一个人生病了，找医生不是每次都能马上治愈一样，但有病必须投医，而不是找术士或巫师。中国马克思主义者始终坚持马克思主义的理论指导，在解决中国问题的过程中实现了理论创新，完成了术语和概念转换，马克思主义原著术语适应中国社会条件的实际需要具有了全新的语言形态和现实注脚，表现出马克思主义在中国的效果历史。斯大林指出："不论人的头脑中会产生什么样的思想，以及这些思想什么时候产生，它们只有在语言材料的基础上、在语言术语和词句的基础上才能产生和存在。"② 总结上述实践解释学的分析，马克思主义中国化在机理上表现为经典著作跨语言旅行中，术语意义生产和再生产的过程。马克思主义经典著作翻译者通过配词、借词和组词整合汉字义素，为原著术语对译汉语马克思主义术语；在逐步容受中国实践经验的过程中，这些术语超越早期音译方式，运用意译方式发挥汉字拼义功能，随着术语译词迁衍而扩大意义生产，定译词成为内涵外延精准的中国马克思主义概念；运用中国马克思主义概念去判断、推理，形成表述中国社会发展规律的马克思主义命题和语句、语段，构成中国马克思主义话语体系。如图1-1所示。

---

① 田辰山：《中国人思维方式与马克思主义中国化》，2006年7月学术报告。
② 《斯大林文选（1934—1952）》下，人民出版社1962年版，第547页。

马克思主义原著术语 →（借词、配词、组词）→ 汉语马克思主义术语 →（音译、意译、定译）→ 中国马克思主义概念 →（概念、判断、推理）→ 中国马克思主义话语

中国汉字义素　　中国实践经验　　中国社会规律

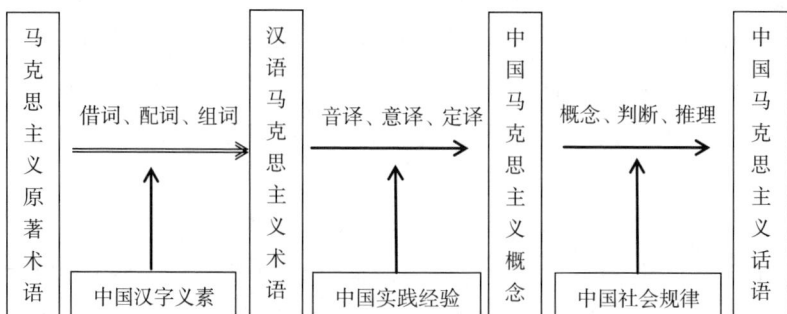

图1-1　马克思主义术语中国化实现机理

第二节　马克思主义经典著作重要术语中国化基本历程

自 1899 年中华广学会督办李提摩太摘译的《共产党宣言》，马克思主义经典著作先后通过西面的英法渠道、东面的日本渠道、北面的苏俄渠道和对面的美国渠道进入中国。马克思主义经典著作在中国经过多人多次重译，原著术语经过多种译词译法衍变，到 1949 年新中国成立前基本成熟定型。这个历史过程既是语言结构的演进过程，又是马克思主义概念的意义再生产过程。十月革命之前的 20 年，中日两国在汉字圈内共创了许多社会主义用语；1917—1927 年，社会主义用语与马克思主义原著术语对译，贯通中—日—英—德—俄诸语，形成汉语马克思主义术语；1928—1938 年，经典著作翻译的系统化、学术化，及时融汇农村革命实践创造的中国经验、中国智慧，推动术语的意义再生产，生成中国马克思主义概念；马列学院编译部和解放社成立以后，延安 10 年有计划有组织的马恩列斯著作翻译，中国共产党人运用马克思主义概念进行判断和推理，提炼出表达中国社会内部联系和中国革命客观规律的马克思主义核心范畴。任何思想文化成果进入精神世界的最深层，就是本民族的语言和词汇，在当代中国，马克思主义经典著作重要术语已经深深熔铸在民族的生命力、创造力、凝聚力之中，为中国人打造了先进的思想体系、价值体系和话语体系。

一、各种社会主义用语的最早创制

语言是思想的直接现实，在语言三要素当中，语音是物质外壳，语法为结构方式，词汇则是承载意义的材料，反映社会生活变迁的新思想首先通过词汇，特别是新词语承载的新术语、新概念表现出来，这在《共产党宣言》宣告人类历史步入的世界历史时代更为夺目。19世纪初，在官方话语体系中汉语相比满语已踞绝对优势，中国社会书写使用汉语文言，官方议事使用汉语官话，民间则操各地不同的方言，客观上产生了对言文一致、官民互通、南北共用的汉语新形态的需要。马克思主义传入中国不仅启发了中华民族共同体意识，马克思主义术语汉译又直接参与和推进了言文一致、官民互通、南北共用中华民族国语建构，汉语马克思主义术语和概念则是中华民族国语建构的宝贵产物和精华。近代以来汉语新词迭出，既是中华文明受西方现代文明刺激的语言反映，又是中华民族建构全民族国语，进而以国族姿态进入世界历史的语言创造。但是，现代汉语白话文的形成，并不是本族语言自然进化的结果，而是传统思想体系经受西方新思想刺激，催生汉语新术语新概念新范畴，作为新术语、新概念、新范畴的意义载体，由两个或两个以上汉语单音词为义素，拼义构成了现代双音词和复音词，单音词嵌入多音词获得新的义位，构成现代汉语常用词。1818年，清政府结束百年禁教，第一位来华新教传教士马礼逊设立英华书院，到1898年戊戌变法，来华传教士和中国士人合译西书，创译出大量汉语新词，是中西合制汉语新词的80年，不仅催生了汉语双音词和复音词，而且出现了一批汉语政治术语、经济术语、法律术语、哲学术语、社会学术语和民族学术语，为之后创制社会主义用语、马克思主义术语奠定了词汇前提。与耶稣会士不同，此时来华的美国传教士林乐知、裨治文、丁韪良，英国传教士傅兰雅、伟烈亚力、李提摩太，德国传教士郭实腊、花之安等皆通汉语，他们自己口译或初译西书，再由中国合译者笔述或润色，采用"西译中述"方式与中国士人共同创设了许多新词。他们汉译的西书包括其中的新词，成为林则徐、魏源、徐继畬、梁廷枏等经世派官员编译《四州志》《海国图志》《瀛环志略》《海国四说》的直接材料。经世派译书对新术语使用的译词，或是参考传教士汉译西书译词，或是直接就教传教士或传教士培养的译员，口述笔录，中西合译。第一位来华的美国传教士裨治文不仅与林则徐交识，其中文著作《美理哥合省国志略》更为《四州志》《海国图志》《海国四说》大量采用，而徐继畬撰《瀛环志略》偏重参考来华西洋人的"汉字杂书"。经世派译书对新术语最早采音译，逐步过渡到音意合璧，在《瀛环志略》《海国四说》中基本是意译为主了，而意译使用的汉语术语，或是参考传教士汉译西书译词，或是直接就教传教士或传教士培养的译员，口述笔录，中西合译。林则徐聘马礼逊教育社学生梁进德、英华书院学生袁德辉当翻译，徐继畬每有疑问则当面请教英美传教士，《海国图志》参考马礼逊、裨治文译书译词。洋务兴起后官办编译机构同文官、江南制造局翻译馆、京师大学堂编译局，林乐知、傅兰雅、丁韪良、伟烈亚力等在其中任职任教，李提摩太、林乐知又主办广学会机关报《万国公报》，参编者有丁韪良、花之安及华人编修蔡尔康、蔡锡龄、梁启超（任李提摩太中文秘书）等，也是传教士和中国士人共同传布新语新词。《万国公报》主编林乐知曾说："余前与傅兰雅先生同译书于制造局，计为中国新添之字与名词，已不啻一万有奇矣。"① 早期使欧旅欧留欧华人，多是凭借这些新词新语理解西方新概念，张德彝、郭嵩焘、志刚等外交使节多使用编译机构培养的译员，在《航海述奇》《初使泰西记》《使西纪程》等游记中，采用传教士和编译机构译词介绍域外见闻。太平天国洪秀全亦是通过马礼逊英华书院学生梁阿发接受西方基督教汉译词，并在此基础上打造新术语。以来华传教士为主导，结合经世派和洋务派官员、早期使欧旅欧留欧华人及编译机构译员，在大量汉译西书中，创设使用了"人民""民主""民族""政治""法律""国民""议会""选举""委员""自治""联邦""同志""权利""民权""宣传""单位""三权分立"等政治新词，"经济""资本""市场""价值""工资""公司""产业""贸易""交换""银行"等经济新词，以及"哲学""理论""精神""物质""本质""自由""自主""自觉"等哲学新词。在传教士编撰的英华字典中，包括 1823 年马礼逊的《华英字典》、1844 年卫三畏的《英华韵府历阶》、1857 年麦都思的《英汉字典》、1866—1869 年罗存德的《英华字典》、

---

① 参见冯天瑜：《新语探源——中西日文化互动与近代汉字术语生成》，中华书局 2004 年版，第 270 页。

1872 年卢公明的《华英萃林韵府》等，这些中英对译的新词由此确定下来。中西合译的西书流入日本，特别是英华字典为众多和英辞典援用，为明治初期日本学人使用汉字对译西方术语提供了语料。汉译西文西书和传教士英华字典中的新词新语，从西器层面到西政层面为主，从单音词到双音词为主，从音译到音意合璧再到意译为主，在经世派、洋务派和早期改良派人士中间形成了中西特别是中英对译的新词语和新术语，更为幕末和明治初期日本学人借用中国汉字词对译西方术语提供了弥足珍贵的语料，为"回归借词"埋下了伏笔。

甲午战后，中国先进分子借道东洋学西洋，从西方传教士主导进到汉字文化圈内部中日共创新术语，中国人借词日本和制汉字词。此前以西人为主的合译新词语新术语，仅在洋务涉外机构和人士中流行，并没有马上在全国通行通用，反而是承载这些译词的汉译西书和辞书流入日本，特别是罗存德、卢公明、麦都思、马礼逊、卫三畏的英华字典，为当时众多和英辞典援用，为幕末开国以来日本学人使用汉字词对译西学术语提供了直接语料。和制汉字词对译西学术语方式有三，一是沿用流入日本的汉译西书和辞书译词，如"人民""民主""民族""权利""国民""联邦""政治""法律""经济""资本""本质""宣传""精神"；二是起用古典汉字词引申转义，如"实践""自由""共和""国家""革命""社会""组织""封建""手段""近代""实体""现象""交通""科学""真理""进步""唯物论"；三是依照汉语构词法以汉字另造新词，如"政党""解放""独裁""企业""理想""义务""哲学""原则""个性""主观""编制""同志""人权""绝对""动员""投票""直观""劳动者""殖民地""过渡期""辩证法""人生观""方法论""二律背反""个人主义""社会主义""共产主义"等。这些和制汉字词无论是沿用、起用还是另造的复合词，都与汉语合成词构词法无异，不外偏正结构、联合结构、主谓结构、动宾结构和补充结构，即是说，都是中日同形同构词。这种相通性为甲午和戊戌后赴日留学中国人借道东洋学西学，提供了术语前提，留日学生、流亡资产阶级改良派、民主派和无政府主义者，掀起了翻译日文西书的热潮，从而将对译西学的和制汉字术语词大量借用到汉语译作译述和著作中。到 1905 年前后留日居日中国人数以万计，特别是留学生已有实力翻译日文书籍，并举办了译书汇编社、湖南编译社、教科书译辑社等翻译团体，创办了《译书汇编》《游学译编》《湖北学生界》《浙江潮》《江苏》等译书杂志，这些团体和杂志所译日书越来越偏重西政和西学类原著，越来越多的政治、经济、哲学、社会学、民族学和制术语借入汉语。至于专门的政治类报纸，如改良派的《时务报》《知新报》《清议报》，使用的日本借词有"改良""改造""革新""革命""进化""宪政""国会""公民""公权""民权""权限""参政""代表""实业""财产""帝国""德育""个人""理想""特色""要素""有机""原理""哲学""政党""政策""殖民""过渡""关系""经济""科学""权利""历史""民主""共和""社会""问题""现象""组织""主体""封建制""资本家""工商业""统治者""劳动者""根据地""社会主义""同盟罢工"等。这些借词在同盟会机关报《民报》中亦多有使用，《民报》此外还使用"党员""机关""支部""单位""委员""人权""生产力""矛盾律"等借词，① 另外还有无政府主义者《天义报》，也是频繁借用和制政治类术语词，各种各派日文社会主义文献和术语也开始裹挟入华。1903 年，上海会文学社以日本富山房和博文馆数种丛书为底本，刊行《普通百科全书》100 卷，最大限度地将和制汉字术语分科带进中国。第三个阶段是辛亥革命到十月革命前，从洋务运动开始陆续留学美、英、法、日等国的中国知识分子，到民国初期已具备自主翻译西学西书西语的能力，不仅将日语借词与西语对译贯通，而且在西方现代新思想新文化新概念刺激下启动了汉语白话文运动，从整体上推动汉语常用词汇从单音词向复音词转变。1915 年，第一部现代国语《辞源》成书，上承古语，下接新词，标志着现代汉语常用词库初步成型，根据曹炜、沈国威的研究，《汉语水平词汇等级大纲》（HSK 词汇）中的 3000 常用词中，清代新词229 个，五四以后新词 693 个，二者之和超过常用词的三分之一，达到了使汉语词汇体系发生质变的数值。② 这些词中的各领域汉语常用术语，为马克思主义经典著作术语汉译和中国马克思主义概念的生成奠定了词汇基础。

---

　　① 　参见朱京伟：《〈民报〉（1905—1908）中的日语借词》，《日本学研究》第 19 期，学苑出版社2009 年版。

　　② 　参见沈国威：《近代中日词汇交流研究》，中华书局 2009 年版，第 19—20 页。

1877 年，林乐知在《西国近事汇编》中与蔡锡龄合译"康密尼党"，到 1899 年的《万国公报》第 121 期摘译《宣言》片段、第 123 期译述马克思学说，中西零星合了若干社会主义术语，最早使用"康密尼党""工人""资本""穷黎""纠股办事之人""安民新学"等词对译共产党、工人、资本、无产者、资本家和社会主义概念。主译的外国传教士出入政坛、影响学术，林乐知是《万国公报》的主编，该刊深受光绪喜读，李提摩太还被清廷授予三品顶戴，这些新词新义在改良派当中很有影响。自 1890 年黄遵宪《日本国志》问世起，和制汉字词开始回流中国。甲午特别是戊戌之后，中国人留日高峰适逢上个世纪之交日本社会主义思想传播浪潮，日本早期社会主义者以汉语双音词为语基，组成各种多音词和词组，对译西方（主要是英文）社会主义原著术语，创设了大量社会主义用语。和制汉字词对译社会主义用语的方式，一是沿用流入日本的汉译西书和辞书新词，如"人民""资本""权利""本质""经济""实业""财产""帝国""进化""宪政""宣传""机关""精神"；二是起用古典汉字词引申转义，如实践"矛盾""革命""社会""组织""封建""关系""实体""科学""真理""进步""唯物论"；三是按照汉语构词法造词，如"政党""解放""独裁""理想""义务""代表""委员""主观""同志""动员""生产力""劳动者""封建制""殖民地""过渡期""有机体""辩证法""人生观""方法论""根据地""同盟罢工""二律背反""社会主义""共产主义"等。这些和制社会主义用语，实际上是在汉字圈内中日共同创设的，与汉字构词法无异，不外偏正结构、联合结构、主谓结构、动宾结构和补充结构，即是说，都是中日同形词。这种相通性为中国人借道东洋译介西方各派社会主义，提供了语言便利，留日学生、流亡资产阶级改良派、民主派和无政府主义者，纷纷翻译日语社会主义文献，从而将和制社会主义用语大量带入汉语。中国人多、快、急、省地翻译日语社会主义文献，主要以各色各派社会主义观点、著作片段或章节的形式呈现，借用日本的社会主义用语。1900 年的《译书汇编》第 1、2、3、6、8 期连载了坂崎斌翻译日本学者有贺长雄的《近世政治史》，其中第三章第一节第一部分《万国工人总会及德意志支部》介绍了马克思和拉萨尔的思想；1902 年马君武发表译述长文《社会主义与进化论比较——附社会党巨子所著书记》，文章最后列举了 26 部著作作为人们研究社会主义参考；

1902 年、1903 年上海广智书局接连出版了赵必振译幸德秋水的《二十世纪之怪物帝国主义》，还有福井准造的《近世社会主义》，前书介绍马克思主义特别是帝国主义和社会主义革命，后书上下册共 4 编 16 万字，是比较系统地介绍社会主义学说的第一本汉译著作，对资本、市场、劳动等马克思经济理论作了重要论述；1903 年，中国达识社译幸德秋水《社会主义神髓》一书，依据《共产党宣言》和《社会主义从空想到科学的发展》两书论述了马克思派社会主义的主要观点；1904 年至 1906 年，梁启超相继发表了《中国之社会主义》《社会主义论序》《社会主义论》《杂答某报》等文章，对马克思主义进行选择性的传播；在孙中山的倡导下，1905 年底至 1907 年，《民报》和《民主报》发表了大量介绍社会主义的译文译述，如宋教仁的《万国社会党大会略史》、廖仲恺的《社会主义史大纲》、叶夏声的《无政府党与革命党之说明》等；从 1907 年起，无政府主义者主办的《天义报》《衡报》《新世纪》陆续刊载了一些马克思、恩格斯著作的片段译文，包括《共产党宣言》的"序文"和第一章全文，恩格斯的《共产党宣言》1888 年英文版序言，以及《家庭、私有制和国家的起源》段落等。民国初年，孙中山、宋教仁、戴季陶、江亢虎等人积极鼓吹其所理解的社会主义，1912 年元旦，孙中山托人赠交《社会主义概论》《社会主义之理论与实行》《社会主义发达史》和《地税原论》四种书籍于中国社会党。

在国内，1899 年之前对社会主义的零星介绍，最早使用"康密尼党""穷黎""纠股办事之人""安民新学"等文言词对译共产党、无产者、资本家和社会主义术语。从 1900 年开始，中国人多、快、急、省地翻译和传播日语社会主义文献，这些文言译词迅速由日语回流的社会主义用语所替代。至 1917 年周起予作《新名词训纂》，整理出日本外来词 606 条目，其中，社会主义用语有："阶级""国体""政体""方略""书记""文明""爱国""共和""制度""选举""法治""自治""专制""政府""国务""国企""主体""公仆""殖民""自由""平等""存在""主义""时代""计划""特色""公正""事实""公共""个人""光荣"。

中日共创的近代社会主义用语在辛亥以前已广泛使用，特别值得注意的是，上个世纪之交中日共同创制的社会主义用语，直到 20 年后马克思主义在华广泛传播时期，语词几乎没有发生变化，如 1921 年堺利彦参照德文原著译出的《共产党宣言》，与 1906 年参照英文本译出的日译本相比，除了区分了"价值""价格"个别词语外，社会主义用语基本没有变化。① 所以，早期借助日本社会主义文献，通过和制汉字词回流创制社会主义用语，为马克思主义在华广泛传播和汉语马克思主义术语形成，准备了的词汇基础。

二、汉语马克思主义术语的初步形成

从洋务运动开始陆续留学美、英、法、日等国的中国知识分子，到十月革命前后已具备自主翻译西书的能力，十月革命后，马克思主义成为新思潮的主流，科学社会主义从各派社会主义中脱颖而出，成为中国先进分子的坚定选择。从十月革命到大革命时期十年间，马克思主义重点著作从英、德、俄、法原著语言直接汉译，大量译出全译本并获得广泛传播，将中日共创的社会主义用语与马克思主义原著术语对译贯通，使之贯通中—日—英—德—俄诸语，植根于马克思主义经典著作之中，形成了汉语马克思主义术语。1917 年冬，北京大学图书馆馆长李大钊迅速扩充马克思主义书籍，包括英文、法文和德文版马克思主义原著，组织进步青年学习、研究和翻译马克思主义经典著作。共产国际代表维经斯来华后，大力推荐美国社会主义文献，指导沈雁冰等汉译了《美国共产党宣言》等英文著作，随后，列宁的《国家与革命》《共产主义运动中的"左派"幼稚病》等著作的英文译本，开始在中国流行。五四运动后，大批革命知识分子以勤工俭学方式赴法国寻求马克思主义，赴法勤工俭学的中国学生达 1600 人左右，在这一群体当中产生了周恩来、蔡和森、邓小平等许多杰出的马克思主义者和共产主义战士。留法先进分子崇敬法国大革命直至巴黎公社以来的法兰西革命精神和源远流长的社会主义思想传统，并将法国视为俄国革命的发动之源和考察窗口，许多人开始大批而系统地译介马克思主义学说。1920 年 2 月，蔡和森猛看猛译，把《共产党宣言》从法文硬译成中文，并且把译稿拿给大家传阅。建党时期，马克思主义经典著作汉译掀起高潮，李大钊与陈溥贤、陈启修在北方并称"一李二陈"，李达、李汉俊与陈独秀、陈望道在南方成为"二李二陈"，

---

① ［日］大村泉：《〈共产党宣言〉的出版史与中译本问题》，《中共历史与理论研究》2015 年第 2 期。

为建党大业和翻译经典南北呼应，勠力同心。据 1922 年 2 月 6 日的《北京大学日刊》所载《马克斯学说研究会通告》，研究会当时已有马克思主义经典著作的英文书籍 40 余种，包括《宣言》、马克思的《哲学的贫困》《雇佣劳动与资本》《路易·波拿巴的雾月十八日》《法兰西内战》，恩格斯的《社会主义从空想到科学的发展》《共产主义原理》《家庭、私有制和国家的起源》《德国的革命与反革命》等。还有一些法文和德文的马列经典著作被带进国内，如《资本论》《德国的革命与反革命》《共产主义运动中的"左派"幼稚病》等。自十月革命胜利消息传到中国至 1922 年初，先后有近 30 种经典著作被译成中文，其中有《宣言》《神圣家族》《哲学的贫困》《社会主义从空想到科学的发展》《雇佣劳动与资本》《〈政治经济学批判〉序言》《〈资本论〉自序》《法兰西内战》《哥达纲领批判》《国家与革命》《伟大的创举》《无产阶级专政时代的政治和经济》《破坏历史的旧制度到创造新制度》《苏维埃政权的当前任务》和《反杜林论》（第三编）等。自中国共产党成立到大革命结束，仅马克思、恩格斯著作新发表的中译文就有 15 种，包括 1922 年北京的《今日》杂志第一卷第二至四期连载邝摩汉译述的马克思的《资本论》第一卷第三至第五篇的部分内容，1922 年，商务印书馆出版李季翻译的马克思的《工资、价格和利润》单行本，1923 年 7 月 1 日，在共产主义青年团旅欧支部机关刊物《少年》第十号上，摘译了马克思 1852 年写给魏德迈的信，还发表了马克思的《政治冷淡主义》全译文，第十三号上发表了恩格斯的《论权威》全译文。中共北京地委和北方区委的机关报《政治生活》1924 年 8 月译载了马克思、恩格斯的《共产主义者同盟中央委员会告同盟书》，1926 年又发表了李大钊翻译的马克思《中国革命和欧洲革命》，等等。同时，中国共产党成立后，瞿秋白、杨明斋、张太雷等很快就从苏俄这个渠道翻译马列著作，马列经典著作通过四个渠道传入和汉译，即东面的日本渠道、西面的法国渠道、北面的苏俄渠道和对面的美国渠道，马列经典著作汉译篇目不下 50 种，内容集中在马克思主义无产阶级专政、阶级斗争、唯物史观、列宁民族和殖民地思想。从日本借用的社会主义术语和一些新译术语，不仅开始植根于马克思主义政治学、经济学、哲学、民族学经典著作，而且对译中、日、俄、英、德、法多语，越出汉字文化圈开始了跨语际旅行和实践，为其意义生产和概念生成奠定了文本基础和世界视野。

《共产党宣言》汉译本是其中的代表和典型，也是马克思主义经典著作重要术语中国化的基本线索，《共产党宣言》是各个渠道和组织翻译经典著作的首选必选和重中之重。根据北京大学马克思学说研究会会员罗章龙回忆，李大钊在研究会翻译室设英文、德文、法文三个翻译组，德文组曾从德文译出《共产党宣言》，以油印本传阅。① 根据俞秀松日记记载："1920 年 6 月 27 日，夜，望道叫我明天送他译的《共产党宣言》到独秀家里去，这篇《宣言》底原文是德语，现在一时找不到，所以只用英、俄、日三国底译本来对校了。"② 党的发起组织对《宣言》翻译的重视、急切和严谨，由此可见一斑。戴季陶经日本渠道提供陈译本主要参照母本，沈雁冰从美国渠道汉译的《美国共产党宣言》，为《中国共产党宣言》提供直接参照文本，法国渠道由蔡和森将《共产党宣言》法文版汉译，陈望道为保证翻译精准，还通过陈独秀委托李大钊借来《日汉辞典》和《英汉辞典》核校翻译用语。陈望道首译本杀青时，中国马克思主义者已遍读《共产党宣言》德、英、法、俄、日诸语版本，首译本的译词译语特别是术语，初步经历了跨语旅行和多语涵化。《共产党宣言》思想和语词深深影响了中国马克思主义者，也吸引了革命军民。仅赴法勤工俭学的群体中，就产生了共和国一名领导核心，一名总书记，三位元帅，一位总理，四位副总理，他们都是读过《共产党宣言》走上了革命道路。《共产党宣言》首译本受到中国先进分子热烈欢迎，单是平民书社在 1926 年 1—5 月就翻印十次，该译本还在北伐军内散发，官兵人手一册。许多原先从非社会主义或非科学社会主义原著译出的术语词，归位于马克思主义经典著作汉译本中。许多原先从非社会主义或其他社会主义著作译出的用语，在对译马克思主义重点著作过程中，大多数词形不变，并在与经典原著英语版、德语版互译格义中，实现中—日—西译词——对应，词义获得科学社会主义的指涉，成为汉语马克思主义术语。在《共产党宣言》陈望道译本中，之前中日共创的社会主义用语，获得科学社会主义的义位，并通过与《共产党宣言》英语版、德语版互译格义，进而化为汉语马克思主义术语。这

---

① 罗章龙：《回忆"五四"运动和北京大学马克思学说研究会》，《文史资料选辑》第 61 期，第 49 页。

② 见《俞秀松日记》原件，现藏上海龙华烈士纪念馆。

些术语词贯通中—日—英—德语言，一直沿用至今，包括：

革命—革命—Revolution—Revolution；代表—代表—Representative—Ver-treter；资本—資本—capital—Kapital；主义—主義—-ism—-ismus；生产—生產—production—die Produktion；社会—社会—society—die Gesellschaft；关系—関係—relations—Verhältnis；解放—解放—emancipation—Befreiung；劳动者—労働者—labourer—der Arbeiter。

在此基础上，这一阶段还从马克思主义重点著作中，特别是参照英、德、俄母语原著中，直接译出了一些汉语马克思主义术语。《共产党宣言》陈望道译本译出的马克思主义术语包括：人民—民眾—the people—das Volk；工资—労働賃金—wage—der Arbeitslohn；私有财产—私有財産—private property—das Privateigentum 等。同时，在陈望道译本中，"国民""独占""价值""生产器具""生产方法"等社会主义用语，也获得科学社会主义的义位，可以在马克思主义重点著作中找到文本注脚，成为马克思主义术语，这些术语词在之后的多语种、多文本互译格义中还有演变，后来经历不同的阶段定译为"民族""垄断""意义""生产工具""生产方式"等马克思主义术语。古典汉语词译词亦在马克思主义经典著作文本中丰义，后来定译出马克思主义术语，包括等级/阶层、法典/法律、掠夺/剥削、法则/规律、行情/市场、行动/实践、团体/集体、富豪、绅商/资本家、立脚地/立场、政治组织/政治制度、社会组织/社会制度、私有财产/私有制、生产过度/生产过剩、协同社会/联合体、人类本性/人的本质、社会法律/社会规律、社会调和/社会和谐、社会均衡论/平均主义等。

三、中国马克思主义概念的基本生成

1928 年，中国共产党开辟井冈山道路，在农村探索和总结中国革命的实践经验和规律，到 1938 年正式提出马克思主义中国化的重要命题；与此同时，1928 年在上海，革命知识分子发起了无产阶级革命文学运动，积极投身文化上的"反围剿"斗争，以更高的学术水平和学科意识翻译马克思主义经典著作。到 1938 年，读书生活出版社出版了《资本论》全译本，延安解放社出版完全用现代汉语翻译的《共产党宣言》全译本，标志着马克思主义经典著作翻译水平达到了新的高度。大革命失败后，很多散落各地的中共党员和革命

知识分子辗转来到上海，不少原在日本留学的共产党员和进步知识分子也陆续汇聚上海，上海就在反"文化围剿"斗争中成为马克思主义传播的中心点。① 党直接领导下的上海华兴书局出版了华岗（化名潘鸿文）编译的《马克斯主义之基础》（该书收入《共产党宣言》华岗译本及 1872、1883、1890 年德文版序言、恩格斯的《共产主义原理》、马克思的《雇佣劳动与资本》），陈文瑞译列宁的《社会民主党在民主革命中的两个策略》，胡瑞麟译的《国家与革命》和《无产阶级革命与叛徒考茨基》。《共产党宣言》华岗译本采用的母本是恩格斯亲自校阅的 1888 年英文版，采用英汉对照形式出版，更利于《共产党宣言》思想概念的准确传播。华岗在《马克斯主义的基础》序言中写道，《共产党宣言》"是科学的社会主义者之一部最基本的系统的著作"，号召知识分子和革命青年"迅速动员其伟大的科学研究精神……从社会经济进化上，从人类历史发展上去认识无产阶级科学的马克思主义"。② 强调马克思主义经典著作是先进阶级的科学著作，要用科学研究精神去解读。

从 1928 至 1930 年，泰东书局出版了"马克斯研究丛书"，共计出十本，都由朱应棋、朱应会两人合译，其中《马克思的工资价格及利润》《马克思的工资劳动与资本》，均译自马克思原著。高尔松、高尔柏兄弟创办的平凡书店，自 1929 年底开始出版"马克思学体系丛书"，"马克思学体系"是从马克思、恩格斯、列宁等人著作中有关马克思主义理论方面的文摘汇编而成，原为苏联萨可夫斯基所编。其第一分册为《社会进化的铁则》（上）为高尔松汉译；第二分册为《社会进化的铁则》（下）为郭真汉译；第三分册为《史的唯物论》（上）为叶作舟汉译；第四分册为《史的唯物论》（下）为齐荪所译。江南书店在 1930 年 3 月至 8 月间出版的"江南文库"（至少出了七本），其中有向省吾译《费尔巴哈与德国古典哲学的终结》《马克思恩格斯关于唯物论的断片》，还收入马克思的《关于费尔巴哈的提纲》《神圣家族》节译、恩格斯的《自然辩证法》节译和《〈社会主义从空想到科学的发展〉英文版导言》。"左联"时期，郭沫若在 1931 年翻译出版了马克思的

---

① 参见周子东：《马克思主义在上海的传播：1898—1949》，上海社会科学院出版社 1994 年版，第 182 页。

② ［德］马克斯、恩格斯：《马克斯主义的基础》，彭汉文译，社会科学研究社 1938 年版，第 2 页。

《政治经济学批判》一书后，1936 年又在日本翻译出版了马克思、恩格斯的《神圣家族》的第五章和第八章。1936 年底，邹韬奋根据两年前在英国时对马列经典著作做的英文笔记，在"七君子"之狱中翻译整理成《读书偶译》，交由生活书店出版，翻译内容包括恩格斯的《费尔巴哈和德国古典哲学的终结》一书第四章里的脚注；马克思的《政治经济学批判·序言》；《资本论》第二版"跋"。许多重要的马克思主义著作，都在这个阶段相继翻译出版，有的还出版了好几种译本。由于广大革命知识分子和进步文化人士投身马列原著编译和传播，极大地提升了经典著作汉译的准确性、科学性和学术性，译词译语严慎考究，且具有明显的学科意识、概念意识，修正、新译出一批哲学、经济学、政治学、社会学、民族学术语。《资本论》的翻译者陈启修、侯外庐、千家驹、郭大力，都具有很高的经济学造诣，首译者陈启修认为日本人译的《资本论》有些地方不很准确，担心再从日文本转译会更走神，坚持从德文原著翻译，并遍读英译本、高畠素之的日文全译本、河上肇和宫川合译的分册本和马克思学说研究会的译稿，才译出了《资本论》第一卷第一篇。侯外庐则是以《资本论》德文第四版为根据，参照英文、德文和日文几种译本对照辨析，经过三年不懈努力，在法国译出第一卷前二十章。仅《资本论》第一册初译稿，千家驹就对照两种德文版本，恩格斯整理的德文本和考茨基整理的德文本，把汉译文中与德文原著不合和误译之词，都一一加以校正。郭大力大学毕业即以翻译、教授和研究马克思主义经济学为终身职业，曾任厦门大学、香港达德学院等高校教授，他与王亚南先翻译了大卫·李嘉图的《政治经济学及赋税原理》和亚当·斯密的《国富论》，以翻译古典政治经济学著作，作为翻译《资本论》全三卷的铺垫，《资本论》又叫《政治经济学批判》，这种翻译次序有利于缕清术语、概念、范畴的逻辑关系。

平凡书店、泰东书局明确亮出"马克思学""马克思研究"的学术旗帜，"马克斯研究丛书"出版有：《马克斯的经济概念》《社会民族及国家概念》《马克斯的伦理概念》《马克斯的唯物历史理论》《马克斯的阶级斗争理论》，对经济学概念、社会学概念、民族学概念、政治学概念、哲学概念分科展开阐释。经典著作翻译的系统化、学术化，极大地增强了汉语马克思主义术语的科学化、学科化，推动了马克思主义术语在中国的意义生产和再生产，及时将农村革命实践创造的中国经验和中国智慧融会贯通，为马克思主义中国化生成了概念基石。在中国实践基础上进行意义再生产，汉字的拼义功能充分激发出来，汉字在马克思主义术语中的义素、义位逐步廓清，许多用词通过义素、义位演进让术语能指与意义生产的所指统一起来，继续沿用已有术语词表达马克思主义概念的内涵和外延。同时，还有不少汉语马克思主义术语，译词使用的汉字通过义素、义位转换，无法精确拼义出中国语境中的意义生产，翻译者就根据能指需要，换用新的语词，使之一方面对译马克思主义原著术语，一方面汉字义素、义位的所指对应中国马克思主义的意义生产，和沿用下来的术语词一起，表达中国马克思主义概念。从《共产党宣言》汉译的基本线索可以看到，除了沿用陈望道译本的马克思主义术语并进行意义再生产外，1930 年的华岗译本改用了一些表达能指性更高的概念词，包括"物品"改译"商品"；"实行"改译"实践"；"权力阶级"改译"统治阶级"；"社会自觉"改译"社会意识"。而到 1938 年党内形成马克思主义中国化重要命题时，以现代汉语基本词库的术语词为基础，在马克思主义经典著作汉译过程中对其丰义、转义、引申、替换、增补，最终形成了大量的中国马克思主义概念。成仿吾、徐冰从德文翻译的《共产党宣言》，就换用了大量能指更高、所指更准的概念词，包括："民族""剥削""市场""价格""工人""垄断""制度""再生产""反动派""小市民""资产阶级""无产阶级""交换手段""生产工具""生产方式""物质生产""精神生产""生产关系""社会关系""社会存在""社会制度""政治制度""生产过剩""意识形态""民族解放""平均主义""利己主义""国家政权""雇佣劳动""物质生活条件"等。这些马克思主义概念的译词演变如表 1-1。

表 1-1 《共产党宣言》概念词演变

德语原著	英语原著	日语版	陈望道译本	华岗译本	成仿吾徐冰译本
die Nationalität	nationality	国民性	國粹	國情	民族
die Ausbeutung	exploitation	搾取	掠夺	掠夺	剥削

续表

德语原著	英语原著	日语版	陈望道译本	华岗译本	成仿吾徐冰译本
der Markt	market	市場	行情	行情	市场
der Preis	price	価格	价值	价值	价格
der Arbeiter	workmen	労働者	勞動者	勞動者	工人
monopolisierbar	monopolise	独占	獨佔	獨佔	垄断
die Konstitution	constitution	組織	組織	組織	制度
wieder zu erzeugen	reproduce	再製	繁殖	繁殖	再生产
der Reaktionär	Reactionist	保守主義者	保守派	保守派	反动派
die Spießbürger	philistine	町家	小資本家	小資產階級	小市民
die Bourgeoisie	bourgeoisie	ブルジョア	有產階級	有產階級	资产阶级
das Proletariat	the working class	プロレタリア	勞動階級	勞動階級	无产阶级
das Tauschmittel	means of exchange	交換手段	交換機關	交換機關	交换手段
die Produktionsinstrumente	instrument of production	生産機関	生産機關	生産手段	生产工具
die Produktionsweise	The mode of production	生産方法	生産方法	生産方法	生产方式
die materielle Produktion	industrial production	工業生産	產業的生産	產業的生産	物质生产
die geistige Produktion	intellectual production	精神的生産	知識的生産	知識的生産	精神生产
die Produktions verhälltnisse	conditions of production	生産関係	生産制度	生産制度	生产关系
das gesellschaftliche Verhältnis	the social condition	社会関係	社會的狀況	社會的狀況	社会关系
das gesellschaftliche Dasein	social life	社会的生活	社會的生活	社會的生活	社会存在

德语原著	英语原著	日语版	陈望道译本	华岗译本	成仿吾徐冰译本
die Gesellschaftordnung	form of society	社會組織	社會組織	社會組織	社会制度
die Überproduktion	overproduction	生產過剩	生產過度	生產過度	生产过剩
ideologisch	ideological	理想的	理想家	觀念形態	意识形态
die nationale Befreiung	national emancipation	国民的解放	國民解放	國民解放	民族解放
die Gleichmacherei	social levelling	平均主義	社會均衡論	社會均衡論	平均主义
die persönliche Würde	egotistical	主我的	利害計較	利害計較	利己主义
die Staatsgewalt	the executive of the state	国家の政府	國家底行政機關	國家的行政機關	国家政权
die Lohnarbeit	wage-labour	賃金労働	工銀勞動	工銀勞動	雇佣劳动
die materielle Lebensbedingung	the economical conditions of existence	物質的生活条件	經濟條件	經濟條件	物质生活条件

四、中国马克思主义范畴的话语建构

1938 年，党中央决定成立马克思列宁主义学院和解放社，其后延安 10 年，中国共产党有计划有组织地翻译马恩列斯经典著作。其中，马克思列宁主义学院编译部汇集了英、俄、德、法、日等多种外语人才，专门负责经典著作翻译工作，马列学院编译部负责编译、由解放社出版了《马克思恩格斯丛书》《抗日战争参考丛书》《列宁选集》和《斯大林选集》。《马克思恩格斯丛书》包括 10 部经典著作：《社会主义从空想到科学的发展》《法兰西内战》《政治经济学论丛》《马恩通信选集》《德国的革命与反革命》《〈资本论〉提纲》《哥达纲领批判》《拿破仑第三政变记》《法兰西阶级斗争》和《共产党宣言》的成仿吾、徐冰译本；《列宁选集》翻译出版了 16 卷，《斯大林选集》出齐 5 卷。经典著作汉译篇目和全译本数量远远超过其他时期，仅《共产党宣言》就译出了三个全译本，博古译本由俄文版译出，广泛流传于解放区、国统区和敌占区，是新中国成立前印量最大、流传最广、受众最多的译本；莫斯科百周年纪念版根据 1848 年的德文原版译出，是当时收录内容最全、翻译质量最高的版本；另外，1943 年前还出版了党外知识分子陈瘦石翻译的《共产党宣言》译本。至此，《共产党宣言》在国内已有五个全译本，党内翻译的四个译本，后译者参照前人译本校译，并参考更多外语母本，译词用语上有前后递进关系。百周年纪念版比博古译本；博古译本比成仿吾；徐冰译本，成仿吾、徐冰译本比华岗译本；华岗译本比陈望道译本，译词译法一本比一本更贴近于现代汉语，语言表达词汇化科学化概念化程度越来越高。据不完全统计，到 1945 年党的七大召开前，在延安翻译出版的马、恩、列、斯大林著作达 192 种，这些译著主要包括：马恩著作 30 种，列宁著作 57 种，斯大林著作 80 种，马恩列斯合著 25 种。① 在延安整风时期，马、恩、列、斯最主要的著作，基本上都有了汉译版，成为中国共产党人学习、研讨、应用和写作的通用参考书和工具书。

学习马克思主义著作，运用马克思主义概念工具，一方面推动概念内涵获得进一步丰义，同时又促进了概念外延伸展吸张，厘清与近义词所指之间的边界区分，锁定马克思主义原著术语的通用汉语对译词。从《共产党宣言》汉译词演变的线索看，经过七个全译本的多人次多语种翻译，特别是1943 年的博古译本广泛流传，1948 年乔冠华对 1938 年成仿吾、徐冰译本进行译词校准，1949 年在延安发行的《共产党宣言》百周年纪念版，与德语、英语、俄语原著术语对译的概念词基本厘定，近义词所指区别开来，包括：实践/实际；价值/价格；人民/居民；规律/法律；工资/工钱；集体/团体；民族/国民；雇佣劳动/工资劳动；占有方式/分配方式；生产方式/生产方法；意识形态/观念形态。通过区分厘定，实践、价值、人民、规律、工资、集体、民族、雇佣劳动、占有方式、生产方式、意识形态等马克思主义概念，进一步成熟定型。还有的丰义和转义超越了原有概念用语的能指边界，汉语古典中也找不到能指相称的固有词，翻译者就利用汉字的拼义功能，创造新的概念词，表达成熟定型的概念内涵和外延。"人的本质"概念，最早

---

① 王海军：《抗战时期马列著作翻译与传播的历史考察》，《中共党史研究》2011 年第 5 期。

译做"人情"，后来译作"人类本性"，再后来译成"人性"，既是汉语固有词，也与近代西方的人性概念对应，而且德语、英语马克思主义原著术语也是人性概念的相同用语。但这个概念在汉语语境中意义再生产过程中，中国共产党人认识到，不仅"人情"作为一般口语能指不足，从自然"类"的意义上理解人的"本性"，或资产阶级抽象"人性"概念，都没有正确表达出马克思主义原著术语所指，为正视听，在《关于费尔巴哈的提纲》中，创造新的汉译概念词"人的本质"，从概念内涵外延上完成了对人的现实理解从自然属性向社会属性的转换。同样，马克思、恩格斯的原著术语"所有制"，最初译作法律术语"财产""所有""所有物""所有权"，后经俄国十月革命经验和俄国渠道，结合中国语境中的意义再生产，最终在延安时期通译为新词"所有制"。在《共产党宣言》1882 年的俄文版序言中，马克思和恩格斯表达了他们对俄国公社土地所有制的看法，博古在翻译这篇俄文序言时，第一次创造新译词——所有制，① 把十月革命实践经验赋予这个概念的"制度"义素指涉出来，"所有制"作为政治经济学概念，满足了原著术语在马克思主义中国化进程中的视阈转换。新中国成立后成仿吾再次翻译《共产党宣言》，利用汉字"扬"和"弃"拼义出新词"扬弃"，取代"废止""废除""没落"等等日常用语，定型为中国马克思主义哲学概念。考察《共产党宣言》百周年纪念版前的七个全译本，再向前追溯1908 年民鸣的、1912 年陈振飞的、1919 年李泽彭的三个《共产党宣言》第一章译本，从 1949 年以前 10 个主要汉译本的线索看，马克思主义原著术语的汉译词，从日常口语向固定用语，再向专业术语，最终译出中国语境中的概念，汉译词衍变的过程，既是语言结构的演进，同时是概念意义的生产。

延安时期，毛泽东等中国马克思主义者不仅字词矻矻地研读马列经典著作，总结中国革命实践经验，撰写了数量庞大的中国马克思主义文献，仅收入《毛泽东选集》的就多达 110 余篇。这些中国马克思主义著述，运用马列经典著作的科学概念分析中国社会，用中国现实注脚推动原著术语汉译词汇化程度进一步提高。从《共产党宣言》百周年纪念版前的七个译本译词

---

① 《共产党宣言》汉译纪念版，陈望道等译，中华书局 2011 年版，第 86 页。

线索看，许多原著术语译法从日常的口语向固定的词语、向专用的术语，最后译出汉语的概念。如国粹→国民→人民→国情→国籍→民族；衣食→衣食费→生活费→生存手段→生活资财→生活资料；经济状况→生存状况→生活状况→生活条件→经济生存条件→物质生活条件；分配方法→分配形态→剥削方法→占有方法→占有方式；调和→和协→协调→协和→和谐；财产→所有→所有权→所有制；行动→实行→实际→实践；理想→思想方面→观念形态→意识形态；大绅商→资产家→有产者→资产者；普通的道理→实际的理性→实际理性→实践理性；知识的生产→知识生产→精神的生产→精神生产；合理的思想→启蒙主义思想→唯理思想→启蒙思想；社会的生活→社会生活→社会存在；产业的生产→工业生产→物质生产；社会法律→社会法则→社会规律；劳动阶级→劳工阶级→无产阶级；小职工→小工→小资产阶级；小地主→小农→小农等级。这些译词衍变过程不仅术语词越来越规范，而且概念内涵外延越来越清晰。

第一个到马列学院编译部的翻译家何锡麟，有一次问毛主席，我们翻译的这些东西有没有用？毛泽东用浓重的湖南口音讲："你们的这些文字每一个字都有用，离开你们，我们就是瞎子。"① 以毛泽东为主要代表的中国共产党人，字词矶砾地研读马克思主义经典著作，更是运用其中的每一个字、每一个词，运用马克思主义概念工具，分析国情，发现经验，总结规律，制定政策，不仅将大量马克思主义原著术语融入党的文献，更将生动丰富的中国实践经验注入概念意义生产。毛泽东、周恩来、刘少奇等党的领导人和广大干部、知识分子，直接参阅经典著作撰文立论，运用马克思主义概念进行判断和推理，提炼出表达中国社会内部联系和中国革命客观规律的马克思主义核心范畴。相关的马克思主义概念以这些范畴为核心，在中国语境中针对社会历史发展的根本问题，按照历史逻辑和理论逻辑结成特定的结构关系，形成符合规律性、体现时代性、富于创造性的话语陈述。在延安时期中国共产党人的代表性著作，特别是毛泽东的著述中，建构起了中国马克思主义范畴，最为核心的范畴包括：半殖民地半封建社

① 李百玲：《延河之滨的希望之光——延安时代马列著作翻译与马克思主义中国化》，《中国社会科学报》2011年10月25日。

会、新民主主义革命、无产阶级先锋队组织、人民民主专政、人民代表大会制度、马克思主义中国化。其中，殖民地、封建、社会三个概念词结成"半殖民地半封建社会"，形成陈述中国社会内在矛盾和根本性质的核心范畴；民主、主义、革命三个概念词按逻辑关系结成"新民主主义革命"，是陈述中国革命路线、纲领的核心范畴；无产者、阶级、先锋队、组织四个概念词组成"无产阶级先锋队组织"，形成陈述中国革命关键领导者的核心范畴；人民、民主、专政、国体四个概念词，组成"人民民主专政"，是陈述新中国根本性质的核心范畴；人民、代表、会议、制度、政体五个概念词组成"人民代表大会制度"，形成对新中国政权组织形式的陈述；在"马克思主义中国化"范畴中，"马克思"是名称术语词，"主义"是概念词，"中国化"本身却是中日汉字圈共创的概念词，日译西书引进了英语的后缀，创译成和制汉字后缀"-性""-化"等，回流到中国则提高了汉语名词的造词能产性，上个世纪之交的"中国化"在中国语境中即已使用，从"西学中国化""哲学中国化"一直演进到"马克思主义中国化"，形成陈述马克思主义应用方式的核心范畴。这些范畴之所以是中国马克思主义概念的核心部位，不只在于它们表述的是中国革命实践中最具有全局性、长期性和根本性的问题所在，更在于对这些问题的马克思主义陈述，从中国社会内部联系上论说了社会主要矛盾，解决矛盾的革命路线纲领，革命斗争的行动组织领导，在党的领导下建立新中国的组成和组织形式，最后是运用马克思主义解答所有这些理论和实践问题的方式方法，这些范畴严整缜密、有机统一，从整体上以中国风格、中国气派揭示出中国智慧、中国道路。中国社会历史问题的完整性和深刻性，决定了中国马克思主义核心范畴陈述的系统性和层次性，从而决定了在中国马克思主义话语体系中，囊括了许多原生概念和衍生概念、上位概念和下位概念、复数概念和单数概念等，最终将众多的马克思主义概念，按照逻辑环节和结构关系，集结在核心范畴之下。

随着马克思主义经典著作主要篇目汉译基本完成，汉语马克思主义术语在新中国成立前夕成熟定型。中国共产党在全国执政后，中国马克思主义概念发生和发展的主要方式，是运用汉语术语打造新概念，特别是中国特色社会主义新概念，表现为这期间对汉语马克思主义术语的讨论、疑虑、丰义、升华，如成仿吾在 1978 年的《共产党宣言》译本中将"所有制"概念恢复为"财产关系"的旧译法；改革开放初期关于"人性"概念的讨论对马克思主义"人的本质"概念的冲击；90 年代初关于"社会存在"概念内涵外延的学术争论；世纪之交胡锦涛将《宣言》中的"社会和谐"上升为概念词，定义为中国特色社会主义的本质属性；习近平将列宁的"党内政治生活"术语纳入新时代党的建设重要思想的核心概念；特别是有一段时间关于"中国特色社会主义"范畴的疑惑，有人以为将邓小平"有中国特色的社会主义"原初表述改成"中国特色社会主义"，去掉"的"字表明中国特色社会主义是社会主义之外的独立社会形态，实际上去掉"的"字是汉语概念的词汇化过程，两种表述都是偏正结构，范畴内涵和结构关系都没有变化。

在马克思主义经典著作汉译进程中，五四时期基本成型的现代汉语术语词大量进入马克思主义经典著作，成为马克思主义术语，这些术语在生成中国马克思主义概念的过程中，有三种情况。第一种情况，大多数术语词形不变，词义发生了变化或转化，如实践、人民、阶级、资本、民族、共和、本质、自由、革命、有机、商品、解放、政党、理想、公仆、民主、劳动、生产、法律、政治、经济、平等、价值、社会、组织、权利、唯物论、辩证法、共产党、无产阶级、意识形态等。第二种情况，有一定数量的中日同形术语词，早期借用日本社会主义术语翻译马克思主义经典著作重要术语，后来随着对马克思主义原著术语理解的深化，又改用其他译词，一般是用汉语固有词来对译原著术语，以表达更准确的概念含义，如由"专政"代替"独裁"，由"阶层"代替"等级"，由"制度"代替"组织"，由"和谐"代替"调和"，由"工人"代替"劳动者"，由"统治"代替"支配"，由"垄断"代替"独占"，由"剥削"代替"掠夺"，由"规律"代替"法则"，由"生产资料"代替"生产机关"，由"生产方式"代替"生产方法"，由"占有方式"代替"分配方法"，由"社会存在"代替"社会生活"。第三种情况是，如果在中国马克思主义概念丰义过程中，原译词能指不足或附有歧义，而汉语古典词中也无能指相当的固有词可用的情况下，在重译过程中就利用汉字拼义，创造新的概念词。这种概念词比前面两种情况要少，如"人的本质"概念，先前译作"人情""人类""人类本性""人性"，随着概念意义生产和再生产，中国马克思主义者认为不仅人情作为一般口语能指不足，从自然"类"上理解人的"本性"，或资产阶级抽象"人性"概念，都与马克思主义原著概念含义根本不同，为正视听，创造新词"人的本质"；"所有制"也是汉译新创词，创设出来作为政治经济学概念词，替代之前法律术语词"财产""所有物""所有权"，满足这个概念在马克思主义中国化进程中的视域转换；创制"共同体"概念词，替代"共同组织""公共组织"，创制"联合体"替代"协同社会""集体社会""团体""协会"，以及用哲学概念词"扬弃"取代"废止""废除""没落"日常用语；等等。

第三节　汉语马克思主义术语对
中西语言的容受贯通

黑格尔说过："只有当一个民族用自己的语言掌握了一门科学的时候，我们才能说这门科学属于这个民族了。"① 用中华民族语言掌握马克思主义科学真理，必须使汉译术语融汇贯通中国语言传统和马克思主义原著语言传统，从而生成中国马克思主义概念。为此，《共产党宣言》全译本首译者陈望道在《修辞学发凡》一书中，提出了"方言超升，古语重生，外国语内附"汉译路径。马克思主义原著术语汉译词的定型，首先是提升援用中华民族本土语言中的口语词、俗语词、俚语词，再者是利用古典词丰义转义，利用汉字拼义组词，将汉语固有字词纳入马克思主义文本和语境，让传统汉字语文超升重生。汉语马克思主义术语从词形上保持了中华民族语文的纯洁性，从词义上又与德、英、俄诸原著语词对等对译，发挥了民族语文的能指性和能产性。

一、方言词超升

在中华民族丰富生动的生活语言、惯用语言、民间语言中，运用其中的口语词、俗语词、俚语词翻译马克思主义术语，从而将这些方言词提升为书

---

① ［德］黑格尔：《哲学史讲演录》第4卷，王太庆译，商务印书馆1978年版，第187页。

面语、标准语、通用语，让马克思主义原著术语容受中华民族语言传统，赋予马克思主义用语以中国风格中国气派。特别是马克思主义原著文本中意象性的名称术语，翻译者把握了原著术语所指，就会基于自身的历史文化语境，在民族语言中搜寻具有相似能指的本民族文化意象，比照马克思主义原著术语所指，捕捉本土文化与舶来文化相同的核心义项，从核心义项出发遴选口语词、俗语词、俚语词，与马克思主义原著术语之间建立相通性和互义性，中国民间方言词在汉语马克思主义经典中获得义位，上升为马克思主义用语。以《共产党宣言》汉译词为线索，"幽灵""万应灵丹""万里长城""稻草人""乞食袋""魔术师""小市民"等中国味道十足的方言词，进入马克思主义经典著作汉译文本，因对译原著术语词语能指获得拓展，成为马克思主义用语。

《共产党宣言》1888年英语版是中日两国在汉字圈内共创马克思主义用语的重要母本。1904年，幸德秋水、堺利彦将英文版中的 scarecrow，翻译为日语"案山子"，即日本民间在野外守田的草把形象。1920年，陈望道参考日语版和英语版《共产党宣言》，将案山子/scarecrow 译为汉语口语"草把人"。1938年成仿吾、徐冰根据中共中央宣传部提供的德文版《共产党宣言》，将德语术语 die Vogelscheuche 同汉语"假人"相对译。Der Vogel 意为鸟，动词 scheuchen 意为吓跑、赶走、轰走，表达的意象就是靠虚张声势吓跑对手的工具，陈瘦石是党外知识分子，没有使用民间译词，而以书面语翻作"工具"。1948年的博古译本将俄语 пугал 译作"草人"，莫斯科百周年纪念版进一步译为"稻草人"，新中国成立后中央编译局译本一直译作"稻草人"。从词语所指看，工具、假人、草人、稻草人四个译词的对等性是依次降低的，因为在原著术语案山子/scarecrow/die Vogelscheuche 中，既没有指明是用什么草，也没有指明用什么材料，甚至没有指明是人形，只有指明是一种工具而已。但从意象性而言，工具、假人、草人、稻草人四个译词的能指性是依次上升的，百姓放在田间驱吓鸟雀的工具，简易有效的就是造成人形，伸手可得的材料就是草类，最常见的是稻草。汉语文献"草人"一词最早出现在《北齐书·卷十一·列传第三》，用例是："又怨执政，为草人而射之。"稻草人的身影遍布世界各地，日本和美国还将稻草人形象融入动漫作品中去，使这个名称术语带上虚张声势吓人的工具意象。莫斯科百周年纪念版和中央编译局译本的译词"稻草人"，用中国民间语言活脱脱地渲染出，"真正的"社会主义被封建反动势力用来恐吓资产阶级革命的百无一用，"稻草人"由此获得马克思主义义位，在社会政治生活中指称虚张声势又百无一用的工具设施。如今"稻草人"一词，也时常出现在中国共产党政治生活当中，在省部级主要领导干部学习贯彻十八届四中全会精神全面推进依法治国专题研讨班上，习近平总书记讲话就强调党纪国法不能成"橡皮泥""稻草人"，违规违纪违法都要受到追究。

古代埃及、古代中国都是有最早的文字可考的魔术古国，相传 4500 年前埃及胡夫法老在位，曾有魔术师表演鹅和公牛的断头术。"魔术"是外来语，在古代中国被称为"奇戏""戏法""幻术"，西洋魔术传入中国后，才改称"魔术"。《路史·后记》十三注引《史记》载："夏桀大进倡优烂漫之乐，设奇伟之戏"，从此可见，中国古代已将"奇戏"纳入娱乐表演。初唐时期，随着商业与宗教的兴旺发达，不仅幻术有很大的长进，并且开始东传日本。幸德秋水、堺利彦从《共产党宣言》1888 年英文版将 sorcerer 译为"魔術師"，陈望道虽参考了日译词"魔術師"，但没有直接借用，而是采用所指更宽泛的汉语固有词——术士。华岗、陈瘦石和莫斯科百周年纪念版的《共产党宣言》译本，都沿用了陈望道"术士"的译法。在《共产党宣言》德文原著术语 der Hexenmeister 中，动词 hexen 意为施魔法变出、施巫术变出，der Meister 意为师傅、专门家。1938 年成仿吾、徐冰用"魔术家"翻译 der Hexenmeister，博古翻译《共产党宣言》1883 年俄文版的 волшебник 一词，乔冠华校译本均沿用了"魔术家"的译法。从德语原著术语看，以"魔术家"对译在义素上非常吻合，但在汉语口语中，"魔术家"远不如"魔术师"流行，所以，1978 年成仿吾重新翻译《共产党宣言》时，将"魔术家"改为"魔术师"，与日译词一致，也更符合中国人发言习惯。"魔术师"替代"术士"的译法，是因为前者的所指更加突出戏法，在能指上更加突出资产阶级创造出的巨大生产力。中央编译局译本最后译成"魔法师"，又进一步扩展了译词的能指性。魔术师是一种表演职业，而魔法师则是神话童话中虚构的文学形象，用魔法师的召唤来烘托资产阶级上升时期的创造，通过奇幻色彩预示资本主义生产方式的魔法即矛盾。

在恩格斯为 1890 年《共产党宣言》德文版作的序言中，原著术语 das Allerweltsheilmittel 的前缀 Allerwelts-，经常构成名词，意为普通的……，通用的……形容词 heil（痊愈的、康复的）动词原形是 heilen，das Mittel 为方法、手段、措施之意，两个单词连接起来构成 das Heilmittel（药物、药剂、疗法），das Allerweltsheilmittel 字面义就是通用药物、通用疗法，既没有特指是药物，更没有特指是哪类药物。1930 年，华岗首次翻译 1890 年恩格斯的德文版序言，将 das Allerweltsheilmittel 译作"万灵药"，1938 年的成仿吾、徐冰的译本、1943 年博古的译本和 1948 年乔冠华的校译本，都翻译为"万应药方"。"万灵药""万应药方"在语用实践中更多用"万应灵药"，相沿成习已经成语化，1934 年，鲁迅在《申报·自由谈》中写道："有些人早已发明了一种万应灵药，就是：'今天天气……哈哈哈！'" 1979 年，邓小平的《关于经济工作的几点意见》中，也使用了"万应灵药"："万应灵药我们不可能找到，还要看以后的实践。"受道家炼丹文化影响，与"万应灵药"一同成语化的还有"万应灵丹"，而炼丹术士对"灵丹"的终极目标是长生不老，是有悖客观规律的信条。1948 年，《共产党宣言》百周年纪念版将 das Allerweltsheilmittel 译成"万应灵丹"，虽然原著术语所指不可能囊括中国的丹药，但这个名称术语更符合汉语发言习惯，更深入中华文化内核，中央编译局译本沿用了"万应灵丹"的译法，反衬蒲鲁东派和拉萨尔派超阶级运动纲领的非科学性。

德国是世界上城堡最多的国家，被誉为"城堡之国"，德语 Die Mauer 即城堡，《共产党宣言》原著术语 die chinesische Mauer，直译就是中国的城堡。1904 年，幸德秋水和堺利彦将《共产党宣言》英语版 Chinese walls，译为日语"支那の城壁"。"支那"一词源于梵文，古印度将中国称为 chini，唐代高僧从梵文佛经中音译为"支那"。804 年，日本僧人空海随遣唐史赴唐学佛，将汉译词"支那"带入日本。"城壁"也是中日共有汉字词，《新五代史·杂传·李仁福》记载："夏州城壁素坚，故老传言赫连勃勃蒸土筑之"。在《共产党宣言》汉译时，陈望道将"支那の城壁"对译为"中华底城壁"，华岗和陈瘦石再用白话文翻译为"中国的城壁"，在成仿吾、徐冰译本和博古译本中，则译为"中国的城垣"。城壁、城垣所指基本一致，都是带有防御工事的城墙，具有西方"城堡"防御外侵类似的所指，但都是书面语，指称东方老大帝国对资本主义商品贸易的深闭固拒，难以传神。1948 年的乔冠华译本和百周年纪念版，直接用汉语成语"万里长城"对应 die chinesische Mauer，在所指上与西方城堡偏移较大，万里长城不是一城一池的防御工事，而是整个中原王朝的防御工事，深入人心，朗朗上口，在《共产党宣言》汉译中获得马克思主义义位，所指拓展为中国传统自足经济结构对资本主义商品贸易的抵抗力。用民族方言词翻译马克思主义原著的重要名称术语，为中国人学习和应用马克思主义提供了敲门砖，这些用语成为马克思主义的入门 ABC，在马克思主义中国化过程中发挥造境功能，推动中西语境变换，成为中国人扣开马克思主义真理之门的第一步。

二、古典语重生

现代语用学认为：词语的意义在使用。中国马克思主义概念的生成，更有赖于马克思主义原著的专用术语在实践运用中的意义生产。在中、西、马语境变换的基础上，中国人把马克思主义当作认识世界和改造世界的科学思想武器，马克思主义原著中的专门术语，尤其是重要的经济术语、政治术语、哲学术语、社会学术语和民族学术语，是科学思想体系的物质载体，也是科学概念范畴的意义生发工具，在汉译过程中必然成为字斟句酌、语词推敲的聚焦点和关节点。马克思主义经典著作历经多人累译，原著术语的汉译词不断更替迁衍，语言结构的演变标志着语用实践的深化，标志着语义在中国语境中的生产和再生产。与拼音文字为表达新概念大规模制造新单词不同，马克思主义原著术语汉译词衍变，直到最后的定译词，汉语固有字基本不变，而汉语言文字的拼义功能得到充分发挥和彰显，翻译者通过日语借词、古语配词、汉字构词以及复合组词，在多次翻译和不断解读中形成的定译词中，汉字义素纳入了马克思主义术语的意义生产，使民族固有字词进入新的义位，增添新的义项，获得马克思主义科学内涵和时代生机。

笔者作为考证对象的 30 个术语，是马克思主义中国化第一次历史性飞跃过程中定型的重要术语，按双音词、三音词为基准，可以分解出 38 个术语词；根据研究需要，可以将社会主义核心价值观作为马克思主义中国化第二次历史性飞跃的基本术语词，增列 12 个双音词，共 50 个术语词，作为研究语料如下。

本质、存在、法律、方式、共产、共和、共同、国家、关系、民族、阶级、平等、人民、融合、所有、生产、生活、社会、市场、市民、实践、无产、形态、意识、有机、主义、专政、资本、自由、资料、政治、政党、制度、价值、富强、民主、文明、和谐、爱国、敬业、诚信、友善、公正、法治、共产党、共同体、所有制、生产力、价值观、中国化。

在 50 个基准术语中，通过查证《汉语大词典》，汉语固有词有 36 个，包括共同、共产、共和、法律、本质、和谐、阶级、人民、民主、生产、生活、市场、社会、实践、政治、自由、平等、主义、文明、存在、国家、民族、关系、融合、所有、市民、形态、意识、资本、制度、富强、爱国、诚信、友善、公正、法治等术语词，另"共产"一词，《汉语大词典》查证无典，又辅以《四库全书》查证，其在《魏书》有用例，共计汉语固有词 37 个，在基准术语中占四分之三。汉语固有词通过转义（意义引申转化）、转型（构词结构变换）、转性（词性发生移位），成为马克思主义概念具有了新的现代科学含义。实践、阶级、和谐等一些古典词，直接用作马克思主义术语译词，其他很多词还曾经作为近代资产阶级术语译词，经过这个中介获得近代意义，然后又成为马克思主义术语词，含义进一步发展进化。以"民主"一词为例，在古汉语中是偏正结构名词，"民之主"的意思；甲午战败后，李鸿章在为李提摩太编译的《泰西新史揽要》所作的序言中称："以天下为公则民主之，以天下为私则君主之"，并把"民主"作为民主共和国元首称谓，[①] 在旧词和旧结构里面，试图表达新含义；从日语借词回归后成为资产阶级主谓结构术语，"民作主"的意思，与古典词义几乎发生反转，可以作名词也可以作形容词、副词使用；进入《共产党宣言》特别是《法兰西内战》的汉译文本中，成为马克思主义概念，词语结构形式不变，义位由政治领域拓展到根本国体，涵盖经济民主、社会民主和政治民主，不仅仅是一种政治制度设

---

① 参见侯杰、王小蕾：《1896：李鸿章的世界之旅》，中国工人出版社 2015 年版，第 180、185 页。

计。邓小平在十一届三中全会主题报告中，就特别强调"经济民主"的基础地位。

在研究语料中还有无产、政党、方式、价值、有机、资料、敬业等七个术语，古汉语没有用例，是中日两国在汉字文化圈内，用两个汉字组成表达新概念的双音词，充分运用和发扬了民族文字的拼义功能。比如，"政党"一词，系1890年黄遵宪作《日本国志》时，最早从和制汉字词借入。在古汉语义位中，有朋党、会党、朝党等称谓，结"党"与营"私"相关联，"党"字是典型的贬义词。即使在黄遵宪从日本借词最初即年，一般中国人仍是戴着有色眼镜看西方资产阶级政党，1894年在《东游日记》中，旅日华人黄庆澄不得不就"自由党"名称专门解释说：这里所说的"党"，非如中国汉唐时期的朋党之比，盖亦自泰西传来之流弊耳。① 直到20世纪之初，"党"字才脱去贬义，梁启超流亡日本后写《戊戌政变记》，自称"改革党人"，1908年的《颜惠庆英华大辞典》已有译词"共产党人"，1916年的《郝美玲官话》还把"共产党人"称"均富党人"。这些用法中的"党"仍然不是现代意义上的有形政治组织，而是抱一定政治主张的人的统称，辛亥革命时期，作为有形政治组织的"政党"才为国人广泛认知。在《宣言》和列宁党的学说传入后，"政党"术语被理解成阶级的最高组织形式，成为马克思主义科学概念，古来已有的"党"字与"政"拼出当代意义。

古典字词还通过合成多音词，增加能产性和能指性，在中国马克思主义获得现当代意义。古汉语多音词多为叠词、专词，文字之间固定搭配，基本没有合成新词新义的能产性。在对译西方现代术语过程中，现代汉语引进日式语缀，通过前缀、后缀制造多音词，进一步增强了民族语言文字走进现当代，走进马克思主义科学概念的能指性。"党"字不仅拼义现代概念"政党"，还成为后缀词，合成共产党、革命党、劳动党以及党内政治生活等新术语，汉字"体""制""力""化""观"也同样具有了后缀词的功能，合成共同体、有机体、所有制、生产力、中国化、价值观等概念词，"主义"

① ［德］李博：《汉语中的马克思主义术语的起源与作用》，赵倩等译，中国社会科学出版社2003年版，第265、272页。

"阶级""制度""资本"等双音词亦可后缀，合成"社会主义""共产主义""资本主义""无产阶级""统治阶级""小资产阶级""经济制度""国家制度""基本制度""产业资本""垄断资本""金融资本"等术语和概念。"民主""价值""社会""生产""时代"都同时具有前缀词和后缀词功能，可以合成"民主政治""价值体系""社会和谐""生产方式""时代特征"，以及"经济民主""剩余价值""市民社会""精神生产""新时代"等术语。合成词大大地提高了汉语字词表达现当代中国马克思主义概念的能产性和时代性。

三、外国语内附

马克思主义经典作家本身非常重视原著术语的使用，力求术语语言结构与语义表达统一性，在跨语言翻译时更是选择能够准确把握原著术语的译者。1867 年 6 月 24 日，恩格斯致信马克思说："我解决了由谁把你的书译成英文的问题：这就是穆尔。他现在的德文水平能够毫不费劲地阅读海涅的作品，并且会很快地熟悉你的风格。"① 海涅是马克思的发小和挚友，赛米尔·穆尔是恩格斯的朋友，最早把《资本论》译成英文，而后又把《共产党宣言》翻译成英文，英文译本经恩格斯亲自校订并加注，并且在付印以前还由恩格斯和穆尔两人一起重新校阅了一遍，使之被世人认为最具权威性、是最接近德文原版的译本，也是早期汉语和日语《共产党宣言》译文的共同蓝本。1954 年，《美国共产党宣言》的汉译者沈雁冰提出："要从外国作品中去吸收新的语汇和表现方法，必须是在本国语言的基本语汇和基本语法的基础上去吸收而加以融化。"② 中华民族古语方言超升重生，是吸收和融化马克思主义经典著作新术语的语汇基础，马克思主义术语在汉译词演化确定的过程中，中西格义，累译而通，不仅通过中国语言的基本语汇和基本语法表现出来，而且定译词已经成为马克思主义经典著作的通用术语，与德、英、俄原著母词一一对应，在现代汉语基本词汇框架下，外国语母词无论是词形还是词义，都映射式地内附于汉语马克思

---

① 《马克思恩格斯全集》第 31 卷，人民出版社 1972 年版，第 314 页。

② 转引自冯天瑜：《新语探源——中西日文化互动与近代汉字术语生成》，中华书局 2004 年版，第 525 页。

主义常用术语。以《共产党宣言》汉译史为线索，陈望道首次全译之前的所有摘译、节译、变译，皆依照日语蓝本，对蓝本中的和制汉字词多是原语态的借用。例如，陈译本中财产、民众、工银、农夫、繁殖、国民、劳动者、法律家、生产过度、生产器具、中等阶级等译词，就是直接从幸德秋水和堺利彦的《共产党宣言》日文本借入。一般情况下，日语汉字与中文汉字同形不同义，和制汉字词与汉语同形词含义亦多不同，因此，中国人运用早期汉译的日语借形词理解马克思主义原著术语时，常常带来程度不同的概念误植。随着多语种、多译本对照翻译，特别是随着中国马克思主义者在中国实践经验基础上对原著术语的理解深入，通过译词更新和拼义矫正原译词的概念误植，成为马克思主义经典著作重要术语中国化的阶梯。为了解决早期汉译词与原著术语的张力，中国马克思主义者不断索求与原著术语更为贴切契合，义位明确、定义精准、界说明晰、具有特指性的科学化术语词。就《共产党宣言》而言，从陈望道译本至 2009 年中央编译局定译本，为了精准学习和应用马克思主义，中国马克思主义者参照日语、英语、德语、俄语等诸语底本，在早期译词的基础上，经过多人研究、多次重译，同一个母词衍生出多种译法，这些汉译词几经采借、流转、重铸、洗练、升华，最终厘定其中对原著术语最具能指性的译词，与原著母词一一对应。这些定译词即以 1943 年博古译本和 1948 年百周年纪念版为初步定型，又以 2009 年中央编译局译本为最终定译词。笔者所研究的汉语马克思主义术语，大部分在《共产党宣言》定译词当中，以大陆地区《共产党宣言》全译本为线索，全面梳理了《共产党宣言》原著重要术语译词的衍变，以及定译的术语词、概念词，兹汇总列表呈现。为了与日语的本汉字词渊流关系的对照，除首译本和定译本使用汉字简化字外，其他汉译本依其初版原字形入表。其中，有两种及三种译词的原著术语见表 1-2，有三种以上译法的见表 1-3 所示，表中末栏定译词（　）内数字，系译词在定译本共 214 句正文中所居位置的句数排序。如无特别说明，本书各章所称《共产党宣言》全译本译词变化，读者皆可查据本节两表。

表 1-2　两种及三种译法的《共产党宣言》术语对译

德文本	英文本	日译本	俄译本	陈望道译本	华岗译本	成仿吾、徐冰合译本	博古校译本	陈瘦石译本	乔冠华校译本	百周年纪念版	1978年成仿吾译本	中央编译局定译本
der Bourgeois	Bourgeois	ブルジョア	буржуа	有产者	有產者	有產者	資產者	資產階級	有产者	資產者	资产者	资产者(标题)
die Abstufung	gradation	小区分	сословие	等级	等級	等第	等第	等級	等第	等第	阶层	阶层(9)
die bürgerliche Gesellschaft	the bourgeois society	のブルジョア	буржуазное общество	有产社会	有產社會	資產階級社會	資產階級社會	資產社會	资产阶级社会	資產階級社會	资产阶级社会	资产阶级社会(10)
die Bourgeoisie	bourgeoisie	ブルジョア	буржуазия	有产阶级	有產階級	資產階級	資產階級	資產階級	资产阶级	資產階級	资产阶级	资产阶级(11)
das Tauschmittel	means of exchange	交换手段	средство обмена	交换机关	交換機關	交換手段	交換手段	交換手段	交换手段	交換工具	交换手段	交换手段(13)
die Ware	commodity	商品	товар	物品	商品	商品	商品	商品	商品	商品	商品	商品(13)
der Stand	class	阶级	сословие	阶级	階級	等級	等級	階級	等级	等級	等级	等级(18)
die Ausbeutung	exploitation	搾取	эксплуатация	掠夺	掠奪	剝削	剝削	剝削	剥削	剝削	剥削	剥削(20)
die Nation	nation	諸国民	нация	国民	國民	民族	民族	民族	人民	民族	民族	民族(27)
der Reaktionär	Reactionist	保守主義者	реакционер	保守派	保守派	反動派	反動派	反動派	反动派	反動派	反动派	反动派(26)
die geistige Produktion	intellectual production	精神的生产	духовное производство	知识的生产	知識的生產	精神生產	精神生產	心智的生产、知識生產	精神生产	精神生產	精神的生产	精神生产(26,121)
das Produktionsinstrument	instrument of production	生産機関	орудие производства	生产机关	生產手段	生產工具	生產工具	生產手段	生产工具	生產工具	生产工具	生产工具(27)
die Produktionsweise	The mode of production	生産方法	способ производства	生产方法	生產方法	生產方法、生產方式	生產方法、生產方式	生产形態	生产方法、生产方式	生產方式	生产方式	生产方式(27,96)
die Bevölkerung	population	多なる部分	население	国民	國民	民族	居民	人民	人口	居民	人口	居民(28)

续表

德文本	英文本	日译本	俄译本	陈望道译本	华岗译本	成仿吾、徐冰译本	博古校译本	陈瘦石译本	乔冠华校译本	百周年纪念版	1978年成仿吾译本	中央编译局定译本
das Produktionsmittel	the means of production	生産機関	средство производства и обмена	生产机关	生產手段	生產手段	生產手段	生產手段	生產手段	生資料	生產手段	生产资料(29)
die politische Herrschaft	political sway	政治的支配	политическое господство	政治权力	政治權力	政治的統治	政治的統治	政治的統治	政治的統治	政治上的統治	政治的統治	政治统治(32)
die Eigentums verhältnisse	property relations	財産関係	отношения собственность	財产关系	財產關係	財產關係	財產關係	財產關係	財產關係	所有制關係	財产关系	所有制关系(33)
die Lebensmittel	means of subsistence	生産資料	жизненное средство	衣食(费)	衣食(費)	生活費	生活資料	生活資財	生活資料	生活資料	生活资料	生活资料(33,37)
der Preis	price	価格	цена	价值	价值	價格	價格	價格	價格	價格	价格	价格(37)
die Masse der Arbeit	the burden of toil	労働時間	количество труда			勞動量	勞動量	苦役的負擔	勞動量	勞動數量	劳动量	劳动量(37)
der Proletarier	proletarian	プロレタリア	пролетарий	无产阶级	無產階級	無產者	無產者	無產階級	無產者	無產者	无产者	无产者(35)
die Arbeitklasse	working class	労働階級	рабочий класс	劳动阶级	勞動階級	工人階級	工人階級	勞動階級	工人階級	工人階級	工人阶级	工人阶级(39)
der Markt	market	市場	рынок	行情	行情	市場	市場	市場	市場	市場	市场	市场(36)
die Produktions Verhältnisse	conditions of production	生産関係	производственные отношения	生产方法, 生产状况	生產方法, 生產狀況	生產關係	生產關係	生產方法, 生產狀況	生產關係	生產關係	生产关系	生产关系(43,98)
der Arbeiter	workmen	労働者	рабочий	劳动者	勞動者	工人	工人	勞動者	工人	工人	工人	工人(45)
die herrschende Klasse	the ruling class	支配階級	господствующий класс	权力阶级	統治階級	統治階級	統治階級	統治階級	統治階級	統治階級	统治阶级	统治阶级(50)
der Standpunkt	standpoint	地位	точка зрения	立脚地	立脚地	觀點	觀點	立場	觀點	觀點	立场	立场(52)

续表

德文本	英文本	日译本	俄译本	陈望道译本	华岗译本	成仿吾、徐冰译本	博古校译本	陈瘦石译本	乔冠华校译本	百周年纪念版	1978年成仿吾译本	中央编译局定译本
die Koalition	combinations (Trades Unions)	組合	коалиция	团体（劳动联合）	團體（工會）		團體	同盟（工會）		同盟	同盟	同盟（45）
das Proletariat	the working class	プロレタリア	пролетариат	劳动阶级	勞動階級	無產階級	無產階級	勞工階級	無產階級	無產階級	无产阶级	无产阶级（65）
wieder zu erzeugen	reproduce	再製	воспроизводство	繁殖	繁殖	再生產	再生產	繁殖	再生產	再生產	再生产	再生产（83）
die kommunistische Gesellschaft		共産主義の社会	коммунистическое общество	共产社会	共產社會	共產主義社會	共產主義社會	共產社會	共產主義社會	共產主義社會	共产主义社会	共产主义社会（85）
die Produktionsverhältnisse	conditions of production	生産関係	производственные отношения	生产制度	生產制度	生產關係	生產關係	生產制度	生產關係	生產關係	生产关系	生产关系（87）
monopolisierbar	monopolise	独占	монополистический	独占	獨占	壟斷	壟斷	獨占	壟斷	壟斷	垄断	垄断（91）
das gesellschaftliche Verhältnis	the social condition	社会関係	общественные отношения	社会的状况	社會的狀況	社會關係	社會關係	社會狀況	社會關係	社會關係	社会关系	社会关系（105）
das arbeitsinstrument	instruments of labour	労働機械	рабочий инструмент	劳动底器具	勞動的工具	勞動器具	勞動器具	勞動的工具	勞動器具	勞動器具	劳动工具	劳动工具（106）
das gesellschaftliche Dasein	social life	社会的生活	общественное бытие	社会的生活	社會的生活	社會存在	社會存在	社會生活	社會存在	社會生活	社会存在	社会存在（120）
die politische Herrschaft	political supremacy	政権を握る	политическое господство	政权	政權	政治的統治	政治的統治	政權	政治的統治	政治統治	政治的统治	政治统治（114）
die gesellschaftliche Bewußtsein	the social consciousness	社会的自覚（社会意識）	общественное сознание	社会自觉	社會的意識	社會意識	社會意識	社會意識	社會意識	社會意識	社会意识	社会意识（127）
die materielle Produktion	industrial production	工業生産	материальное производство	产业的生产	產業的生產	物質生產	物質生產	工業生產	物質生產	物質生產	物质的生产	物质生产（144）
das Volk	the people	民衆	народ	人民	人民	人民	人民	人心	人民	民眾	人民	人民（149）

续表

德文本	英文本	日译本	俄译本	陈望道译本	华岗译本	成仿吾、徐冰译本	博古校译本	陈瘦石译本	乔冠华校译本	百周年纪念版	1978年成仿吾译本	中央编译局定译本
die Gesellschaftsordnung	form of society	社会组织	общественный строй	社会组织	社會組織	社会制度	社會制度	社會組織	社會制度	社會制度	社会制度	社会制度(151)
die Überproduktion	overproduction	生产过剩	перепроизводство	生产过度	生產過度	生產過剩	生產過剩	生產過剩	生產過剩	生產過剩	生产过剩	生产过剩(160)
die Volksmasse	the mass	民衆	народная масса	民衆	民衆	民衆	民衆	民衆	民衆	民衆	民衆	人民群众(173)
die politische Konstitution	the political constitution	政治组织	политическая конституция	政治组织	政治組織	政治制度	政治制度	政治組織	政治制度	政治機構	政治制度	政治制度(173)
die Gleichmacherei	social levelling	平均主义	уравнительность	社会均衡論	社會均衡論	平均主義	平均主義	社會平等理論	平均主義	平均主義	平均主义	平均主义(190)
die nationale Befreiung	national emancipation	国民的解放	национальное освобождение	国民解放	國民解放	民族解放	民族解放	民族解放	民族解放	民族解放	民族解放	民族解放(206)

表 1-3　三种以上译法的《共产党宣言》术语对译

德文本	英文本	日译本	俄译本	陈望道译本	华岗译本	成仿吾、徐冰译本	博古校译本	陈瘦石译本	乔冠华校译本	百周年纪念版	1978年成仿吾译本	中央编译局译本
das Gespenst	specter	怪物	призрак	怪物	怪物	巨影	幽靈	精靈	巨影	怪影	魔怪	幽灵(1)
kommunistisch	communistic	共产党	коммунистическая партия	共产主义	共產主義	共產	共產主義	共产主义的集团	共產	共產黨	共产主义	共产党(2)
die Abstufung	gradation	小区分	сословие	等级	等級	等第	等第	等级	等第	等第	阶层	阶层(9)
die Staatsgewalt	the executive of the state	国家の政府	государственная власть	国家底行政机关	國家的行政機關	國家政權	國家政權	國家的行政機構	國家政權	國家政權	国家政权	国家政权(18)

续表

德文本	英文本	俄译本	日译本	陈望道译本	华岗译本	成仿吾、徐冰译本	博古校译本	陈瘦石译本	乔冠华校译	百周年纪念版	1978年成仿吾译本	中央编译局译本
die Spießbürger	philistine	мещанская	町家	儿女,小资本家	儿女,小资产阶级	小市民	俗人,庸人	儿女,市侩	小市民	俗人,市儈	庸人,市侩	小市民(20,180)
die persönliche Würde	egotistical	эгоистический расчёт	主我的	利害計較	利害計較	利己主義	利己主義	自私	利己	利己主義	利己	利己主义(20)
der Lohnarbeiter	labourer	платный наемный работник	賃金労働者	工銀労働者	工銀勞動者	雇傭勞動者	催務勞動者	工资勞動者	催催勞動者	催的樸役	雇佣劳动者	雇佣劳动者(21)
die chinesische Mauer	Chinese walls	все китайские стены	支那の城壁	中华底城壁	中國城壁	中國的城垣	中國的城垣	中國的城壁	萬里長城	萬里長城	万里长城	万里长城(27)
das Gesetz	law	закон	法律家	法典	法典	立法	立法	法典	立法	法制	法律	法律(29)
Volk	nation	народ	国民	国民	国民	国民	人民	國家	國家	民族	民族	民族(28)
das Produktionsmittel	the means of production	средство производства	生産機関	生产机关	生産的手段	生產手段	生產手段	生產手段	生產手段	生產工具	生产手段	生产资料(31)
die politische Konstitution	political constitution	и политический строй	政治的組織	政治組織	政治組織	政治的結構	政治的結構	政治組織	政治的結構	政治制度	政治的结构	政治制度(32)
die Eigentumsverhältnisse	relations of property	отношения собственности	財産関係	財产关系	財產關係	財產關係	財產關係	財產關係	財產關係	所有制關係	财产关系	所有制关系(33)
der Hexenmeister	the sorcerer	волшебник	魔術師	术士	术士	魔術家	魔術家	术士	魔術家	術士	魔术师	魔法师(33)
der Arbeitslohn	wage	заработная плата	労働賃金	工資,工銀	工資,工銀	工錢	工錢,工銀	工資	工錢,勞動工資	工資	工资	工资(37,83)
die Masse	mass	масса	集団	団体	團體	羣	羣衆	團體	羣	羣衆	集体	集体(45)
die Aneignungsweise	mode of appropriation	способ присвоения	所得方法	分配方法	分配方法	佔有方法	佔有方式	分配形態	剝削方法	佔有方式	占有方式	占有方式(55)

续表

德文本	英文本	日译本	俄译本	陈望道译本	华岗译本	成仿吾、徐冰译本	博古校译本	陈瘦石译本	乔冠华校译	百周年纪念版	1978年成仿吾译本	中央编译局译本
das Mitglied der Kommune	membership in the commune	村邑の公民	член коммуны	都市的公民	都市的公民	公社底社员	公社底社员	市民	公社底社员	公社社员	公社成员	公社成员(59)
die Lohnarbeit	wage-labour	賃金労働	наёмный труд	工银劳动	工银劳动	雇佣劳动	雇佣劳动	工资劳动	雇佣劳动	雇佣劳动制	雇佣劳动	雇佣劳动(60)
die Erzeugung der Produkte	producing product	生産領有	производство продуктов	生产制度	生银制度	生產佔有	生產佔有	生产制度	商品生産	生產	产品的生产	产品生产(73)
das Privateigentum	private property	私有財産	частная собственность	私有财产	私有财产	私有財產	私有財產	私產	私有財產	私有財產權	私有财产	私有制(74)
die materielle Lebensbedingung	the economical conditions of existence	物質的生活条件	материальное условие	经济条件,经济状况	經濟條件,經濟狀況	物質生活條件	物質生活條件	生存的經濟條件,經濟生存條件	物質生活條件	物質生活條件,生存條件	物质生活条件	物质生活条件(98,173)
Ideologisch	ideological	理想的	идеологических	理想家	觀念形態的	意識形態的	意識形態的	觀念形態的	意識形態的	思想方面的	意识形态的	意识形态(119)
die Nationalität	nationality	国民性	национальность	国粹	國情	民族	民族	國籍	民族	民族	民族	民族(113)
das Eigentumsrecht	the rights of property	支配権	собственность	私有财产权	私有財產權	財產權	財產權	財產權	財產權	私有權	财产权	所有权(132)
die öffentliche Gewalt	the public power	公的権力	публичная власть	公的权力	公的权力	公衆的權力	公衆的權力	公共權力	公衆的權力	公衆的權力	公共的暴力	公共权力(145)
die Assoziation	association	協力社会	ассоциация	协同社会	協同社會	集體社會	團體	新社會	集體社會	協會	联合组织	联合体(146)
die Weise der Ausbeudung	mode of exploitation	搾取	способ эксплуатации	掠夺底方法	掠奪底方法	剥削方法	剥削方式	剥削形態	剥削方法	剥削方式	剥削方式	剥削方式(151)
die Praxis, praktische	practice	実際,実践	практическое	行动,实行	行動,實踐,實際	實踐,實際	實踐	行動,實際	實踐,實際	實踐	实践	实践(154,165)

德文本	英文本	日译本	俄译本	陈望道译本	华岗译本	成仿吾、徐冰译本	博古校译本	陈瘦石译本	乔冠华校译	百周年纪念版	1978年成仿吾译本	中央编译局译本
die Nationalität	nationality	旧国民性	национальность	国粹	國粹	國族	民族性	民族性格	國族	民族屬性	民族性	民族性(160)
Aufhebung	Dethronement	廃止	упразднение	废止	废止	廢除	廢除	没落	廢除	廢除	扬弃	扬弃(168)
das menschliche Wesen	Humanity, Human Nature	人間性	человекой сущности	人情、人类	人情,人類	人性	人性	人情,人類	人性	人性,人類本性	人的本质	人的本质(168,170)
die Vogelscheuche	scarecrow	案山子	пугал	草把人	草把人	假人	草人	工具	假人	草人	稻草人	稻草人(174)
die gesellschaftliche Harmonie	social harmony	社会調和	общественная гармония	社会調和	社會調和	社會的和協	社會的協和	社會協調	社會的和協	社會協和	社会的和谐	社会和谐(199)
das Gesetz	laws	法則	закон	法律	法律	法則	規律	法律	法則	法則	法则	规律(193)

第　二　章

马克思主义经济术语中国化考释

马克思主义在华传播 120 年间，以经典著作汉译为主要载体，原著术语的汉译词不断演变，最后确定下来的通行译词许多发展成中国马克思主义术语，为哲学、政治学、经济学、社会学和民族学等学科的形成奠定了概念基础。因此，习近平总书记指出："当代中国哲学社会科学是以马克思主义进入我国为起点的，是在马克思主义指导下逐步发展起来的。"[①]经济领域是马克思主义发展史的现实和逻辑起点，经济术语在汉语马克思主义术语居于首要地位，本章从经典作家进入经济分析的历史地平线即生产方式范畴开始，依次考察生产方式、生产资料、所有制、资本、市场等汉语马克思主义术语的来龙去脉。这些术语不仅是经济学核心概念，而且成为研究社会经济关系的分析工具，其中，"所有制"是译者用汉字组词，"市场"由日语原语借词，"资本"属日语回归借词，"生产""资料""方式"都是日语回归借词，在汉语语境中组词"生产资料""生产方式"。本章以《共产党宣言》汉译本为主要线索，并结合《共产党宣言》变译本《社会主义神髓》和《资本论》相关汉译词演变，考证注疏这五个重要经济术语。

[①]　习近平：《在哲学社会科学工作座谈会上的讲话》，人民出版社 2016 年版，第 5—6 页。

第一节　生　产　方　式

马克思主义经典作家的"生产方式"范畴中国化，是以回归借词"生产"为第一语素，先后以"生产"与"组织""制度""形态""方法""形式""方式"等组词，形成汉语"生产方式"这个术语，开启了"生产方式"范畴中国化的历史进程。"生产"一词在汉语中古已有之，以相对独立的语素所存在，用来表示自然属性上的"生育、繁殖、生长"的含义，指自然界动植物的生长繁衍，人类自身的繁殖生存。"生产"作为一个组合词语在汉代被用来表示社会属性上的"职业、谋生手段"的含义，指为了维持自身及家庭的生存发展而从事一定的职业。但这一组合词并没有成为一个术语传承发展成为具有经济含义的术语。日本学者赋予其经济含义，用以对接西方的 production 概念。自中村正直第一个用来表示 production 的含义后，"生产"一词就被日本朝野广泛使用。后被中国学者借词回归，用以表示经济学上创造财富的"生产"含义。经中国马克思主义者的研究和传播，"生产"突破了西方经济学的含义，成为从自然生产、人类生产再到家庭与社会生产的马克思主义概念。"生产"语素先后与"组织""制度""形态""方法""形式""方式"等中日共创汉字词组合，用以对译马克思主义创始人 Productionsweise 术语，最终统一规范化为"生产方式"这个术语，使之上升为马克思主义中国化的核心范畴。

一、生产方式原著概念汉译词的演变

马克思主义创始人对资本主义经济问题的分析是从生产开始，归结于生产方式，伴随着经济术语"生产"一词的传入，德文 Productionsweise，英文 mode of production 的"生产方式"也随之进入东方视野。这一时期，从"生产制度""生产组织"到"生产形态""生产方法"都可用来对应德文 Productionsweise 和英文 mode of production。具体可通过对《共产党宣言》汉译过程中的"生产方式"译词的词语演变，清晰明白地看到此演变过程。

表 2-1　《共产党宣言》原著术语 Productionsweise 译词的演变

英文版	modes of production and of exchange	old modes of production	the bourgeois mode of production	mode of porducing and appropriating material products
德文版①	Der Productions（生产）-und（和）Verkehrsweise（交往方式）ist	der alten（原有的）Produktionsweise（生产方式）	die Produktionsweise der（生产方式）Bourgeoisie（资产阶级）	Aneignungs（占有）-und（和）Produktionsweise（生产方式）
1904 年日译本②	生産および交換方法	古い生産方法	ブルジョァジの生産方法	獨得方法および生産方法
中央编译局③	生产方式和交换方式	旧的生产方式	资产阶级的生产方式	物质产品的占有方式和生产方式
1903—1906 摘译	生産及交換之方法		資本的生産制度	
1908 年民鸣	生産交換之方法	生産舊方法	紳士之生産方法	
1912 年陈振飞④	生産交換之方法	生産的舊方法	其生産方法	
五四时期摘译		旧生産方法		物质的生産方法
1920 年陈望道	生産及交換方法	生産的舊方法	資本家的生産方法	生産及分配方法
1930 年华岗	生産及交換方法	生産的舊方法	資本家生産方法	物質上生産及分配方法
1938 年成仿吾、徐冰	生産方法與交通方法	舊的生産方式	資産階級底生産方法	物質生産的佔有方式與生産
1943 年陈瘦石	生産形態與交換形態	舊的生産形態	資産階級的生産形態	物質生産形態與物質分配形態

①　韦正翔：《〈共产党宣言〉探究》，中国社会科学出版社 2013 年版。

②　《共产党宣言》，[日] 幸德秋水、堺利彦译，彰考书院发行所 1952 年版。

③　《共产党宣言》，人民出版社 2017 年版。

④　邱捷：《1912 年广州〈民生日报〉刊载的〈共产党宣言〉译文》，《中山大学学报》（社会科学版）2016 年第 6 期。

续表

1943 年博古校译	生產方式與交換方式	舊的生產形態	資產階級底生產方法	佔有方式與生產方式
1947 年乔冠华校译	生產方法與交通方法	舊的生產方式	資產階級底生產方法	佔有方式與生產方式
1948 年纪念版	生產和交換方式	舊的生產方式	資產階級的生產方式	物質產品佔有方式和生產方式
2001 年台湾版①	生產和交換方式	舊有生產方式	資產階級的生產方式	物質產品生產和佔有形式

　　"生产方式"最初传到日本时，和其他的术语一样，并没有形成专门的概念，是采用原有的词汇表示其含义。因此，"生产方式"最早被理解为"生产制度"或"生产组织"。"制度"一词在汉语古已有之，早在西周时就已用来表示"一定历史条件下形成的法令、礼俗等规范"。福井准造用"生产"和"制度"结合，组成"生产制度"即"生产的规章、准则"来表示马克思的"生产方式"概念。他在 1899 年的《近世社會主義》中指出"马陆科斯之《资本论》……主张反对资本的生产制度而不辞。"② 马克思在《资本论》中所说"我要在本书研究的，是资本主义生产方式"③，他对资本主义的批评是基于其生产方式。据此，福井准造所提出的"反对资本的生产制度"其实也就是对资本主义生产方式的批判。在这本著作中，福井准造还用"生产组织"来表示"生产方式"的概念。"故资本的生产组织，实为悖理不法之组织"其意在于指出资本主义的生产方式是违背客观规律的，主张反对资本的生产方式。这里的"生产制度"和"生产组织"都是马克思的"生产方式"概念的早期表述。

　　1903 年，幸德秋水在《社会主义神髓》中使用了"生产交换の方法"来对应马克思的"生产方式和交换方式"。在 1904 年他和堺利彦的《共产党宣言》的首部日译本，用"生产方法"取代"生产制度"和"生产组

---

　　① 《共产党宣言》，唐诺译，脸谱出版社 2001 年版。

　　② 姜义华：《社会主义学说在中国的初期传播》，复旦大学出版社 1984 年版，第 155 页。

　　③ 《马克思恩格斯文集》第 5 卷，人民出版社 2009 年版，第 8 页。

织"，用来对应德文的 Productionsweise，英文的 mode of production，表示马克思的"生产方式"概念，这一译词也在日本和中国长期作为"生产方式"的标准对等词占据主流地位。

"方法"同"生产"一样，都是来自日语的回归汉字借词，即在中国古汉语就已存在，后通过日语的影响在中国重新启用。《社会主义神髓》是据《共产党宣言》《社会主义从空想到科学的发展》和《资本论》第一卷所著，是当时代表最高水准的社会主义理论著作之一，在中国尤其流行。幸德秋水在引用《共产党宣言》的一段论著时指出："一切社会之组织者，必以经济的生产及交换之方法为根底。"① 这段论述就是我们所熟悉的《共产党宣言》中关于生产方式运动及基础作用的基本原理。幸德秋水把经济的生产及交换方法作为社会组织及依据，经济生产方式在这个时期被理解为经济的生产之方法，且把生产与交换紧密联系起来，作为一个整体，即"生产及交换方法"或者"生产交换的方法"，用来理解马克思在《共产党宣言》时期所阐述的生产方式范畴。这种对应关系，在引用恩格斯《社会主义从空想到科学的发展》时亦如此："最真理之判断，夫唯察生产交换方法之态度。"② 但是，在《社会主义神髓》中，幸德秋水还曾使用"产业方法"来理解马克思的"生产方式"概念。在第三章"产业制度之进化"中，他指出："然世界之历史也，产业方法之历史也。社会之进化与革命者，产业方法之变易也。"③ 在马克思看来，历史是同物质生产的生产方式结合起来的，对历史的把握要通过对一定历史阶段的物质生产方式的分析，生产方式的变革推动着社会历史的发展。值得注意的是，幸德秋水在援引马克思和恩格斯的原著论述时，采用"生产方法"的译词，在自己阐述时却采用"产业方法"这一词语。

幸德秋水的《社会主义神髓》在日本一经出版，仅两个月后就被翻译为中文，被当时中国的知识分子所接受，其对"生产方式"的译词也一并传入中国并被长期采用。因其是依据马克思、恩格斯的《共产党宣言》《社会主义从空想到科学的发展》以及《资本论》第一卷，这三部著作在当时

① ［日］幸德秋水：《社会主义神髓》，中国达识译社译，浙江潮编辑所 1903 年版，第 11 页。
② ［日］幸德秋水：《社会主义神髓》，中国达识译社译，浙江潮编辑所 1903 年版，第 13 页。
③ ［日］幸德秋水：《社会主义神髓》，中国达识译社译，浙江潮编辑所 1903 年版，第 13 页。

的马克思主义的地位不可言喻,《神髓》可以说是我们认识和理解马克思主义的中介。而幸德秋水所使用的"生产方法"译词成为当时"生产方式"概念的规范主流译法。这体现在之后《社会主义神髓》和《共产党宣言》的众多译本中,以及马克思的其他经典著作的译本中,大多数都是采用"生产方法"一词。

除此之外,"生产形态"对应"生产方式"译词,出现在一些社会主义学说以及涉及马克思主义的文章著作中。

1920年6月,常乃惪(署名周炳林)翻译的 W. Paschal Larkin 的《马克思历史的唯物主义》中,摘译 Oritieism of Political Economy 的论述,将马克思历史唯物主义的"生产力与生产关系"的矛盾运动表述为"在这样的情形下,生产状态反而妨碍生产力的发展"。① 这一对立关系在早期的马克思主义著作中一般被译作"生产方法"与"生产力"之间的矛盾,如1908年民鸣、1912年陈振飞、1920年陈望道译本的《共产党宣言》都使用了"现代生产力对抗现代生产方法"对应英文 modern productive forces against modern conditions of production,在这里"生产状态"对应马克思所说的"生产关系"。从这个层面上来讲,这里的"生产状况"和"生产方法"都可以用来表示"生产关系"的含义,这一点在陈瘦石的译本中也有体现,他使用"现代生产诸力对于现代生产状况",表示马克思的"生产力与生产关系"的矛盾运动。

1943年陈瘦石翻译的《共产党宣言》译本,是当时唯一一个由非共产党人所译,在国统区合法出版的全译本,且据推测依据的母本是英文版,所以马克思主义术语的一些译词就与陈望道的译本以及其他共产党人的译本有所不同。其中一个明显的译词变化就是"生产方式"由"生产形态"来对应。"由此可知现代的资产阶级,其本身即是一种长期发展的产物,生产形态与交换形态迭次革命的结果。"② 且"形态"一词对应 mode/modes,贯穿整篇译文。"形态"的选用,究其原因,也有多方面考虑。仅就词语的表述来看,在早期的英华字典中,mode 一词就可以翻译为"态,形式",从这点

---

① 吕延勤:《马克思主义在中国早期传播史料长编(1917—1927)》上,长江出版社2016年版,第303页。

② 《共产党宣言》汉译纪念版,陈望道等译,中华书局2011年版,第157页。

来看，陈瘦石的译词更加趋向于紧扣英语用词。在此译本使用的"生产形式"的译词，有"生产形态与交换形态""旧的生产形态""资产阶级的生产形态""物质生产形态与物质分配形态"等。

综上所述，马克思主义"生产方式"的译词演变早期，有"生产制度""生产组织""生产方法"和"生产形态"等词。而"生产方式"译词成为德文 Productionsweise，英文 mode of production 的对等词，则出现在五四时期，经历了个例到共例，最终成为标准对等词，规范统一下来，使"生产方式"成为历史唯物主义的核心范畴。

二、"生产方式"术语的概念发展史

中国马克思主义者开始使用"生产形式"是在五四运动后，马克思主义广泛传播，并逐步把"生产方式"统一为马克思主义范畴的定译词，最终生成汉语中的马克思主义生产方式范畴。

早在 1905 年春，孙中山先生访问第二国际书记处，请求社会党国际局接纳他的党为成员，与王德威尔得进行会谈时，指出，"中国社会主义者要采用欧洲的生产方式，使用机器，但要避免其种种弊端"①。这次会谈以英语进行。1905 年 5 月 18 日，比利时社会主义报纸《人民报》用佛兰德语记述了他们之间的谈话，几天后法文版也有报道。② 根据桑德的报道，《人民报》于 5 月 20 日刊登了《中国的社会主义》一文，其中指出："中国人深知欧洲无产者在资本主义生产方式下遭受的苦难，他们不愿意成为机器的奴隶。"③ 孙中山追求一种新的生产方式，既代表一种先进的生产力，又可以避免发生资本主义制度下的苦难，防止一个阶级剥削另一个阶级。但是遗憾的是，孙中山所提出的"生产方式"并没有在其党内认同流行，形成统一的概念表述，更别说形成哲学、经济学意义上的马克思主义术语和范畴。

1920 年 6 月，常乃惪从英文翻译了 W. Paschal Larkin 的《马克思历

---

① 姜义华：《社会主义学说在中国的初期传播》，复旦大学出版社 1984 年版，第 343 页。
② ［美］伯纳尔：《一九○七年以前中国的社会主义思潮》，邱权政、符致兴译，福建人民出版社 1985 年版，第 52 页。
③ 姜义华：《社会主义学说在中国的初期传播》，复旦大学出版社 1984 年版，第 345 页。

史的唯物主义》中，常乃惪把"生产方式"译为"生产的形记［式］"，"生产的形记［式］决定社会，政治，智识生活的性质。"这段话是转译马克思《〈政治经济学批判〉序言》的名句，马克思原文阐述物质生产方式的决定性作用。常乃惪使用"式"来对应英文 mode 一词。在此文中译者也曾使用"生产的形式"和"生产方法"，如"历史事件的关键，就在生产的形式里头，就是人类自谋生活的一般方法。""生产的形式，是所有一切'历史上'社会组织的基础。"他指出了"生产的形式"是"谋生方式"，是理解历史的关键，决定了其他的社会结构。"马克思说，在古代的时候，生产方法的粗陋和实业组织力的缺乏"① 在这篇译文中，常乃惪用"生产的形式"来表示马克思历史唯物主义基本原理中的"生产方式"概念，"生产方式"的历史性决定作用，而用"生产方法"来表示具体的技术层面上的"生产方式"概念。这不得不说是马克思"生产方式"范畴在中国发展的新进展。

在马克思主义发展史上，恽代英是明确使用"生产方式"一词的马克思主义者。在 1921 年 1 月，恽代英在翻译德国柯祖基（今译考茨基）的《阶级争斗》中使用"生产方式"一词，使之出现在马克思主义者的视野中，开始用来表示马克思主义"生产方式"范畴概念。恽代英在分析马克思恩格斯的人类历史的发展时，说："怎样引出新生产方式，因而需要新社会方式；怎样使人类发生新欲望，使他不能不回头影响到社会状况，而想出是社会适应于生产进行相合的新制度。"② 恽代英于 18 岁时在基本掌握英文的时候，又自学了德文和日文，因此，所使用的"生产方式"是对应于俄文。在 1925 年 2 月的《纠正对于马克思学说的一种误解》中再次使用了"生产方式"一词，引用了马克思《〈政治经济学批判〉序言》中的经典论述"凡一社会组织，非俟其生产力尽量发展后，决不倾覆；崭新而进步的生产方式，非俟该物质所必须之条件孕育于旧社会之母胎内，决不贸然发生；"③这就是我们今天所熟知的"两个决不会"，但是，这一表述在之前及

---

① 吕延勤：《马克思主义在中国早期传播史料长编（1917—1927）》上，长江出版社 2016 年版，第 303 页。

② 《恽代英全集》第 4 卷，人民出版社 2014 年版，第 381 页。

③ 《恽代英全集》第 7 卷，人民出版社 2014 年版，第 47 页。

同时期的摘译中，都是使用"生产关系"一词。如 1919 年 12 月胡汉民的《唯物史观批评之批评》，摘译《〈经济学批评〉序文》，表述为"一社会的组织。非到他的全生产力在其组织内、更无发展之余地以后、决不能颠覆。这新的、比从前高的、生产关系、在他物质的生存条件未孵化于旧社会的母胎以前、决不能产生。"① 恽代英弃用"生产关系"大胆使用"生产方式"来对应马克思在《序言》中所说的"生产关系"，在语言表述上的一种创新与发展，在内涵上把"生产关系"视为"生产方式"，这也与早期以及同时期的民鸣、陈振飞、陈望道、常乃惪等一致，是马克思"生产方式"范畴的生产关系层面的理解。

1925 年 6 月，周恩来在第一次东征回师途中向黄埔军校学生作的《军队中的政治工作》讲演中，提出"军队有种种集成的方式，这方式是依社会环境各时代的生产方式而变迁的"②。这正是马克思主义的"生产方式的变化引起全部社会制度、社会思想、政治观点和政治设施的变化"的体现，周恩来把这个基本原理运用到军队的组织和建设中去，是马克思主义与中国具体的相结合。周恩来早期曾留学日本，后又作为早期赴法勤工俭学人员，其所接受的马克思主义思想来源更为广泛。

在 1928 年 12 月，吴玉章在莫斯科中山大学研究院时所写的《太平革命以前中国经济、社会、政治的分析》中，使用"资本主义生产方式"一词，并引用《资本论》中马克思对高利贷资本的批判中的论述："这个过程会在多大程度上像现代欧洲那样使旧的生产方式废除，并且是否会以资本主义生产方式代替它，这完全要取决于历史的发展阶段以及由此产生的各种情况。"③ 吴玉章于 1903 年东渡日本，二次革命失败后去法国，在 1928 年又去苏联，使得他所接受的社会主义思潮繁多，最终从非马克思主义者转变为马克思主义者。因此，吴玉章所使用的"生产方式"一词，更加趋向马克思的阐述。同年瞿秋白在苏联共产国际六大第三十一次会议上的讲话《关于殖民地和半殖民地国家的革命运动的补充报告》时使用了"亚

---

① 吕延勤：《马克思主义在中国早期传播史料长编（1917—1927）》上，长江出版社 2016 年版，第 158 页。

② 《周恩来军事文选》第 1 卷，人民出版社 1997 年版，第 8 页。

③ 《吴玉章文集》下，重庆出版社 1987 年版，第 753 页。

细亚生产方式"。

　　纵观十月革命成功后，马克思主义在中国的传播迎来了新的高潮，马克思主义成为我们救亡图存的理论思想。我们所接受的马克思主义的渠道不仅是来自日本，欧洲和苏联也成为主要传播渠道。因此，对马克思"生产方式"概念的理解更为深化，"生产方式"这一词语不仅被用来翻译马克思主义经典著作，更是渐渐被运用到马克思主义的理论研究中。但是这一时期，所使用的"生产方式"一词只是零零散散地出现在马克思主义的文章著作中，是属于个例，并没有成为一个概念成熟起来。对于马克思历史唯物主义经典原理的论述，还是使用"生产方法"一词来表述。如 1919 年 9 月，彭一胡的《社会主义论》，摘译《〈政治经济学批判〉序言》的经典论述"物质生活的生产方法、决定社会的政治和精神的生活样式"[①]。同年 12 月胡汉民在《唯物史观批评之批评》，也摘译为"物质的生活之生产方法"；又摘译马克思《哲学的贫困》中"随着变化生产方法"。[②]

　　除了翻译经典著作外，中国人对马克思主义学说的传播与理解，也是使用"生产方法"而非"生产方式"。1919 年 10 月，胡汉民《中国哲学之惟物的研究》，对马克思的"生产方式"范畴体系的概况，表述为"物质生产的方法变化、一切社会的关系跟着变化"[③]。1920 年 11 月，李达在《共产党》创刊号发文称："吾人生产方法除资本主义及社会主义外，别无他途"；[④] 同年 12 月，徐苏中翻译恩格斯《科学的社会主义与唯物史观》，引用了河上肇所做的序，"唯物史观与社会主义之关系——（在资本主义的组织之下生产力与生产方法冲突—社会化的生产与资本家的所有权之矛盾、现为无产者与有产者之对抗——生产方法对于交换方法之叛逆、恐慌——生产

---

　　① 吕延勤：《马克思主义在中国早期传播史料长编（1917—1927）》上，长江出版社 2016 年版，第 84 页。

　　② 吕延勤：《马克思主义在中国早期传播史料长编（1917—1927）》上，长江出版社 2016 年版，第 156 页。

　　③ 吕延勤：《马克思主义在中国早期传播史料长编（1917—1927）》上，长江出版社 2016 年版，第 91 页。

　　④ 吕延勤：《马克思主义在中国早期传播史料长编（1917—1927）》上，长江出版社 2016 年版，第 414 页。

手段之国有）"；① 1921 年 5 月，施存统进一步提出了"共产主义的生产方法"："实行共产主义的生产方法，生产力只会比资本主义的生产方法增高，决不会减少。"② "社会主义生产方式"和"共产主义生产方式"表明了"生产方式"是一个历史发展的概念，不是只局限于资本主义。即使在中国共产党成立后，"生产方式"出现，"生产方法"的主流地位同样不可撼动。如 1921 年 8 月施存统的《唯物史观在中国的应用》，对唯物史观的要义进行概括："经济组织（生产及分配方法），是社会组织底基础"③。这一现象直到土地革命和延安时期，才有了总体上的变化。

到 1935 年，艾思奇在《〈政治经济学方法论〉的批评》中，提出"生产力是在一定的生产方式之下发挥出来的力量，所谓生产方式，就是劳动与技术结合的方式，它是不能离开一定的社会而存在的"④。其中把"生产方式"定义为"劳动与技术结合的方式"。他在 1936 年的《马达教国论》中，进一步强调了"劳动力和生产工具结合的方式叫做生产方式。生产力，都是在一定的生产方式之下发挥的，说到生产力，就不能忘记了这劳动力和劳动手段等等的结合方式"⑤。这"生产方式"的定义，使生产方式成为一个体现生产力，生产关系，劳动力和生产资料的逻辑体系，是我们对马克思"生产方式"概念的深化。

在 1938 年成仿吾和徐冰的《共产党宣言》译本，用"旧的生产方式"对应 old modes of production，用"物质生产品的占有方式与生产方式"对应 mode of porducing and appropriating material products，《共产党宣言》中其他出现的 modes/mode，还是翻译为"方法"。在博古校译本和乔冠华校译本中，也曾出现过用"方法"和"方式"来对应 mode 一词，在"生产方式"出现的五次中，将"资产阶级的生产方式"还是译为"资产阶级底生产方法"，这也就是马克思所说的具体的特殊的生产方式，其余的已经译为"生

① 吕延勤：《马克思主义在中国早期传播史料长编（1917—1927）》上，长江出版社 2016 年版，第 486 页。

② 施存统：《我们要怎么样干社会革命》，《共产党》1921 年第 5 号。

③ 吕延勤：《马克思主义在中国早期传播史料长编（1917—1927）》上，长江出版社 2016 年版，第 752 页。

④ 《艾思奇全书》第 1 卷，人民出版社 2006 年版，第 399 页。

⑤ 《艾思奇全书》第 1 卷，人民出版社 2006 年版，第 652 页。

产方式",如"生产和交换方式""旧的生产方式""占有方式和生产方式"等。

除了《共产党宣言》的译本开始用"生产方式"对应 mode of production 外,一些马克思主义者也开始有意识地使用马克思的"生产方式"一词。徐特立在 1941 年的《读〈反杜林论〉的笔记》中指出,"生产和交换方式是社会关系的前提"①。张闻天在 1942 年的《发展新式资本主义》中,使用了"资本主义生产方式是现时比较进步的,可使社会进化的。"② 1943 年,胡绳在《这就算批评么》中说:"因为马克思所说的社会发展的决定动因是物质生活中的生产方式,而生产方式(生产力与生产关系的结合)本不是单纯生产力,更不是生产技术。"③ 同年谢觉哉在 1 月 24 日的日记中提到了"农村生产方式"。

1948 年,毛泽东使用"生产方式"这一词,并对此进行定义:"社会的生产力和社会的生产关系相结合,就是社会的生产方式。社会的生产方式是一切社会制度、政治制度和精神生活的基础。"④ 毛泽东把"生产方式"视为社会存在的主要方面,是历史社会发展的决定性因素,体现了马克思生产中"物"与"人"因子的辩证统一,生产力和生产关系的矛盾统一。

直到 1948 年在莫斯科出版,1949 年 6 月起在中国重印出版的《共产党宣言》百周年纪念版,其中以"生产方式"为核心的词共出现六次,这个译本通篇采用"方式"对应 modes 或者 mode,这一译词也在后来被统一规范。在新中国成立后的各种版本中,如在 1957 年的《资本论》和《马克思恩格斯全集》第一版中统一译为"生产方式"。至此,"生产方式"作为 mode of production 的对译词在汉语术语中确定下来。

三、中国马克思主义生产方式概念疏义

马克思主义"生产方式"概念的中国化,以马克思主义日语著述为中介,是中日两国在汉字文化圈内对马克思主义术语共创共享的结果,以回归

---

① 《徐特立文存》第 2 卷,广东教育出版社 1995 年版,第 351 页。
② 《张闻天社会主义论稿》,中共党史出版社 1995 年版,第 62 页。
③ 《胡绳全书》第 1 卷上,人民出版社 1998 年版,第 183 页。
④ 《毛泽东文集》第 5 卷,人民出版社 1996 年版,第 55 页。

借词"生产"为第一语素，先后与"组织""制度""形态""方法""形式""方式"等术语组词，最终统一译词为"生产方式"，厘定外延内涵，成为中国马克思主义核心范畴。以《共产党宣言》《社会主义神髓》等经典著述传播史为线索，考证日语和汉语译文中的译词衍变可见：马克思主义经典作家德语范畴词 Productionsweise，经过英文 mode of production，进入日语后，日本社会主义者以之前对译 production 的中日共创汉字词"生产"为第一语素，先后与"组织""制度""形态""方法"组词，以之对译经典作家生产方式范畴。五四运动后，马克思主义广泛传播，中国马克思主义者开始使用"生产形式""生产方式"术语，并逐步把"生产方式"统一为 Productionsweise 和 mode of production 的定译词，最终生成汉语中的马克思主义生产方式范畴。这一定译词超越了此前各种译法，深刻地把握了生产方式原著范畴的精深之处。

在《共产党宣言》《社会主义从空想到科学的发展》《〈政治经济学批判〉序言》《资本论》等经典著作中，生产方式是社会存在的主要方面，"生产方式"这个历史唯物主义的核心概念，是经典作家分析人类社会发展规律的总体性范畴，包含有"物"的因素与"人"的因素的统一。毛泽东在 1948 年对"生产方式"进行界定，定义为"社会的生产力和社会的生产关系相结合"[1]。选择何种译词用来作为 mode of production 的标准对等词，体现着是否能用文字对马克思主义"生产方式"范畴的本质内涵作出最深刻表述。在这一过程中"生产方式"一词脱颖而出，成为 mode of production 的标准对等词，用来表述马克思的"生产方式"范畴。

从表述形式上来讲，采用"生产"与"方式"组词，确定为马克思主义"生产方式"范畴的统一译词，具有语言上的契机。"方式"一词为直接借用日语的词语，由意为"方法"的"方"和意为"形式"的"式"构成。在《汉语外来词词典》中被释义为"说话做事所采取的方法和形式，源日［意译英语 form，mode］"[2]。追溯《共产党宣言》汉译本，1930 年，华岗译本是依据恩格斯亲自校阅的 1888 年英文版，1938 年成仿吾和徐冰译

---

① 《毛泽东文集》第 5 卷，人民出版社 1996 年版，第 55 页。

② 刘正埮：《汉语外来词词典》，上海辞书出版社 1984 年版，第 98 页。

本则是依据德文译本，1948 年，百周年纪念版依据的是德文原版和英文版，这些译本所依据的母本的准确性、真实性高，因此翻译水准也较高，较为准确。而且英语 mode 一词在早期的一些英华字典中，就含有"式"的含义。如，1847—1848 传教士麦都思编纂的《英华字典》中，mode 被翻译为"模样，态"①。1866—1869 基督教传教士罗存德编纂的《英华字典》中，mode 被翻译为"mode，manner，method，样、样子、法、式"。日本哲学家井上哲次郎于 1884 年对罗存德的《英华字典》进行增订，保留了罗存德对 mode 的解释，为"manner，method，样、态、模样，法，式，方法"②。毕业于上海同文馆，又去美国留学，回国后曾任圣约翰大学英文教授，担任商务印书馆编辑的颜惠庆，在 1908 颜惠庆的《英華大辭典》中，"mode"也有"manner，样；method，态，作法，方法；form，形式"③ 的含义。1913 年的《商務印書館英華新字典》中，"mode"也同样被解释为"样，态，方法，欵式"④ 的含义。因此用"式"来翻译"mode"也是有据可查的。但是在 1915 年以前出版的英华字典中，都只是收录了 production、of、mode 的单词，并未出现 mode of production 的组合词，因此，马克思主义"生产方式"术语并未译定。在之后的 1920 年，常乃惠依据英文著作所摘译的《〈政治经济学批判〉序言》中使用了"生产的形式"的表述。之后周恩来、吴玉章、瞿秋白等也使用了"生产方式"一词用来表示马克思的"生产方式"概念，因其都具有海外留学经历，有阅读更多马克思主义经典著作的原版与不同译本的机会，对于译词的使用与对应也会更为客观准确。精通英、日、德三文的恽代英在翻译考茨基的德文著作时也曾使用"生产方式"一词。到 1942 年，中国人自行编辑的一部大型英汉词典，《英华大辞典》在上海开始编辑，1950 年在上海出版。这部辞典中所收录的"mode"一词，就被翻译为"法，样，方法，方式"⑤，在之后的第二、三版中，保留了"mode"的释义。因此译者用"生产方式"对应英文 mode of production 或者

---

① W. H. Medhurst, *English and Chineses Dictionary*, Mission Press, 1847, p. 850.
② 罗存德：《增订英华字典》，［日］井上哲次郎增订，稻田活版所 1883 年版，第 725 页。
③ 颜惠庆：《英华大辞典》，商务印书馆 1908 年版，第 1460 页。
④ 《商务书馆英华新字典》，商务印书馆 1913 年版，第 330 页。
⑤ 郑易里：《英华大辞典》，三联书店 1950 年版，第 812 页。

德文 Produktionsweise 具有语言上的契机。

从思想内涵上分析，使用"生产方式"作为概念词，取代"生产制度""生产组织""生产形态""生产方法"等译词，是对马克思主义"生产方式"范畴最深刻最本质的理解。

首先，"生产方式"超越了"生产制度"和"生产组织"所表现的外在形式，体现了"生产方式"范畴所包含的"物"的因素，使"生产方式"范畴的本质属性和外在表现统一起来，彰显了人类社会发展的运动规律。"生产"最先与"制度"和"组织"组词，用来表示马克思的"生产方式"概念。"生产制度"一词，是从外在形式上去规定马克思的"生产方式"范畴。"制度"在中国古汉语中就有"规范"的含义，福井准造把"生产"和"制度"组词，成为"生产制度"用来表示"生产的规章、准则"，在一定程度上可以理解为"怎么生产，采用什么样的方法进行生产"。"生产组织"同"生产制度"一致，是指"用何种形式、方法组织生产"，都是指马克思"生产方式"范畴的社会形式，偏重生产关系一侧的内涵规定性，是外在表现。而马克思的"生产方式"范畴是社会存在的主要方面，揭示的是人类社会生产力和生产关系的矛盾运动，是外在表现和内在本质、物质内容和社会形式的统一。因此，"制度"和"组织"则表现不出马克思"生产方式"范畴所表现的辩证统一。

其次"方式"对之"形态"，使之超越成为历史范畴。"方式"比"形态"更可以体现出其历史进步性、发展变化性以及社会阶级性。马克思的"生产方式"范畴本身是历史发展的，是一个历史范畴。而"形态"一词表现不出"生产方式"范畴的历史发展性。而且"生产方式"范畴是体现自然属性与社会属性的统一，生产力与生产关系的统一。"形态"的表述侧重于从自然形态的因子去分析生产发展的阶段形态，社会历史的外在表现，偏重于自然属性，忽略了"生产方式"生产关系层面的社会阶级性。"生产形态"一词，还忽略了马克思"生产方式"概念的具体和抽象，一般和特殊的关系，用具体的"形态"对应全部的"生产方式"。不可否认，马克思在表示生产形态意思时，有使用"生产方式"一词，如"小亚细亚的生产方式"，但是放在具体的语境下而使用的。所以，"形态"一词并不能表述出马克思"生产方式"范畴的历史进步性、发展变化性及阶级性的内涵。

最后，"生产方式"超越"生产方法"所侧重的工具性和技术性，使之上升为经济哲学层次，用来表示历史唯物主义的总体性范畴。幸德秋水在1903年的《社会主义神髓》中，把"生产"或"产业"与"方法"组词，用来表示马克思的"生产方式"概念，尤其是"生产方法"一词在马克思主义的发展过程中曾经居于主流地位。在中国的传统话语中，"形而上者谓之道，形而下者谓之器"，置于 method 词条下的"方法"，在话语表达上偏重于工具性和技术性，是"形而下"的表述。而马克思的"生产方式"范畴是社会存在的主要方面，是马克思分析人类社会发展规律的总体性范畴。因此，"生产方法"译词表达不出"生产方式"范畴的科学内涵。无论是"生产方法"还是"产业方法"都侧重于研究如何生产，怎样生产，偏重于生产的工具性和技术性，在中国话语传统中，难以上升到经济哲学层次进行表达马克思的"生产方式"范畴思想。胡汉民在1919年12月的《唯物史观批评之批评》中批评了非难唯物史观的人，说"因这种攻击，他们自己把生产方法和技术的条件混淆了。故此，理解一个时期一个地方的生产方法。仅仅技术的条件是不够的"。[①] 在这里，虽然他使用的也是"生产方法"一词，但是表明，拥有马克思的历史唯物史观素养的人，要正确认识和理解马克思的"生产方式"，不能只是局限在技术条件上，要用历史唯物主义观点去分析马克思的所说的"生产方式"的总体性、历史性作用。这一区别在1920年常乃惪翻译的《马克思历史的唯物主义》中有所区分，在摘译马克思《〈政治经济学批判〉序言》的基本原理的论述中使用"生产的形式"一词，而在工具技术层面上则使用"生产方法"一词。这一区分在后来的马克思恩格斯的著作中有所体现，用"生产方法"对应 method of production，用"生产方式"对应 mode of production。"生产方式"范畴是历史唯物主义的总体性范畴，是理解历史的一条红线，社会历史发展的决定性因素，是"形而上"的经济哲学范畴。"方法"一词侧重于工具性和技术性，而且还混淆了工具技术层面的"生产方法"和历史唯物主义总体性范畴的"生产方式"之间的辩证关系，不足以表达马克思的这种本质内涵。

① 吕延勤：《马克思主义在中国早期传播史料长编（1917—1927）》上，长江出版社2016年版，第168—169页。

只有"生产方式"译词范畴超越了"生产制度或组织""生产形态"和"生产方法",成为马克思"生产方式"范畴的统一标准对等词,在文字上最深刻的表述了马克思"生产方式"范畴的科学内涵。在《汉语大词典》中,"生产方式"被定义为"人们取得物质资料的方式,包括生产力和生产关系两个方面。"① 在《辞海》中详细阐述了"生产方式"的定义及概念内涵:"社会生活所必需的物质资料的谋得方式。是社会生活的基础和社会发展的决定力量。不同的生产方式决定社会的不同性质。包括生产力和生产关系两个方面。生产力是生产方式的物质内容,生产关系则是它的社会形式。"② 此定义指明了"生产方式"是物质资料的谋得方式。马克思在《哲学的贫困》中,即指出"生产方式即谋生的方式"③。马克思的"生产方式"范畴是一个集合名词,是生产方式中所包含的因素的联合运动,这个运动过程就是生产力和生产关系的矛盾运动过程。综上所述,"生产方式"译词准确深刻的表述了马克思"生产方式"范畴的科学内涵,表达了马克思主义原著概念的历史性、阶级性,揭示了其经济哲学层次,是历史唯物主义的总体性范畴。

值得注意的是,"生产方式"对应 mode of production 并不只是大陆中国共产党人的专属,在 2001 年台湾出版的唐诺翻译的《共产党宣言》中,同样用"生产方式"对应 mode of production,这是马克思主义"生产方式"概念生命力顽强的体现,更是马克思主义在全世界范围内的深远影响的结果。但是,在台湾译本中,method of production 也被翻译为"生产方式",这和大陆马克思主义者译为"生产方法"稍有出入,"一部分则因他們的專門技藝被新的生產方式弄得不值一錢",④ 这里唐诺把具体的技艺方面也看作生产方式。唐诺混淆了工具性和技术性层面上的"生产方法"和上升为经济哲学、历史唯物主义概念的"生产方式"的内在辩证关系,使得他所使用的"生产方式"一词并不能准确表达出马克思的"生产方式"范畴本质,没有上升为经济哲学、历史唯物主义的概念范畴。

---

① 罗竹风:《汉语大词典》第 7 卷下,汉语大词典出版社 1991 年版,第 1508 页。

② 《辞海》,上海辞书出版社 2010 年版,第 1672 页。

③ 《马克思恩格斯文集》第 1 卷,人民出版社 2009 年版,第 602 页。

④ 《共产党宣言》,唐诺译,脸谱出版社 2001 年版,第 28 页。

第二节　生　产　资　料

"生产资料"作为生产力的物质要素，生产关系的物质承担者，在政治经济学范畴体系中居于基础地位。以《共产党宣言》《社会主义神髓》等经典文献传播史为线索，考证日语和汉语译本译文中的译词衍变可见：马克思主义经典作家原著概念 Produktionsmittel /means of production 东渐之初，在日语和汉语中先后对译"生产器具""生产要具""生产要素""生产资本""生产机关"和"生产手段"等术语。五四运动后，中国马克思主义者使用"生产"和"资料"两个日语借词组词，根据十月革命经验以复合词"生产资料"对译俄语 средства производства，并会通英语 means of production，逐步统一为定译词。这一定译词超越了之前的各种译法，深刻把握了生产资料原著概念的科学含义，使之成为囊括劳动手段和劳动对象的汉语马克思主义概念。

一、原著概念 Produktionsmittel 汉译词的演变

通过《共产党宣言》原著概念 Produktionsmittel 在其汉译本和变译本《社会主义神髓》中的译词衍变分析，结合日语和汉语社会主义文献中的"生产资料"概念表述，显示出马克思主义"生产资料"在中国的传播与发展。"生产资料"在作为原著概念 Produktionsmittel/means of production 的定译词前，经历了由最先用短语"土地和生产用的器械"表述到用"生产器具""生产要具""生产要素""生产资本""生产机关""生产手段"等词组表述的发展变化，见表 2-2、表 2-3。

表 2-2　《社会主义神髓》"生产资料"译词演变

日文版	1903 年中国达识译社	高劳译本 1911—1912 年	马采译本
生产机关	生产之机关/生产机关	生产机关	生产资料
劳动の机关	器具	劳动之机关	生产资料
产业机关		产业机关	生产资料
生产の机关さ方法		生产机关与方法	生产资料和生产方法

表2-3 《共产党宣言》"生产资料"译词演变

英文版	德文版	日文版	中央编译局	1903—1906年摘译	民鸣译本1908年	五四时期摘译	陈望道译本1920年	华岗译本1930年	成仿吾、徐冰译本1938年	陈瘦石译本1943年	博古校译本1943年	乔冠华校译本1947年	百周年纪念版1949年	我国台湾地区版2001年
means of production	Produktionmittel	生產機關	生产资料	生产要素	生产机关	生产手段	生产机关	生产手段	生产手段	生产手段	生产手段	生产手段	生产资料	生产要素
means of production and exchange	Produktionmittel-und Verkehrsmittel	生產機關（生產手段）	生产资料和交换手段		生产及交换机关	生产手段及交通手段	生产和交换机关	生产和交换的手段	生产手段与交通手段	生产手段与交换手段	生产手段与交换手段	生产手段与交通手段	生产和交换工具	生产及交换要素

（一）"生产资料"概念的早期表述

在明治后期的日语文献中，生产资料一般被理解和表述为"土地和生产用的器械"，后来的日本和中国学者，就用"生产器具"这一词组取代之前的短语，"生产器具"把"土地和生产用的器械"词汇化了。如1903年，中国达识社翻译幸德秋水的《社会主义神髓》，就将幸德秋水使用的"劳动机关"，省略了"劳动"一词，直接译为"器具"，"而其土地、农具、职业场及种种器具，皆个人所有"。① 与"生产器具"相类似的"生产要具"，也用来对应"生产资料"。1908年，李佐庭翻译了日本的经济学讲义《经济学》，使用"生产要具"，"物的生产之要具（土地及资本），被占有于私人之手，万事殆无可为也。……而取物的生产要具之私有者，以为国家之所有，及归于成立于国家监督之下之团体。"②

1905年，朱执信在《德意志社会革命家小传》中摘译《共产党宣言》："遂萃一切生产要素，而属之政府"③，使用"生产要素"术语对应马克思的"生产资料"概念。1906年，胡汉民在《〈民报〉之六大主义》中也是使用"生产要素"："土地为生产要素，非人为造成，同于日光空气，本不当有私有者。"④ "要素"是用来表示"构成事物的必要因素"的日语借词，对应英文factor。⑤ 当社会主义学说裹挟着"生产资料"概念进入中国之初，社会主义学说被理解为"生产资料国有"的学说，主张"土地和资本的公有化和国有化"。直到2001年《共产党宣言》我国台湾地区译本中，唐诺依旧把means of production译做"生产要素"："資產階級持續的吞噬掉人口、生產要素和財貨稀疏的地帶，令人口密集起來，令生產要素集中起來。"⑥ 因此，朱执信、胡汉民和唐诺用"生产要素"对译"生产资料"概念，是因为土地和资本在物质资料生产活动中的必要性和重要性，并没有把这个术

① ［日］幸德秋水：《社会主义神髓》，中国达识社译，浙江潮编辑所1903年版，第14页。

② 谈敏：《回溯历史——马克思主义经济学在中国的传播前史》下，上海财经大学出版社2008年版，第816页。

③ 姜义华：《社会主义学说在中国的初期传播》，复旦大学出版社1984年版，第167页。

④ ［美］伯纳尔：《一九〇七年以前中国的社会主义思潮》，邱权政、符致兴译，福建人民出版社1985年版，第57页。

⑤ 刘正埮：《汉语外来词词典》，上海辞书出版社1984年版，第383页。

⑥ 《共产党宣言》，唐诺译，脸谱出版社2001年版，第35页。

语提升到生产方式范畴之中。此外，中国国民丛书社 1902 年翻译幸德秋水的《广长舌》，一度使用"生产资本"术语对译生产资料概念，将对社会主义之理想描述为"视生产资本为社会之公物，且改革今日之经济制度"。①

相比"生产器具""生产要具""生产要素""生产资本"等词，在早期中日马克思主义文献中，"生产机关"和"生产手段"对译英语词 means of production 和德语词 Produktionsmittel，长期居于主流地位。"生产机关"和"生产手段"表示"生产资料"的含义，同时出现在 1899 年。福井准造在《近世社会主义》中提出并使用"生产机关"一词，村井知至在《社会主义》中提出并使用"生产手段"一词。1904 年，以英译本为母本的《共产党宣言》日译本问世，幸德秋水偏向于使用"生产机关"对应 means of production，但是，也承认"生产手段"的合法性。"ブルジョアジは、いよますます、生產機關（生產手段）の、財産の、および人口の散在を抑止ぃだ"②。"生产机关"或"生产手段"在之后的社会主义著述中频繁使用，中国人选择何词翻译"生产资料"，基于译者所依据的日语著作。

（二）"生产机关"对译"生产资料"

"机关"在汉语古有用例，表示"设有机件而能制动的器械"，是整个机械的关键部分。"机关"用来对应现代西学英文 means 和德语 Mittel，离不开日本学者的创设。19 世纪末，"机关"和"生产"连用，暗含着 Produktionsmittel 在物质生产过程中的关键作用。1899 年，福井准造在《近世社会主义》中提出并使用"生产机关"，"握国家生产机关之全权，以其所得之利益，均一而分配于个劳动者之间"。③福井准造援引马克思《国际工人协会章程》："我党专有之生产机关，为生命之源泉。"④《国际工人协会章程》是马克思在 1864 年用英文写的，福井准造在此书中用"生产机关"对译英文词 means of labor，以"机关"对译 means。赵必振在 1903 年的汉译本中就直接借用"生产机关"一词。1903 年，幸德秋水在《社会主义神髓》中，同样使用"生产机关"一词，"夫れ土地や，資本や，一切の生產機關は，人類

① 姜义华：《社会主义学说在中国的初期传播》，复旦大学出版社 1984 年版，第 57 页。
② 《共产党宣言》，[日] 幸德秋水，堺利彦译，彰考书院发行所 1952 年版，第 49 页。
③ 姜义华：《社会主义学说在中国的初期传播》，复旦大学出版社 1984 年版，第 86 页。
④ 姜义华：《社会主义学说在中国的初期传播》，复旦大学出版社 1984 年版，第 167 页。

全體を生活せしもゐ要件也"。① 和福井准造如出一辙，把生产机关作为人类生产和生活的要件，其中以土地和资本最为重要。在第四章"社会主义的主张"中，幸德秋水进一步对"生产机关"进行界定："物質的生產機關即ち土地資本の公有是れ也"②，把"生产机关"概括为"土地和资本"，把社会主义理解为"土地和资本的公有"，这一认识是当时多数社会主义者的共识。日本早期社会主义者大多受基督教影响，加上早期传入日本的社会主义文献比较庞杂，他们所译的社会主义文献基本上来自英文通俗读物，这些通俗读物在概念表述上零散、斑驳、含混。因此，早期日本社会主义者对生产资料概念的理解并不完全符合马克思主义原著概念，这也影响了中国人对生产资料概念的解读。

中国人在汉语译述中长期使用日语借词"生产机关"来表示"生产资料"概念。1903 年 10 月，中国达识社译幸德秋水的《社会主义神髓》，大量借用"机关""生产之机关""生产机关"等词。如"夫土地也。资本也。为一切生产之机关所自出。所以生活人类全体之要素。"③"物质的生产机关即土地资本之公有是也。"④ 1912 年，高劳译本延续了日文原文和 1903 年译本的译词"生产机关"，"夫土地也。资本也。一切之生产机关。乃全体人类生活之要件也。"⑤ 直到 1963 年，马采译本《社会主义神髓》，才弃用"生产机关"一词，使用定译词"生产资料"，"此无他，就是因为他们没有任何生产资料（原文为生产机关）"⑥。同年，署名"大我"者在《新社会主义理论》中摘译马克思的《国际工人协会章程》，使用"生产机关"一词，"劳动者，为地主、资本主垄断其生产机关"。⑦ 尤其是 1904 年的《共产党宣言》的日译本发行，使得"生产机关"术语频繁出现在汉语社会主义及马克思主义译作和著述中。以《共产党宣言》汉译本为例，对"资

---

① ［日］幸德秋水：《社会主义神髓》，朝报社發行所 1903 年版，第 18 页。
② ［日］幸德秋水：《社会主义神髓》，朝报社發行所 1903 年版，第 51 页。
③ ［日］幸德秋水：《社会主义神髓》，中国达识社译，浙江潮编辑所 1903 年版，第 9 页。
④ ［日］幸德秋水：《社会主义神髓》，中国达识社译，浙江潮编辑所 1903 年版，第 23 页。
⑤ ［日］幸德秋水：《社会主义神髓》，高劳译，《东方杂志》1911 年第 8 卷 11 号。
⑥ ［日］幸德秋水：《社会主义神髓》，马采译，商务印书馆 1963 年版，第 16 页。
⑦ 姜义华：《社会主义学说在中国的初期传播》，复旦大学出版社 1984 年版，第 317 页。

产阶级日甚一日地消灭生产资料、财产和人口的分散状况"① 的翻译，1908
年民鸣译为"绅士阀者。又以昔时之人口生产机关及财产。均散布而非丛
聚。"② 1912 年陈振飞译为"资本家者，除去人口生产之机关及财产散在之
状态。"③ 1920 年陈望道则译为"有产阶级将人口、生产机关，财产的涣散
状态渐渐除去。"④ 这些中译本中都使用"机关"对应英文"means"。

（三）"生产手段"对译"生产资料"

"生产手段"与"生产机关"同时并存，长期在中日社会主义文献中表
示"生产资料"概念。"手段"对应英文 means 和德文 Mittel，从表述形式
上，更加符合语言规范。"手段"的含义有"方式""办法"。在由英国传
教士麦都思编写的 1847—1848 年《麦都思英华字典》中，出现了 to use
means 的词组。在 1905 年的《中德字典》中，德语 Mittel 一词被释义为
"法子"，在 Arbeitsmittel（劳动手段）中的汉语对等词就是"手段"。⑤ 1899
年，东京大学英语教授村井知至在《社会主义》中，援引英国社会主义者
克卡朴为社会主义下定义："工人共同占有生产手段（土地及资本），协同
从事生产。"⑥ 此处村井知至源于英文词语翻译成"手段"，将生产手段概括
为土地和资本，这和同期使用"生产机关"的福井准造一致。

仲遥在 1906 年的《社会主义论》中提出"共有生产手段"。⑦ 1911 年 8
月在《社会主义商榷》中，宋教仁提出"一切生产手段归之社会所共有"⑧，
他们所理解的"生产手段"并没有突破前人的概念认知，依旧是从具体要
素的层面去理解。

"生产手段"作为 means of production 和 Produktionmittel 的对译词，出现

---

① 《马克思恩格斯文集》第 2 卷，人民出版社 2009 年版，第 36 页。
② 《共产党宣言》汉译纪念版，陈望道等译，中华书局 2011 年版，第 358 页。
③ 邱捷：《1912 年广州〈民生日报〉刊载的〈共产党宣言〉译文》，《中山大学学报》（社会科学版）2016 第 6 期。
④ 《共产党宣言》汉译纪念版，陈望道等译，中华书局 2011 年版，第 18 页。
⑤ 宾步程：《中德字典》，商务印书馆 1905 年版，第 140 页。
⑥ 谈敏：《回溯历史——马克思主义经济学在中国的传播前史》上，上海财经大学出版社 2008 年版，第 197 页。
⑦ 姜义华：《社会主义学说在中国的初期传播》，复旦大学出版社 1984 年版，第 412 页。
⑧ 林代昭、潘国华：《马克思主义在中国——从影响的传入到传播》上，清华大学出版社 1983 年版，第 299 页。

在《共产党宣言》的各个中译本中。最先使用"生产手段"对译"生产资料"原著概念的是陈溥贤（署名渊泉）。1919 年 5 月，陈溥贤翻译河上肇《马克思的唯物史观》，摘译《共产党宣言》："这种生产手段交通手段，发展到一定阶段的时候，封建社会所成立的生产交换的关系……对于已经发展的生产力，是不能够适应了"。① 同样受河上肇影响的李大钊，1919 年 5 月、11 月在《我的马克思主义观》中，也使用了"生产手段"一词。针对《共产党宣言》中阐述生产力和生产关系的论述，李大钊的翻译同陈溥贤一致。他们所摘译的马克思恩格斯的著作都是源于河上肇，在译词选择上直接从河上肇译著借词。李大钊延续了早先学者把生产资料概括为土地和资本等的理解认识，但是却看到了生产手段是生产关系的物质承担者，看到了有产阶级和无产阶级的利益差别。1920 年，在《从经济上解释中国近代思想变动的原因》一文中，李大钊还使用"生产机关"一词指称生产资料，"在异国的资本制下被压迫而生的社会的无产阶级，还有机会用资本家的生产机关"，所以，"我们应该研究如何使世界的生产手段和生产机关同中国劳动发生关系。"② 李大钊此时已经看到了生产资料在内涵上表现出生产关系，但在生产资料概念的外延还没有突破早先译者的视野。这种交替使用"生产手段"和"生产机关"，分别从人的角度和物的角度指称生产资料的话语现象，在早期马克思主义著述中并非个例。李汉俊在 1919 年根据唯物史观撰写《怎么样进化?》，文中就说："有了生产器具，就是有了生产手段，就能够得到生活的机会。"③ "人口多到了不得，就是没有生产机关的独占，需要和供给，已经恐怕不能平均。"④ 在之后的《共产党宣言》汉译本中，"生产手段"术语一直对应 means of production 和 Produktionmettel。还是以"资产阶级日甚一日地消灭生产资料、财产和人口的分散状况"为例，1930 年华岗译为"有产阶级将人口，生产手段，财产的涣散状况渐渐除去"，1938 年成

---

① 吕延勤：《马克思主义在中国早期传播史料长编（1917—1927）》上，长江出版社 2016 年版，第 26 页。

② 《五四运动文选》，三联书店 1959 年版，第 353 页。

③ 吕延勤：《马克思主义在中国早期传播史料长编（1917—1927）》上，长江出版社 2016 年版，第 56 页。

④ 吕延勤：《马克思主义在中国早期传播史料长编（1917—1927）》上，长江出版社 2016 年版，第 57 页。

仿吾、徐冰译为"资产阶级一步步地把生产手段，财产与人口底四散状态消减了"，1943 年，陈瘦石译为"人口、生产手段及财产的散漫状态"，1943 年，博古译为"资产阶级日益消减生产手段，财产与人口的分散性"。① 1948 年，乔冠华对成仿吾、徐冰译本进行校译，延续了成、冰的翻译。这些译本都以"生产手段"对应马克思的"生产资料"的原著概念。

二、"生产资料"定译词的会通

五四时期，马克思主义开始在中国广泛传播，尤其是马克思经济学巨著《资本论》开始汉译。1919—1920 年，《建设》杂志刊登了戴季陶据日译本翻译的考茨基《资本论解说》，将劳动过程的三要素译为"人类的目的行动、劳动对象、劳动工具"，把"生产机关"理解为"劳动工具及劳动对象物"②，"生产资料"概念开始突破早期所理解的土地、资本、厂矿、森林等具体形态，使"生产资料"与"生产工具"之间的关系得以明晰。1922 年 2 月，李汉俊发文区分了"生产器具"和"生产机关"，针对张闻天把"完成社会主义的条件"解作"一切生产器具收为公有"，李汉俊认为"这本没有什么大错，不过话太直接了一点"，主张"一切生产机关收为公有"③；同年 7 月，陈独秀在《马克思学说》中，用"生产工具"概括土地、矿山、房屋、机器，原料等生产所必需的工具，并引译《共产党宣言》的话指出："有产阶级得势以后……将人口财产及生产机关都集中了"。④ 很明显，这时已经区分了生产机关和生产工具的指称对象不同，生产机关不仅包括生产工具，更表述了社会生产的所有物质资料。

随着马克思对"生产资料"原著概念的阐述为中国学者所认识，"生产资料"作为这一概念的译词，在中国化过程中凸显出来，并逐渐成为英文 means of production 和德文 Produktionsmittel 的定译词。

---

① 《共产党宣言》汉译纪念版，陈望道等译，中华书局 2011 年版，第 103、134、159、211—212 页。
② ［德］考茨基：《资本论解说》，戴季陶译，上海民智书局 1927 年版，第 80 页。
③ 吕延勤：《马克思主义在中国早期传播史料长编（1917—1927）》中，长江出版社 2016 年版，第 61 页。
④ 吕延勤：《马克思主义在中国早期传播史料长编（1917—1927）》中，长江出版社 2016 年版，第 172 页。

河上肇和高田素之将"Lebensmittel"和"Lebensunterhalt"译为"生活资料",用"资料"一词对应德文 Mittel,启发了中国马克思主义者使用"资料"一词和"生产""劳动"等词连用。具有留日经历的李大钊、胡汉民、戴季陶和陈独秀等,率先从日本马克思主义文献借词,使用"生活资料"一词。1919 年 5 月、11 月,李大钊在《我的马克思主义观》中,摘译马克思的《哲学的贫困》:"随着变化生产方法——随着变化他们得生活资料的方法——他们全变化他们的社会关系。"① 同年 8 月胡汉民《唯物史观批评之批评》同样摘译了此段,也使用了"生活资料"。1920 年 4 月,戴季陶的《关于劳动问题的杂感》、9 月陈独秀的《谈政治》以及 1921 年 12 月陈昭彦的《马克思主义经济学》,都使用了"资料""生活资料"等词。

把"资料"和"生产"两个日语借词连用,组词"生产资料"对译英文 means of production,经过了张太雷、瞿秋白与俄语术语 средства производства 的对接,经过了十月革命生产资料所有制改造的实践诠释。1921 年 6 月,共产国际第三次代表大会召开,张太雷在大会作俄文报告,提出"没收为世界掠夺者效劳的虚弱的民族资产阶级所拥有的一切资本、生产资料和生产工具",② 区分了资本、生产资料和生产工具术语。1918 年,秋张太雷曾任俄共秘密党员鲍立维的英文翻译,1920 年,又任共产国际代表维经斯基的翻译,因此,张太雷的"生产资料"术语可通译俄语母词 средства производства 和英语母词 means of production。1921 年 7 月 23 日,《中国共产党第一个纲领》弃用"生产机关"和"生产手段"译法,使用"生产资料"术语,"生产资料"进入党的全国文献,正式出现在中国马克思主义者视野中。1923 年 6 月,瞿秋白为中国共产党第三次全国代表大会起草的《中国共产党党章草案》,其中分析了中国资产阶级的发展,指出"手工业工人和农民等小生产者渐渐失掉了他们的生产资料"。瞿秋白是 1920 年冬中俄交通恢复后第一批到俄的中国人,居俄期间先后担任报社记者、陈独秀翻译和莫斯科东方大学助教,期间经张太雷介绍加入中国共产党,数次见到列宁,多次聆听列宁的报告。瞿秋白在《党章草案》中使用

---

① 《五四运动文选》,三联书店 1959 年版,第 269 页。
② 《张太雷文集》,人民出版社 2013 年版,第 10 页。

"生产资料"术语，与张太雷用法一致，可以会通中、俄、英术语词，而且已经是更为明确地把"生产资料"术语纳入生产方式范畴体系。马克思指出，生产者和生产资料的分离是资本主义生产方式的前提，瞿秋白用马克思的生产资料原著概念作为分析工具，研究了中国的资产阶级的状况，并提出中国无产阶级斗争的方式在于取得政权，"方能将生产资料归之于社会公有，达到他最高的目的"①。这就将马克思"生产资料"原著概念纳入党章，成为中国共产党分析中国社会阶级关系和社会革命问题的概念工具。1923到1924年，瞿秋白在上海大学任教时撰写的《社会主义哲学概论》和《社会科学概论》，以教科书方式进一步阐发了"生产资料"概念。

三、汉语生产资料概念的疏义

在《资本论》中，马克思把生产资料界定为"劳动资料和劳动对象二者的表现"，选用何种译词作为英文 means of production 和德文 Produktions-mittel 的对译词，决定马克思"生产资料"原著概念中国化的深度和广度。汉语中的"生产资料"术语是马克思主义原著概念借道日本，十月革命后复又经苏俄经验濡染，结合中国社会革命实践创造，历经多次译词变化和意义再生产，最终成熟定型的概念成果。"生产"与同样源于日语借词的"资料"组词，会通英语 means of production、德语 Produktionsmittel 和俄语 средства производства，超越了"生产器具""生产要具""生产要素""生产资本""生产机关""生产手段"等译词，汉语"生产资料"术语成为马克思主义政治经济学范畴体系的基础概念。

"生产资料"最早被理解为"土地和生产用的器械"，之后译为更简洁的"生产器具"，顾名思义，指生产过程使用的工具、器具，在生产资料原著概念外延中，仅涵盖劳动资料。马克思在《资本论》中指出："劳动资料是劳动者置于自己和劳动对象之间、用来把自己的活动传导到劳动对象上去的物或物的综合体。"② 即包括直接传导到劳动对象上的工具、器械，也包括间接起作用的土地、道路、厂矿等，其中最重要的是生产工具、生产器

---

① 《瞿秋白文集·政治理论篇》第 2 卷，人民出版社 2013 年版，第 117 页。
② 《马克思恩格斯文集》第 5 卷，人民出版社 2009 年版，第 209 页。

具。同"生产器具"相类似的"生产要具"一词，也同样表达了"生产资料"概念外延中的劳动资料。与"生产器具"相比，"生产要具"突出"要"字，表明了器具在生产劳动中的必要作用，但二者都忽略了"生产资料"概念外延中的"劳动对象"。劳动者只有把生产器具作用到劳动对象中去，才可以成为生产资料，进入到生产过程中，否则器具仅是器具，原料也仅是原料。而且"生产器具"和"生产要具"都是一种口语表述，不是术语，更不能形成概念。因此，"生产器具"和"生产要具"在汉译马克思主义经典著作中渐渐淡出。

在早期传入中国的社会主义文献中，"生产资料"常常被理解为土地和资本，鉴于土地和资本在物质资料生产过程中的必要性和重要性，所以，常常被译作"生产要素"。但是在马克思那里，劳动者也是物质资料生产过程中的要素，而且是最为关键的要素，因此，生产要素作为术语后来专指狭义生产过程中的参与因素，即包括劳动者方面也包括生产资料方面，既包括人的要素（劳动者及衍生出来的技术、管理等），也包括物的要素（生产资料）。马克思"生产资料"原著概念是表示广义生产过程中的物质条件，即涵盖生产、分配、流通和消费整个社会生产过程的物质因素，而"生产要素"术语在外延上更广，把人的因素也包含在内。但是在马克思的政治经济学体系中，生产资料和生产者之间的关系以及结合方式，是马克思分析生产方式的起点，是生产方式范畴体系的中介逻辑。而把"生产者和生产资料"都含括在内的"生产要素"这个术语，在内涵上小于生产资料概念，仅囿于狭义的生产过程，不关涉流通、分配、消费领域，不关涉生产的社会形式。早期译者偶尔使用"生产资本"一词翻译"生产资料"概念，虽然"生产资本"与"生产资料"一字之差，且都可以表达广义社会生产过程的相关因素，但"资本"本身是马克思用来表述雇佣劳动者与生产资料结合方式的核心概念，所以，"生产资本"被马克思在经典著作中特指一定生产方式之下的职能资本，而马克思用"生产资料"概念表述的是一般生产方式下进入生产过程的物的要素总和，在概念内涵上"生产资本"也小于"生产资料"。在生产资本这个术语中，实际生产过程又是价值增值过程，进入实际生产环节的劳动力是被看作与其他物质资料无差别的"物"，所以在狭义生产过程中，马克思用"生产资本"术语指称劳动力和生产资料，因包含有劳动力形式，所以"生产资本"的概念外延要大一些。在马克思主义中国化的过程中，"生产资本"术语逐渐发展成资本职能研究领域中的重要概念，在当代经济学中广泛使用。

曾经使用最普遍的两个译词"生产机关"和"生产手段"，无论在内涵上还是外延上，从语文结构上看都能够指称与"生产资料"术语同样的含义。"机关"通常表示机械中的关键部分，机器化大生产为现代生产方式奠定了物质技术基础，中日学者拿"机关"来和"生产"组词"生产机关"，把物质资料用"机关"术语表达，过于突出物的因素在生产中的决定性，"生产机关"在词义上偏重生产资料在生产方式范畴体系中的作用。但是马克思的生产资料概念不仅表现生产力中的物质要素，还揭示了生产的社会形式。"生产机关"术语在突出社会生产过程物质因素作用的同时，在语用实践中因"机关"义素的机械性，易于遮掩人的因素在生产方式中的主体性和能动性。"生产手段"和"生产机关"产生于同一个时期，都用来对译马克思的"生产资料"概念，在社会主义传播早期，选用何者，对于日本的社会主义者是基于自己的语言习惯，对于中国的社会主义者则根据所选择的日语著作。"手段"对应英文 means 和德文 Mittel，是很有语言优势的。在早期的英华字典中，means 被翻译为"方法，手段"。如在 1847—1848 的《麦都思英华字典》中，出现了 to use means 的词组。在 1905 年的《中德字典》中，Mittel 被翻译为"法子"。"生产手段"一词表现出了劳动者和生产资料的结合方式，即怎样生产，体现了马克思对生产资料概念的基本定位，突出了劳动者在社会生产过程中的主体性作用。但是 means 还有资源资本的含义。1847—1848 年的《麦都思英华字典》，means 被理解为 wealth，翻译为"家资"。1872 年卢公明的《英华萃林韵府》，means 被翻译为"资本"。从 means 的义素和马克思 means of production 概念的内涵外延看，生产资料原著概念即要表达怎样生产，用什么生产，突出人的主体性，同时又要表达物的基础性，而"手段"义素在语用实践中表现物质因素的基础作用显得不足。并且，在马克思主义早期传播时，"方法"和"手段"都拿来对译 means，当时使用"生产方法"一词对应 mode of production（生产方式），生产资料作为生产方式的基础，是生产力的物的因素和生产关系的物质承担者，用"生产手段"对译"生产资料"容易混淆"生产方式"和"生产资料”，不利于廓清“生产方式”范畴体系中的上下位概念。

　　“生产资料”术语对译马克思原著概念词 Produktionsmittel/means of production/средства производства，是马克思主义中国化的概念成果。中国马克思主义者最早在五四时期受日本马克思主义者的启发，选用“资料”对应英文 means 和德文 Mittel。日语中“资料”被释义为“用作依据的材料”，意译英语 material，date。① 同时还含有“材料”“资源”的含义，但是这一含义仅用来翻译马克思主义术语（劳动力再生产所必须）。河上肇和高畠素之用“生活资料”对应德文 Lebensmittel 和 Lebensunterhalt。因此，那些留学于日本的中国马克思主义者将“生活资料”词语带入中国。受俄国社会主义实践的影响，张太雷将“生产”和“资料”合用，瞿秋白在更接近马克思原义的情况下使用“生产资料”一词。“生产资料”发展成为英文 means of production 和德文 Produktionsmittel 的通用定译词，成为汉语马克思主义术语，是中国马克思主义者的贡献。在马克思的生产方式范畴体系中，生产资料是生产方式的现实基础，是生产力的物质因素和生产关系的物质承担者，因而，生产资料概念，既强调了物的现实基础性，又要突出人的自觉能动性。早期对译 means 的“手段”一词，和“生产”连用组词生产手段，在汉语文化语义中不易于表达生产方式的物质因素，不易于精准表述“生产资料”原著概念现实性与能动性的统一。受日“生活资料”的启发，中国马克思主义者尝试用“资料”和“生产”连用，表示马克思的“生产资料”概念。从表述形式上来看，中国马克思主义者借用“资料”对应 means，具有语言上的契机。“资料”一词被引入中国后，置于 mettle 的词条下，同 material，被翻译为“stuff，料，質，資料，原質、材料”②。1865 年马礼逊的《五车韵符》使用 materials for making any thing 被理解为“制作某种物品的材料”。同时“资”在早期的英华字典中同样可以对译 means。因此“资料”和“生产”连用就表述出马克思的 means of production 概念所突出的人的主体作用和生产过程中的物质性。使“资料”一词既可以表示象征财富的“资本、土地”等要素，也可以用来表示“制作某种物品的材料、

---

① 刘正埮：《汉语外来词词典》，上海辞书出版社 1984 年版，第 434 页。
② 颜惠庆：《英华大辞典》，商务印书馆 1908 年版，第 1437 页。

工具"含义，既包括了劳动资料，也包含劳动对象。选用"生产资料"译词是对马克思原著概念的精准理解。在原著概念 Produktionsmittel 的汉译衍变历程中，只有"生产资料"一词突破了旧有"生产器具""生产要具""生产要素""生产资本""生产机关"以及"生产手段"的表述不足，成为马克思英文 means of production 和德文 Produktionsmittel 的标准对等词。在马克思主义中国化的过程中，"生产器具""生产要具""生产机关"等译词逐渐淘汰出汉语术语词汇，"生产要素""生产资本"外延和内涵伸缩，成为研究具体生产过程的专业术语，"生产手段"作为"生产资料"的同义词偶尔使用。生产资料是人们从事社会物质生产所需的一切物质条件，是生产力中的物的因素，生产关系的物质承担者，是生产方式的物质基础。劳动者只有同生产资料相结合，才能生成现实的生产力，生产者对生产资料的占有关系体现了社会的生产关系，生产者和生产资料的结合方式表现出不同的生产方式。生产资料表现为劳动资料和劳动对象，体现了生产过程中的物的现实基础性和人的自觉能动性。

第三节　所　有　制

在哲学社会科学工作座谈会上，习近平总书记在评价法国学者托马斯·皮凯蒂撰写的《21世纪资本论》时，指出"作者的分析主要是从分配领域进行的，没有过多涉及更根本的所有制问题"。可见，"所有制"是中国马克思主义者研究社会经济结构的核心分析概念。在马克思恩格斯的原著术语中，以《共产党宣言》为例，无论是1848年德文本，还是恩格斯审定的"可靠译本"1888年英文版，都没有出现与早期资产阶级法学家和经济学家通用的"所有物""所有权"词汇、词缀或词法变化，即没有出现"制度"义素的构词要件，经典作家是沿用旧术语表达新概念。"所有制"术语是基于中国国情和实践经验，在多次重译马克思主义经典著作的过程中，经过译词反复演变，最终确定的马克思主义中国化概念。在《共产党宣言》马克思诞辰200周年纪念版单行本中，"所有制"属于高频词，出现达20次之多。下面以《共产党宣言》汉译史为线索，考察"所有制"概念发展史。

一、马克思恩格斯对 Eigentum 一词的使用与丰义

Eigentum 是《共产党宣言》汉语定译本所有制概念对应的德文母词，该词的原初含义包括财产（所有物）和所有权两个方面，1888 年，由译过马克思《资本论》大部分内容的赛米尔·穆尔翻译的英文版，被恩格斯在1890 年《共产党宣言》德文版序言中称为"可靠的译本"，该译本即根据 Eigentum 所有物、所有权两个含义，分别以即 property 和 ownership 作为英文对译词。Eigentum 系由词根 Eigen 加上名词后缀 tum 构词，Eigen 意为"自己的"，所有物是原生含义，所有权是派生含义。一词两义，从词源上都受到拉丁语 dominium（拥有、管领、所有）的影响。在马克思之前，"所有权"观念是近代资产阶级革命的重要话语支撑，是自由、平等、博爱价值观的基础。霍布斯、洛克、卢梭等人用自然法理论来论证所有权的产生，在他们看来，物乃上帝赐予整个人类的礼品，人类是物的所有者，所有权是所有者的人格化，所有权要具体分割到个人身上。自然法认为劳动创造具体的物权，是所有权分割的标准，一个人通过劳动将自己的劳动对象化到物上，那么这个"吸收"了人的劳动的物就属于该劳动的主体了。亚当·斯密等古典政治经济学家认为劳动是衡量商品的尺度，也力图用劳动来说明所有权。康德强调，所有权就是可以称为"我的"或"你的"的权利，是对物的理性占有方式，感性占有就是直接占有物品，而理性占有则是法律上的占有，即感性占有得到法律认同。可以说，在两种占有方式一种表现为所有物，一种表现为所有权，是 Eigentum 一词在马克思主义诞生前的主要含义。所有权观念作为资产阶级意识形态，在庸俗经济学家和法学家那里与私有权画上等号，为资本主义制度作永恒性辩护。德国法学家耶林认为"所有"的本质就是"个人所有"，就是"私有"，在市民法中，"所有"是个人的物质延伸，财产与人格一体两面。法国庸俗经济学家特拉西在其著作《意识形态概论》中认为，所有权就是私有权，财产（所有物）就是个人、个性、人格，消灭私有制就是消灭个性、消灭人格。这成为《共产党宣言》发表前后庸俗思想家对共产主义者最陈腐的责难。

对此，蒲鲁东在《什么是所有权?》等著作中曾反讥，在远古的"消极共产制"时代，并不存在庸俗思想家所说的那种所有权（实际上就是私有

权），而正是在"所有权"出现以后，社会开始出现强权，出现不平等。他甚至提出"所有权就是盗窃"。马克思称赞蒲鲁东对资产阶级私有权的历史分析，但不赞同他设计的以"个人占有"代替资本占有的方案。马克思指出："所有权在一方面转化为占有他人劳动的权利，在另一方面则转化为必须把自身的劳动的产品和自身的劳动看作属于他人的价值的义务。"① 为了研究打破这种法律上的"所有权陷阱"，马克思把研究视角转向直接的物质生产过程，劳动者把自己当作劳动条件的所有者，是劳动与劳动的物质前提的天然统一；而资产阶级"所有权"观念，却把直接的"劳动条件"，置换为"过去的或客体化了的他人劳动"，进而把私有财产作为永恒的个性确定下来。马克思指出："给资产阶级的所有权下定义不外是把资产阶级生产的全部社会关系描述一番。""要想把所有权作为一种独立的关系、一种特殊的范畴、一种抽象的和永恒的观念来下定义，这只能是形而上学或法学的幻想。"② 马克思全面地、系统地、历史地考察"所有权"在其中发展起来的社会关系，发现从单纯的权利关系给"所有权"下定义只是一种法学幻想，Eigentum 是一整套与社会经济利益有关的制度。马克思和恩格斯的概念创制，一种方式是创立新术语，如唯物史观、剩余价值、社会形态等；还有很多情况下是沿用古典思想家和启蒙思想家的旧术语表达新内涵，如唯物主义、意识形态等等。马克思使用 Eigentum 术语即属于旧词新意，从形式上来说，Eigentum 沿用了近代资产阶级通用的术语表述，但对该术语的含义进行了创造性转换。这样，Eigentum 就在所有物、所有权基础上，实际上增加了所有制的一层含义。对于 Eigentum 的这种意义生产，马克思和恩格斯在不改变 Eigentum 本词的前提下，通过单词复合构成三个专有词组予以强化：一是 Eigentumsrecht，强调 recht，专门对应所有权；二是 Eingentumsverhältnis，把所有制与"关系"，通过"所有制关系"词组，把所有制纳入经济关系范畴；三是在《共产党宣言》最后部分，把共产主义运动的根本问题归结为 Eigentumsfrage，特别是紧接［Eigentum+ frage］标注，以示对该词组构造和意义的强调。正是由于有了最后这个含义，前面两个含义才能拨开形而上学

---

① 《马克思恩格斯文集》第 8 卷，人民出版社 2009 年版，第 107 页。
② 《马克思恩格斯选集》第 1 卷，人民出版社 2012 年版，第 638 页。

迷雾而得以廓清。《共产党宣言》第二章提出："我们要消灭那种以社会上的绝大多数人没有财产为必要条件的所有制。"把所有制与所有物（财产）统一起来，反驳了庸俗思想家把所有归为私有的观念。"共产主义并不剥夺任何人占有社会产品的权力，它只剥夺利用这种占有去奴役他人劳动的权力。"① 说明共产主义并非要消灭一般的所有权，共产主义运动针对的根本问题是所有物、所有权背后决定其社会形式的与经济利益有关的整套制度。

二、《共产党宣言》汉译过程中所有制概念的生成

"所有"一词是汉语原生词，如《孟子·公孙丑下》就有"以其所有，易其所无"，不仅如此，"所有""制（度）"还是汉语与日语共享词，在堺利彦、幸德秋水《共产党宣言》日译本中，汉字词"所有"出现一次，"制（度）"出现多次。但是，从最早经日译本中介汉译《共产党宣言》到百周年纪念版，"所有"与"制"构成一个复合词，成为政治经济学专用术语，成为马克思主义中国化概念，却历时半个世纪之久。

中国人经《共产党宣言》了解所有制概念，最早是从所有制的具体形态——资本主义私有制开始的。1899 年《万国公报》所载《共产党宣言》片段中，李提摩太和蔡尔康合译出资本家的"自有之权"，即私有财产和财产权。1903 年初，赵必振经日本福井准造《近世社会主义》转译《共产党宣言》，译文曰：同盟之目的在"撤去阶级制与私有财产制"，"马陆科斯既说殖产社会发达之结果，依其自然之变迁，资本私有制必归全灭"。同年，中国达识社在日本译《社会主义神髓》，该书是幸德秋水根据《共产党宣言》《社会主义从空想到科学的发展》撰述，译文转述马克思女婿拉法格之语提到"资本私有之制"。因为没有获得对私有制的本质性认识，当时出现的"私有财产制""私有之制""私有制"，都还不是从所有制概念上的科学术语，而是对现存对象的直观译名。与此同时，还有人从日本大原祥一《社会问题》转译《共产党宣言》，称德国麻克士曰："万国之无资产者，曷不同起掠夺财产，而均分之乎？"显然，译者根据日文汉字词照译为掠夺"财产"，没有消灭"私有制"的概念。由于日本译者，特别是幸德秋水和

---

① 《马克思恩格斯文集》第 2 卷，人民出版社 2009 年版，第 47 页。

堺利彦《共产党宣言》日译本，几乎是中国人转译《共产党宣言》的通用母本，而《共产党宣言》日译本又译自英文母本，如此贯穿德、英、日语翻译，Eigentum—property—财产，一直到陈望道翻译全文之前，各种摘译和节译都援用了日语汉字词"财产"。1908 年，无政府主义者的报纸《天义》所载民鸣《共产党宣言》第一章译本，1912 年同盟会在广东的报纸《民生日报》载陈振飞《共产党宣言》第一章译本，都是整章六处全部照译"财产"。五四运动后在传播马克思主义的浪潮中，直接从英文、德文摘译《共产党宣言》，仍然译作"财产"。如 1919 年 9 月，彭一湖从德文译《共产党宣言》："在无产者自己，没有什么要受保障。他应该作的事情，就是破坏从来一切保障私有财产的制度。"① 1920 年 6 月，常乃惪从英文转译《共产党宣言》："共产党的革命是对于传统的财产关系最根本的决斗；无怪乎他的发展就是对于传统的思想的最大的决斗了。"②

马克思和恩格斯科学概念的传播和中国化，离不开十月革命的实践检验和直接启发。1920 年春，中俄交通恢复，中国人开始大量经苏俄和俄文接受马克思主义。布尔什维克翻译和发行的马克思主义著作中，有德国马克思主义者倍倍尔的《社会之社会化》。当年 4 月，瞿秋白经俄文本翻译此书，中译文不仅使用了"公有制""私有制"，而且第一次译出"所有制"术语，称"所有制消灭，那些恶亦消灭"③。受十月革命启发，中国马克思主义者逐步把革命目标指向旧的土地所有制，社会实践力量推进马克思主义科学概念进一步中国化。中国共产党一大前夕，在共产国际远东书记处书记舒米亚茨基指导下，第一个到共产国际工作的中共代表张太雷，为出席共产国际第三次代表大会撰写报告，在分析中国国情部分使用"所有制"术语："中国是个农业国，因此它的经济主要是建立在小农土地所有制基础之上。"④《报告》由中国人和俄国人合作，有俄文和中文对照，"所有制"一词与俄语 собственность 一一对译起来。一个月后，中共一大通过的党纲使

---

① 吕延勤：《马克思主义在中国早期传播史料长编（1917—1927）》上，长江出版社 2016 年版，第 87 页。
② 吕延勤：《马克思主义在中国早期传播史料长编（1917—1927）》上，长江出版社 2016 年版，第 302 页。
③ 《瞿秋白文集·政治理论编》第 8 卷，人民出版社 2013 年版，第 62 页。
④ 《张太雷文集》，人民出版社 2013 年版，第 8 页。

用了"消灭资本家私有制"的口号。党纲使用"私有制"一词，已是作为
"所有制"的一种阶级形式，比《共产党宣言》早期摘译本使用"私有制"
有了更深的意义，从一般名称变成了专有术语。载着十月革命经验，经俄语
собственность 而来的所有制术语，并没有马上和马克思主义创始人的所有
制概念，或者说，没有和《共产党宣言》Eigentum 的翻译相对应，因此，
这一术语也没有马上进入中国共产党人言论和文献的话语系统。所有制术语
要真正成为中国马克思主义者广泛使用的分析概念，还需要继续在中国具体
实践中进行意义再生产。

从 1908 年民鸣《共产党宣言》第一章译本起，到 1948 年百周年纪念
版，40 年间，先后有八个译本完整翻译了《共产党宣言》第一章，这一章
在 1848 年德语母本中，Eigentum 一词前后出现七处，这七处在 2017 年编译
局定译本中是："封建的所有制关系，就不再适应已经发展的生产力了"；
"资产阶级的生产关系和交换关系，资产阶级的所有制关系，这个曾经仿佛
用法术创造了如此庞大的生产资料和交换手段的现代资产阶级社会，现在像
一个魔法师一样不能再支配自己用法术呼唤出来的魔鬼了"；"现代生产力
反抗现代生产关系、反抗作为资产阶级及其统治的存在条件的所有制关系的
历史"；"社会所拥有的生产力已经不能再促进资产阶级文明和资产阶级所
有制关系的发展"；"使整个资产阶级社会陷入混乱，就使资产阶级所有制
的存在受到威胁"；"无产者是没有财产的"；"无产者没有什么自己的东西
必须加以保护，他们必须摧毁至今保护和保障私有财产的一切。"① 这七句
话在全文中非常重要，前四句是历史唯物主义原理在批判资本主义过程中的
具体应用，后两句是由此得出的基本结论，定译本把 Eigentum 一词两译，
在前两句中 Eigentum 译作核心分析概念"所有制"，后两句中译作一般术语
"财产"。所有制作为科学概念在《共产党宣言》中出现，直到延安时期才
翻译确定，具体来说，是从《共产党宣言》开始使用俄语母本汉译，接受
十月革命经验开始形成。在 1943 年博古使用俄语母本翻译《共产党宣言》
之前，民鸣、陈振飞、陈望道使用日语母本，华岗、陈瘦石使用英语母本，
甚至成仿吾、徐冰直接使用德语原版母本，都没有将 Eigentum 与所有制直

---

① 《共产党宣言》，人民出版社 2017 年版，第 32—33、33、33、33、33、38、39 页。

接对译。在莫斯科百周年纪念版之前，无论使用日语、英语还是德语母本，第一章上述七处 Eigentum，在八个第一章全译文中均译为"财产"。五四时期还有陈溥贤、胡汉民摘译到第一章七句中的前两句，陈、胡对此两句中的"所有制"处，使用汉语传统词汇，译作"所有"。① 马克思和恩格斯共同为 1882 年《共产党宣言》俄文版作序，表达他们对俄国公社土地所有制的看法，博古在翻译这篇序言时，第一次将俄语词 собственность 译为所有制。② 百周年纪念版直接参考德语母本，当然也受到俄译本的影响。在莫斯科苏联外文书籍出版社工作的谢唯真，综合参考了恩格斯审定的英文译本和 1848 年、1890 年两个德文母本，将上述七处分别译作"所有制""所有制""所有制""所有制""所有制""财产""所有权"，而百周年纪念版第二章，除了还有五处译作"所有制"，基本上是把 Eigentum 译为"所有权"。这里不仅第一次在历史唯物主义分析性语句中译出了"所有制"，而且在末章，把共产主义运动的根本问题，译为所有制问题，所有制作为马克思主义中国化的核心概念确立下来。马克思和恩格斯 Eigentum 一词传入中国，到形成汉语所有制概念，半个世纪中经过财产—所有—财产—所有权—所有制五个译词变化，特别是"财产"直译法，曾经流传很广，1920 年 11 月，用中英两种文字写成的《中国共产党宣言》，也是使用"财产"一词。③ 在百周年纪念版中使马克思和恩格斯 Eigentum，出现了一词三译、一词三义，即财产（所有物）、所有权、所有制三个汉译术语。所有制成为一个政治经济学概念，是指社会生产过程中占有和支配生产资料的经济制度；所有权是这种经济制度在法律上的具体体现和运作方式，是一个法律术语，财产（所有物）则是指实际占有状态。所有制概念在百周年纪念版中译出，不仅实现 Eigentum 的意义再生产，而且迅速推动三层含义在《共产党宣言》汉译本中各就各位。人民出版社 1958 年出版《马克思恩格斯全集》第四卷，收入中央编译局《共产党宣言》译本，除保持百周年纪念版第一章中上文五处

---

① 吕延勤：《马克思主义在中国早期传播史料长编（1917—1927）》上，长江出版社 2016 年版，第 26、157 页。

② 《共产党宣言》汉译纪念版，陈望道等译，中华书局 2011 年版，第 86 页。

③ 吕延勤：《马克思主义在中国早期传播史料长编（1917—1927）》上，长江出版社 2016 年版，第 433 页。

"所有制"译法，在第二章两句四处，进一步将"所有权"改译为"所有制"："法国革命废除了封建的所有制，代之以资产阶级的所有制。""共产主义的特征并不是要废除一般的所有制，而是要废除资产阶级的所有制。"事实上，百周年纪念版和 1958 年编译局译本，皆是谢唯真负责译校，同一个人时隔十年，多处将同一母词由"所有权"改译成"所有制"，充分体现了马克思主义概念中国化的进程。特别需要指出，1956 年 6 月 18 日至 11 月 19 日之间，毛泽东阅批英文版《共产党宣言》，对许多重要单词，包括一些重要术语、概念，进行英汉对译。在第二章"共产主义革命就是同传统的所有制关系实行最彻底的决裂"句，毛泽东在英文"tradtionnal property"下画线，在左下侧译为"传统的""所有制"。① 这样，所有制概念在《共产党宣言》全文中，在第一章用于历史唯物主义论证和资本主义批判，在第二章展开所有制的历史形态，即封建的所有制、资产阶级所有制以及作为经济制度的一般所有制，末章将所有制问题归结为共产党行动纲领的根本问题。所有制成为贯穿《共产党宣言》汉译本始末的核心概念，成为马克思主义中国化的分析概念。表 2-4 以前文列出的第一章七处译词、第二章五处译词演变为例来具体展示。民鸣摘译的《共产党宣言》第一章只译出了六处"财产"概念；陈振飞摘译的《共产党宣言》第一章也只译出了六处"财产"概念；陈溥贤、胡汉民的两个摘译本中只译出了两处，都译作"所有"；陈望道的全译本、成仿吾和徐冰的全译本、博古的全译本、陈瘦石的全译本，这四个全译本涉及上述十二处的处理方式是一样的，即第一章七处都译作"财产"，第二章的五处也都译作"财产"；华岗译本的第一章七处全部译作"财产"，第二章的五处只译出了两处，也译作"财产"；百年纪念版译本中，第一章七处中的前五处都译作"所有制"，第六处译作"私产"，第七处译作"财产权"，第二章的五处全部译作"所有权"；上文提到毛泽东把第二章的一处译作"所有制"；表格最右侧的是编译局 1958 年的定译词。可见所有制概念是经过 50 年十余次重译确定下来的。

① 手迹见《毛泽东读书集成》第 1 卷，中央文献出版社 2013 年版，第 27 页。

表2-4 《共产党宣言》原著术语 Eigentum 译词演变

民鸣1908	陈振飞1912	陈溥贤1919	胡汉民1919	陈望道1920	华岗1932	成仿吾、徐冰1938	博古1943	陈瘦石1943	百周年版1949	毛泽东1956	编译局译本1958
财产	财产	所有	所有	财产	财产	财产	财产	财产	所有制		所有制
财产	财产	所有	所有	财产	财产	财产	财产	财产	所有制		所有制
财产	财产			财产	财产	财产	财产	财产	所有制		所有制
财产	财产			财产	财产	财产	财产	财产	所有制		所有制
财产	财产			财产	财产	财产	财产	财产	所有制		所有制
财产	财产			财产	财产	财产	财产	财产	私产		财产
				财产	财产	财产	财产	财产	所有权		财产
				财产	财产	财产	财产	财产	所有权		所有制
				财产		财产	财产	财产	所有权		所有制
				财产		财产	财产	财产	所有权	所有制	所有制
				财产		财产	财产	财产	所有权		所有制
				财产		财产	财产	财产	所有权		所有制

55 年前赵必振所译"资本私有制必归全灭",至此已翻译成《共产党宣言》名句:共产党人可以把自己的理论概括成一句话:消灭私有制。此处"私有制"德语母词是 Privat-Eigentum,汉译把 Eigentum 翻译成"所有制",前面加 Privat(私人的)即"私有制"。"私有制"成为在所有制科学概念基础上的专用术语,超越了 20 世纪之初的直观指称。正如毛泽东所说:"感觉到了的东西我们不能立刻理解它,只有理解了的东西才能更深刻地感觉它。"①通过所有制这个科学概念,中国人对"私有制"才能从感性认识上升到理性认识。编译局译本之前,陈望道、华岗、成仿吾、博古都把"私有制"翻译成"私有财产",陈瘦石缩译作"私产",百周年纪念版译作"私有财产权",②1958 年编译局译本才第一次译成"私有制"。《共产党宣言》定译本还有四处"私有制"字样(见表 2-5)。

表 2-5　《共产党宣言》Privat-Eigentums 译词演变

陈望道(1920)	华岗(1932)	成仿吾徐冰(1938)	博古(1943)	陈瘦石(1943)	百周年纪念版(1949)	编译局定译本(2017)
现代资本家的私有财产这件东西……	现代资本家的私有财产这件东西……	近代的资产阶级的私有财产是基于阶级矛盾……	现代的资产阶级的私有财产是基于阶级对抗……	现代资产阶级的私产则是这种制度的最终的……	现代的资产阶级的私有财产权是建筑在阶级对抗上面	现代的资产阶级私有制是建立在阶级对立上面
你们恐怕我们废止私有财产……	你们恐怕我们要废止私有财产……	因为我们要废除私有财产,你们就警吓起来	因为我们要消灭私有财产,你们就恐怖起来	我们要废除私产,你们觉得害怕	你们听见我们想要消灭私有财产权就惊慌起来	我们要消灭私有制,你们就惊慌起来了
这种财产制度……	少数人的占有私有财产……	它(指私有财产——译者)之所以存在	它(指私有财产——译者)之所以存在……	这种财产制度……	这种财产之所以存在……	这种私有制之所以存在
反对废止私有财产的人又会说,废止了私有财产……	反对废止私有财产的人又会说……	有人抗辩说,私有财产一废除……	人们提出反对的意见说,私有财产一消灭……	反对废除私产的人说,私产废除以后……	有人反驳说,私有财产权一旦消灭的时候……	有人反驳,私有制一消灭……

表中可见,"私有制"术语大量出现,与所有制概念产生是同步的。在

---

①《毛泽东选集》第 1 卷,人民出版社 1991 年版,第 286 页。
②《共产党宣言》汉译纪念版,陈望道等译,中华书局 2011 年版,第 318 页。

所有制概念定型前，Privat-Eigentum 多是直译作"私有财产"或"私产"，百周年纪念版译出"私有财产权"，陈望道、陈瘦石在个别地方带有（私有）财产制度的意思，证明在中国社会实践基础上，在语篇语境中的术语意义生产。在马克思那里，Eigentum 本身就是借用了古典思想家的术语而新增了"制度"的意义。维特根斯坦说过，一个词的意义就是它在语言中的用法。根据用法和语境，Eigentum 有的地方译作财产，有的地方译作所有权，有的地方译成所有制，并不违背马克思的意思。将 Privat-Eigentum 译作"私有制"，是恰当的，要消灭的不是"私有财产"，而是维护、保护、保障"私有财产"的"制度"，这种翻译更符合马克思的原意。

三、中国马克思主义所有制概念疏义

马克思和恩格斯的德语概念 Eigentum，经过英语 property，再经过日语词"财产"，变成汉语术语"财产""所有"，到所有权术语，又对接俄语词 собственность，最后形成汉语中的所有制概念。在《共产党宣言》百周年纪念版和编译局定译本中，财产（所有物）、所有权、所有制三个词在不同地方，对译 Eigentum 和 собственность，作为马克思主义和列宁主义经典著作概念母词，Eigentum 和 собственность 在汉语中不仅促生了所有制概念，而且廓清了所有制、所有权和所有物（财产）的术语层次和意义关系。从摘译、节译到全译本，在语句、语段和语篇背景中，中国人通过日常生活语言解读财产、所有和所有权等术语。正如恩格斯所指出："在经济关系方面的科学研究中，如我们所看到的，这些说法却会造成一种不可救药的混乱，就好像在现代化学中试图保留燃素说的术语会引起混乱一样。"① 中国人经过半个世纪的重译过程，借助日常生活术语又最终超逸日常生活术语，确立了所有制作为研究经济关系的科学概念。所有制这个译词以政治经济学概念和关系概念，超越了此前作为法律术语和实体术语的所有物（财产）和所有权的译法，深刻地把握了马克思主义所有制概念的精深之处。所有制作为政治经济学概念，是指它属于经济基础的范畴，在特定的生产方式中，所有制决定阶级划分和阶级关系，构成一个社会的基本经济制度，所有制变革也

---

① 《马克思恩格斯文集》第 3 卷，人民出版社 2009 年版，第 323 页。

是社会革命和改革的根本问题。马克思在批评小资产者蒲鲁东、米尔伯格等人的政治短视时，鞭辟入里地指出他们"歪曲了经济关系，办法是把这种关系翻译成法律用语。"① 所有制作为马克思主义中国化的概念产物，最大程度地弘扬了经典作家的概念意指。所有制这个译词以政治经济学概念和关系概念，超越了此前作为法律术语和实体术语的所有物（财产）和所有权的译法，深刻地把握了马克思主义所有制概念的精深之处。所有物（财产）、所有权属于法律术语，是所有制通过法律规范借以实现的方式，但是，所有制作为政治经济学概念，不单单是通过法律，还会通过社会组织形式和社会意识形式来实现和巩固，所有制的概念内涵和外延都远远超出所有物、所有权。从拉丁语词源 dominium（拥有）到德语词根 Eigen（自己的）看，近代西欧资产阶级财产观念，表现在他们从实体思维来运用 Eigentum、property 术语，把财产和产权看作独立个人身体的延伸和自由的保障，而马克思主义所有制概念在中国化过程中，借助中国传统的关系思维进而把握马克思主义经典作家的辩证思维，从关系概念而非实体概念去理解所有制，深刻地把握了马克思主义所有制概念的精深之处。汉语《辞海》对"所有制"的解释是：人们对物质资料的占有形式。通常指"生产资料所有制"。② 《现代汉语词典》则直接将所有制界定为生产资料所有制：生产资料归谁占有的制度。③ 实际上，《现代汉语词典》是狭义的解释，《辞海》的解释更符合经典作家所有制概念本义。从形式上看，物质资料可以分成生产资料和生活资料，但在阶级社会特别是资本主义社会，哪些归生产资料，哪些归生活资料，在现实中无法区分，作这种区分也没有实际意义。只有到了共产主义社会，生产资料归社会所有，生活资料归个人所有，而且由于按需分配，个人没有必要也不可能追求生活所需之外的物质资料，生产资料和生活资料才能够在实际上分清楚，而这种区分不在法律和制度调节的范围内。因此，所有制概念本义是指整个物质资料所有制，但在实现按需分配之前，通常指生产资料所有制。

---

① 《马克思恩格斯文集》第 3 卷，人民出版社 2009 年版，第 314 页。
② 《辞海》，上海辞书出版社 2009 年版，第 2018 页。
③ 《现代汉语词典》，商务印书馆 2012 年版，第 1250 页。

第四节　资　　本

1868 年，恩格斯在《民主周报》为《资本论》第一卷写书评指出：自地球上有资本家和工人以来，没有一本书像《资本论》那样，对资本和劳动的关系，第一次作了科学的说明，而这种说明之透彻和精辟，只有一个德国人才能做到①，这个人就是马克思。本节在考证"资本"词源的基础上，基于《资本论》中英文版对照，从语言学角度探讨资本的概念隐喻及其实质。在《资本论》第三卷序言中，恩格斯说："首先要提到的是第一册英文版，我对这个版本的文字负最后责任，所以它占了我许多时间。"②《资本论》是一部天才的经济学著作，其伟大之处除了体现在对资本主义生产关系的深刻剖析外，还体现在其高超的语言技巧，第一册英文版中无处不显示隐喻手法对资本的本质描述所显示出来的语用效果。按照莱考夫（Lakoff）和约翰逊（Johnson）的认知语言学理论，"隐喻是人类日常语言活动中的必须认知能力，概念隐喻的本质就是通过一种概念来理解和体验另一种概念的认知过程"③。马克思在《资本论》中用人们现实生活中具体生动的源域概念如物质、工具、运动和人性映射神秘的目标域资本，进而揭露了资本具有物质的孳息本质、工具本质、运动流通本质和人性本质，隐喻手法实现了认知功能、情感功能、美学功能和辩驳功能，在揭开了资本的面纱、证明资本家榨取剩余价值的面目的同时，也揭示了资本的文明作用，从而为资本概念纳入社会主义经济范畴作了铺垫。

一、"资本"术语渊流考证

根据《柯林斯拉丁语—英语双向词典》（Collins Latin Dictionary & Grammar），capital 一词源自拉丁文的词根 caput，而后又演变成 capitālis，其中的意思是"头顶、头部、头顶"。15 世纪早期，capital 一词直接引入英语词

---

① 《马克思恩格斯全集》第 21 卷，人民出版社 2003 年版，第 362—363 页。
② 《马克思恩格斯文集》第 5 卷，人民出版社 2009 年版，第 3 页。
③ ［美］乔治·莱考夫、马克·约翰逊：《我们赖以生存的隐喻》，何文忠译，浙江大学出版社2015 年版，第 3 页。

汇，意思也是"头部"，后来再演变为"酋长，首先、主要的"。在 1611 年前后，Capital 一词最早在英格兰首先用于经济学意义，用来表示牲畜的"头数""来自国王的土地赠与资本赠与"，是英格兰人建造新庄园的基础，其延伸含义是"原始资金"，因此在其谱系里反映了英国资产阶级革命的兴起。从经济学的意义来看，由于古代牲畜、土地是很重要的财产，拥有多少头牲畜和土地代表了拥有财富的多少，所以，1610 年表示牲畜"头数"的 capital 包含"资本、财富"的含义。从 17 世纪 40 年代起，表示"从事某一特定业务所用的财富"，广义的政治经济学含义是"可用于进一步生产的工业产品的一部分"。古典政治经济学家亚当·斯密把资本定义为"他希望为他提供收入的那部分股票"。"股票"（stock）一词来源于古英语单词"树桩"或"树干"，至少自 1510 年以来被用来指农场的所有可移动财产。资本货物、实际资本或资本资产是已经生产的耐用品或用于生产货物或服务的任何非金融资产。

在古典汉语中，《说文》曰："资，货也"；《释文》称："资，取也。"东汉末年，训诂学家刘熙在其《释名》中这样表述："姿，资也，取也。形貌之禀取为资本也。""资本"汉语古义专指经营工商业的本钱。在西方传教士编纂的早期英汉辞典中，19 世纪 70 年代中期已将"资本"一词对译西方概念 capital，1875 年邝其照《华英字典集成》就将 capital 译作"生意资本"，到 1880 年同文馆学生汪凤藻翻译《富国策》时，直接以"资本"对译 capital，并作释义："何谓资本？资本者无一定之物，凡积蓄于素以为生财之本者皆是也。"但与"自由""平等"等新术语一样，"资本"译词也没有马上传播开来。在日本，此前一直用汉字词"元金"翻译 Capital，随着大量汉译西书传入日本，特别是日本学者参照早期英汉辞典编纂《英和辞典》，在 19 世纪 80 年代初模仿汉语译词，开始译作"资本"。1882 年由柴田昌吉和子安峻编译的《增补订正英和字汇》，第一次把 capital 翻译成"资本、财本"；1885 年井上哲次郎在《新撰英和字典》中，翻译成"资（财）本"。80 年代中期，日语译词"元金"与新译法"资本"，有过短暂并立通用，但很快新译法压倒了旧译词，其中的根本原因，就是这时西欧社会主义思想涌入，小崎弘道在《论近世社会党起因》，西周在《社会党论之说》等文章中，特别是福井准造在《近世社会主义》一书中，频频使用

"资本"来译述《资本论》中的观点。新译法趁此思想大潮扶摇直上，"资本"迅速成为通用译词。1895 年黄遵宪撰《日本国志》，"资本"术语又从日语中借回汉语，《日本国志》卷十四有"核其资本，检其股份"。[①] 但严复 1901—1902 年间翻译《原富》时，仍拒绝用"资本"对译 capital，而是新组词"母财"。在术语顶替中，"母财"已不如"资本"更能指"生财之本"。至 1903 年，赵必振从日语翻译福井准造的《近世社会主义》，通篇使用"资本"译词，汪凤藻侄子汪荣宝在《新尔雅》辞书中，把"资本"收为注点术语加以释义："以过去劳力之结果助未来之生产者谓之资本"，[②] 标志着"资本"成为通行的现代经济术语词。资本是《资本论》原著的关键术语和核心概念，"《资本论》理论部分三卷共使用 111 种资本概念，一卷出场 20 种，二卷出场 58 种，三卷出场 85 种。一卷的主角是不变资本和可变资本。二卷的主角是货币资本、生产资本和商品资本；固定资本和流动资本；社会总资本和单个资本。三卷的主角是商品经营资本、货币经营资本、商业资本、生息资本、借贷资本、虚拟资本、农业资本等。"[③] 马克思主义开始在华广泛传播，马克思主义经典著作的资本术语为中国马克思主义者所接受，李大钊在《我的马克思主义观》中写道："宗马氏的说，入十六世纪初期，才有了资本。因为他所谓资本，含有一种新意义，就是指那些能够生出使用费的东西。"[④]

二、资本的物质性和价值性

所谓物质，按照新华字典的解释，是指人以外的具体东西。资本表现为物的形式，指的是在资本主义生产关系中的有价值的生产资料，包括生产原料、资金、商品等。在马克思看来，资本是物不仅仅包括具体看得见摸得着的物体，还包括不能感知的劳动力，劳动力是可变资本。人们在阅读《资本论》时会发现马克思把物质的特性和资本的特性之间存在同一性和相似

---

① 黄河清：《近现代词源》，上海辞书出版社 2010 年版，第 992 页。

② 汪荣宝、叶澜：《新尔雅》，文海出版社 1977 年版，第 40 页。

③ 参见赵学清：《〈资本论〉中"资本"概念的演进及其启示》，《中国浦东干部学院学报》2018 年第 3 期。

④ 《李大钊全集》第 3 卷，人民出版社 2006 年版，第 48 页。

性，也就是乔治·莱考夫、马克·约翰逊所言，源域和目标域之间的同一性通过映射（mapping）反映出来。经济学的资本是指用于生产的基本生产要素，既可以指固有的自然生态向社会生活所提供的并且是生活所需资源，如山林、矿藏、水等自然资源，也包括资金、厂房、设备、材料等物质资源，这些都是具体的、容易使人理解的概念，可以通过类比和映射机制作为这一认知手段揭示目标域的资本性质和特征。马克思通过分析增殖的价值形式，认为资本是货币，资本是商品（Capital is money：Capital is commodities）。

英国经济学家纳索·威廉·西尼尔（Nassau William Senior，1790—1864）反对劳动价值论，认为资本是资本家的一种牺牲，资本家为提供生产资料，牺牲了个人消费所给予的享乐和满足，这种牺牲应有所报酬，就是利润。《资本论》中马克思对其论点提出了批判，指出他（纳索·威廉·西尼尔）首先就得请求工厂主先生们把包含在机器、厂房、原料中的不变资本放一边，把预付工资的资本放在另一边（he ought to have asked the manufacturers to place the constant capital，invested in buildings，machinery，raw material，&c.，on one side of the account，and the capital advanced in wages on the other side）。在此，马克思把厂房、机器、原料映射为物质资本，用于生产物品与劳务的设备和建筑物存量。资本还体现在劳动资料上，随着科技的发展，大机器生产出现后，大机器作为劳动资料以资本的性能体现在物质上，"劳动资料作为资本，而且作为资本，自动机在资本家身上获得了意识和意志"。(The automaton，as capital，and because it is capital，is endowed，in the person of the capitalist，with intelligence and will)。自动机是工业革命的产物，是资本家用以榨取工人剩余劳动和创造剩余价值的生产资料，是物质形式的资本。马克思指出，随着资本主义的发展和大机器生产的开始，工人开始反对资本即生产资料本身，实际是"反对资本的物质存在形式"（the workman fought against the instrument of labour itself，the material embodiment of capital）。

马克思还通过概念隐喻映射的手法把商品、货币映射具有物质本质的资本，逐步揭示作为物质本质的资本的形成过程："特殊商品——一般等价物的商品——货币——资本"。商品的两次转化形成资本，资本充满了商品的基因，构成了资本的血肉之躯，即马克思所言，货币"不过是商品的一种形式";"资本是由商品构成的";① "一切资本就它的价值表现来说都是货币资本";"资本本身所以表现为商品,是因为资本被提供到市场上来,并且货币的使用价值实际上作为资本被让渡";"货币或商品,自在地,在可能性上是资本,正像劳动力在可能性上是资本一样。"② 概念隐喻使人们认知客观世界的思维方式,可以反映客观世界基本特质和本质属性。综上所述,马克思把物质映射为资本,资本是由商品构成的,资本在本质上也是一种商品,或者说,资本的本质是商品。这些通过概念隐喻手法得出的论断,证明资本作为一种有价的物质。

资本表现为一定数量的货币,代表着一定数量"价值额",但是,货币成为资本是有条件的,货币必须以商品的形式出现在生产关系中,即资本家用货币购买工人的劳动力之后,货币才能成为资本,因为货币只有一种形式,而价值却有两种形式,货币不以商品的某种形式出现,就不能成为资本(Unless it takes the form of some commodity, it does not become capital)。所以资本也是一种"形式规定",包括商品和货币等。资本以自然物质的形式存在,可以是商品的形式,也可以是货币的形式,或以生产资料为形式,或以劳动力为形式,林林总总构成资本的"物质规定","劳动力的消费过程,同时就是商品和剩余价值的生产过程"。③ 货币(currency)是一种有价值之物,是其所有者与市场进行交换的契约,马克思也把货币映射为资本,如"资本价值最初是以货币形式预付的"(The capital value was originally advanced in the money form),货币最初转化为资本(Thus the original conversion of money into capital),把货币隐喻为生产关系中的资本,因为货币是人们进行交换的媒介,是具体而生动的概念,而资本是一个抽象概念,借助这样的隐喻映射机制把资本抽象的特征暴露在公众的目光下,使得人们更好地认知资本这一资本家刻意掩盖和包装的神秘的物质,可见,货币转化为生产资料的物质资本是完完全全符合商品生产的经济规律以及由此产生的所有权的。

马克思把具体的有形物体隐喻为抽象难懂的资本,这种隐喻机制是两个

---

① 《马克思恩格斯文集》第7卷,人民出版社2004年版,第978页。
② 《马克思恩格斯文集》第7卷,人民出版社2004年版,第443、397、398页。
③ 《马克思恩格斯文集》第5卷,人民出版社2018年版,第173页。

不同领域的概念的互动和作用，进而产生把两个概念进行比较而得到相似性且崭新的概念认知，也就是所谓的隐喻意义：资本具有物质的本质，资本是有价值的物。

三、资本的运动性和孳息性

马克思在论述资本的本质时，认为资本作为自行增殖的价值，还是一种运动，只有经过购买、生产、销售等不同阶段的运动过程，货币才能转化为资本，是时空运动隐喻的表现形式："G 是货币状态或货币形式的资本价值——货币资本"；运动流通着的资本则"处在属于流通过程的形式上，即处在属于以交换为中介的形式变换的形式上，因而是处在商品资本和货币资本的形式上，而同它的属于生产过程的形式即生产资本的形式相对立"。货币资本、生产资本和商品资本的出场使得人们认知了资本的运动本质。另外，资本通过在不同阶段、采用不同的运动方式进行不断的运动和进行循环转化以实现自身的自增殖。在资本自行增殖的运动中，"固定在劳动资料上的这部分资本价值……的流通是独特的流通。"① 作为流动资本一部分的可变资本的周转运动越快，就会产生更多的剩余价值率。马克思论述了货币转化为资本是为价值的增殖创造条件。资本家借助资本的流通勾勒出资本家的目标是追求无限的剩余价值，"作为资本的货币的流通本身就是目的，因为只是在这个不断更新的流动和运动中才有价值的增殖"，② 即资本在生产和交换过程当中可以像水一样流动。由于资本的运动是抽象的概念和现象，概念隐喻的语言学功能通过水流运动的映射，增强了人们的认知能力，认知资本的运动本质。资本运动像水一样具有流通性质。《尸子》卷上云："水有四德，沐浴群生，流通万物，仁也。"水的流动过程也润泽所到之处，是为仁。所谓流通，特指商品、物品、货币之间像水流一样流转。在《资本论》第二卷中，马克思对资本循环、周转和社会资本再生产过程的考察作出了深入细致的研究和论述，如同水的流动过程也润泽所到之处，资本流通运动所到之处就像水一样润泽各方，这种运动时空隐喻手法契合了莱考夫和约翰逊

---

① 《马克思恩格斯文集》第 6 卷，人民出版社 2009 年版，第 34、214、177 页。
② 《马克思恩格斯文集》第 5 卷，人民出版社 2009 年版，第 178 页。

的概念隐喻，用水的流通性质映射资本的流通，水的流动是人们熟悉的具体自然现象，而资本的流通则是抽象的概念和现象，通过这样的映射机制，揭示资本主义生产关系中资本的运动的起点、流通过程以及最终目的地：产生剩余价值。

马克思指出："简单商品流通以卖开始，以买结束；作为资本的货币的流通以买开始，以卖结束。作为运动的起点和终点的，在前一场合是商品，在后一场合是货币。在整个过程中起媒介作用的，在前一形式是货币，在后一形式是商品。"① (The simple circulation of commodities begins with a sale and ends with a purchase, while the circulation of money as capital begins with a purchase and ends with a sale. In the one case both the starting-point and the goal are commodities, in the other they are money. In the first form the movement is brought about by the intervention of money, in the second by that of a commodity)。这里，资本的语义知识就是通过人们的运动感知经验显露出来了：资本是运动的物质，具有流通的本质，它的增殖过程也是运动的过程。

马克思以作为支付工具的货币映射资本。货币（currency）来自中古英语 curraunt，意思是"在流通中"，词根是拉丁语 currens，-entis，指"作为交换媒介"，特别是流通的纸币和硬币，在实际使用或流通中指任何形式的货币。货币是在一个国家或地区内一种普遍使用的货币系统（货币单位），如美元、英镑、澳元、欧元和俄罗斯卢布都是货币。这些不同的货币被确认为具有一定价值的储存，并在外汇市场上在国家之间进行交易，这决定了不同货币的相对价值。货币可以分为两种货币体系：法定货币和商品货币，这取决于货币的价值，某些货币在某些政治辖区是法定货币，而另一些地方，货币只是为发展经济而充当价值交易的工具。马克思认为，资本是货币，是商品（Capital is money；Capital is commodities），为了买东西而得到的货币就是货币，可以促进商品的交换，马克思把这个表述为"C—M—C 或商品—货币—商品"。另一方面，资本是货币，用来买东西只是为了再卖出去，马克思把这个描述为"M—C—M"。货币只有在充当支付手段和工具购买一种商品时才是资本，这种商品的消费带来商品价值的增加，这种商品是

---

① 《马克思恩格斯文集》第 5 卷，人民出版社 2009 年版，第 173 页。

以牟取利润而出售的（M—C—M）。"作为资本的货币是超出了作为货币的货币的简单规定的一种货币规定"。① 货币不以商品的某种形式出现，就不能成为资本（Unless it takes the form of some commodity, it does not become capital）。所以，资本包括商品和货币等林林总总的形式构成资本的"物质规定"，"资本的消费过程，同时就是商品和剩余价值的生产过程"。②

马克思论述了货币转化为资本，即是也不一定是在流通过程中进行的，在流通中进行是因为必须通过流通购买劳动力，若不在流通中进行，而流通则是为价值的增殖创造条件。整个英文版《资本论》使用了 287 次"流通"（circulation），其搭配（collocation）多以"商品"（commodity）、"劳动力"（labor）、"资本"（capital）为主，这就充分证明资本包括它的表现形式的商品和劳动力的流通性。语言学的"化"是词类转换的一种隐喻手段，资本家已经物化为资本了，而资本已经人格化为资本家了，这一论述其实就是构建了资本家和资本之间的映射关系，资本家借助资本的流通勾勒出资本家的目标是追求无限的剩余价值，"每一次为卖而买所完成的循环的终结，自然成为新循环的开始。……相反，作为资本的货币的流通本身就是目的，……因为只是在这个不断更新的运动中才有价值的增殖。"③（The circulation of money as capital is, on the contrary, an end in itself, for the expansion of value takes place only within this constantly renewed movement. The circulation of capital has therefore no limits），"连续性是资本主义生产的特征"，④ 资本在生产和交换过程当中可以像水一样流动，只有这样，资本才能增殖。

马克思把资本分为不变资本和可变资本，可变资本包括价值会增大的资本，也就是说资本具有孳息性。《廣韻》曰：孳，息也。又与孜同。《孟子》有"孳孳为善者"。按照晋江统《徙戎论》的解释，孳息的原意是繁殖生息。孳息与原物相对，滥觞于罗马法，指由土地而生并供人畜食用之物如麦、谷等种植物等，后来孳息不仅仅指土地的出产物，还延伸到依原物而产生的各种收益，如植物果实、牲畜的小犊小驹，乃至矿物等均构成孳息。在

---

① 《马克思恩格斯全集》第 30 卷，人民出版社 1995 年版，第 206 页。
② 《马克思恩格斯文集》第 5 卷，人民出版社 2009 年版，第 204 页。
③ 《马克思恩格斯文集》第 5 卷，人民出版社 2009 年版，第 177—178 页。
④ 《马克思恩格斯文集》第 6 卷，人民出版社 2009 年版，第 118 页。

法律语境下，孳息与原物相对，孳息与原物是分离的，孳息是原物派生的。乔治·莱考夫和马克·约翰逊认为，"隐喻的系统性使我们能通过彼概念来理解此概念的一个方面"。① 马克思为了人们了解资本的增殖，把自然界的生物的增殖隐喻为资本的孳息或增殖："资本家和雇佣工人的产生，是资本价值增殖过程的主要产物"。② 通过隐喻原物源域的孳息，人们的认知思维发现，资本是增殖的，孳息部分就是增殖的部分，就是剩余价值部分，是资本家掠夺的部分，因为"资本只有一种生活本能，这就是增殖自身，创造剩余价值"。③ 马克思分析了资本的两个方面："转变为生产资料即原料、辅助材料、劳动资料的那部分资本，在生产过程中并不改变自己的价值量。因此，我把它称为不变资本部分，或简称为不变资本。"④（That part of capital then，which is represented by the means of production，by the raw material，auxiliary material and the instruments of labor does not，in the process of production，undergo any quantitative alteration of value. I therefore call it the constant part of capital，or，more shortly，constant capital），所谓改变自己的价值量（undergo any quantitative alteration of value）就是增殖的过程，以货币形式支付给工人并购买了工人的劳动力后，资本就有增殖的可能。

《资本论》不同于资产阶级政治经济学，马克思以生物孳息的特征剖析了资本家追求资本增殖的真面目。资本家既关注生产出来的产品可以是销售的商品，即商品必须有价值，更关心销售的商品的价值必须比生产该商品所需要的劳动力价值和生产资料价值的总和要大。"资本商品有一种特性：由于它的使用价值的消费，它的价值和它的使用价值不仅会保存下来，而且会增加。"⑤ 资本家所支付给工人的工资少于工人劳动所创造的价值，这个差价就是资本的孳息。孳息本为原物之对称，其概念起源于罗马法时代，最初是指由土地产生的按期供人畜食用之物，例如麦子等。后来，随着法学的日渐繁荣，孳息的含义外延，不仅包括指土地的出产物，还包括依原物的用途

① ［美］乔治·莱考夫、马克·约翰逊：《我们赖以生存的隐喻》，何文忠译，浙江大学出版社2015年版，第7页。
② 《马克思恩格斯全集》第30卷，人民出版社1995年版，第508页。
③ 《马克思恩格斯文集》第5卷，人民出版社2009年版，第269页。
④ 《马克思恩格斯文集》第5卷，人民出版社2012年版，第243页。
⑤ 《马克思恩格斯文集》第7卷，人民出版社2012年版，第393页。

而按期产生的各种收益，不仅有植物的果实，而且牛、马等家畜所生的小犊小驹，甚至是矿场的矿物等均构成孳息。孳息既是通过自然而产生，也可以通过加工或法定而产生，如资本商品是通过加工后具有实用价值，再通过交易产生孳息即剩余价值。如果说资本是一种价值，那么，它"是作为这样一种价值，这种价值具有创造剩余价值、创造利润的使用价值"。①

资本和物质都有孳息性，马克思把两个神似的物质概念加以隐喻论述，通过孳息物这一概念理解资本的孳息性，认为科技"使执行职能的资本具有一种不以它的一定量为转移的扩张能力"，通过科技创新和科学管理，资本本身也因此增大而大于其他资本，进而体现获取的利润，同时，"资本主义生产的发展，使投入工业企业的资本有不断增长的必要，而竞争使资本主义生产方式的内在规律作为外在的强制规律支配着每一个资本家"。②马克思以物质生物孳息的特征剖析了资本家追求资本的增殖的秘密，资本家所支付给工人的工资与工人劳动所创造的价值之差就是孳息。孳息性是在生产过程当中体现出来的，马克思就论述到这一孳息的环节，可以看到资本如何生产，还可以看到资本本身是怎样被生产出来（how capital produces, but how capital is produced）。变为劳动力的那部分资本（capital represented by labour-power）会在生产过程当中产生孳息从而增长自身的价值，从不可变量资本蜕变成可变量资本。这样的隐喻手法是把生物的孳息特征映射为资本的孳息，其隐喻意义是：资本是可以孳息的价值形态。

四、资本的人格化

在认知语言学意义上，人格化是一种隐喻手段，也是一种认知思维方式。在资本主义生产关系中，资本家追求剩余价值的手段是使得资本价值的最大化，资本已经人格化为资本家本身了。马克思的《资本论》这样描述资本的人格化："作为资本家，他只是人格化的资本。他的灵魂就是资本的灵魂，而资本只有一种生活本能，这就是增殖自身，获取剩余价值。"③ 马克思之所以论述到资本的人格化，是因为资本的自行增殖的特性，把人类的

① 《马克思恩格斯文集》第 7 卷，人民出版社 2009 年版，第 384 页。
② 《马克思恩格斯文集》第 5 卷，人民出版社 2009 年版，第 699、683 页。
③ 《马克思恩格斯文集》第 5 卷，人民出版社 2009 年版，第 269 页。

生男育女现象映射到抽象的经济范畴，在《资本的生产过程》的写作过程中，马克思使用过资本人格化概念，在《资本的流通过程》的写作中，用过人格化，在《资本主义生产的总过程》中依然使用人格化，揭示了资本是带来剩余价值的价值，资本家就是"人格化的资本"，"资本家本身只有作为资本的人格化才是统治者"，① 资本是资本主义社会的真正"国王"，是"有形的神明"、"最高的善"和"真正的创造力"。② 《资本论》用拟人手法形容和比喻资本是最多的，如新资本最初仍然是作为货币"出现在舞台上"（All new capital, to commence with, comes on the stage）、资本尽可能吮吸剩余劳动力（absorb the greatest possible amount of surplus labor）、"零敲碎打地偷窃"工人吃饭时间和休息时间（"small thefts" of capital from the labourer's meal and recreation time）、"吮吸的活劳动越多，它的生命就越旺盛"（lives the more, the more labour it sucks）、资本有"贪婪性"、资本追求利润的"欲望"是无限的，要求"拥有政治权力、文化权力、社会权力，占领这些阵地"。

　　隐喻根植于我们的日常经验。通过观察资本的特征，马克思对资本进行拟人化，让人们通过自身的思维来认识资本，揭露其庐山真面目。资本自从"登上舞台"，"占用"工人的剩余劳动时间，大肆掠夺剩余价值之后，会为自己"解释这种 24 小时制度的行为"（regards this 24 hours'system），资本"只谈这种制度的'正常'形式"（only speaks of the system in its "normal" form），而实际上资本"不关心"（cares nothing）劳动力的寿命长短，资本只是为劳动者的恶劣工作条件（"justifying" the conditions partly dangerous），资本"不会有片刻迟疑"地使工人处于供它使用的状态（without hesitating a moment, for the working class constitutes its living appurtenance, always in excess, always at disposal），资本则狂欢痛饮来庆祝胜利（Capital celebrated its orgies）。而一旦有工人对资本的剥削行为进行反抗和抗争时，资本"就大吵大叫起来"，说这是违反了"永恒的"和所谓"神圣的"供求规律（capital cry out at the infringement of the "eternal" and so to say "sacred" law of supply

----

① 《马克思恩格斯文集》第 8 卷，人民出版社 2009 年版，第 393 页。
② 《马克思恩格斯全集》第 3 卷，人民出版社 2002 年版，第 362—363 页。

and demand)。马克思深刻剖析资本主义生产关系中的雇佣劳动制度以及资本主义在形式上的平等掩盖了事实上的不平等事实："平等地剥削劳动力，是资本的首要的人权"，① 这里马克思赋予资本人格意义，资本具有"人权"，而劳动者却没有人权，揭示了人和资本的人际关系，同时也显示出马克思的语言美学思想。凡此种种，马克思通过隐喻映射手法淋漓尽致地描述和剖析了资本的人格化，让人们了解到资本作为资本家的代理人，关心的只有增殖的利益目标，同时拥有对工人劳动的直接支配权和处分权，是无所不能的最高统治者，即资本是人，证明资本"作为资本家或作为人格化的、有意志和意识的资本执行职能"。② （he functions as a capitalist, that is, as capital personified and endowed with consciousness and a will.）

五、资本的文明作用

马克思说："资本一出现，就标志着社会生产过程的一个新时代。"③ 马克思对在批判和揭露了资本主义制度的剥削本质的同时，也指出"资本的伟大文明作用""资本的伟大历史方面""资本的历史的合理性"，此处，马克思把资本拟人化，资本像人一样，是"文明"的，资本有"现代生活"、资本可以书写"历史"、资本有"合理理智"的一面，等等。再者，"世界贸易和世界市场在 16 世纪揭开了资本的现代生活史"；④ "资本的文明面之一是，它榨取这种剩余劳动的方式和条件，同以前的奴隶制、农奴制等形式相比，都更有利于生产力的发展，有利于社会关系的发展，有利于更高级的新形态的各种要素的创造"；⑤ "资本的文明的胜利恰恰在于，资本发现并促使人的劳动代替死的物而成为财富的源泉。"⑥

具体而言，这种文明作用主要表现在：第一，构建了人类生活的物质基础，资本为人的自由而全面发展奠定物质基础，资本在此是建筑隐喻。"资本的伟大的历史方面就是创造这种剩余劳动，……普遍的勤劳，由于世世代

---

① 《马克思恩格斯文集》第 5 卷，人民出版社 2009 年版，第 338 页。
② 《马克思恩格斯文集》第 5 卷，人民出版社 2009 年版，第 178 页。
③ 《马克思恩格斯文集》第 5 卷，人民出版社 2009 年版，第 198 页。
④ 《马克思恩格斯文集》第 5 卷，人民出版社 2009 年版，第 171 页。
⑤ 《马克思恩格斯文集》第 7 卷，人民出版社 2009 年版，第 927—928 页。
⑥ 《马克思恩格斯全集》第 3 卷，人民出版社 2002 年版，第 287 页。

代所经历的资本的严格纪律,发展成为新的一代的普遍财产,最后,这种普遍的勤劳,由于资本的无止境的致富愿望及其唯一能实现这种愿望的条件不断地驱使劳动生产力向前发展,而达到这样的程度,以致一方面整个社会只需用较少的劳动时间就能占有并保持普遍财富"。资本还创造了世界市场,"资本一方面具有创造越来越多的剩余劳动的趋势,同样,它也具有创造越来越多的交换地点的补充趋势,……创造世界市场的趋势已经直接地包含在资本的概念本身中。"[1] 社会发展的原动力映射资本,资本是人类生产实践活动的产物,刺激人们追求资本的最大化,是"自由的、毫无阻碍的、不断进步的和全面的发展生产力""强行刺激工人新的需求",为人们的自由而全面发展提供了必要的现实的前提。

　　第二,资本的文明作用还体现在生产力的发展使得资本创造出巨大的财富,本身就是人的自由而全面发展的理据。这里,资本隐喻的内涵由源领域的财富意义和结构特征所决定,财富映射资本,作为源领域的财富所具有的功能完全、系统地映射到资本这一目标域中,财富成为资本这一目标域的一分子。这些隐喻手法使得人们认知到资本普遍和无限性地创造社会财富,体现了人类活动的自由性和全面性,即"事实上,财富不就是在普遍交换中造成的个人的需要、才能、享用、生产力等等的普遍性吗?财富不就是人对自然力——既是通常所谓的'自然'力,又是人本身的自然力——的统治的充分发展吗?财富不就是人的创造天赋的绝对发挥吗?"[2]在这里,马克思运用三个设问修辞"不就是",首先确定了财富,亦即由资本运动所创造的财富,是个人的需要、才能、享用和生产力等等的普遍性,通过实践本体论说明了资本内含生产、流通、交换和消费等诸多环节,人全面展示自身才能的实践活动也包含在这诸多环节的活动中。资本创造的财富体现了人类的实践活动的过程,实践是人类改造和统治自然的过程,实践能力体现人的自由而全面的发展,是一种创造活动,证明或者实现人类的创造天赋。

　　第三,资本的文明作用还体现在创造财富的同时,也创造了人的自由而全面发展的自由时间。"资本的规律是创造剩余劳动,即可以自由支配的时

---

　　[1] 《马克思恩格斯全集》第30卷,人民出版社1995年版,第286、388页。
　　[2] 《马克思恩格斯全集》第30卷,人民出版社1995年版,第480—481页。

间……资本的趋势也是要把必要劳动减少到最低限度。"① 资本促使自由的发展，也使得自由时间的增加，"所有自由时间都是供自由发展的时间"，所以，人们在剩余劳动中在世界市场上的活动以资本所创造的自由时间为基础，因此，"创造可以自由支配的时间是资本的主要使命。"②可见，资本这一文明作用是不可否认的。

概言之，通过对《资本论》原著术语中英文词源分析，特别是英文版、中文版的文本对照分析，发现马克思借助具体生动的生活经验的术语隐喻映射抽象的资本概念，首先把有价值的物质如货币、生产资料等具体生动的源域映射到抽象的目标域资本，然而货币一旦购买了工人的劳动力后就变成资本，是可变资本，资本家通过强迫工人增加劳动时间进而达到掠夺剩余价值的目的；资本的运动性资本主义生产连续进行，源源不断地获取工人创造的剩余价值，资本流通的过程就是增殖的过程，表现为生物的孳息性特征，映射为资本的增殖性，即资本是可变资本，具有增殖的特点；人作为源域，其生命和思维特征被映射为目标域资本的人格化，在生产关系中充当掌握雇佣工人命运的国王；在雇佣劳动制度下，资本以强制的方式激发人的创造天赋，从而降低必要劳动时间，创造自由时间，以限制工人进入文明生活的方式，体现它的文明作用。通过梳理资本/capital一词的拉丁语原意，英语、汉语词源，及其在中日两国汉字圈的译词演变，可见译词"子母钱""财本""母财""货本""成本""基本金""本钱""本银"等都难抵马克思《资本论》本义，而汉译义素"本""母""子"等作为源域映射"钱、财、物"等义素，通过汉字拼义表达资产发挥增殖功能的运动方式，从语言结构的能指性上，资本概念并不局限于资本主义经济范畴，在资本主义市场经济范畴中，资本是指带来剩余价值的价值；而在社会主义市场经济范畴中，资本是指投于企业生产和经营活动的固定资产和流动资产的价值形态。

---

① 《马克思恩格斯全集》第 30 卷，人民出版社 1995 年版，第 377 页。
② 《马克思恩格斯全集》第 31 卷，人民出版社 1998 年版，第 23、619 页。

第五节　市　　场

　　"市场"在汉语词源古义实为"买卖场所",成为现代市场经济术语,有赖于明治初期日本人依照汉语造词法,与"广场""工场""农场"等词一起,为对译英语 market 而创设的和制汉字词。1890 年黄遵宪《日本国志》借入汉语,卷八用例:"日本丝茶价之高低,悉操于欧洲市场"。① "市场"虽系日语回归借词,但很快在国内流行开来,1901 年,连深拒外来词的严复,在《原富》译本中也使用了"市场"术语。但是,"市场"作为现代经济学术语,在马克思主义经典著作中一直没有纳入社会主义范畴,1920年《宣言》陈望道译本并没有接受日语底本的和制汉字词"市场",而是配词"行情"对译,华岗译本也将英语母本中的 market 译作"行情",从成徐译本开始才使用日语借词"市场",但这时仍然视"市场"为马克思主义政治经济学批判资本主义的范畴,1928 年蔡和森在《中国革命的性质及其前途》中提出"消灭资本主义市场经济而代以有组织的国有城市大工业统率之下的农村集体经济",② 将市场经济与国有经济、集体经济相对立。可见,与马克思恩格斯一样,中国马克思主义者早期是将"市场经济"概念置于社会主义范畴之外的,从经典著作源头追溯,"市场"纳入社会主义范畴,是通过列宁新经济政策思想和文献的中国化完成的。本节以列宁新经济政策作为马克思主义经典作家思想源头,展开阐述"市场"融入社会主义范畴的历史轨迹和历史贡献。

一、国家与市场关系的百年论争

　　列宁逝世后,俄国国内围绕他晚年推行的新经济政策,先后掀起了三次集中论争:第一次是 20 世纪 20 年代布尔什维克党内论争,论争焦点是市场关系属于"常态/非常态"问题;第二次是 60—70 年代社会主义经济理论大讨论,曾在学术上把市场纳入了社会主义范畴,但终因政治体制僵化无法付

---

① 黄河清:《近现代辞源》,上海辞书出版社 2010 年版,第 680 页。
② 黄河清:《近现代辞源》,上海辞书出版社 2010 年版,第 680 页。

诸实践，论争焦点是"姓社/不姓社"问题；90 年代以来在指导思想多元化背景下又掀起了第三次论争，学界将列宁新经济政策纳入俄国现代化，特别是市场化道路重新审视，由于指导思想多元化，出现了"有功/没有功"的论争。三次论争，各有焦点，主线一贯，就是在列宁"国家资本主义"概念下争论国家与市场的关系。二者关系问题的真正求得答案，是在中国特色社会主义实践基础上，将"市场"概念纳入社会主义范畴，列宁新经济政策思想成为中国特色社会主义政治经济学的重要源头。

（一）布尔什维克党内论争

第一次论争发生在布尔什维克党内，集中表现在对新经济政策存在多重定位。在列宁领导下短短两年半，新经济政策从不经过市场的商品交换，到允许商业买卖，再发展到重建货币金融体系，所以，俄共（布）领导人普遍把新经济政策理解为在国家控制下利用市场关系，由此产生了社会主义国家利用市场，属于常态还是非常态的不同观点。

以经济学家普列奥布拉任斯基为代表的左派共产党人，认为新经济政策只是一种临时反危机措施。普氏认为苏俄新经济政策为"商品社会主义经济制度"，在这种基本经济制度下，"在货币商品交换的扩展领域和价值规律的作用之间不能划等号。"① 俄共（布）十大上普列奥布拉任斯基流露出对新经济政策的抵触，认为粮食税政策与地方商品流转会导致大工业的瓦解，十一大上他同列宁展开争论，认为社会主义的计划与资本主义的市场在本质上是不相容的，建议用强制办法迅速农业集体化，列宁对此作出"这一提纲不适用"② 的结论。1922 年，普列奥布拉任斯基在《从新经济政策到社会主义》中提出俄国经济将很快进入新阶段，这一阶段的典型特征是计划作用显著加强，市场受到限制，货币结算使用范围缩小。该书受到中央委员 F. 米柳亭的赞同。1923 年秋销售危机发生，普列奥布拉任斯基提出向非公经济强制征税、非等价交换等"社会主义原始积累"方案，设想社会主义原始积累规律终将取代价值规律。

托洛茨基亦主张国营经济通过商品货币关系排挤小农经济，以实现社会

---

① ［苏］叶·阿·普列奥布拉任斯基：《新经济学》第 1 卷第 1 分册，纪涛、蔡恺民译，三联书店 1984 年版，第 154、166 页。

② 《列宁全集》第 43 卷，人民出版社 2017 年版，第 45 页。

主义积累。但他对政治经济环境有更现实的理解，所以认为新经济政策不是短暂的，而是一个长期战略。新经济政策一提出，托洛茨基便表明支持态度，次年在共产国际四大报告中指明，新经济政策是"无产阶级的社会主义发展的一个必要的阶段"，① 强调这一政策的必要性与长期性。但托洛茨基始终认为，市场是资本主义范畴，利用市场关系不是社会主义的正常状态。1926 年收购危机后，托洛茨基联合反对派要求停止新经济政策。

1927 年斯大林、布哈林在继续新经济政策口号下，联手击败联合反对派，但是，真正决定新经济政策命运的较量旋即在斯大林派和布哈林派之间展开。工会领袖托姆茨基（布哈林派）挑明了分歧："大家都赞成新经济政策，但是从某些发言中总是略微可以闻到这样的一种味道：如果这是新经济政策但是没有耐普曼、没有富农、没有承租的人，那就好了。"② 因为斯大林写道："新经济政策意味着在国家有权、有可能从无产阶级专政的观点调节商业"，③ 在斯大林派看来，新经济政策的具体内容和形式取决于社会主义经济成分和私有制经济成分的相互关系，取决于国内阶级力量布局，现在公有制经济成分比新经济政策初期有显著提高，是时候逐步限制乃至取消私商、富农和租借租让机构的市场自由了，他们认为这是新经济政策的新阶段。从此意义上，斯大林派把新经济政策视为通向社会主义的道路，斯大林的追随者米高扬称"新经济政策是唯一正确的道路"，"新经济政策不是意味着资本主义的自由，因为那样的话，新经济政策就不是通向社会主义而是通向资本主义的道路了。"

针锋相对，布哈林提出："我们恰恰要通过市场关系走向社会主义"。④ 在他看来，在列宁新经济政策中，"市场关系是决定性的"，⑤ 这是由新经济政策的实质决定的，"争论的是应该把什么看成是新经济政策的实质。我认为，该看成新经济政策的实质的是，必须采取一定的办法，把社会主义的工业和普通的商品生产者连接起来，也就是通过市场连接起来"。⑥ 因此，新

---

① 《国际共产主义运动史文献》第 34 卷，中央编译出版社 2012 年版，第 321 页。
② 《新经济政策是怎样被断送的》第 2 卷，李方仲等译，人民出版社 2008 年版，第 474 页。
③ 《斯大林全集》第 11 卷，人民出版社 1955 年版，第 15 页。
④ 《布哈林文选》，人民出版社 2014 年版，第 280 页。
⑤ 《新经济政策是怎样被断送的》第 2 卷，李方仲等译，人民出版社 2008 年版，第 414 页。
⑥ 《新经济政策是怎样被断送的》第 2 卷，李方仲等译，人民出版社 2008 年版，第 175 页。

经济政策是一种长期稳定的经济体制,"当我们要给我们称之为新经济政策的或者是与它相适应的经济体制下定义的时候,奥新斯基同志来对我们说:你们认为新经济政策的实质在于市场"①。1928年正是由于限制耐普曼、富农和承租人的市场自由,造成"今年我们的经济体制经历的那种激烈的和痉挛性的震荡"②。托姆茨基指出,要解决经济震荡,现阶段仍然"不得不把弗拉基米尔·伊里奇给我们的新经济政策拿来"③,正是新经济政策发挥市场决定性作用,才第一次开辟了各种经济力量、各种经济成分在这个基础上共同繁荣的可能性。

从左派共产主义者到托洛茨基联合反对派,再到斯大林派,最后到布哈林派,对列宁新经济政策的政治定位逐级提高,从新经济政策措施到新经济政策战略,再到新经济政策道路,最后到新经济政策体制。遗憾的是,即便对列宁新经济政策最为坚守的布哈林派,也没有真正理解列宁弥留之际口授《论合作社》的深意,列宁提出通过合作社组织商业,可以将国家对市场的调节和市场买卖一致起来,将"市场"纳入社会主义经济范畴,最终放弃国家资本主义概念,从而将新经济政策上升为一种理论,从理论上论证了通过市场建设社会主义。布哈林没有精准理解列宁的合作社计划,没有将列宁的合作社思想视为把市场纳入社会主义范畴的关键环节,反而跟斯大林一样,认为列宁合作社计划"过于俄罗斯化了",④ 发展合作社只是俄国特殊需要,并非社会主义普遍经济规律。正因为如此,布哈林没有能把新经济政策上升到理论层面,他的新经济政策体制还是站在社会主义门槛之外的经济体制,所以当斯大林要压缩乃至废除新经济政策时,布哈林派实际上无法在理论上驳倒对手。正如当代俄罗斯左派学者所说,布哈林等人不敢正面探讨市场与社会主义的关系,"想慢慢地把市场经济成分纳入当时苏联的生活,这是很大的错误。其实,对马克思主义的解释通过改革可以慢慢地修正。如果当时对马克思主义俄罗斯化做好,对苏联的影响会更强。"⑤

---

① 《新经济政策是怎样被断送的》第2卷,李方仲等译,人民出版社2008年版,第174页。
② 《新经济政策是怎样被断送的》第2卷,李方仲等译,人民出版社2008年版,第414页。
③ 《新经济政策是怎样被断送的》第2卷,李方仲等译,人民出版社2008年版,第474页。
④ 《新经济政策是怎样被断送的》第2卷,李方仲等译,人民出版社2008年版,第179页。
⑤ 梁怡:《关于俄罗斯对马克思主义中国化研究的访谈》,《中共党史研究》2009年第3期。

（二）社会主义经济理论大讨论

赫鲁晓夫时期进行了一系列经济改革，勃列日涅夫上台初期，部长会议主席柯西金推行以加强经济刺激为主要内容的"新经济体制"，但这些改革都未冲破斯大林模式的藩篱。1968 年"布拉格之春"后，经济政策骤然转向，在政治上展开对市场社会主义的围剿，但仍未阻断理论界学术界对列宁新经济政策研究的热情，波利亚科夫在《新经济政策是走向社会主义的途径》一文中指出："人们研究新经济政策的兴趣一直有增无减。"[①] 正如历史学博士 B. Π. 德米特连科教授所说，这一时期的最大特点，是在社会主义经济框架内，"对国家资本主义问题的研究进展最大"。[②]

难能可贵的是，这一时期研究者开始在更深层次上探讨国家资本主义概念中"国家"与"商业"两个层次，认为国家资本主义是可以通过国家调节把商业市场作为社会主义导向的，这激活了列宁从使用到放弃国家资本主义概念所凝结的思想遗产。正如德米特连科评价，60 年代苏联学界已将其研究视野转向"列宁对商业是社会主义成分的一个部门而商品货币关系则是社会主义经营方法的一个不可分割方面的阐述。"[③] 这是 40 年前的党内论争不曾触及的理论内核。历史学家索柯洛夫认为：商品交换虽然遭到失败，但有利于国民经济转向城乡经济关系的新秩序——商业。[④] 有的研究者初步论证了商业、市场就是社会主义，国家资本主义与社会主义并不矛盾。著名历史学家 A. B. 亨基娜赞成这种看法，她明确指出，1922—1923 年这一时期的列宁把商业看作社会主义成分的组成部分。[⑤] 经济学家策布利斯基阐明，新经济政策条件下的国家资本主义与资本主义国家内的经济调节有着原则性区别：苏联的国内市场从来都没有受到商品生产自发规律的完全控制，

---

① 《马列主义研究资料》（1982 年第 1 辑总第 19 辑），人民出版社 1982 年版，第 93 页。

② ［苏］B. 德米特连科：《六十至七十年代苏联历史编纂学中的新经济政策问题（摘译）》，《马列主义研究资料》（1983 年第 1 辑总第 25 辑），人民出版社 1983 年版，第 97 页。

③ ［苏］B. 德米特连科：《六十至七十年代苏联历史编纂学中的新经济政策问题（摘译）》，《马列主义研究资料》（1983 年第 1 辑总第 25 辑），人民出版社 1983 年版，第 83 页。

④ ［苏］索柯洛夫：《在向新经济政策过渡时对商品交换的利用》，《马列主义研究资料》（1982 年第 1 辑），人民出版社 1982 年版，第 136 页。

⑤ ［苏］亨基娜：《谈谈新经济政策实质的列宁定义问题》，《马列主义研究资料》（1982 年第 1 辑），人民出版社 1982 年版，第 111 页。

国家实行的经济调节有利于工人阶级和农民。① 历史学家别尔欣更加深入地指出：在新经济政策条件下，在商业方面利用国家资本主义，特别是建立合营商业企业。② 从而得出结论，在合作社条件下无产阶级专政下的国家资本主义不等于资本主义，也不是一种过渡形式，已不是一般的国家资本主义，而是社会主义的一定形式。因此，策布利斯基认为，新经济政策时期联共和列宁认为有计划地组织国内市场具有头等意义。③ 这些观点努力尝试在学术上论证商业、市场在社会主义条件下的适用性，向光复列宁新经济政策思想的深层内核，特别是向把市场纳入社会主义经济范畴，勇敢地推进了一步。但这一努力只是在社会主义经济理论框架下，学术界理论界的一次讨论，最终由于政治家的传统社会主义观念没有转变，尽管 1961 年苏共第三个纲领第一稿就已宣布利用商品货币关系是社会主义可以接受的原则，但当著名的非正统经济学家 A. M. 比尔曼把 1965 年的改革决议与列宁新经济政策直接相联时，马上被视为异端邪说。政治体制改革滞后，使得这一次学术创新成果没有对苏共的经济政策产生影响。

（三）指导思想多元化下的论争

从历史过程看，僵化的政治体制必然要被客观的经济规律所推翻，由此带来的问题是，经济规律自发作用不会在本该止步的社会主义门槛处停留，而是要跃出门槛，进入历史弯道。20 世纪 80 年代中期，戈尔巴乔夫将列宁新经济政策与改革新思维挂钩，苏联理论界对新经济政策的研究达到高潮。苏联解体后，俄国艰难地探索向市场经济过渡的途径，促使列宁新经济政策再度成为学术热点，并且研究焦点越来越凝聚在新经济政策对俄国市场化进程的经验教训上。Л. Н. 苏沃洛娃指出："从考察国家和市场对社会经济发展的影响力的对比关系入手可能是最现实、最有效的。"④ 学者们将列宁新经济政策纳入俄国经济社会现代化发展框架下，探讨新经济政策的得失、成

---

① ［苏］策布利斯基：《谈谈市场经济调节的几个社会阶级方面》，《马列主义研究资料》（1982 年第 1 辑总第 19 辑），人民出版社 1982 年版，第 152 页。

② ［俄］别尔欣：《新经济政策与苏维埃国家以前各个阶段的经济政策对比》，《马列主义研究资料》（1982 年第 1 辑总第 19 辑），人民出版社 1982 年版，第 117 页。

③ ［苏］策布利斯基：《谈谈市场经济调节的几个社会阶级方面》，《马列主义研究资料》（1982 年第 1 辑总第 19 辑），人民出版社 1982 年版，第 147 页。

④ 王丽华：《历史性突破——俄罗斯学者论新经济政策》，人民出版社 2005 年版，第 377 页。

败。由于指导思想多元化，对新经济政策推动俄国现代化，特别是市场化，到底有功还是没有功，出现了明显的左右翼分野。

由于新自由主义经济思潮的侵染，许多学者侧重于运用流行经济学研究新经济政策时期的经济形式和具体步骤、措施，对列宁新经济政策的评价出现了悲观论调，这种论调甚至一度在学术界占上风。伊万诺沃大学列·叶·法因教授认为，"从改行新经济政策初期允许合作社实现经济'自由'和在市场上从事相对自由的活动，到在反市场和计划命令经济的条件下彻底剥夺合作社的经营独立性"①，就农村市场化而言无果而终。就工业市场化而言，Л. А. 涅列季娜考察了国有企业经济核算制实施始末，发现最初按照自由商业原则组建的辛迪加，几经波折变成了分配统一调拨物资的行政命令执行者，"新经济政策时期对工业管理的改革只是两种主要倾向——分散化和集中化的斗争，而不是对整个管理体系在一定的政治经济条件下进行的根本改组。"② 苏沃洛娃就国民经济整体市场化问题指出："市场实际上成了 20 年代初期的政治家预见和解决国家未来发展问题能力的重大考验。20 年代初期的政治家们没有能正确地评估实际能力和前景……而只是头疼医头脚疼医脚，结果断送了建立混合型经济的可能性。"③ 不少学者认为，新经济政策时期苏俄形成的市场是欠发达和变形的，甚而至于，个别研究者纠缠于 20 年代苏俄社会生活中的畸形和偏差，认为当时根本不可能实行任何理性的经济政策，宣称所谓新经济政策，根本不曾存在。

左翼学者通过对新经济政策的内容、实质、经验、教训，特别是对列宁"国家资本主义""经济核算""商业买卖""根本改变"等核心话语更为翔实的史实考证和政治探讨，基本上对列宁新经济政策持肯定态度，呼吁俄国在向市场经济过渡中更好地借鉴新经济政策经验和思想。针对新自由主义论调，俄罗斯科学院俄国史研究所副所长 А. К. 索科洛夫教授反驳说："有文章认为，20 世纪末 21 世纪初国内金融经济学派的思想中带有新经济政策某些措施的痕迹。但这种观点看上去过于片面。新经济政策无疑与现阶段按照

---

① 王丽华：《历史性突破——俄罗斯学者论新经济政策》，人民出版社 2005 年版，第 371 页。
② 王丽华：《历史性突破——俄罗斯学者论新经济政策》，人民出版社 2005 年版，第 468—469 页。
③ 王丽华：《历史性突破——俄罗斯学者论新经济政策》，人民出版社 2005 年版，第 402 页。

西方处方进行的改革不同，它所吸收的首先是本国传统和经营经验。"①
1997 年 C. H. 拉宾娜等人发表《国家所有制与市场：新经济政策的经验》，
将列宁根据本国传统和经验形成的与新自由主义不同的市场化方案归纳为
"不是以取消国有制为主而是以改变国有制形式为主的向市场过渡的方案"，
这种"向市场过渡的方案的制定和实现是与列宁的理论和实践活动分不开
的"。这种方案的理论依据是"列宁关于在向市场过渡过程中国家作为经营
主体的作用不断缩小和国有制实现形式多样化的思想"。拉宾娜等人指出，
随着改行新经济政策，市场逐渐形成，这表现在三个极为重要的方面：市场
关系恢复；市场结构及其基础设施建立；市场—货币关系渗入国有经济成
分。② 1999 年在列宁故乡乌里扬诺夫斯克举行关于列宁的学术研讨会，莫斯
科大学经济系 B. C. 霍列夫教授同样提出，现今西方带有跨部门性质的康采
恩中，内部计划取代了市场，为自由市场留下的经济空间越来越小；相反，
新经济政策时期的"市场经济因素在同时实行强大的国家计划的情况下是
完全能够发挥效力的。"他认为，新世纪俄罗斯必须实行"新的新经济政
策"。③

（四）从论争主线看社会主义市场经济的理论源头

最初，列宁以"国家资本主义"概念描绘新经济政策社会形态，"国
家"被视为其中的社会主义因素，"资本主义"则指市场，列宁在这个概念
辩证法中通过新政调整社会主义国家与市场的关系。1921 年 3 月—1923 年 1
月，列宁直接领导实施新经济政策 22 个月，在此期间的最后两个月，特别
是在卧床口授的《论合作社》中，列宁从理论上论证了大生产资料国有和
流通领域合作条件下，市场不一定是资本主义，于是放弃了"国家资本主
义"概念，从而将市场纳入了社会主义范畴。纵观三次论争，各有焦点，
而主线一贯，始终围绕国家与市场的关系讨论新经济政策是常态还是非常
态，姓社还是不姓社，有功还是没有功。第一次论争中布哈林派最接近列宁
本意，甚至提出了市场决定性作用，但也没有掌握列宁最后的理论飞跃，认

---

① 王丽华：《历史性突破——俄罗斯学者论新经济政策》，人民出版社 2005 年版，第 272 页。
② 王丽华：《历史性突破——俄罗斯学者论新经济政策》，人民出版社 2005 年版，第 404、407、410 页。
③ 王丽华：《历史性突破——俄罗斯学者论新经济政策》，人民出版社 2005 年版，第 95—96 页。

为只是过渡时期的国家，没有在理论上把市场纳入社会主义国家。第二次论争在学术上获得突破，提出了社会主义可以存在和运用市场关系，但无法获得国家在政治上的认可与接纳。第三次论争中，左翼学者进一步提出：国家所有制在市场经济条件下能够实现形式多样化，而市场体制在社会主义国家计划和调节下能够发挥效力。

西方主流经济学的理论逻辑中，国家与市场是相互对立的一边倒关系，政府作用与市场作用是这个多一点、那个少一点，这个少一点、那个多一点的关系，市场是绝对性的，国家管得越少越好，只管市场管不了管不好的事，是市场的补位，或者，要管也是管过去管多了管错了造成的不得不管的问题。在社会主义经典经济理论中，没有给国家与市场关系这个命题留下空间。马克思恩格斯设想的未来社会主义没有市场关系，斯大林在《苏联社会主义经济问题》中提出，社会主义社会只存在商品经济的"外壳"，价值规律不发挥作用。在社会主义经济思想史上有名的兰格模式和铁托模式，一个是试图构建一个政府代替市场实现价格均衡的机制，一个是想让国家完全抽身市场之外，都努力回避国家与市场的关系问题。在社会主义国家改革史上，20世纪70年代之前，苏联、东欧，包括中国的历次经济改革，核心内容是调整中央和地方的关系，或者说集权和分权的关系，是国家不同层级之间的关系，基本没有触动国家与市场的关系。列宁在《19世纪末俄国的土地问题》中还说："社会主义就是消灭商品经济"，这种社会主义观一直到新经济政策时期才开始转变。在直接领导新经济政策的22个月中，列宁推动苏维埃政府逐步消除附加在市场关系上的四重限制，即地域范围、组织形式、时间跨度和交换媒介四个方面的行政限制，确立市场的资源配置功能；与之同步，国家垄断制逐渐被打破，变成国家交换制，再变成国家业主制，又变成国家干预制，最后确立国家调节制。正是在国家与市场关系迅速演变进程中，新经济政策措施上升为新经济政策战略、新经济政策道路、新经济政策体制，而列宁最后提升为新经济政策理论，从理论上回答了社会主义国家与市场的关系。总览俄罗斯历史上关于列宁新经济政策的三次论争，要害就是政治家没有领悟列宁对新经济政策最后的理论提升，正所谓不悟初心，难得始终。

1956年中国开始探索自己的社会主义建设道路，12月7日全国工商联和民主人士座谈会上，毛泽东就提出中国也要搞自己的新经济政策，允许私营工厂和自由市场存在，但又认为自由市场在性质上属于资本主义。列宁新经济政策思想真正被作为一种社会主义经济理论在中国运用，是从改革开放开始。中国改革开放的总设计师邓小平1926年留学莫斯科，当时正值新经济政策高峰，对邓小平产生深刻影响。1985年8月28日，邓小平提出："可能列宁的思路比较好，搞了一个新经济政策，但是后来苏联的模式僵化了。"① 在苏俄新经济政策期间受到列宁单独接见的美国煤炭大王哈默，晚年来华，当面称赞邓小平是中国的列宁。2013年1月习近平总书记在新进中央委员、候补委员学习贯彻党的十八大精神研讨班上讲话，把列宁领导实施新经济政策作为社会主义发展史上的重要创举。从邓小平到习近平，历届中央领导集体带领全党和全国人民，紧扣社会主义国家与市场关系这条主线，持续推进改革，全面深化改革，在改革发展实践中将二者关系确立为中国特色社会主义政治经济学的核心命题，在理论逻辑和历史逻辑上都接续了列宁新经济政策思想。斗转星移，时空穿越，我国37年以市场化为取向的社会主义改革，无论从理论还是实践上，都以扩大的形式再现了列宁领导新经济政策22个月的逻辑环节。国家和市场关系作为主线贯穿始终，在相当程度上重现了列宁领导新经济政策从国家垄断制到国家交换制、到国家业主制、到国家干预制，再到国家调节制的逻辑进路。中国特色社会主义政治经济学肯定了市场在资源配置中的决定作用，界定了国家在宏观经济中的主导作用，为社会主义经济学宝库贡献了全新的中国经验和中国智慧，是列宁新经济政策理论中国化、时代化的创新成果。

中国、越南等社会主义国家的市场化改革是列宁新经济政策的延续，这一点，当代俄罗斯左翼学者高度认同。在1999年关于列宁的学术研讨会上，索科洛夫教授根据中国和越南在混合经济和市场经济条件下取得的成就指出，中国、越南根据本国条件运用新经济政策原则，证明这种政策蕴含的潜力远远没有耗尽。除了索科洛夫，俄罗斯社会主义学者协会科学方法中心主任米·伊戈尔金博士同样特别关注中国等现存社会主义国家对列宁新经济政策思想的创造性运用，他指出，应当把新经济政策看作在马克思主义范围内

---

① 《邓小平文选》第3卷，人民出版社1993年版，第139页。

制定当代社会主义模式的社会政治和意识形态模型和出发点，"这里要特别注意的是中国建立社会主义市场经济体系的根据和经验"。还有拉宾娜等人认为，列宁指出了通过国有制实现形式多样化走向市场化之道路，"中国走的正是这条道路。"左翼学者援引现实社会主义国家探索市场化道路的成功实践阐明：列宁新经济政策是中国特色社会主义政治经济学的主要理论源头。

二、"市场"纳入社会主义范畴的历史轨迹

列宁新经济政策是中国人亲眼所见的第一个社会主义建设模式，在列宁领导推行新经济政策期间，中国国民党、中国社会党、中国自由主义者、中国无政府主义者和许多中间人士，纷纷赴俄考察，将列宁思想言论第一时间传到国内。[①] 列宁新经济政策思想与实践的主线，是国家与市场的关系问题。列宁直接领导俄国新经济政策两年半，从临时允许市场存在，到逐步消除附加在市场上的时间、地域、组织和媒介限制，分五个半年、五个步骤，形成了社会主义商品经济思想。这对中国共产党人产生了深远影响，经过陈独秀、刘少奇、张闻天、毛泽东，特别是从邓小平到习近平的接续探索，列宁新经济政策在中国的历史定位发生变化，从新经济政策措施上升为新经济政策战略、新经济政策体制、新经济政策道路，新时期系统回答了市场与社会主义的关系，成为新经济政策理论。对于早期中国旅俄人士对列宁新经济政策的切身观感，以及中国马克思主义者学习应用列宁新经济政策思想的接力探索，笔者已另文考证和详述，此处不再赘论，这里主要探讨中国马克思主义者如何通过新经济政策思想的中国化，最终将"市场"概念纳入了社会主义范畴。

经济生活逐步转向受全国统一市场的导向和支配，从而建立自我调节系统，从小农自然经济转变到工业市场经济，这是现代化发展的必由之路。中国马克思主义者通过把马克思主义中国化，使传统中国摆脱商业化陷阱，分三步走创造了建立现代市场经济的基本条件，历经迂回曲折走出了一条中国特色的市场化道路，在实践上为"市场"纳入社会主义范畴作了现实注脚。

---

① 1920年冬俄国内战结束，中俄交通恢复。——笔者按

（一）传统中国社会的商业化陷阱

罗斯托断言，一个社会的现代化将急剧增加对农产品的需求，引起农业商业化和农业生产率的革命性变化，推动整个社会经济结构在 10 年或 20 年内发生转变，致使今后稳定增长率正常维持下去。① 传统中国农业商业化的进度并不输于日、俄等国，可社会经济结构的现代化转变却历尽几代人、十几代人的努力尚未完成。罗兹曼对这个问题的分析是，在人口对市场数量的比例方面，中国可能既缺乏日俄等最高比例国家的优越性，又缺乏英法等最低比例国家的长处。② 在传统中国社会里，地方性的初级市场主营农户自产商品，兼做高层市场的代理商，政府自营高层批发市场的盐、铁等工矿业产品，依靠行政专营权阻绝初级市场向高层市场的发展。在此前提下，生产的发展和生产剩余的增多带来的主要不是交易商品种类的增加，而是交易户数的增加，由于初级市场的功能拓展被阻绝，所以增加的结果不是市场区域的扩大，而是新市场出现，单个市场区域缩小。这与亚当·斯密所分析的市场范围随生产发展和交易户数增加而扩大恰好相反。皇权根据市场信号进行调控，尽可能排除与地租收入相异的新经济成分，保证绝大部分生产剩余流向地主。所以，商业资本在相当大程度上从属于地主经济，更不足以攻破小农与手工业相结合的牢固社会经济结构。因此，斯大林、毛泽东都深刻指出，商品生产为封建制度服务过。③

近代中国被迫开放后，外国资本接管了市场控制权，照单全收了以往皇权的垄断自营和批发功能，广大初级市场开始以代理外国商品为主，自产商品日减。但是，列强代替皇帝并未改变前现代社会的主控方式和方向，外资和皇权一样凭借高层市场的垄断地位阻绝了初级市场的功能拓展，使之继续为地主经济服务。士绅队伍除了地主，又增加了买办商人和高利贷者，或者一身而二三任，地租收入以压倒性的竞争优势压抑现代经济成分的生长，维护外资和官僚资本在高层市场的绝对控制力，使急需资本投放的手工业难以获得突破性发展。主导初级市场发展方向的，主要不是生产剩余多少，而是外资商品的倾销，主要不是交易商品的种类变化，而是参与交易的户数日益

---

① ［美］W. W. 罗斯托：《经济增长的阶段》，郭熙保等译，中国社会科学出版社 2001 年版，第 9 页。

② ［美］吉尔伯特·罗兹曼：《中国的现代化》，江苏人民出版社 2014 年版，第 394 页。

③ 《毛泽东文集》第 7 卷，人民出版社 1999 年版，第 439 页。

增多，市场区域在经济循环中不断缩小。西方资本主义市场经济叩开中国的大门，并不是使中国社会经济市场化，而是和封建势力一起阻滞传统市场体系的生长发育，传统市场主要是一般商品的集散地，而不具备集聚现代化要素和配置现代化资源的功能。这种市场体系至多只能使中国社会经济商业化，而妨碍其市场化。传统手工业逐渐商业化，商品的销售逾出乡土社区自足系统之外，雇佣关系大量出现，但雇主并未对雇工施以组织控制，也未通过一体化生产将其组合起来。由于农村人口大量过剩，这种中国式的商业资本利用只具低廉机会成本的家庭农场劳力，进行商品化的手工业生产，跟现代企业竞争。手工业商业化形成了对现代经济成分的抵抗力，首当其冲的是民族资本，而不是外国资本和官僚资本，民族资本被纠结于商业化而拖住了迈向工业化的后腿。西方学者的研究表明："赚大钱的是'商业化'而不是'工业化'"①，而"商业化只不过是一种虚假的现代化。"② 工业化和市场化在现代化起飞阶段具有同步性，商业化陷阱妨害全国统一市场的形成和完善，使中国社会的各种工业化资源难以全面集聚和利用起来。

从鸦片战争到新中国成立，中国的初级市场数量基本上一直在增加，而商业化陷阱的影响一直没有完全消除。"一个传统市场体系的现代化，只有在经济效益较高的运输设施将它与具有同样经济效益的外部生产体系连接起来时才能够开始。"③ 换句话说，传统市场体系的现代化需要三个基本条件：摆脱地主经济对市场的束缚，建立高效益的现代工业体系，在此基础上把市场培育成资源配置的基础。在其他国家，这三个条件大体上有些是同时具备的，如英、法。而有些国家，这些条件是次第形成的，如日、俄。具体到中国，洋务派、太平天国、国民党以及现代新儒家的中国化主张各自发现了三之一二，都没有完整地把握这些条件，只有马克思主义中国化分三步走使基层市场摆脱了地主经济的桎梏，建立起现代工业体系，并进一步使市场成为资源配置的基础性方式，从根本上摆脱商业化陷阱，建立现代市场经济。

---

① ［美］吉尔伯特·罗兹曼：《中国的现代化》，江苏人民出版社 1998 年版，第 549 页。

② ［美］施坚雅：《中国农村的市场和社会结构》，史建云等译，中国社会科学出版社 1998 年版，第 98 页。

③ ［美］施坚雅：《中国农村的市场和社会结构》，史建云等译，中国社会科学出版社 1998 年版，第 94 页。

（二）走中国特色的民主革命道路，解除地主经济对初级市场的束缚

马克思和古典政治经济学派一致认为，把土地所得的剩余收入从奢侈挥霍的人手中转移到现代部门的生产者手中，使生产剩余经常性地投资于扩大再生产，是现代化大生产的前提条件。在旧中国，榨取和挥霍土地剩余的是殖民剥削者和封建剥削者，马克思主义在中国面临的首要问题并不是马克思针对资本主义先进国家设想的直接的社会革命，也不单是列宁在军事封建帝国主义的俄国领导的国内政治革命，而是反帝反封建的民族民主革命。毛泽东指出："马克思主义在今天中国的具体任务是去掉半殖民地半封建社会。"① 这个历史任务最实质的内容是去掉紧箍在传统市场体系上殖民地性的和封建性的双层枷锁，因为传统中国的社会经济结构根本不同于具有悠久商业文明传统的西方国家，也不同于已经形成全国统一市场的东方国家，封建的小商品经济在各种经济成分中占绝对优势，绝大多数生产剩余在传统市场体系中被转换成殖民地性的暴利和封建性的地租，去掉殖民地性的和封建性的双层枷锁，扩大现代民族经济的发展空间，才能促进市场体系的生长发育和转型，进而创造现代化大生产的基础条件。马克思分析说："如果一个国家由于资本主义生产方式总的说来不发展，因而工资和土地价格低廉，资本的利息却很高，而另一个国家的工资和土地价格名义上很高，资本的利息却很低，那么，资本家在前一国家就会使用较多的劳动和土地，在后一国家就会相对地使用较多的资本。"② 传统中国属于前一种情况，名为"帝国"，实为"地国"，凭借地主所有权的集中把农民分散固定在小块土地上，半殖民地化并没有改变这种实质，"中国地主是四边形的。他是地主，是商人，也是收税人，但不一定个个都是高利贷者"③。由于投资土地的地租收益率畸高，民间资金自然热衷于投资土地的买卖出租来获得农民的生产剩余，商业化的手工业很难获得投资现代工商业的资金支持和风险保证。外国资本和官僚资本为了垄断现代工商业经营，支持地主经济的存在并与其结成联盟，排挤来自国内市场上的竞争对手。外国资本和官僚资本的产品倾销进一步促进传统市场的商业化，这种商业化主要是为了满足外国资本和官僚资本进行

---

① 刘益涛：《十年纪事（1937—1947 年）》，中共党史出版社 2007 年版，第 55 页。
② 《马克思恩格斯文集》第 7 卷，人民出版社 2009 年版，第 990 页。
③ 《毛泽东自述》，人民出版社 2008 年版，第 233 页。

商品倾销的需要，而不具备为商业化的手工业汇聚资源的功能，所以仍然停留在初级市场的层面，无法向高级市场发展。地权的集中和垄断成为地主和外国列强、官僚买办在分享农民生产剩余的经济基础，晚清、北洋、南京政府都想绕开土地问题，但在现代经济与地主经济争夺基层市场控制权不敌的情况下，城市带动不了农村。毛泽东准确地指出，"新民主主义的中心经济特点是土地革命"，就是要更新土地的占有方式和小农经济的生产方式，抽掉以自然关系为核心的交换方式赖以存在的经济基础，这种以土地革命为中心特点的民主革命的目标模式"是一种特殊的国家资本主义，与俾斯麦的、列宁的都不同"①。这种国家资本主义的核心内容是在国家资本领导下发展多种社会经济成分之间的市场关系，国家资本的性质、范围和定位都不照抄苏联，也超越了孙中山的国家资本主义计划。新民主主义国家资本具有广泛的社会基础，不仅可以容纳合作社、自耕农乃至资本家的经济利益，在特定时期内甚至可以容纳一部分地主的经济利益。国家资本集中于关键行业和重要领域，覆盖范围根据国民经济安全和社会资本状况而定。国家资本与民间资本平等竞争，不是谋求行业经营或产品批发的垄断权，而是通过增强自身活力发挥控制力和影响力，放手让一切创造社会财富的源泉充分涌流，为社会商业资本的积聚和集中，从而为初级市场的功能拓展打开可能性的空间。俾斯麦的国家资本主义影响过列宁和孙中山，但德国法西斯主义和苏联模式社会主义都最终走上了反市场的方向，国民党的官僚资本主义也带有反市场倾向，新民主主义则找到了一条既发挥国家资本领导作用，又保留市场关系的新模式，适合中国现代化起步阶段的实际要求。

（三）**探索中国特色的计划经济模式，形成潜在的竞争性经济结构**

摆脱了地主经济对市场功能发育的束缚，还必须使市场与高效益的现代工业生产体系发生联系，使资源和要素在价值规律作用下向现代生产部门集聚，才有可能建成现代市场经济，否则，只能停留在简单商品经济的水平上。和离岸小国或地区不同，中国这样的巨型农业国家不可能在单纯商业化基础上完成现代化，而必须建立自己的现代工业生产体系，才能实现国民经

---

① 刘益涛：《十年纪事（1937—1947 年）》，中共党史出版社 2007 年版，第 311、150 页。

济的产业升级，"我们共产党是要努力于中国的工业化的"①。在机械化和电气化时代，生产力水平集中体现在生产资料的数量和质量上，生产资料的优先增长是社会扩大再生产的绝对公式，西方资本主义长期优先发展轻工业，发挥轻工业活跃市场的优势，通过市场机制实现生产资料的扩大和积累。苏东社会主义国家都是现代化的后来者，采取优先发展重工业赶超现代化战略，保证生产资料尽快地集聚和增长。由于重工业属成本高昂的资金和技术密集型产业，建设周期长，产品大部分不能直接供应消费，在资金、技术基础薄弱和市场发育不足的后起现代化国家基本上不可能靠市场集中和配置资源，苏东社会主义国家选择了计划经济体制，形成了自觉的现代化定向发展模式。在生产力没有知识化之前，社会的消费需求比较单一，无论是手工劳动还是机器生产，公有制经济都可以更公开、更直接地提供生产和消费信息，与市场经济相比，以公有制为基础的计划经济体制可以获得更充分的信息支撑，有效地实现物质生产资料的扩张，比资本主义市场经济通过危机强制物质资料更新有明显的优越性，这就是让众多西方政治家和学者惊慕的"计划的秘密"，也是中国共产党人学习苏联计划经济模式的根本原因。这套模式的有效运转需要的基本条件是：相对强大的国营经济、廉洁的政府、低消费社会，新中国成立后没收全部官僚资本，人民政府的廉洁高效，以及人民群众特别是农民翻身解放后勤俭建国的真诚愿望，为计划经济模式的有效运转准备了物质基础、制度基础和群众基础。同时，中国共产党人对苏联模式存在的不足也有清醒的认识，由于忽视初级市场的物质平衡，苏联模式的计划经济尽管强调精密计算和严格管理，但这种计算和管理的依据从根本上来自重工业自身膨胀的需要，因而牺牲了农业和轻工业的发展。邓小平指出："社会主义同资本主义比较，它的优越性就在于能做到全国一盘棋，集中力量，保证重点。缺点在于市场运用得不好，经济搞得不活。"②

在这种清醒认识的基础上，毛泽东提出把马克思主义普遍真理和中国具体实际第二次结合的任务，探索中的正确趋向是要寻求一条既通过计划经济体制集中资源建设现代工业体系，又在初级市场上发挥价值法则的作用，从

---

① 《毛泽东文集》第3卷，人民出版社1996年版，第146页。

② 《邓小平文选》第3卷，人民出版社1993年版，第16—17页。

而尽可能满足民生需要的发展方式。周恩来指出："马克思主义关于社会主义建设有一个概括的原则，计划经济，按比例地发展。但是具体的道路根据我们的总路线、总方针，还需要在实践中来发展，把它具体化，要创造自己的经验。"① 这在实践中基本上形成了一种中国特色的计划经济，既有别于注重民间自发力量的西方市场经济，和强调精密计算和官僚管理的苏式计划经济也不完全一样，而是从中国实际出发力求兼具二者的长处，又力戒二者的不足。毛泽东指出，斯大林把生产资料优先增长的规律具体化为优先发展重工业，"我们把这个规律具体化为：在优先发展重工业的条件下，工农业同时并举"。这个公式在实践中被进一步具体化为以农、轻、重为序的计划工作方法，实际上是在计划工作中首先满足初级市场的需要，使计划工作在保证重工业和现代工业体系建设方面有更坚实的基础。中国的计划经济最初是以俄为师，而列宁的计划经济思想虽然源自德国，但并非来自马克思，而是来自李斯特，马克思提出的是社会计划的理论设想，真正从操作层面对列宁国家社会主义产生影响的是俾斯麦国家资本主义的实践，中国特色的计划经济模式试图在满足社会生活需要的基础上保证计划工作的有效运转，这种正确的趋向实际上更接近马克思社会计划的本义，因而是马克思主义中国化的创造性贡献。依靠中国特色的计划经济，从集中力量发展150余个重点工业项目为基础的大型国营企业起步，中国经济保持了10%的增长速度和30%的积累率，初步建立起独立完整的现代工业体系，在农业、交通、通信等基础设施建设方面取得重大进展。毛泽东重视农村初级市场在物质调剂方面的作用，② 反对一平二调三收款，提倡在初级市场调节下农民和合作社一定程度的生产自主权，不像苏联，把农民捆得死死的，一点机动性也没有。他提出："要利用商品生产、商品交换和价值法则，作为有用的工具，为社会主义服务。"③ 合作社乃至人民公社的规模实际上是以基层市场区域为坐标的，国营贸易公司和供销合作社比它们取而代之的私营商店具有更高专业化和规模化程度，并增添了大量常设贸易设施，有利于条件具备时放活市场机制，实现了列宁新经济政策想通过合作社进行物质流转而没有实现的设

---

① 《周恩来年谱（1949—1976）》，中央文献出版社1997年版，第586页。
② 《毛泽东文集》第8卷，人民出版社1999年版，第81、121页。
③ 《毛泽东文集》第7卷，人民出版社1999年版，第435页。

想。现代工业体系和初级市场建设为经济体制改革准备了潜在的竞争性市场结构，一旦受到外资刺激和容许利润动机，国营企业、军转民工业、备战工业、社队工业就可以迅速冲破计划体制，形成激烈竞争的市场格局。中国学者的研究说明："一座原先用千百万人的生命建造起来的社会主义桥梁，为中国经济的市场化和繁荣昌盛铺平了道路，也为经济体制转型中的政治稳定构筑了坚实的基础。"① 苏东国家拆掉了这座桥，不得不掉转方向绕道走，我们沿着这座桥，就可以摸着石头过河。

（四）开辟中国特色社会主义道路，发挥市场配置资源的决定性作用

随着生产要素在信息化浪潮的推动下越来越知识化，计划经济逐渐失去了其配置物质生产资料的优势，中国现代化在计划经济体制下陷入了"放—乱—收—死"循环。中国特色的计划经济模式是马克思主义中国化第二次结合的积极成果，但无视历史条件的发展变化，把计划经济和社会主义画上等号就离开了马克思主义中国化的正确方向。实践是检验真理的唯一标准，20多年现代化实践的历史检验已经检验出，原有的计划经济体制已经不适合中国现代化发展的时代要求，必须沿着马克思主义中国化的正确方向探寻新的经济体制目标模式。相比而言，苏联模式由于完全封闭了初级市场，市场化改革难以平稳着陆，根据当今俄罗斯马克思主义中国化研究者的反思，苏共领导人不敢从实际出发探讨市场经济和社会主义的关系，"想慢慢地把市场经济成分纳入当时苏联的生活，这是很大的错误。其实，对马克思主义的解释通过改革可以慢慢地修正。如果当时把马克思主义俄罗斯化做好，对苏联的影响会更强"②。而计划体制在中国失去自身优势的同时，探索中国特色的计划经济模式理论和实践中的正确趋向却逐步为市场经济发挥作用准备了前提条件，即高效益的现代工业体系和相对活跃的初级市场，这是中国在社会主义国家中率先突破苏联模式的关键所在。在高效益的现代工业体系的主导下，资源和要素就能在价值规律作用下向现代产业部门集聚；有了相对活跃的初级市场，才能由计划向市场平稳转轨和软着陆。正是清醒把握了中国先进生产力发展的时代要求，深刻分析了中国经济体制改革所具

---

① 潘维：《农民与市场：中国基层政权与乡镇企业》，商务印书馆2003年版，第1页。
② 梁怡：《关于俄罗斯对马克思主义中国化研究的访谈》，《中共党史研究》2009年第3期。

备的前提条件,邓小平在十一届三中全会前夕提出:"自主权与国家计划的矛盾,主要从价值法则、供求关系(产品质量)来调节。"[1] 由此实现了马克思主义中国化的拨乱反正,在打破计划经济崇拜的同时,继承中国特色计划经济建设的物质和制度遗产,推进全国统一市场建设和市场体系现代化,从计划多一点转向市场多一点。

"市场体系现代化是两条腿走路:市场区域扩大和家庭自给部分的迅速缩减。"[2] 摆脱了地主经济的束缚,生产发展和剩余增多对市场的主要影响是家庭自给部分缩减,交易商品种类增加,传统乡土社区的自足体系逐步解体。与此同时,在现代工业体系的带动和主导下,初级市场的功能不断拓展,从基层市场向高层市场发展,市场区域在生产发展的基础上迅速扩大,最终在全国统一市场的基础上集中和配置资源。建立社会主义市场经济体制的过程,无论在理论上还是在实践上,都以浓缩的形式再现了中国化从中体西用、执两用中、中西互补到中西会通的发展历程,从"计划经济为主、市场调节为辅",到"有计划的商品经济",再到"国家调控市场,市场引导企业",最后确定发展社会主义市场经济,市场从物质调剂的一种手段成长为资源配置的基础,从"用"提升到"体",又进一步突破体用之辨,计划和市场的作用范围由此消彼长发展到内在统一,社会主义市场经济包含了中国特色计划经济留下的物质的、制度的和精神的所有遗产。邓小平指出:"把计划经济和市场经济结合起来,就更能解放生产力。"[3] 马克思主义中国化从解除地主经济对传统市场的束缚开始,经过中国特色计划经济模式下的艰苦创业,最后确立社会主义市场经济,从总体上是一个确立市场决定作用的过程,走出了一条中国特色的市场化道路。

(五)"市场"范畴在实践基础上进入中国特色社会主义政治经济学

邓小平1926年初到苏联莫斯科中山大学学习,时值新经济政策在苏联实施的高潮时期,耳濡目染深受影响,列宁晚年思路成为邓小平改革开放顶层设计的理论源头。1986年,邓小平宴请新经济政策初期受到列宁单独接

---

① 《邓小平思想年谱(1975—1997)》,中央文献出版社1998年版,第98页。

② [美]施坚雅:《中国农村的市场和社会结构》,史建云等译,中国社会科学出版社1998年版,第94页。

③ 《邓小平文选》第3卷,人民出版社1993年版,第148—149页。

见的美国商人哈默博士。邓小平崇敬列宁，很重要的原因在于邓小平对
"列宁思路"的理论认同和现实借鉴。1922 年 5 月以后，列宁在活跃自由市
场的基础上，国营企业实行经济核算制，把商业原则推广到国营企业中，社
会主义经济成分和资本主义经济成分、国营企业和私人企业，遵循统一的商
业原则和市场关系。列宁已经认识到，与私营工厂与合营工厂的矛盾统一关
系不同，市场关系不属于决定社会性质的主要矛盾主要方面关系，而是两种
经济成分都可以使用的工具。邓小平对"列宁思路"的认同和借鉴，突破
了毛泽东关于国家市场与自由市场，实际上是计划与市场、主体与补充关系
的思维定式，计划与市场，不能以哪个多一点、哪个少一点，来决定社会经
济性质，市场的作用是覆盖全社会的，社会主义也可以搞市场经济。这种中
国化理解和应用，从理论层面把市场纳入了社会主义范畴，以中国改革开放
伟大实践激活了列宁晚年思想的深层内核。

把市场纳入社会主义范畴，核心问题从计划与市场的关系转换到政府与
市场的关系，对这一问题的探索和解答，成为中国特色社会主义政治经济学
发生发展的主线。2000 年 6 月 24 日，江泽民在兰州主持召开西北地区党建
工作和西部开发座谈会，作了题为《不断根据实践的要求进行创新》的讲
话，他说："后来列宁从实践中认识到，'用无产阶级国家直接下命令的办
法在一个小农国家里按共产主义原则来调整国家的产品生产和分配'的做
法脱离了实际，'现实生活说明我们错了'。于是，列宁提出了新经济政策，
利用商品货币关系恢复和发展经济。"① 江泽民认为商品货币关系，即市场
关系，是列宁新经济政策的核心，在政府与市场关系问题上，中共中央提出
市场必须发挥资源配置的基础性作用。市场基础性作用的论断，直接来源于
列宁新经济政策思想。1921 年 10 月，列宁在一份报告提纲中写道："什么
是我们所不知道的？这项工作的社会经济基础是什么？是以市场、商业为基
础还是反对这个基础？"② 2013 年 1 月 5 日，习近平指出："十月革命胜利
后，究竟如何搞社会主义，没有先例，列宁进行了深入思考和艰辛探索。针
对 1918 年下半年到 1921 年春实行战时共产主义政策暴露出的问题，列宁进

---

① 《江泽民文选》第 3 卷，人民出版社 2006 年版，第 67 页。
② 《列宁全集》第 42 卷，人民出版社 2017 年版，第 518 页。

行了深刻反思，提出了新经济政策，对战时共产主义政策进行了深刻调整。"[①] 正如新加坡国立大学黄靖教授所说："习近平主席就任后，提出了在'新常态'下保持经济持续稳定发展的新思维，打出了一组新经济政策组合拳。"[②] 习近平的新经济政策组合拳，坚持列宁新经济政策原则又在此基础上完成了重大理论创新，创造性地提出市场在资源配置中起决定性作用，科学解答了市场作为社会主义经济范畴的最深层次问题。列宁以市场为基础的重大思想论断，引导中国马克思主义者创造性地将"市场"观念纳入了社会主义范畴。

———————

① 《习近平总书记系列重要讲话读本》，人民出版社、学习出版社 2016 年版，第 21 页。

② ［新加坡］黄靖：《习近平经济新思维四个逻辑》，《人民论坛》2016 年第 1 期。

第 三 章

马克思主义政治术语中国化考释

在十三届全国人大一次会议闭幕会讲话中，习近平主席强调："必须牢记我们的共和国是中华人民共和国"，马克思主义政治术语中国化的最终产物，是凝结在中华人民共和国国号、国体和治国方略中的核心概念。马克思主义经典著作政治术语中国化的主要文本源头是《共产党宣言》《法兰西内战》《哥达纲领批判》《国家与革命》等，本章即主要以这四本经典著作汉译为线索，考证注疏五个马克思主义政治概念，即在国号中的"人民""共和"，在国体中的"阶级""专政"，以及作为治国方略基本工具的"法律"。人民、专政是汉语配词，共和、阶级、法律古汉语有典，成为现代政治术语和马克思主义概念词，是经过日语借词而臻。

第一节　人　　民

从毛泽东"为人民服务"，到习近平"以人民为中心"，在党的十九大报告中，"人民"一词更是出现达203次之多，人民立场成为中国共产党人的根本政治立场，人民术语成为当代中国的核心政治话语。"人""民"在中西方语境中，既是最古老的文字，又构成最现代的概念。从词源词根、词义演化，特别是中西格义的概念发展史看，"人""民"义素经历了：人>民，演进到：人∈民，最后：人+民，"人民"术语名实相称，确然生成。

其中的关键是马克思主义经典著作汉译过程中，近代启蒙思想家的"人民"概念被马克思主义化，人民成为政治建构、政治表达、政治动员和政治认同的现实主体，完成了原著术语的中国化时代化大众化。本节以汉译本流传最广的经典文献《共产党宣言》为线索，根据译词变化考察"人民"术语的名实流变和现代演绎，追本溯源，疏文正义。

一、中西方语境下"人民"术语的近代化演进

古今中外，对"人民"这个政治领域的常用术语，有着各种解读与界定。"人民"一词在不同历史时期乃至不同语境中，含义各有侧重。

探讨现今中国"人民"这一重要术语，仍须从"人民"一词的溯源入手，追询其结构语言学层面——义素、意义等的辨析。古汉语单字成词，"人"和"民"分别有不同的含义，很少一起使用。"人"字甲骨文 ㇉ ，像躬身垂臂的劳动者。《汉语大字典》把"人"解释为高等动物、某人、别人、人人、自己等16种含义。《说文解字注》非常重视"人"，认为"人"是"天地之性最贵者也"。《辞源》中把"人"释为五义：人类；别人、他人；杰出的人才；人品；人民、众人（《左传襄公三十一年》："大决所犯，伤人必多"）。① "民"字甲骨文写作"㇏、㇒、㇊"，郭沫若认为此字是锥刺左目的象形，本义指奴隶。奴隶社会中，"人"指奴隶主，奴隶称为"民"。进入封建社会后，过去的奴隶虽成了自由人。但统治者仍蔑视他们鄙下的地位，统称他们为"民"，或称草民、平民、庶民及老百姓等。《辞源》里"民"有两义，一指人。《诗经·大雅·假乐》："宜民宜人，受禄于天。"此指众庶，别于君臣之称；《汉书·食货志上》："又曰：籴甚贵伤民，甚贱伤农。"此指士工商，别于农之称。二与"神"相对。《论语·雍也》："务民之义，敬鬼神而远之。"② "民"是没有充分政治权利的被统治者。《辞源》中把"人民"解释为平民，百姓即有此意。③ "人"与"民"在一定程度上可以通用，唐代为避唐太宗李世民讳，就以"人"代"民"。考察"人民"一词在中国的原初指涉，"人民"是由"人"和"民"两个语素组成

---

① 《辞源》第 1 册，商务印书馆 1979 年版，第 158 页。
② 《辞源》第 2 册，商务印书馆 1980 年版，第 1702 页。
③ 《辞源》第 1 册，商务印书馆 1979 年版，第 158 页。

的复合词，我国古代常把"人"与"民"分开使用。虽然有"天地之性人为贵"的说法，但"人"在古时就被划分出不同的等级，有些被视为"人"，有些则被划为"民"，譬如君主帝王、王侯将相和达官显贵被尊称为"人"，而下层的平民百姓则被唤作"民"。西汉《礼记·祭法》记载"汤以宽治民而除其虐，文王以文治，武王以武功去民之灾。"由此"人"与"民"——统治者与被统治者的关系可窥见一斑。在中国古代有时也将"人"与"民"连到一起用，其主要有以下几层含义：第一，泛指人类。如南朝梁萧统主编的《昭明文选·卷九》中记载："上古之世，人民少而禽兽众，人不胜禽兽虫蛇。"第二，指庶民、平民、百姓。如西周周公旦《周礼·天官冢宰第一》载"均其稍食，分其人民以居之。"《诗经》云："质尔人民，谨尔侯度，用戒不虞。"战国穀梁赤在《春秋穀梁传·隐公（元年——十一年）》中写道："苞人民，殴牛马，曰侵。"《孟子·心章句下》曰："诸侯之宝三：土地，人民，政事。"第三，指奴隶、奴婢。第四，指代别人。如《曾国藩家书·为政篇》写道："即兄弟子侄，亦将为人民侮。"第一种含义着重强调人的类属性；第二种含义侧重指社会中的平民百姓群体，使用最为广泛；第三种主要针对处在封建社会最底层，被剥削、被奴役最为严重的奴隶；第四种指代别人的用法，较少被使用。中国古籍中最早可考的"人民"用例，出现于公元前11世纪至前6世纪的《诗经·大雅·抑》："质尔人民，谨尔侯度，用戒不虞。"在《汉语大词典》有，"人民"是指百姓、平民，即指以劳动群众为主体的社会基本成员。

在西方，"民"的古希腊文是 demos，意指包括有着各种缺点的许多人特别是穷人。"人民"这个词，语源上来自拉丁语的 populus，当时指共和国中的平民群体（plebus）。但在古希腊的民主制度中，妇女与没有自由的奴隶仍然不能称为"人民"。亚里士多德所说的人民同样不是指每一个人，而是指其中的一部分：作为社会阶层的穷人。"人民"的意大利语是 popolo、法语是 peuple、德语是 Volk，都含有单一整体的意思。但"人民"的英文 people 虽然是个集合名词，却有复数形式，人民是可分的。中世纪以后，随着欧洲文艺复兴、启蒙运动的影响，"人民"概念获得丰义，在洛克的《政府论》中，"人民"带有明显的抽象性，主要指在社会上具有一定政治行为能力的成年男性群体；卢梭在《社会契约论》中运用"人民主权"理论诠释"人民"概念，他将"人民"看作一个共同体，常把"人民"与"个人"交互使用；孟德斯鸠的《论法的精神》注重权力的制约与平衡，把"人民"视为"君主"，即"主权者"与"臣民"的结合体。在西方近代政治转型的过程中，各个学者基于不同的政治立场，对"人民"概念的阐释也有所不同。德国著名现象学哲学家马克斯·舍勒在《资本主义的未来》中认为既存的、实际上的人民层由实际上进行统治的少数人和被统治的多数人构成。卡尔·波兰尼笔下的"人民"则带有明显的贬义色彩，他在著作《大转型：我们时代的政治与经济起源》中认为："人民中的多数所犯的邪恶，与那些由于文化联系的解体而堕落的有色民族所为的是一样的。"① 在《什么是人民》一文中，吉奥乔·阿甘本将"人民"视为"两个对立极点之间辩证的摆动"：一极是"总体的主权国家"和"整合的公民整体"，另一极是贫苦之人、被压迫者、不幸者与被征服者。统观之，西方学者所提出的"人民"概念或多或少带有一定的阶级立场，都是为自身或利益集团的政治利益或阶级利益所服务的。在西方社会历史中，人民享有的政治地位与政治权利与各国不同时期所建构的政治体制密切相关。

中国古籍中"人民"的用法及含义，亦突出体现着这一庞大群体治下卑微的地位。如《鬼谷子·内楗第三》："善变者审知地势，乃通于天，以化四时，使鬼神，合于阴阳，而牧人民。"西方"人民"内涵的变化由此与中国殊途同归。在西方启蒙思想家那里，所谓权利得到充分法律保障并获得充分政治赋权的人民，就是享有选举权和被选举权的公民，但他（她）们实际上还是与政治权力、统治阶级相对的治下群众。"在20世纪中叶以前相当长一段时间里，在大多数西方国家，财产、性别和种族曾被用来限制民众的选举权，很多人士被排斥在人民之外。"② 卢梭的社会契约学说把人民和主权者整合在一起，但在卢梭的论述中，"人民"的构成其实亦局限于"公民"和"爱国者"而已。

现代西方政治中的"人民"术语，与现代西方民族国家的形成及"民族国家"话语体系的建构密切相关。作为现代意义的"人民"术语，代表

---

① ［德］卡尔·波兰尼：《大转型：我们时代的政治与经济起源》，冯钢、刘阳译，浙江人民出版社2007年版，第258页。

② 阮炜：《论大国民主》，华东师范大学出版社2015年版，第53页。

着中国与西方的语际交往中对现代民族国家的想象叙述，它是中国传统家国价值观与现代民族国家观的混合重组。"人民"一词在清末民初时期起初并没有特殊含义。当时的《英华字典》把"人民"收在了"population"（人口）词条下，而 Williams《汉英字典》则将其解释为"mankind in general"（人的总称）。《英华字典》同时将"people"译成"民人"，正好与"人民"的顺序相反，[①]"人民"并无明显的政治蕴意。之后，伴随中国千年未有之大变革，"人民"的内涵开始发生较大改变，逐渐有了西方语境中"国民、民族"的含义（德语 Volk 就有此意）。近现代意义上的人民只有在国家里要求或享有基本的政治权利时才真正登上历史舞台。在金观涛等组织编订的《中国近现代思想史专业数据库（1830—1930）》中可以看出，"人民"最早见于 1831 年，"1895 年后，使用次数逐渐增多，1903 年、1906 年为最高峰。"[②] 马克思主义传入中国之后，"人民"术语的使用增长较快，显现出中国的"民"开始挺起腰来，人民开始向政治生活进发。

　　探讨《共产党宣言》汉译本中的"人民"概念发展史，不仅需要溯本清源，了解"人民"概念在中西方文化中的历史渊源，而且还需要将"人民"概念的衍变与生成重置到其所产生与发展的中国、西方和日本的历史文化场景中加以推敲考证、补漏订讹，只有这样，才可能较为全面地了解《共产党宣言》汉译本中"人民"概念的发展演变过程。"人民"概念在《共产党宣言》中的汉译过程与"人民"概念在西方、中国与日本的流变过程密不可分，"人民"一词在中国近代社会中的演变为《共产党宣言》汉译本中"人民"概念的形成奠定了前提。1833 年出版的《东西洋考每月统记传》被称为"中国境内第一份近代化中文报刊"，在此报刊中已出现近代意义的"人民"概念，如"忽然地震，人民几千俱会集在天主堂，遵守瞻礼，当下觉地震动。"[③] 1843 年魏源编著的《海国图志》在继承中国古代"人民"词义的基础之上，还吸收了西方"人民"概念，文中谈到三宝垄"所辖上

---

　　① ［德］李博：《汉语中的马克思主义术语的起源与作用》，赵倩等译，中国社会科学出版社 2003 年版，第 216 页。

　　② 金观涛、刘青峰：《观念史研究：中国现代重要政治术语的形成》，法律出版社 2009 年版，第 513 页。

　　③ 爱汉者等编：《东西洋考每月统记传》，中华书局 1997 年版，第 166 页。

下数千里，田土肥沃，人民殷富，为诸邦之冠。"① 1848 年徐继畬编纂的《瀛寰志略》记载："虞舜六载，立国于亚细亚两河之间，两河谓阿付腊底斯河、底格里士河，即土耳其美索不达迷亚地、曰巴庇伦，始聚人民，造宫室，是为西土第一国。"② 总体来说，清末的知识分子编纂译介大量西方进步书籍，引进西方"人民"概念，但由于时代的局限，始终无法突破对传统"人民"术语的固有认知。以丁韪良、林乐知、马礼逊、罗存德、麦都思等为代表的新教传教士，翻译了大量介绍西方知识的书籍，创办了一些报刊，编纂了许多辞典。1844 年卫三畏在《英华韵府历阶》中将 people 一词译为平民、百姓、庶民、黎民、白衣等；罗存德的《英华字典》（1866—1869）将 people 译作百姓、民人、平民、子民等，为《共产党宣言》中"人民"概念的中外对译提供了基本的参照标准。1864 年丁韪良在翻译《万国公法》时，将 citizen 一词译作"人民"，在他的笔下，"人民"变成了法律术语，不仅拥有一定的权利，也需承担相应的义务。与此同时，"人民"的内涵也更加丰厚，它不仅包括平民百姓，而且也囊括君主和官员。20 世纪初，citizen 又多了"国民"和"公民"两个对应词。"国民"在古代，指一国或藩封所辖的百姓。如《春秋左传·昭公》写道："国民信之，芈姓有乱，必季实立，楚之常也。"西晋陈寿《三国志·魏书·吕布张邈臧洪传》载："凡吾所以背弃国民，用命此城者，正以君子之违，不适敌国故也。"而在近代，则常将具有某国国籍的人称为该国国民。在古代，"公民"为君主之民，公家之民。如西汉刘向《列女传·辩通传》："进而问焉，对曰：妾父衍，幸得充城郭为公民。"《现代汉语词典》对"公民"的定义是："具有或取得某国国籍，并根据该国宪法和法律规定享有权利和承担相应义务的人。"③ 在我国"国民"和"公民"的含义大体相同。

"人民"概念在日语中的成型，是推动《共产党宣言》汉译本中"人民"概念的形成的"强心剂"。明治维新后，日本逐步开始直译或借用中原汉字固有词素来对译西方自然、社会、人文科学等方面的书籍。1869 年上海美华书馆发行高桥新吉的《和译英辞书》，书中将"人民"与 people 和

① 魏源：《海国图志》，中州古籍出版社 1999 年版，第 162 页。
② 徐继畬：《瀛寰志略》，上海书店出版社 2001 年版，第 171 页。
③ 《现代汉语词典》，商务印书馆 2016 年版，第 452 页。

nation 相对应。1881 年小崎弘道在《六合杂志》上发表《近世社會黨ノ原因ヲ論ズ》（近世社会党起源论），文中写道"今日，我国人民从二千五百年有余的睡眠中醒觉，将开进步之途，成就大作为。"这句话中的"人民"指一个国家的人口。1893 年深井英五在《現時之社會主義》中提到："他（马克思）认为，要撤去少数人的不正当要求，满足多数人民的正当要求。"①而此处的"人民"则为人民大众之意。

中国先进分子对"人民"概念的探索和实际应用，是《共产党宣言》汉译本中"人民"概念定型的"助推器"。1898 年戊戌变法使君主立宪制、孟德斯鸠的"三权分立"思想和卢梭的"人民主权"论备受关注，"人民"作为新的政治术语逐渐流传开来。彻底颠覆中国古代"人民"本义的是孙中山，他提出："夫中华民国者，人民之国也。……国中之百官，上而总统，下而巡差，皆人民之公仆也。"② 1923 年李大钊在《北京大学经济学会半月刊》上发表《平民主义》，提出要敢于打破政治、经济、社会领域的特权阶级，构建纯正的"平民主义"，使政治机关属于全体人民，服务于人民。

二、《共产党宣言》汉译中的"人民"概念生成

幸德秋水、堺利彦在翻译《共产党宣言》时，把日语"民衆"作为英语 the people 的对等词。1920 年陈望道参考日译本与英译本《共产党宣言》，将 the people 译为"人民"，1930 年华岗译本、1938 年成仿吾、徐冰译本、1943 年博古校译本、1948 年乔冠华校译本、1978 年成仿吾译本和中央编译局译本均沿袭了"人民"的译法。1943 年陈瘦石译本、1949 年百周年纪念版和 2001 年唐诺译本分别将其汉译为"人心""民衆""人們"。《共产党宣言》汉译本中的"人民"概念的形成过程中虽然也产生了"人心""民衆""人們"等汉译词，但最终都未获得人们的认可，这从侧面反映出，人文社会科学概念的形成，不受个人或少部分人行为的影响，关键是看这些概念是否合乎马克思主义思想、社会历史与时代发展的实际。《共产党宣言》

---

① ［日］深井英五：《現時之社會主義》，民友社 1893 年版，第 109 页。
② 《孙中山选集》，人民出版社 2001 年版，第 181 页。

汉译本中的"人民"概念，从外观上看虽然并未使用外语词，运用的是中国自古就有的"人"与"民"二字，但实质上"人民"背后所折射出的新思想、新理念，都蕴含了马克思主义中国化发展的实际要义。

表 3-1　《共产党宣言》汉译过程中的"人民"母词译词对照表

中央编译局译本	人民（第115段）	人民（第149段）	人民（第149段）	人民群众（第173段）	人民群众（第173段）
1848年德语译本	die Völker	das Volk		die Volksmasse	
1882年俄语译本	народы	народ		народная масса	
1888年英语译本	peoples	the people	the people	the masses	
1904年幸德秋水、堺利彦日语译本	人種	民衆	民衆	民衆	
1920年陈望道译本	人民	人民	人民	民众	
1930年华岗译本	人民	人民	人民	民衆	
1938年8月成仿吾、徐冰译本		人民	人民	民衆	民衆
1943年8月博古校译本	人民	人民	人民	民衆	民衆
1943年9月陈瘦石译本		人心	世人	民衆	
1948年乔冠华校译本		人民	人民	民衆	民衆
1949年百周年纪念版	人民	民衆	民衆	民衆	民衆
1978年成仿吾译本	民族	人民	人民	民众	
2001年台湾唐诺译本	人民	人們	人們	大家	

以《共产党宣言》汉译为线索，进一步具体对照 das Volk/the people/народ 的译词演变，可见"人民"术语意义的生产与再生产。在民鸣 1908 年从日文节译的《共产党宣言》中，"人民"一词共出现了八处（见表 3-2）。在这个尚不是全译本中，"人民"一词却是全部译本中出现得最多的。对比中央编译局翻译的最新版本，第一处与第三处的"人民"被删除，第二处改为"人们"，第四处与第五处改为"民族"，第六处改为"人口"，第七处改为居民，最后一处改为"人"。这也从另一方面说明这一时期"人民"的含义主要有二：一是指老百姓。二是指民族。当时的先进分子运用人民术语帮助构建民族国家。这时候"人民"的内涵与现在大相径庭。人民就是一般人，普罗大众，没有特殊的政治含义。

1920 年，陈望道译本成为广为传播的经典，"人民"一词在四个地方出现（见表 3-2）。第一处"人民"仍然是人口的意思，后面三个"人民"与中央编译局翻译的版本出处相同。2017 年的中央编译局最新版本中比这一译本多出现了两处"人民"："并且向人民群众大肆宣扬，说什么在这个资产阶级运动中，人民群众非但一无所得，反而会失去一切。"陈望道当时把这两处的"人民群众"翻译成"民众"。1929 年出版的《社会科学大词典》这样解释"民众"："民众是指各阶级的人民而言，其中以农民为最大多数。"[1] 可见，这一时期，随着近代西方政治思想的传播，"人民"开始作为政治术语流行并具有一定的阶级色彩。"人民"亦开始成为新的政治主体。孙中山先生就说："盖专制国以君主为主体，人民皆其奴隶，共和国以人民为主体，政府为之公仆。"[2]

1930 年，华岗从英文本翻译的《共产党宣言》（英汉对照本）出版，其中，"人民"同样出现了四次。"有产阶级已使乡村屈服于都市支配之下，它已建设许多都市，又将都市增加了比农村更多的人口，因之使多数人民脱离了朴素的田舍生活"；"国民的差别和人民间的对抗，自从有了有产阶级的发达，通商的自由，世界的市场，以及由此所引致的生产方法和生活状况的统一，就一天一天的消灭下去了"；"那班贵族想要人民再归附他们，就用救济无产者这名义做军旗。但人民和他们常常接近，便看出他们里面还穿

---

[1]　高希圣、郭真、高乔平、龚彬：《社会科学大词典》，世界书局 1929 年版，第 141 页。
[2]　《孙中山全集》第 2 卷，中华书局 1982 年版，第 451 页。

着封建的武装，都呵呵大笑地散去了。"这四个地方的英文文本表述依次是 the population、peoples、the people、the people。华岗在 1932 年翻译了另一个版本，"人民"的出处和译文与前一译本完全相同。"人民"在这里虽还有"人口"的含义，但已经开始有了独特的政治定位用法。

表 3-2　《共产党宣言》"人民"术语汉译词变化表

民鸣 （1908）	陈望道 （1920）	华岗 （1930）	成仿吾徐冰 （1938）	博古 （1943）	陈瘦石 （1943）	百周年纪 念版（1949）	编译局 （2018）
……目的及趋向促世界人民之注目	/	/	/	/	/	/	/
由是人民处此社会者……	人们	人们	人们	人们	人类	人们	人们
致使各国人民其生产及消费……	/	/	/	/	/	/	/
……即诸文明国人民生死之问题也	国民	国民	民族	民族	民族	民族	民族
昔之人民甘闭居于一国或一隅……	/	/	民族	民族	/	民族	民族
国民	国民	国民	人民	民族	民族	民族	民族
又创设多数之都市使都市人民驾于……	人口	人口	人口	人口	人口	人口	人口
而多数人民亦脱离愚昧之田园生活	人民	人民	人口	居民	人民	居民	居民
国民	国民	国民	国民	人民	国家	民族	民族
国民	国民	国民	国民	人民	国家	民族	民族
……蓄积于少数人民而其必然之结果	人	人	人	人	人	人	人
/	人民	人民	民族	人民	民族	人民	人民
/	人民	人民	人民	人民	人心	民众	人民
/	人民	人民	人民	人民	世人	民众	人民

1938 年，成仿吾、徐冰《共产党宣言》译本出版发行，"人民"一词只出现了三次（见表 3-2）。第一处的"人民"，2018 年《共产党宣言》马克思诞辰 200 周年纪念版翻译成"民族"。后面两处"人民"与纪念版译词

相同。"人民"开始与"无产阶级"联结在一起使用,"人民"的阶级特征愈发明显。1943年,博古根据俄文翻译了另一版本的《共产党宣言》。"人民"一词出现了五次(见表3-2)。第一、二处的"人民",马克思诞辰200周年纪念版同样翻译成"民族"。后面三处相同使用"人民"。第三处的"人民"同样强调了与"资产阶级"的对立性。同年,由党外知识分子陈瘦石翻译的《共产党宣言》出版。"人民"只出现了一次:"资产阶级使乡村屈服于城市的支配。他建设巨大都市,使人口的增加超过农村,并从而把多数人民逐离蒙昧的田园生活。"这里的"人民"是人口的意思。我们可以看到,非中共党员对"人民"的认识和使用与中共党员完全不同。在他们眼里,"人民"的政治属性更为中性,不带多少阶级色彩。

1948年,乔冠华以英译本为依据对1938年成仿吾、徐冰的译本进行了校译。但"人民"的出处和译文与1938年译本完全相同。1948年《共产党宣言》百周年纪念版在序言中也出现了"人民"一词。正文中只有一处出现了"人民":"各国人民间的民族隔绝性和对立性已随着资产阶级底发展。"我们看到,这里"人民"的用法已经蕴含国际共产主义的元素,强调了各国"人民"的政治共性与团结斗争。

表3-3　"人民"术语在《共产党宣言》版本出处倒查表

2018年马克思诞辰200周年纪念版	民鸣1908	陈望道1920	华岗1930	成仿吾徐冰1938	博古1943	陈瘦石1943	乔冠华1948	百周年纪念版1949
人民	/	/	/	/	/	/	/	人民
人民	/	/	/	/	/	/	/	人民
人民	/	人民	人民	/	人民	民族	/	人民
人民	/	人民	人民	人民	人民	人心	人民	民众
人民	/	人民	人民	人民	人民	世人	人民	民众
人民	/	民众	民众	民众	民众	民众	民众	民众
人民	/	民众	民众	民众	民众	民众	民众	民众

新中国成立后,中央编译局的《共产党宣言》译本成为定译本,不同时期各个版本的翻译略有不同,但"人民"的出处一致。以2018年人民出

版社马克思诞辰 200 周年纪念版为例，序言出现两处，正文出现五次（见表 3-3）。值得注意的是这段译文："向人民群众大肆宣扬，说什么在这个资产阶级运动中，人民群众非但一无所得，反而会失去一切。"其中的"人民"译词在新中国成立前译本中从未出现，而且"人民"开始与"群众"连在一起出现。这与这一阶段"人民"语义的变化是相对应的。1945 年之后，"人民"概念的政治特征非常浓厚，"人民"拥有了强烈的政治色彩。

　　从"人民"在《共产党宣言》中译词的变化轨迹可以看出，"人民"从早期译词具有"人口""人们""人"的一般含义逐步政治化，完成了"世人""民众"向"人民""人民群众"的政治主体转变。这一过程中，人民的范围开始明确以劳动者为主，排除剥削者。

表 3-4　"人民"术语在《共产党宣言》第三章的演变

德语译本	英语译本	幸德秋水堺利彦日语译本	俄语译本	陈望道译本	华岗译本	陈瘦石译本	百周年纪念版	1978 年成仿吾译本	中央编译局译本	唐诺译本
das Volk	the people	民众	народ	人民	人民	人心	民众	人民	人民	人們
无	the people	民众	无	人民	人民	世人	民众	人民	人民	人們
das Volksmass	the mass	民众	народная масса	民众	民众	民众	民众	民众	人民群众	大家
无	无	无	无	无	无	无	民众	无	人民群众	无

　　在"人民"术语的变化趋势中，非常鲜明地体现出中国马克思主义的人民概念具有以下特点：

　　第一：人民的阶级性。在近代指代政治主体的名称演进中，国民政府一开始用"国民"来进行指称。李博认为，日语中的"'Kokumin'一词以'国民'的形式被汉语吸收，并随着中国人的民族意识的觉醒在民国早期深受喜爱。"① 这时期"人民"远不及"国民"常用，"国民"概念被赋予一定的先进政治意义。邹容在《革命军》里就把"奴隶"和"国民"作为两个对立的范畴进行强烈的对比。但马克思主义者并不认同这一概念。陈独秀

---

　　① ［德］李博：《汉语中的马克思主义术语的起源与作用》，赵倩等译，中国社会科学出版社 2003 年版，第 218 页。

1920 年 9 月 1 日在《对于时局的我见》中说:"有许多人欢喜拿国民的名义来号召,实在是自欺欺人。"①从表 3-1 可以明显看出,1908—1938 年间几个版本的"国民"译词此后被"人民"等词替代,人民从属于一定的阶级。民鸣译本中的"人民"译词现在都没再使用,因为这些"人民"所指不具备人民的阶级属性,他们就是一般的人口、人们或居民而已。表 3-4 亦见:中央编译局译本现今的"人民"用词,台湾作家唐诺的译本中就无一处翻译为"人民"。在革命时期,人民属于剥削阶级压迫的对象,在社会主义建设时期,人民当家作主,处于统治阶级的政治主体地位。"人民"突破了"国民"中"国家子民"的内在枷锁,在追求国家自立的征程中成为一个自主的政治阶级性范畴。

第二,人民的多数性。人民概念强调人口的多数。在历史发展的不同阶段,人民的范围都非常广泛。民鸣译本中有这样一句话:"绅士阀者又以昔时之人口、生产机关及财产均散布而非丛聚,乃改除其制使人口团聚、生产机关集中财产蓄积于少数人民而其必然之结果。"这里用的"人民"显然不是现代"人民"的含义,人民不会是少数,人民是广泛的主体,因此后面版本都译为"人"。在近代西方工业化国家,无产阶级在国家已占或即将占人口的多数,故没有专用"人民"一词来强调人口的多数性。中国近代革命时期,无产阶级只占人口的少数,因而需构建"人民"话语来指代革命与建设的多数依靠主体。从表 3-2、表 3-3 亦可看出,中央编译局有两处把原来的"民众"译为"人民群众",这不仅是词语的简单变化,而是鲜明体现出人民概念是建立在群众的多数性基础之上。

第三,人民的进步性。人民代表着历史的前进方向,是国家中的进步性力量。人民在很多场合往往与敌人相对使用,是有强烈政治倾向性的依靠力量。从表 3-1 看到,《共产党宣言》的各译本中出现了一个明显的"人民"译词区别:很多地方"人民"与"民族"通用。可见,这里的"人民"是指一般性人群,不具备现在人民用语的先进性特征。清末原有封建国家的解体、辛亥革命后一系列现代国家建构努力的失败,使得有识之士认识到民族国家的建构须得各阶级阶层的广泛支持方能成功。中国共产党把"人民"

① 《陈独秀文章选编》中册,三联书店 1984 年版,第 11 页。

一词注入了进步性含义，极大地激发了人民创建现代民族国家的热情。人民在革命时代具有"敌我"的内涵标识意义，建设时代则体现为国家统摄的进步"政治"话语。

第四，人民的主体性。人民的阶级性、多数性、进步性统一体现为人民的主体性。人民是推动历史发展的主体。人民在创造历史的实践中发挥自觉能动的创造性主体作用。人民之所以有阶级性、多数性、进步性之特点才能在社会变革中成为决定性主体。人民的主体性是人民作为政治主体通过政治活动实现，其亦体现为人民作为政治权力的拥有者资格。这种社会变革的决定性力量使人民成为国家的政治主体基础。中央编译局定译本中对"人民"的运用就鲜明体现出人民的主体性特点。封建贵族打着"社会主义"的旗号，马克思、恩格斯批判为"封建的社会主义"。他们对资产阶级的批判，并不是从阶级的先进性、历史的进步性出发，结果只能被代表多数性、进步性的"人民"所唾弃，这里充分表现出"人民"作为政治主体能积极主动选择先进的历史方向。马克思、恩格斯对德国社会主义名称中"真正的"加上引号，嘲讽了德国的这种社会主义思潮。此种社会主义者本质上是反动的，客观上充当了德意志封建当局的帮凶。他们用虚伪的面孔对人民群众采取了欺骗的手段，目的是为了阻碍人民群众推动历史前行的革命运动，这些人恰恰反衬出人民作为社会革命的主力军、历史创造者的伟大主体地位。

三、中国马克思主义人民概念疏义

"人民"概念是贯穿马克思恩格斯著作的核心范畴，还要结合马克思与恩格斯在其他著作中关于"人民"概念的界定，才能较为全面地理解《共产党宣言》中的"人民"术语。马克思在《德意志意识形态》中提出"人民大众即无产阶级"，在《哲学的贫困》中指出"劳动者阶级即人民"，而在《法兰西内战》中则认为巴黎全体人民包括男人、妇女和儿童；恩格斯在《共产主义者和卡尔·海因岑》中根据德国当时所处的社会状况，提出"人民即无产者、小农和小资产者（因为在德国，构成'人民'的正是这些人）"，在《反杜林论》中讲到"人民群众"由"农村工人、城市工人和农民"构成，在《未来的意大利革命和社会党》中谈到"劳动人民"由"农民、手工业者、工人"组成。统观之，马克思和恩格斯上述表征人民或与人民搭配组合的词组有以下特征：第一，从数量上看，在社会人口中占有一定的比例，是支撑社会经济建设的重要力量。第二，从政治地位上看，他们受封建势力和资产阶级的双重剥削和压榨，拥有较少或没有政治权利。第三，从经济地位上看，他们是推动社会进步与经济发展不可或缺的实践力量然不辞劳苦地进行生产活动，但他们仅仅占有少量社会财富。马克思和恩格斯对以上著述中使用的这些词组并没有进行严格意义上的界定，它们虽然在不同的语境中的具体所指略有不同，但是基本内涵大体相同。

　　欧洲文艺复兴和启蒙运动使人从封建专制和宗教神学的桎梏中解放出来，将"人"和"民"变为有机统一的整体，逐步恢复了人民的主体性。马克思和恩格斯充分肯定并汲取了西方人文主体思想，在历史唯物主义理论的基础之上，分析"实践的人"，剖析人的本质，进一步阐释人的主体性，实现了人民主体性的根本转变。马克思在《法兰西内战》中指出公社是"人民群众获得社会解放的政治形式，这种政治形式代替了被人民群众的敌人用来压迫他们的假托的社会力量（即被人民群众的压迫者所篡夺的力量）（原为人民群众自己的力量，但被组织起来反对和打击他们）。"①公社由工人或公认的工人阶级代表构成，由人民直接行使权力，建立新的真正民主的国家政权。恩格斯在《路德维希·费尔巴哈和德国古典哲学的终结》中讲道："历史人物的动机背后并且构成历史的真正的最后动力的动力，那么问题涉及的，与其说是个别人物，即使是非常杰出的人物的动机，不如说是使广大群众、使整个整个的民族，并且在每一民族中间又是使整个整个阶级行动起来的动机。"②马克思在《关于费尔巴哈的提纲》中谈到"全部社会生活在本质上是实践的。凡是把理论引向神秘主义的神秘东西，都能在人的实践中以及对这个实践的理解中得到合理的解决。"此处的"人"可以理解为"人民"，实践构成了社会生活的基本领域，人民的社会实践活动贯穿社会生活的整个过程，人民是社会实践的主体。

　　在经典作家那里，无产阶级为主的劳动者阶级从此获得了独立的自我意识及历史主体地位，恩格斯曾对当时德国的"人民"范围给了一个划定：

---

　　① 《马克思恩格斯文集》第3卷，人民出版社2009年版，第195页。

　　② 《马克思恩格斯文集》第4卷，人民出版社2009年版，第304页。

"无产者、小农和小资产者（因为在德国，构成'人民'的正是这些人）"，① 列宁在《社会民主党在民主革命中的两种策略》一文中提到了"人民"的范围。列宁当时写道："马克思在 1848 年拿来和那些进行反抗的反动势力及叛变的资产阶级相对立的'人民'，其主要组成部分就是无产阶级和农民。"1905 年，列宁在《社会民主党在民主革命中的两种策略》中谈道："只有人民，即无产阶级和农民，才是能够取得'对沙皇制度的彻底胜利'的力量，我们是就主要的巨大的力量来说的，并且把农村小资产阶级和城市小资产阶级（也是'人民'）分别算到了这两种力量中去。"列宁创造性地把无产阶级、农村小资产阶级和城市小资产阶级三个阶级纳入当时"人民"（俄语 Hapoэ）的范畴。② 从当时的情势来看，马克思、恩格斯和列宁都只是大体划明了人民的范围，人民主要指称劳动者，表明共产主义运动依靠的对象，由于经典作家认为无产阶级已经或行将占人口多数，因此没有在无产阶级概念之外，另创设一个历史主体和权力主体概念。经典作家将启蒙思想家的人民概念，仅仅视为一般术语，而没有上升为马克思主义原著概念。在马克思主义传播到中国以前，人民远未被视作政治主体和权力的拥有者。在马克思主义中国化进程中，"人民"术语经由不断地阐释并上升到国家权力主体的高度，"人民"术语成为深刻影响近现代中国的核心政治概念。

作为当代中国主流政治术语的"人民"，在马克思主义理论体系中有着深刻根源，亦是解读现代中国政治场域的钥匙。《三国志》中记载了著名的"秦宓妙答张温"：温复问曰："天有头乎？"宓曰："有之。"温曰："在何方也？"宓曰："在西方。诗曰：'乃眷西顾。'以此推之，头在西方。"温曰："天有耳乎？"宓曰："天处高而听卑，诗云：'鹤鸣于九皋，声闻于天。'若其无耳，何以听之？"温曰："天有足乎？"宓曰："有。诗云：'天步艰难，之子不犹。'若其无足，何以步之？"温曰："天有姓乎？"宓曰："有。"温曰："何姓？"宓曰："姓刘。"温曰："何以知之？"答曰："天子姓刘，故以此知之。"从政治合法性视野看，古代政治合法性来源于天命，

---

① 《马克思恩格斯文集》第 1 卷，人民出版社 2009 年版，第 661 页。
② 《列宁全集》第 11 卷，人民出版社 2017 年版，第 119、38 页。

而今根源于民心。人民作为一个现代政治概念，是广泛参与政治建构、充分进行政治表达、积极支持政治动员、高度皈依政治认同的政治主体。在中国当代政治文明中，人民充当了各个政治层面的实践主体。政治建构需要人民之"形"、政治表达需借人民之"口"、政治动员需发人民之"足"、政治认同需出人民之"心"。

（一）政治建构的权力主体

作为政治建构的权力主体，人民是整体与个体的辩证统一。唯物史观阐明了人民群众是创造历史的主人。人民属于马克思主义中的自由人联合体。马克思主义理论将卢梭抽象的"人民"概念具体化，将抽象的人民主权原则与具体的人民群众、无产阶级专政紧密连为一体。在马克思主义政治语境下，作为整体人民在国家中的地位与形成人民个体所要求的政治诉求构成协调的统一。"人民"术语在现代的演变体现出中国共产党对"人民"概念的创造性构建和灵活性运用。在构建一种有效的政治国家进程中，中国共产党人对"人民"进行了重新界定，以构建新型的"人民——群众"观、设定"人民——人民代表"制度来作为国家的政治基础。中华人民共和国国名的采用、宪法关于人民作为政治建构主体的集中阐释即是明证。人民同时又是利益联合体。在革命年代，人民为了维护共同的利益目标打倒共同的敌人。"人民"即孕育于中国独特的革命时代大潮中。在"外部压力型"政治建构的宏大背景下，中国共产党采取了"人民——国家"的政治建构模式来维护最广大人民利益的具体实践方式。这与"内部生成型"国家建构模式中公民群体的出现有着相当大的区别。在建设时期，党和国家同样为了人民的幸福梦想进行政治制度建构。

（二）政治表达的话语主体

作为政治表达的话语主体，人民体现出权力与权利的辩证统一。布尔迪厄言道：命名"是一种不可小看的权力"[①]。人民是权力的拥有者，亦是权利的表达者。在马克思主义政治语境下，人民在宪法里拥有的权力与人民所要求的政治表达权利构成协调的统一。同样，人民亦是意志联合体。人民的权力主体身份在于能充分地进行自己意志的政治表达，人民能选举出自己的

---

① ［法］布尔迪厄：《文化资本与社会炼金术》，包亚明译，上海人民出版社 1997 年版，第 91 页。

代表真实地反映意志。法律正是这种意志的体现。人民的权利主体身份在于人民必须受自己所表达政治意志的拘束。作为理念的人民是政治表达意志的设想者，人民主权原理和人民理念赋予现实中的人民以某种政治表达权能，在政治权力运行下进行实践的政治行动。而现实中具有善良意志的人民在政治权利表达中经历而具备了主权者的正当性。

（三）政治动员的行为主体

作为政治动员的行为主体，人民表现出主动与被动的辩证统一。政治动员是国家对全体人民进行政治发动来整合资源和获取支持的行为。政治动员同时也是一个政治互动的过程。在政治动员中，人民体现为被动的说服、诱导、影响；但这种动员又是人民在自身利益驱动下实现利益要求的主动行为。人民还是行动联合体。中国在建构当代政治国家的革命战争中，"人民"同样成为政治动员和身份建构的行动主体。"所有政治活动和政治动机所能归结成的具体政治性划分便是朋友与敌人的划分。"[①] "人民"作为马克思主义阶级分析方法建构的政治动员话语符号，有利于中国共产党构建敌我的革命阵营，有效确立革命盟友与革命目标。《中国共产党第二次全国代表大会宣言》开始正式使用"人民"一词后，"人民"一语开始在党的各种文件及著作中大量出现。中国共产党在不同的革命时期，"人民"指称的范畴与内涵均有不同。中国共产党就这样不断对人民概念进行重构以确定政治动员的有效对象。毛泽东在《关于正确处理人民内部矛盾的问题》一文中对"人民"和"敌人"两个概念用马克思主义中国化的话语作了阐述和界定。在中国这样一个半殖民地半封建的国家进行革命，中国共产党采取了"接地气"的政治动员方式，使得最有力量的人民参与到革命行动中。

（四）政治认同的情感主体

作为政治认同的情感主体，人民既是理性的又是感性的存在。人民对中国共产党及国家政权的政治认同是中国政治权力的来源与支柱。人民的政治认同既是长期革命建设实践的理性抉择，又是发自内心的由衷热爱与拥护。自毛泽东在中国国情下明确界定"人民"一词后，"人民"经由不断地阐释并上升到国家权力的高度，成为政治权力大厦的基石。"毛泽东的革命比列

---

① ［德］卡尔·施米特：《政治的概念》，刘宗坤等译，上海人民出版社 2004 年版，第 138 页。

宁的革命更植根于本土。与 1917 年 11 月列宁领导的在俄国夺得政权的布尔什维克前卫们相比，中国共产党人有很大的不同……表现在共产党人与所控制的国土和人民的关系。"① 1943 年，作为党外人士的陈瘦石就敏锐认识到人民的政治认同力量，他在《共产党宣言》一段译文中把其他译者译为"人民"的译词直接译为"人心"："这些贵族为要笼络人心，相率树起救济无产阶级的旗帜。"② 人民的政治认同与中国社会本身的群体主义价值理念亦相得益彰。现代国家法治、民主要素的日益增强，人民愈发成为国家政权认同的根基。人民不仅是抽象的概念，又是情感联合体，是饱含生活情感的具体个体之和。中国共产党创造性地将"人民"与"群众"结合，"人民"这一抽象的政治术语变得更为具体。因为"群众"凸显"人民"的代表性，本身就暗含组织政权的"多数原则"之政治认同。"人民群众"热情拥护建立起来的政党以及政党代表多数人进行的行动理所应当就获得了最大民意的情感支撑。《共产党宣言》设想的自由人联合体，在中国马克思主义人民概念中，具体化为兼具利益联合体、意志联合体、行动联合体和情感联合体的真正的政治共同体。

第二节　共　　和

"人民"是政治国家的合法性源泉，而人民自己当家作主建立起来的国家形式在我国体现为"共和"，"中华人民共和国"国号就表明："共和"是中国马克思主义核心政治术语，它已经深深嵌刻在中国的政治法律制度及公民的日常生活和意识中。

一、中西方语境下"共和"含义的流变

从古至今，中西方对"共和"这个政治常用术语有着各种含义的解读。"共和"一词在不同的历史时期与不同的语境中，含义有着相当大的差异。

（一）西方语境下"共和"含义的流变
共和一词的古希腊语是 πολῑτεία。πολῑτεία 主要有两层含义：一种是公

---

① ［德］卡尔·施米特：《政治的概念》，刘宗坤等译，上海人民出版社 2004 年版，第 306 页。
② 《共产党宣言》汉译纪念版，陈望道等译，中华书局 2011 年版，第 174 页。

民层面，指全体公民、公民权、公民生活；另一层面指政府、政体、共和国。① πολῑτεία 的含义可以看出"共和"与"公民"密不可分。共和的拉丁语是 rēspublica，它由 res 和 publicus 两部分组成。因此，共和就有国家公民"公共事务"的蕴意。后世学者根据此拉丁文一般都英译为 republic，共和一词由此包含着国家的用法。英语中的 republic 与 commonwealth 二词都有"共和"的词义，且都源于拉丁语词汇 rēspublica。初始，只有行政长官或贵族才有管理共和国的权利，西塞罗认为共和国是"人民的事务""公共的事情或财产"（rēspublica）与"一个民族的事情或财产"（respopuli），其所有权为人民。"正如我们已看到的，为了表示他们的民选政府，希腊人发明了民主（democracy）一词。罗马人则根据他们的母语——拉丁语的含义把他们的政府称作'共和国'（republic）。后来，意大利人对他们当中某些城邦国家的民选政府称之为共和国。"② 到了中世纪，rēspublica 往往用于某些非政治的含义。"但到中世纪晚期的时候，它又重新出现了'国家'的含义，其用法在一定程度上包融了亚里士多德（国家形式、与人民主权相结合的混合政体）、西塞罗（公共利益、公共事务）和奥古斯丁等人的定义，并对后世产生了持久的影响。"③ 共和国来自"公共事务"（respublica），相对于"私人事务"（res privata），国家的领域是公民在家庭生活等私人生活领域之外的公共事务领域，共和理念表示民众对攸关自身的公共领域有讨论和决定的权利。"共和"与"民主"有着密切的关联，但在某些历史时期，"共和"却比"民主"更受关注。人类在历史长河发展进程中越来越强调民众的共同利益。卢梭就认为共和的理想在民主之上，在共和国，"唯有在这里才是公共利益在统治着，公共事物才是作数的。"④ 在美国联邦党人看来，由于民主政体下人民会亲自管理国家事务，民主政体适宜在小地区发挥作用；而共和的优势在于，共和能通过代表从事公共事务，所以，共和政体能适用于大的地区范围。

① 罗念生、水建馥：《古希腊语汉语词典》，商务印书馆2005年版，第700页。
② ［美］罗伯特·达尔：《论民主》，李柏光、林猛译，商务印书馆1999年版，第19页。
③ 刘训练：《"共和"考辨》，《政治学研究》2008年第1期。
④ ［法］卢梭：《社会契约论》，何兆武译，商务印书馆2003年版，第48页。

（二）中国语境下"共和"内涵的流变

"共和"一词在中国古已有之。《说文解字》释"共"为："共，同也，从廿卝。"段玉裁注道："廿，二十并也，十二人皆竦手，是为同也。"《说文解字》这样解释"和"："和，相应也，从口，禾声。"《史记》中就有"周召共和"的记载，共和元年亦是中国历史有确切纪年的开始。近代中国早期接触西方政治制度的一批先仁比较赞赏西方的共和政治体制，在他们的著书立说中，实际上完成了中国古代"共和行政"与西方 republicanism 语义之间的跨文化语境交融。中国古籍中的这一词语，"随着《史记》等典籍东传，也输往日本，日本的古典中也使用这一词语，内涵与中国古典同。"①马西尼认为，共和，日语 kyōwa，由于古义和今义之间没有直接的关系，此词应该看作是来自日语的原语借词。② 1845 年，日本学者箕作省吾翻译荷兰地理学书籍《坤舆图识》时，向大槻盘溪请教如何翻译 republic 一词。汉学素养深厚的大槻盘溪根据中文里"共和"的意义，建议把 republic 译成"共和政治"，"共和"完成了从古典义向近代义的转换历程。一般认为，中国人用"共和"翻译 republicanism 是受日本影响。最早在现代意义上使用"共和"一词的是熟悉日本的黄遵宪。1879 年他在《日本杂事诗》介绍日本明治维新时期的政党时，使用了"共和党"一词。③ 日本人用中国古典"共和"一词翻译，使"共和"的内涵发生根本性改变——从古典义的贵族分权、相与和而共政事，变为近代义的国家权力机关和国家元首由民众共选的一种国家制度。④ "共和"一词开始了跨国度、跨文化的"旅行"及古义向近代含义的转换。1895 年后，"共和"一词在中国的使用次数增加，多用于译"共和党""共和国"。严复曾用"共和"来指称 aristocracy，而 democracy 译为"公产""合众"。⑤ 1897 年后，学界经常用"共和"来译

---

① 冯天瑜：《新语探源——中西日文化互动与近代汉字术语生成》，中华书局 2004 年版，第 548 页。

② ［意］马西尼：《现代汉语词汇的形成——十九世纪汉语外来词研究》，黄河清译，汉语大词典出版社 1997 年版，第 209 页。

③ 金观涛、刘青峰：《观念史研究：中国现代重要政治术语的形成》，法律出版社 2009 年版，第 267 页。

④ 冯天瑜：《新语探源——中西日文化互动与近代汉字术语生成》，中华书局 2004 年版，第 550 页。

⑤ 金观涛、刘青峰：《观念史研究：中国现代重要政治术语的形成》，法律出版社 2009 年版，第 572—573 页。

republic，梁启超亦明确用"共和"代替"民主"来翻译 republic。

在近代中国推翻帝制的革命背景下，西方古典"共和"的蕴义令中国思想家和政治家深受鼓舞。严复说："国者，斯民之公产也。"① 孙中山说："共和者，我国治世之神髓，先哲之遗业也。我国民之论古者，莫不倾慕三代之治，不知三代之治实能得共和之神髓而行之者也。勿谓我国民无理想之资，勿谓我国民无进取之气，即此所以慕古之意，正富有理想之证据，亦大有进步之机兆也。"② 邹容的《革命军》更是直接出现了"中华共和国"的用语。辛亥革命后，"共和"一词自然随着制度的变迁而更替了旧的政治话语。民国元年的报刊就有这样的记载："共和政体成，专制政体灭；中华民国成，清朝灭；总统成，皇帝灭；新内阁成，旧内阁灭"③；近代的"民主"与"共和"术语往往成为固定搭配，并成为政治语义的共生关系。在《万国公法》中，丁韪良较早尝试用"民主"对译 republic。当"共和"话语是基于"全体公民共治"的阐述，从而与"民主"的言说形成共识。辛亥革命后，"共和"话语逐步构建起来，中国的"共和"含义亦开始内蕴"民主"的要义。1915 年后，"共和"的用法日趋普遍，意思与现代也趋同。到18 世纪，人们频繁使用"民主"与"共和"的过程中更倾向于认为，共和的观念其合法性要高于民主。而根据美国联邦党人的意见，民主与共和的差距在于代议，共和政体是人民通过民选产生的公职人员掌握政权，而民主制则是由人民自己主掌政权。④ 共和也经历了从西方"经典共和"到"民主共和"并最终中国化成"人民共和"的发展历程。古典共和强调美德教育，即引领公民在价值衡量方面优先选择公共利益。中国近代大变革时期，革命派亦运用道德理想灌输来论证革命的合法合理性。古典共和对公民美德的推崇与中国儒家伦理背景下的共和观念正相契合。但"民国"所谓的"共和"仍然是少数人的共和。而中华人民共和国则让所有的"人民"成为构筑国家大厦的自然政治成分。

---

① 王栻主编：《严复集》第 1 册，中华书局 1986 年版，第 36 页。

② 《孙中山全集》第 1 卷，中华书局 1981 年版，第 172—173 页。

③ 《新陈代谢》，《时报》1912 年 3 月 5 日。

④ 佟德志：《从混合到共和——西方政体复合论发展的历史与逻辑》，《国外理论动态》2016 年第 9 期。

二、马克思主义经典著作对"共和"概念的影响

"共和"也是马克思主义经典著作的核心政治术语,"共和"作为资产阶级政治术语汉译后,又进一步受到马克思主义共和概念的改造。

(一)"社会共和国"——马克思对共和概念的深刻阐述

在进一步梳理 2009 年版《法兰西内战》译本时,可以发现"社会共和国"出现了六次。实际上,"社会共和国"概念是马克思分析社会主义国家政治形式的基本思考。

在形成"社会共和国"概念前,马克思和恩格斯已经作了相应的理论准备。在《论犹太人问题》中,马克思指出,资本主义国家通过共和实现了政治解放,只有"社会解放"才能消灭等级压迫,让社会成为"真实的共同体",通过向"社会共和"的历史跨越来实现真正的人类解放。在《德意志意识形态》中,马克思认为只有在共和这个共同体中个人才能获得自由,但传统国家是"虚幻的共同体"。在《法兰西内战》中,马克思对"社会共和国"这一创新性的概念进行了详尽剖析。马克思认为,巴黎公社奠定了共和国的制度基础。巴黎公社在普选制度、罢免制度等制度建设方面起到了典范作用。与实行社会自治的巴黎公社相对立的是独裁的集权帝制国家,而"公社"的"社会共和国"才是最终完成"社会解放"的政治形式,它扬弃了"政治共和"从而实现了"社会共和"。以往的"民主共和国"的性质仍然是"一个阶级镇压另一个阶级的机器"[1],新的"社会共和国"需要"新的自由的社会条件"。恩格斯在《法兰西内战》1891 年版序言中这样总结巴黎公社的"共和"性质:"公社"是实现普选的"共和自由联盟",已成为"世界共和国的旗帜"。以往的国家,社会为了共同利益建立起来的国家政权,本来是社会的公仆却变成了社会的主人,民主共和国也同样如此。国家政权只应当是社会的工具,却沦为对国民进行"统治和掠夺"的政客集团。公社采取了普选和公职人员不搞特殊化这两个办法来防止这种现象的再发生。社会自我治理的"公社"在完成对"政治国家"与"市民社会"分裂矛盾的扬弃之后,成为"充满生气"的历史

---

① 《马克思恩格斯文集》第 3 卷,人民出版社 2009 年版,第 111 页。

主体。马克思批判资产阶级共和国仍然惧怕工人阶级，与原来的帝国在许多层面上并没有不同。工人们建立的"社会共和国"应当与过去割裂，应当建设未来。

　　当1848年在巷战中胜利的工人们自发地把共和国宣布为"社会"共和国时，他们实际上并不明了社会共和国的意思。传统国家政权阻碍社会自由发展，却又夺取了社会机体的养分。"社会共和国"则是传统国家政权的直接或真正"对立物"，"不再是一个过去事物的名称"，而是一个新的世界，是一个"不但取代阶级统治的君主制形式、而且取代阶级统治本身的共和国"。①"社会共和国"通过扬弃"政治国家"和"市民社会"的"私人等级"实现了"社会的解放"，因为它真正服务于人民，把劳动者从权力奴役下解放出来进行掌权。马克思接着分析，"社会共和国"是工人阶级应该采取的政治形式，"社会共和国"的伟大目标是"社会解放"，它区别于一切保皇派进行阶级"隐名恐怖统治"的那种共和国。"社会共和国"也不是空想社会主义者的幻想图景与方案，不是乌托邦式"社会革命"建立起来的。"社会共和国"具有工人阶级鲜明的特征，是工人阶级力量的积聚。"社会共和国"虽然为了解放劳动和改造社会而奋斗，但限于紧迫的实情，共和国真正"社会"的性质仍未充分实现，现阶段还仅限于工人管理巴黎公社。以共同体为价值本位的"社会共和国"，作为社会主义国家理想的政治形式具有深厚的社会经济基础。社会解放条件下的"社会共和国"超越了资本主义制度下国家与市民社会的关系，它具有马克思设想未来理想共和国的一些特征：第一，"社会共和国"是真正的自治，是工人阶级的政府。第二，"社会共和国"具有民主的制度，它摒弃了资本主义共和制虚伪的、掩人耳目的所谓"普选"工具，公职人员是真正的公仆且处于切实的监督之下，可随时罢免，报酬与人民并无二致。第三，"社会共和国"是自由的共和国。物质和精神的压迫力量都会被摧毁，阶级压迫被挣脱，人民拥有教育自由和经济自由，真正获得全面发展和自由个性。

　　（二）马克思主义经典著作汉译进程中"共和"语义的演进
　　首先考察"共和"术语在《共产党宣言》汉译本中的用例，见表3-5。

---

① 《马克思恩格斯文集》第3卷，人民出版社2009年版，第154页。

表3-5　《共产党宣言》汉译本"共和"术语使用频次

不同译本中的出现次数								
诞辰200周年纪念版2018	民鸣1908	陈望道1920	华岗1930	成仿吾徐冰1938	博古1943	陈瘦石1943	乔冠华1948	百周年纪念版1949
4	1	1	1	3	3	2	3	2

除去序言和注释，这些版本正文中"共和"术语都只出现了一次，各译本译文见表3-6。

表3-6　《共产党宣言》汉译本"共和"术语用例

诞辰200周年纪念版2018	民鸣1908	陈望道1920	华岗1930	成仿吾徐冰1938	博古1943	陈瘦石1943	乔冠华1948	百周年纪念版1949
在一些地方组成独立的城市共和国，在另一些地方组成君主国……	或为独立之都市共和政（如义国德国），或为课税于王政下……	有的变成独立的共和都市（如德意），有的变成王政治下……	有的变成独立的共和都市（如德意），有的变成君主政治……	这儿建立独立的城市共和国（如在意大利及德意志），那儿成为王国底……	这儿建立独立的城市共和国，那儿成为王国底……	或为独立的城市共和国（如德义），或为君主政制下……	这儿建立独立的城市共和国（如在意大利及德意志），那儿成为王国底……	它在这里建立了独立的城市共和国，它在那里又成为君主国……

2018年马克思诞辰200周年纪念版定译文是："在一些地方组成独立的城市共和国。"值得注意的是，有三个版本的"共和"用语与此不同。一个是1908年民鸣节译《共产党宣言》，200周年纪念版里的"城市共和国"民鸣译为"都市共和政"；1920年陈望道译本译为"共和都市"；1930年华岗译本则译为"共和都市"。这三个早期的《共产党宣言》译本都没有出现"共和国"的字眼。而紧接着的下文，其他译本一般用"王国"或"君主国"，这三个版本用语是"王政""王政治"或"君主政治"。可见，在19世纪30年代以前，"共和"用语还主要体现出共和政治的语义，此后，"共和"用语则主要与共和国的建立密切相关。

在《法兰西内战》不同译本中，"共和国"的用语也发现存在这一规律。马克思在《法兰西内战》中对共和问题进行了集中阐述和深入思考。本文选取《法兰西内战》的三个中文译本进行分析，追寻马克思主义"共和"术语在中国的变化轨迹。《法兰西内战》的第一个中文译本是由1938年11月延安解放社出版，译者是吴黎平、刘云。其后，上海海潮社1939年4月出版了另外一个译本，郭和翻译。在2009年版《马克思恩格斯文集》的《法兰西内战》定译本中，"共和"术语出现了139次之多。在与"共和"搭配的语词中，"共和国"出现最多，有104处。一般情况下三个版本都同样使用了"共和国"词语，但有15处用语发生了变化（见表3-7）。这其中13处吴黎平与刘云翻译的版本与2009年版都是用了"共和国"，而郭和翻译的版本则用"共和政治"或"共和制"。只有表中的最后两处不一样。这一时期译本对"共和"的含义理解出现了"共和政治"与"共和国家"交替使用的情形。吴黎平与刘云翻译的版本更能体现当时中国共产党对"共和"的理解与理念，因为我们发现译者的身份在党内很有权威，吴黎平是当时的中宣部副部长，而刘云则是张闻天（洛甫）的一个笔名。

表3-7　《法兰西内战》"共和国"一词用例

吴黎平 刘云 1938	郭和 1939	人民出版社 2009
帝国如像纸制的房子一样倾覆下来。法兰西又重新宣布为共和国	帝制像纸糊房子一般的倒下来了，重新宣布了共和政治	帝国像纸牌搭的房子一样倒塌了；共和国又重新宣告成立
这不但在世袭的君主政体内，即在民主的共和国内，也是如此的	这不论在世袭的君主制，在民主的共和制里，都是一样的	这样的例子不但在世袭君主国内可以看到，而且在民主共和国内也同样可以看到
在巴黎宣布共和国的时候，防御的战争真的是已经终结了	及巴黎宣布共和政治一齐告终了	巴黎宣告共和国成立时告终的
当巴黎的工人宣布成立共和国而全国各处差不多立即齐声一致地热烈起来欢迎时……	巴黎的工人宣布了共和政治，这种共和政治为全法国毫无异议的一致欢呼时……	当巴黎工人宣告成立共和国而几乎立刻受到法兰西举国一致欢呼的时候……
请它们大发慈悲出来调解，并以把共和国改成君主国为交换条件	提议以共和政治换成皇帝为条件，请求调停战事	以把共和国换成王国为条件，乞求调解

续表

吴黎平 刘云 1938	郭和 1939	人民出版社 2009
所以，即在共和国宣布成立之夕	这样看来，在共和政治宣布的当夜	可见，还在共和国宣告成立的当天晚上
这革命竟以共和国替换了路易斐力伯	而是以共和政治代替了鲁易·斐利普	而是以共和国代替了路易-菲力浦
他大摇大摆的出来，变成了"秩序党"及其议会制共和国的领导人物了	那时，他是"秩序党"和议会共和政治的指导人物	那时，他就成了秩序党及其议会制共和国的首脑
这就是他的"经济共和国"开篇第一个字和最后一个字……	这是"经济共和政治"之最初而又最后的话，关于这种政治的远景……	这就是那个"经济共和国"的全部内容
普鲁士才答应他们去向共和国及其要塞巴黎开战	普鲁士允许他们向共和政治及其根据地巴黎开战	普鲁士才会准许他们发动反对共和国及其堡垒巴黎的战争
这次革命的果实——共和国，已经在投降书上为胜利者所正式承认了	革命产生的共和政治，在投降条约中为征服者所承认	这次革命所产生的共和国，已在投降书上由胜利者予以承认
而能够保持他们的国会制度共和国	去维持他们的议会共和政治	他们把他们的议会制共和国得以维持下去的希望
反对共和国的，只有一个阴谋，巴黎的阴谋，这阴谋使我们不能不流法兰西的血	在迫使我们流法国人的血的巴黎以外，并没有反对共和制度的另外的阴谋存在	只有巴黎的阴谋是反对共和国的阴谋，巴黎的阴谋迫使我们让法国人流血
"地主会议"举行了反共和派的、狂暴的示威	但是因为"乡下地主"议会狂暴的反共和的示威运动	"乡绅议会"进行疯狂的反共和国示威活动
梯亥而自己也讥刺共和没有法统的根据	与梯厄耳自身关于共和国法律地位的暧昧言论	而梯也尔本人对共和国的合法地位含糊其词

在很长一段时间内，"共和政治"只是代表了对西方"共和"概念的理解。1901年后的20余年间，各政治派别对共和政治的争论达到了高峰阶段，民国初年的共和政治失败，又引发了对共和政治的新一波讨论与反省，西方资本主义的共和主义随之被抛弃。"共和国"则更多代表着"共和"的实践、革命的建国目标。中国共产党成立及马克思主义的大量引介，促进了民众参政和社会主义共和观的兴起，中国共产党人则再次扛起"共和"的

旗帜，肩负起建立人民共和国的历史使命。1920 年，毛泽东等人发起湖南自治运动，就开始命名为"湖南共和国"。当时，毛泽东理想的"湖南共和国"很多方面与资产阶级共和国还没有完全撇清，但毛泽东成长为马克思主义者之后，这一共和建国理念发生了重大改变。在马克思主义中国化的道路上，中国共产党人提出了人民共和的革命奋斗目标。1935 年 12 月，中共中央在瓦窑堡召开政治局扩大会议，第一次明确提出"人民共和国"的名称。1949 年讨论新中国国号时，国内有几种建议：一种主张用"中华人民民主国"，一种主张用"中华人民民主共和国"。最后接纳了张奚若教授的意见，用了"中华人民共和国"的名称。在毛泽东看来，"有人民就可以不要民主二字，哪有是人民而不民主的？况且民主一词 Democracy 来自希腊语，原意与人民相同"①。

三、中国马克思主义共和概念疏义

马克思主义站在自由人联合体的高度上对资本主义共和制的批评，并没有否认共和制度在历史上的进步性。在《1891 年社会民主党纲领草案批判》中，恩格斯就指出："我们的党和工人阶级只有在民主共和国这种形式下，才能取得统治。"② 恩格斯认同社会主义国家采取共和国的政治形式，但内容与资产阶级的共和国有着本质的区别。在 1894 年致保尔·拉法格的信中，恩格斯说："共和国像其他任何政体一样，是由它的内容决定的。"③ 马克思主义对所谓的资本主义民主共和制度进行了批判，"社会共和"是马克思提出的新型政治形式。共和术语在中国政治话语中，经历了从"经典共和"到"民主共和"并最终中国化"人民共和"的意义生产历程，最终成为中国马克思主义政治概念，进入新中国的国号。西方"经典共和"非常重视"共和"中的美德因素，实质上是要求公民在价值观上对公共利益的优先考量。中国近代大变革时期，革命派亦运用道德理想灌输来论证革命目标的合法性和合理性。西方"经典共和"对公民公共美德因素的推崇与中国儒家伦理背景下对国家集体观念的重视正相契合。西方资本主义"民主

---

① 司维：《回眸共和国的 50 年》，上海人民出版社 1999 年版，第 53—55 页。
② 《马克思恩格斯文集》第 4 卷，人民出版社 2009 年版，第 415 页。
③ 《马克思恩格斯文集》第 10 卷，人民出版社 2009 年版，第 671 页。

共和"超越了封建传统的专制，是人类国家体制上的巨大进步。但西方资本主义"民主共和"仍然是虚伪的共和、反动的共和，"法兰西的共和派，在 18 世纪打倒帝政时是何等急进的革命先觉，在 20 世纪因为要压迫无产阶级的共产运动，不惜与帝制派宗教徒妥协"①。西方资本主义"民主共和"的核心目的仍然是为了维护资本的统治地位。中国近代革命时期，许多政治家视西方"民主共和"为中国未来美好的政治图景，"共和国家成立以后，是用谁来做皇帝呢？是用人民来做皇帝，用四万万人来做皇帝"②。但这种所谓的"共和"在现实中仍然是少数人的共和，人民被远远抛弃在制度之外，最后由于脱离广大民众的利益，成为与传统保守势力妥协的政治工具而遭到彻底失败。中国共产党在马克思主义理论指导下，创造性地将"共和"这一源远流长的政治概念与马克思主义核心术语中的"人民"一词相结合，把共和国家的建立与民族独立、人民解放相结合，形成了马克思主义"人民共和"这一核心术语。中华人民共和国的"人民共和"是人民真正当家作主，让所有"人民"成为构筑国家大厦的自然政治成分。人民共和国的"共和"传承了中国古代治国理政智慧，强调统一战线与协商民主，广泛联合尽可能多的阶层、群体实现共同统治，在广袤土地与巨量人口的国度实现各种政治群体的交往协商与利益衡平。"人民共和"将抽象的"人民"概念具体化，将抽象的人民主权原则与具体的人民群众、无产阶级专政紧密连为一体。在马克思主义政治语境下，在构建一种有效的政治国家进程中，中国共产党人构建新型的"人民——群众"观、设定"人民——人民代表"制度来作为"人民共和"国家的政治基础。这种"人民——国家"的政治建构模式维护了最广大人民的利益。这种"共和"既不是西方资产阶级共和中的委托代理关系，也不是古典共和中的支配服从的关系，其核心是人民在先进阶级即无产阶级领导下，在无产阶级政党带领下不断推进社会革命，在社会共同占有生产资料的前提下建立一个新社会，在这样的社会经济结构之上，最广大人民群众才能真正参加社会公共生活和国家日常政治生活，并最终通过共和国的政治形式，保障和发展人民的利益和意志，在政治生活实现

---

① 陈独秀：《革命与反革命》，《向导》1923 年第 16 期。
② 《孙中山全集》第 9 卷，中华书局 1986 年版，第 270 页。

真正的共商、共建、共治、共赢。中华人民共和国是共产党领导人民努力奋斗的成果，人民从此掌握国家权力，成为国家主人是"人民共和"的应有之义。人民共和可以使每个人在政治生活中真正成为自由的人，实现个人的自由解放，这种人民自由选择代表的共和是最终实现一切人的自由发展的政治途径。

第三节　阶　级

马克思主义经典作家论述了阶级的形成与发展、阶级的划分标准、阶级意识与阶级斗争等重要内容，建立起科学的阶级概念，并经过跨语言传播成为中国马克思主义者进行社会政治分析的概念工具。

一、马克思主义的阶级原著概念

阶级概念并非马克思首次使用，追本溯源，阶级概念可以追溯到古罗马时期，"罗马的人口普查人员为了军队义务性服役的目的，以财产状况为基础区分人口时引入了 classis 这一术语"。在近代，英文"阶级"（class）一词起用于 1602 年，18 世纪工业革命兴起之后，这一概念逐渐获得了当代的意义。在马克思之前，该概念更多的是指社会的群体，到了马克思那里，class 逐渐被赋予经济、政治内涵。

对马克思阶级概念的形成产生较为直接影响的有三类阶级概念，分别是古典政治经济学的阶级概念、空想社会主义的阶级概念和法国复辟时期历史学家的阶级概念。古典政治经济学家和空想社会主义都从经济的角度探讨了阶级的分化与斗争，尤其是较为详尽地探讨了资本主义社会的阶级状况。法国复辟时期的历史学家代表人物有梯叶里、米涅、基佐等人，他们强调了阶级和阶级斗争在历史发展中的作用。米涅在《法国革命史》一书中认为，法国大革命就是几个阶级争夺政权的过程。基佐认为阶级斗争贯穿于整个近代历史，第三等级从农奴中产生，最终发展成革命的主导阶级。这些思想都被马克思所吸收。这些理论都对马克思阶级概念的形成提供了一定程度的借鉴和依据。马克思虽未曾对阶级概念进行系统的定义，但马克思主义经典著作中处处体现着对阶级的经典分析。马克思和恩格斯通过分析阶级产生、发展、消亡的历史过程阐释了阶级概念。马克思指出："社会阶级在任何时候都是生产关系和交换关系的产物，一句话，都是自己时代经济关系的产物。"① 即一定时期内经济关系决定阶级状况，而阶级状况也反映了该时期内的社会经济关系，表明了阶级的存在和划分归根到底是由社会生产力发展水平和对生产资料的占有状况决定的。马克思、恩格斯的阶级概念包括如下内涵：第一，阶级具有历史性，阶级既不是从来就有的，也不会永远存在，它是历史发展到一定阶段的产物，当历史发展到一定阶段后，它又会退出历史舞台。第二，阶级斗争的结果使得阶级结构越来越简单化，逐渐简化为两个阶级——无产阶级和资产阶级——之间的斗争，并最终导致无产阶级专政。第三，阶级起源于私有制的产生，原始部落中不存在阶级，阶级的出现是因为生产力的发展逐渐导致私有制的产生，也创造了一个阶级占有另一个阶级的劳动的条件。第四，同一个阶级具有共同的阶级意识。由于生产资料占有状况相同，尤其是在阶级对立的条件下有共同的敌人，同一个阶级会具有较高的同质性。第五，同一个阶级具有相近的生活方式、趣味、社会认同等社会特征。

在马克思那里，阶级更多地被当作一个进行社会政治分析的概念工具，他没有对阶级概念本身作出详尽的界定。列宁继承和发展马克思、恩格斯的阶级概念并下了定义："所谓阶级，就是这样一些集团，这些集团在历史上一定的社会生产体系中所处的地位不同，同生产资料的关系（这种关系大部分是法律上明文规定了的）不同，在社会劳动组织中所起的作用不同，因而取得归自己支配的那份社会财富的方式和多寡也不同。"② 马克思的阶级概念不同于群体、阶层等概念之处就在于，他是为了揭示资本主义的内在矛盾，而阶层、群体等社会学的概念则主要是分析社会的状况，是为了说明社会现实。西方马克思主义对马克思、恩格斯、列宁的阶级概念也进行了探讨，提出按照经济、政治和意识形态三个标准来划分阶级，普朗查斯强调阶级的实质是被意识到了的经济关系，达伦多夫强调政治权力在阶级划分中的作用，古德纳则将文化资本引入了阶级划分的标准。

---

① 《马克思恩格斯文集》第 3 卷，人民出版社 2009 年版，第 544 页。
② 《列宁选集》第 3 卷，人民出版社 2012 年版，第 11 页。

二、马克思主义阶级概念汉译与衍化

"阶级"一词在古汉语中有典，"阶"和"级"意思基本相同，都是"台阶""官衔""等级"之意。阶：（1）台阶，（2）梯子，（3）官阶、品级。级：（1）等级，特指官阶爵位的品级，"级，等也"；（2）台阶。阶级：（1）台阶（2）尊卑上下之别，像台阶有等级。1895年之前，"阶级"一词现代汉语用法还未出现，一直沿用传统用法，主要含义即是：（1）等级，主要指官员的品级；（2）阶段、阶梯。比如《三国志》中就有"使高下有差，阶级逾邈"①的用法，这里的"阶级"就是"等级""官衔"之意。再如，清末首位驻外使节郭嵩焘在《伦敦与巴黎日记》（1878年）中记述道："回至鲁法博物院旁大院阅视气球，法人西华所制之大气球也。其帮办谛桑跌导至气球前。凿地深数丈，四周为阶级上下，皆木为之。"②这里阶级即是阶梯、台阶之意。很显然，古代汉语语境中的"阶级"和马克思主义的阶级概念有较大的差距。近代中国，首次使用现代意义阶级概念的是梁启超，他在1899年《论中国与欧洲国体异同》一文中指出："欧洲有分国民阶级之风，而中国无之。"梁启超认为中国社会并不存在阶级，并拒绝将"阶级"这一术语运用于中国。

1900—1915年，阶级最主要的用法就是指人们因经济和政治地位不同而形成不同的集团，尤其以经济地位划分阶级为重。1903年，梁启超游历美国，他研究了美国的资本主义社会并接触到美国社会主义运动，使他对相关社会主义理论加深了认识，梁启超以资本主义自由竞争为前提，分析了大资本家对生产资料的占有、小资本家倒闭、劳力者的悲惨生活，甚至指出生产过剩加剧了无产阶级与资产阶级的矛盾从而导致社会主义产生，梁启超已经开始接受用经济地位划分"阶级"。1903年，马君武发表《社会主义与进化论比较》一文，"由圣西门以降，社会党人皆以为人群生计之发达，自古至今经三级焉……社会者，发达不息之有机体也，其必有一日焉，打破今日

---

① ［德］李博：《汉语中的马克思主义术语的起源与作用》，赵倩等译，中国社会科学出版社2003年版，第170页。

② 金观涛、刘青峰：《观念史研究：中国现代重要政治术语的形成》，法律出版社2009年版，第606页。

资本家与劳动之阶级"。① 基于对进化论的研究，马君武开始注意到西方存在现代阶级，他指出"资本家"与"劳动者阶级"是不平等的，又说道："中国则家奴、农奴、雇工三者常兼包并容，而无显然分划之阶级，至今尚然。"② 此时的马君武并没有将阶级看作一个政治概念，仅从社会发展的角度将西方和中国的阶级情况进行了比较，但可以说，马君武已经看到财富决定阶级差别。中国无政府主义者刘师复曾说："贫富之阶级既平，金钱之竞争自绝，此时生活平等，工作自由，争夺之社会，一变而为协爱。"1907 年《民报》刊登胡汉民《民报之六大主义》，"今惟扑满，而一切之阶级无不平（美国犹有经济的阶级，而中国亦无之）……近世文明国家所病者，非政治的阶级，而经济的阶级也，于是而发生社会主义，其学说虽繁，而皆以平经济的阶级为主"。由此可见，以经济地位划分阶级的认知较为普遍。《天义报》1907 年 10 月 30 日刊《社会主义讲习会记事并报告》，介绍日本学者堺利彦的学术宗旨"生产多者亦富、生产寡者亦贫，则奴隶而外，即同族之民，亦渐分富民、贫民二阶级"。1906 年朱执信撰文《论社会革命当与政治革命并行》指出："俄国之经济制度尚未脱封建时代之状态，其挟经济上势力者，大抵为贵族、僧侣、地主，而是三者固皆有政治上势力之阶级也。"③ 这个被誉为同盟会中真正研究马克思的人，认识到政治势力导致阶级差别，预示"阶级"一词开始作为政治用语，这是汉语中"阶级"一词含义的重要变化。1906 年宋教仁的文章中有人类分为"掠夺阶级与被掠夺阶级"的说法，这已经接近马克思的"资产阶级"与"无产阶级"之分的意涵了。

　　1915 年以后，越来越多的先进知识分子开始接受和宣传马克思主义，阶级概念在随后的传播、衍化过程中逐渐开始秉承马克思阶级概念的内涵，"阶级"一词使用次数也大幅增加。据统计，1919—1921 年上半年，《新青年》发表有关马克思主义、十月革命和工人运动的论文和译介文章达 130余篇，《新青年》中"阶级"一词的使用次数在 1919 年以后迅速增加。此

---

　　① 林代昭、潘国华：《马克思主义在中国：从影响的传入到传播》上册，清华大学出版社 1983 年版，第 75 页。

　　② 林代昭、潘国华：《马克思主义在中国：从影响的传入到传播》上册，清华大学出版社 1983 年版，第 77 页。

　　③ 《朱执信集》上册，中华书局 1979 年版，第 61 页。

时，李大钊吸收了日本学者的研究，强调占有生产资料与不占有生产资料决定了剥削与被剥削者的区别，这是对马克思阶级概念的进一步理解，也是这一概念逐渐中国化中很重要的一个转折。

自阶级一词现代意义上的用法传入中国以来，我们可以看出，阶级二字的译法较为稳定，没有变化。值得关注的是，《共产党宣言》中同时出现"阶级""阶层""等级"三个概念，而汉译本《共产党宣言》中，这三个概念的意译有区分也有混用。以 2018 年马克思诞辰 200 周年纪念版《共产党宣言》为参照，与多个汉译本就同时出现的"阶级""阶层""等级"三个概念进行比对（见表 3-8），在汉译本中三个概念区分不明显的原因有两点：一是不同的汉译本翻译时所参照的外文版本不同。1920 年陈望道译本参照日文译本，1932 年华岗译本参照英文译本，1938 年成仿吾、徐冰译本参照德文原版，1943 年博古校译本参照俄文译本。英文译本中"class"一词对应"阶级"和"等级"概念，但英文词 class 本身内涵丰富，其意涵包括：具有共同属性或特点的群体（group）；等级、阶层（rank or grade）；阶级；上流阶层（high rank）；高格调、有风度（informal elegance of style and taste）；班级、同届同学；等等①。而中文、日文中的阶级与 class 一词的主要意思相对等，并不是完全对等。所以，以日文译本为参照的陈望道译本和以英文译本为参照的华岗译本，在翻译的过程中对"阶级""阶层""等级"三个概念区分不明显。同时可以看出的是，在《共产党宣言》德文原版中三个词是明显区分开的，阶级—Klassen，阶层—Abstufung，等级—Stand，故而参照德文原版的成仿吾、徐冰译本明显区分了"阶级""阶层""等级"三个概念，避免了英文、日文对马克思德文原版中阶级概念的扩充。二是传统文化中阶级常被等级所替代。艾思奇认为："不同的等级可以在经济上成为一个阶级，比如，中国过去有皇帝，有贵族，有将相。皇帝和宰相、将军是不同的等级，将相与一般做官的又是不同的等级，做官的与普通的地主又是不同的等级，但这些不同的等级，归根结底都是地主阶级。他们在经济利益上是一致的，都是压迫农民的，但在权利上是可以成为不同的

① 闫虹珏、彭兴伟：《马克思主义核心概念的中国化进程及其当代价值》，清华大学出版社 2015 年版，第 133—134 页。

集团，就是封建的等级。"① 封建社会表面上是一种等级社会，实际掩盖了以经济利益划分阶级。

表 3-8 《共产党宣言》"阶级""阶层""等级"三个术语汉译情况

概念	出现段落	德文原版	英文母本	日文底本	陈望道译本（1920 年）	华岗译本（1932 年）	成仿吾、徐冰译本（1938 年）	博古校译本（1943 年）	百周年纪念版（1949 年）
等级	9	Stände	order	等级	阶级	阶级	等级	等级	等级
层次	9	Abstufung	rank	レベル	等级	等级	等第	楼梯	阶梯
阶级	9	Klassen	class	階級	阶级	阶级	阶级	阶级	阶级
阶层	9	Abstufungen	Subordinate gradations	階層	等级	等级	等第	等第	等第
等级	18	Stäncle	class	階级	阶级	阶级	等级	等级	等级

三、中国马克思主义阶级概念疏义

经济发展进入全球化时代，世界范围内的阶级关系发生了新变化，使马克思主义阶级概念遭遇前所未有的挑战，而即便是使用阶级分析方法，也有滥用"阶级"概念或是保留概念调换内容之嫌疑。西方新的"真正的"社会主义者试图把阶级和阶级斗争理论从社会主义中分离出去，代表人物如高兹、普兰查斯、拉克劳和墨菲，他们对于阶级和阶级斗争虽然都有各自的观点和看法，但他们都主张马克思主义阶级斗争理论已经过时，工人阶级已经失去在阶级斗争中的主体地位，社会变革将不以阶级斗争为依靠。为此，当代西方著名马克思主义学者艾伦·伍德作出针对性批判，坚持和维护马克思主义唯物史观和阶级斗争理论，指出在当代资本主义社会中阶级差别和剥削仍然是最根本的问题，阶级斗争推动社会发展的作用仍然不可忽视。在中国国内阶级观点被淡化，甚至谈阶级而色变。出现这些现象的主要社会心理原因，一是"文化大革命"后的逆反心理，有一些人甚至故意将阶级斗争与

---

① 《艾思奇全书》第 5 卷，人民出版社 2006 年版，第 400 页。

"以阶级斗争为纲"混为一谈，制造思想上的混乱，使人们谈阶级而色变。二是非法积累、化公为私的人群不愿重提阶级分析，他们大肆鼓吹阶级分析过时论。在西方学术界乃至中国国内研究领域，阶层分析法大有取代阶级分析法之势。韦伯是西方分层研究最有影响力的学者，中国学术界的阶层分析研究受他的分层标准影响很大，即以财富为经济标准，以声望为社会标准，以权力为政治标准，这三者之间相互重叠和影响。《共产党宣言》中提及"等级""阶级""阶层"三个概念，可知阶层是从属于阶级的概念，阶级内部分为不同的阶层。

传统中国从伦理上来分析个人的善恶贫富，也经历了族群进化论的短暂思想熏染，还有以职业分殊来否认中国社会阶级分化的认知阶段，直到马克思主义阶级概念和阶级分析方法传入，中国人认识和分析社会的方法由个体向群体（集团）提升，由伦理秩序深入经济结构，阶级概念是马克思主义的核心分析概念，阶级分析是马克思提供的科学的社会分析方法。研究人与人之间的社会关系可以从多种角度出发，但其中最根本的仍然是研究不同社会集团对生产资料的所有制关系，正是这种所有制关系，不仅决定了社会集团各自的财富来源、收入结构、教育程度、生活方式、交往空间等等，从而决定了物质生活、社会生活、政治生活和精神生活的基本过程，实际上所有社会活动的方式、政治活动的方式和精神活动的方式，都不外乎是以不同方式支配生产资料的社会集团，实现、维护和扩大生产资料所有权收益的共同活动方式，也就是实现、维护和扩大社会集团物质生活条件的共同活动方式。列宁指出："区别各阶级的基本标志，是它们在社会生产中所处的地位，也就是它们对生产资料的关系。"[①] 马克思主义阶级划分标准最根本的要求，就是在生产过程中，而非在分配环节，更不能离开经济领域划分阶级。我国处于并长期处于社会主义初级阶段，仍然存在阶级和阶级差别，阶级分析方法仍然适用于中国社会分析，但是要做到把握使用阶级分析方法的尺度、明确阶级分析的适用范围、区分不同性质的社会矛盾。生产资料包括参与社会生产总过程的劳动资料、劳动对象等一切物质要素，一方面要始终代表中国先进生产力的发展要求，与最先进的大生产资料相联系，坚

持和巩固无产阶级领导地位；同时，坚持和完善社会主义基本经济制度，依靠公有制主体地位和市场在资源配置中的决定性作用，使各种创造财富的物质源泉充分涌流，使社会阶层良性有序流动，防止出现利益集团。如果出现经济利益集团在政治上的联系和结合，中国社会就存在出现新的剥削阶级的危险。

第四节　专　　政

中国共产党文件中首次正式使用"无产阶级专政"术语，是上海共产主义小组在 1920 年 11 月起草的全国建党纲领性文件《中国共产党宣言》。在共产国际代表维经斯基推介下，《中国共产党宣言》从《美国共产党宣言》借鉴了不少术语和表述。《美国共产党宣言》设有专章 Proletarian Dictatorship，沈雁冰将《美国共产党宣言》英译汉时，将 Proletarian Dictatorship 初译为"劳工阶级专政"，[①]《中国共产党宣言》改译"无产阶级专政"。在《共产党宣言》德文版和英文版中，马克思、恩格斯还没有使用无产阶级专政概念，《中国共产党宣言》提出这一术语，是中国早期马克思主义者经诸多日译马克思主义文献濡染，又受十月革命启发透过俄国经验进一步科学理解专政概念意义而援用，表现出《共产党宣言》在跨语言传播中的思想包容性和概念创造力。马克思、恩格斯在其原著中，共 18 处使用过"无产阶级专政"术语，时间集中在 1850—1852 年、1871—1875 年、1891—1895 年三个时期，主要在《1848 年至 1850 年的法兰西阶级斗争》《马克思致魏德迈的信》《法兰西内战》《哥达纲领批判》四部著作中使用。[②] 正是十月革命以后，这四部著作多次汉译，并结合列宁经典著作《国家与革命》在华传播，最终以"专政"取代"狄克铁特""狄克推多"等音译词，特别是取代"独裁""专制""专断"等意译词，成为通行译词，标志着汉语无产阶级专政概念成熟定型。经过汉译词选替背后的意义生产和再生产，马克思在四部作品中使用的无产阶级专政术语，与他在《共产党宣言》中宣告

---

① 《共产党》月刊，1920 年第 2 号，第 40 页。

② 参见李惠斌：《马克思〈法兰西内战〉研究读本》，中央编译出版社 2013 年版，第 51 页。

的无产阶级民主概念，在中国化过程中对接起来，专政概念被理解成一种新型民主的国体。

一、无产阶级专政的原著概念

1885 年，恩格斯写信给马克思女儿劳拉·拉法格，称赞她翻译《共产党宣言》法文版，译文"能给读者提供原著概念"。恩格斯要求经典著作译文充分体现原著概念，是因为他和马克思在创作中对原著概念的使用十分严谨，原著概念具有很高的丰富性、革命性和科学性。马克思使用无产阶级专政的原著概念比较集中的四部作品，都对列宁产生了深刻影响，列宁在反复阅读马克思这四部作品的基础上，于十月革命前后写成《国家与革命》一书和《论"民主"与专政》一文，书和文章中大量摘引和援用马克思原著论述，坚持和阐发了马克思的原著概念，马克思的四部作品和列宁的《国家与革命》一起，又是传入早、流传广、影响大的汉译经典，成为汉语无产阶级专政概念的源头活水。

在《1848 年至 1850 年的法兰西阶级斗争》中，马克思第一次提出无产阶级专政概念："推翻资产阶级，工人阶级专政！"① 工人阶级即无产阶级成为政治权力的主体，这是无产阶级专政概念的阶级规定性。在此以前，传统国家作为阶级矛盾不可调和的产物，从奴隶制国家到封建制国家再到资本主义国家，无论是君主制国家、贵族制国家还是民主制国家，都是占有物质生产资料的阶级掌握统治权，是占有者阶级剥削生产者阶级的政治形式。这种政治形式的实质，就是统治阶级的阶级专政。阶级斗争是阶级社会发展的动力，资产阶级专政以前的每一次阶级专政更替，虽然都不同程度扩大了政治权力主体，但专政主体始终是特定的占有者阶级，政治权力都不曾归于生产者阶级。在该书中，马克思还在"阶级专政"四字下画着重号。马克思认为无产阶级专政第一次使生产者阶级取得统治权，无产阶级成为专政主体，民主共和国第一次成为社会共和国、真正共和国、劳动共和国，成为劳动解放的政治形式。在《法兰西内战》中，马克思把巴黎公社作为替代资产阶级专政国家机器的政治形式，是无产阶级专政的典型，这种政治形式成为铲

---

① 《马克思恩格斯文集》第 2 卷，人民出版社 2009 年版，第 104 页。

除阶级赖以存在，因而也是占有者阶级专政赖以存在的经济基础的杠杆，破坏运用社会的有组织的国家力量谋取私利的阶级专制的经济基础，从而根本改变生产者的社会奴隶地位，建立生产者阶级的政治统治。在《国家与革命》一书中，列宁坚持了马克思关于专政的概念内涵。无产阶级专政的目的，不是仅仅夺取资产阶级专政的国家机器，而是首先废除生产资料的阶级所有制，由生产者直接掌握生产资料，进一步使生产者充分享有经济社会管理权，充分参加日常社会管理和日常政治生活，以此为基础，把政治和行政管理作为一项日常的技术工作能够为普通劳动者学习并掌握，把政治、行政、军事职务变成普通劳动者的职务，从而打破旧国家机器的神秘性和虚伪性。在生产者阶级的政治统治中，"共和国只有公开宣布为社会共和国才有可能存在"。[①] 在马克思、列宁的原著概念当中，未来国家不再被理解为政府机器，或者理解为由于分工而同社会分离的独特机体，无产阶级专政不只满足于建立一个新国家，更要建设一个新社会，在其经济基础和社会关系之上建构新的政治形式。

马克思、列宁原著概念中这种新的政治形式，既是传统国家的消亡，又是新型国家的诞生。国家消亡并不是无政府主义，而是传统的具有阶级专制性质的国家消亡，转为以无产阶级专政为原则的新型国家。在《哥达纲领批判》中，马克思探讨了未来无产阶级专政国家的两种形式，即无产阶级的革命专政和未来共产主义社会的国家制度。在《国家与革命》中，列宁引用马克思《哥达纲领批判》中的关于"无产阶级革命专政"的论述，并且充分地发挥了这句话对无产阶级专政概念的意义。以新社会代替旧社会，必须实行无产阶级专政的革命政治形式。经过过渡时期建成新社会之后，未来共产主义的国家制度就是公社式的，这是无产阶级专政的基本政治形式。在马克思、列宁看来，无产阶级为主体的人民已经是居民的多数，因而，传统阶级专政意义上的实行镇压职能的特殊力量也就不需要了，人民直接掌握政权。无产阶级专政的这种基本政治形式，列宁称为无产阶级社会主义共和国。这种基本政治形式包括国家层面的议行合一制度和基层自治制度，在各个层次上实行普选制、代表制、委员制、廉薪制、

---

① 《马克思恩格斯文集》第 3 卷，人民出版社 2009 年版，第 205 页。

问责制、罢免制，无产阶级专政是历史上首次出现的占人口大多数的人民直接掌握政权的政治形式，从而给社会主义共和国奠定了真正民主制度的基础。在《法兰西内战》导言中，恩格斯讽刺"社会民主党的庸人又是一听到无产阶级专政这个词就吓出一身冷汗"①。经典作家站在生产者阶级角度，站在新社会角度，站在多数人的角度，在他们的原著概念中，无产阶级专政这个词，颠覆了一切旧阶级专政的意蕴，而与真实的民主相通。在《国家与革命》《论"民主"与专政》中，列宁精准地发现：《共产党宣言》把"无产阶级转化为统治阶级"和"争得民主"两个概念并列在一起。② 而无产阶级转化为统治阶级采取什么样的政治形式，才能和争得民主这点相适应。对于这个问题，列宁看到，马克思、恩格斯通过总结巴黎公社实践经验，在1882年他们最后一次共同为《共产党宣言》作序时作了解答，即无产阶级专政是无产阶级组织为统治阶级的政治形式，是和民主相适应的专政。

二、"专政"译词自西徂东衍变

"专政"一词在《左传》《史记》《后汉书》《资治通鉴》等史籍中皆有典，如"齐王越亲而专政"，"是时王少，成、兑专政。"还有"钱粮为藩司专政"，"请宽缗民徭而免田租之敝，专政者恶之。"古典用例为动宾结构，有两种意思，一为独揽政权，二为专管政务。近代西学东输，专政一词与西学术语对接，在1866—1869年新教传教士罗存德的《英华字典》中，把 a monarchical government 译为皇专政，罗存德《英华字典》的专政一词，很快进入日语，1884日本井上哲次郎《增订英华字典》援用了同样的对译。③ 专政无论在汉语中还是作为和制汉字词，都是保留了它的第一个古典含义，与另一个古典词专制在意义上相通，同时由动宾结构变成了偏正结构词，专政视为专制政府的缩略语。而专制一词，就早在明治初期就进入了英日词典，在日本被用来对译英文术语 despotism 和 autocracy，并保留了这个词在汉语

① 《马克思恩格斯文集》第3卷，人民出版社2009年版，第111页。

② 《列宁全集》第31卷，人民出版社2017年版，第22页。

③ 罗存德：《英华字典》，Hong Kong：The Daily press office，1866-1869年，第910页；［日］井上哲次郎：《增订英华字典》，Tokyo：J. Fujimoto，1884年版，第560页。

古典用法中的偏正结构：义素"专"表示"独自地""独断地"的副词含义，"制"表示"决定""规定"的动词含义。由于这种造词法在日译西学中具有很高的能产性，所以，虽然专制和专政在和制汉字词成为同音同义词，实际上，专政作为专制政府的缩略语，被裹挟其中很少使用，而专制的使用频次要高得多。更为明显的是，专制在对译英语词 autocracy 语用实践中，autocracy 的其他引申义在日语同样按照汉语造词法和制新词，如：自主、独主、独操等词，① 都是按照专制一词的偏正结构，由副词义素和动词义素造就。日本最早是在翻译古罗马独裁官 dictator 一词时，仿照英语词 dictator 的结构，把后缀-or 译成官，限定词义按照专制、自主、独主、独操等词的造词法，新造汉字词独裁，以独裁官对译 dictator。② 这个译法也进入汉语，1908 年上海商务印书馆《颜惠庆英华大辞典》，就把 Dictatorship 译作独裁官之职，当时并无褒贬价值意味。这个辞典延续罗存德英华字典把 a monarchical government 译为皇帝专政，专制政府。③ 可见，在晚清以前，无论在日语还是汉语语境中，独裁与专制只是造词法一样，但并非同义词，直到辛亥时期打破皇帝专制的革命口号和实践力量，一方面给专制一词冠上负面的贬义，同时独裁一词被用来指称贬义意味更厚的军阀统治。"独裁"在 1916 年《赫美玲官话》中已对译英文词组 absolute monarchy，同时还对译 autocracy、despotism，④ 在汉语中成为专制、专政的近义词。在接受马克思主义之前，陈独秀在 1916 年《青年杂志》发文写道："日本之维新，日本国民之恶德川专政也。"⑤ 即是从《赫美玲官話》所列词义上使用"专政"一词。

马克思的原著术语 Diktatur，经过列宁著作引用，在十月革命历史伟力推动下进入日语。1918 年日本社会主义者高畠素之在《新社会》一刊中，首次把列宁著作中的"无产阶级专政"翻译为"劳働阶级の独裁"；1920

---

① ［日］井上哲次郎：《增订英华字典》，Tokyo：J. Fujimoto，1884 年版，第 75 页。
② ［德］李博：《汉语中的马克思主义术语的起源与作用》，赵倩译，中国社会科学出版社 2003 年版，第 371 页。
③ 《颜惠庆英华大辞典》，上海商务印书馆 1908 年版，第 608、1028 页。
④ 《赫美玲官话》，Statistical Department of the Inspectorate General of Customs，1916 年版，第 1661、375、87 页。
⑤ 《陈独秀著作选》第 1 卷，上海人民出版社 1984 年版，第 173 页。

年初，山川均援引《哥达纲领批判》中关于过渡时期无产阶级革命专政的经典论述，论证布尔什维克政权符合马克思主义原著概念，山川均将"无产阶级的革命专政"译为無產階級の革命的獨裁政治；次年，山川均又将列宁原著《无产阶级政权的当前任务》日译并在日出版发行，[①]由此，"dokusai 獨裁"在日本社会主义文献中成为 Diktatur 的通用对译词。在法国大革命时期，以及在《共产党宣言》发表后 1848 年欧洲革命时期，公元前 5 世纪古罗马独裁官 dictator 的称谓，也常常用于掌权的革命派自称。日本社会主义者选用 dictator 译词中的"独裁"二字，译指十月革命后苏维埃式新政权，在日本社会主义文献中，和制汉字词独裁与专制、专政这些词，并无必然的意义关联。留日期间在《社会主义研究》杂志上，施存统看到山川均译述的《無產階級の革命的獨裁政治》的文章，立即汉译此文寄给陈独秀。受日译词影响，中国早期社会主义者多用"独裁"一词来翻译 Dictator 和列宁的无产阶级专政概念。1919 年 1 月 26 日，李大钊写作《平民独裁政治》一文，专门释读这个新名词："俄、德起了社会革命，世人又造出一种新名辞来，叫做什么'平民独裁政治'，就是说这种政治是平民一阶级的'狄克铁特'（Dictator）。"[②]1920 年上海共产主义小组印发第一本直接歌颂十月革命的宣传小册子《俄国无产阶级的十月革命》，李绰把"Dictatorship of the Proletarian"翻译为"无产阶级者独裁制"。[③]可以看出，日译词"dokusai 獨裁"回流汉语后，对中国人理解苏维埃政权和马克思主义经典作家无产阶级专政概念产生了很大影响，由于独裁在汉语原典中带有个人或少数人专断、专制、专权的意蕴，所以，与独裁并存，Dictator、Dictatorship 还有"专断""专制""专政"等汉译词。1919 年底在《我们为什么要讲社会主义?》一文中，张东荪将 Dictatorship 译为专制政治："多数的社会主义（Bolshevism）组织一个无产阶级专制政治（Proletarian Dictatorship）"。[④]1920 年《东方杂志》刊登署名罗罗的文章《世界劳动者之概

---

①　[德]李博：《汉语中的马克思主义术语的起源与作用》，赵倩等译，中国社会科学出版社 2003 年版，第 371、372 页。

②　《李大钊全集》第 3 卷，河北教育出版社 1999 年版，第 140 页。

③　吕延勤：《马克思主义在中国早期传播史料长编（1917—1927）》上，长江出版社 2016 年版，第 505 页。

④　《解放与改造》第 1 卷第 7 号，1919 年 12 月 1 日。

况》，将"Proletarian Dictatorship"译为"劳动者之专断"，原文为："属于第三国际机关者，主张实行阶级斗争。以求'劳动者之专断'"。① 1920 年 11 月，周佛海摘译列宁《论"民主"与专政》："若以为不要什么强制和独裁政治，可从资本主义移到社会主义的，真是妄诞的，梦想的主义（见列宁著 Democracy and Proletarian Dictatorship 文中）。"沈雁冰汉译《美国共产党宣言》时，把"Proletarian Dictatorship"译成"劳工阶级的专政"，也译成"劳工阶级的专断政府"，② 实际上是把专政理解成"专断政府"的缩略语。

由此可见，无产阶级专政原著概念的早期汉译，"独裁""专制""专断""专政"等译词常常混用通用，"专政"常常被理解成"独裁""专制""专断"的同义词、近义词或"专断政府""专制政体""专制政治"的缩略语。从汉语释意看，"独裁""专断""专制""专政"在词义上既有联系又相区别。"独裁""专断""专制"都是和制偏正结构汉字词，回流汉语后仍是近义词。"专政"在《汉语大词典》里古典释义有三：一是独自裁断、独自决定；二是执政；三是专管的政务。只有第一层古典释义与"独裁""专断""专制"词义相通或相近，后两层释义意指个人或机构专管政务，在古典义中并无独裁、专断或专制义素。但在早期对译马克思主义原著概念 Diktatur 和 Dictatorship 时，专政的"专管政务"词义常常被遮蔽，与"独裁""专断""专制"一起，"独揽政权"的词义被突出出来。这种词义的遮蔽背后，是中国人在马克思主义早期传播中，对无产阶级专政原著概念的不充分解读，即把无产阶级专政的政治形式过多地理解为无产阶级的独揽政权。这种不充分解读是基于当时的术语工具、文本来源和现实参照。在甲午战争之前，用来翻译 Dictatorship 的汉语词组是"主国之职"，就是"专管政务"的官职；甲午战后到辛亥革命之前，无论在日语还是汉语中，用来翻译 Dictatorship 都换成了和制汉字词"独裁官之职"，词义即"主国之职"，此时"独裁"一词，本不与专制、专断通义；但辛亥革命后"独裁"在汉语中与专制、专断近义并贬义程度更深，对译英文词 autocracy、despotism、absolute monarchy；十月革命后中国人又从日本社会主义文献二次借词"独

---

① 《世界劳动者之概况》，《东方杂志》1920 年第 17 卷第 3 期，第 20 页。
② 《共产党》月刊，1920 年第 2 号，第 43 页。

裁"，专门对译马克思主义概念词 Dictatorship，独裁一词作为术语工具自然容易把先前 autocracy、despotism、absolute monarchy 意蕴带入 Dictatorship 理解。从文本来源看，早期从日语借词的施存统、周佛海、李汉俊、李大钊、陈独秀、李达、光亮等，基本上是依据山川均译马克思《哥达纲领批判》关于过渡时期无产阶级革命专政的论述，或直接是河上肇摘译的《哥达纲领批判》中《马克思主义的所谓"过渡阶段"》，① 这段无产阶级专政革命政治形式的经典论述，成为早期中国马克思主义理解无产阶级专政完整概念的依据，客观上造成了对无产阶级专政基本政治形式的文本遮蔽。特别是这段论述被列宁反复引用，并成为阐释苏维埃俄国政治形式的经典论据。1922年励冰发表《〈共产党宣言〉的后序》写道："无产阶级专政的具体组织，至克明尼而初定；至苏维埃就大定了。"② 克明尼是公社的音译，中国马克思主义者早期理解无产阶级专政概念的现实参照就是苏俄，把巴黎公社无产阶级专政的具体组织形式，归结为初创时期的苏维埃制度。俄国在十月革命胜利之初进入过渡时期，特别是由于内战需要，必须强化无产阶级专政的革命政治形式，这种专政的基本政治形式尚未可见的现实注脚，无产阶级专政概念参照系的特定性，是无产阶级专政早期汉译术语词义不丰的现实根由。

中国共产党成立后，1921年李达参考《国家与革命》，提出"依列宁说，劳动专政的形式，就成了劳动阶级和下等农民永久专政的典型的劳农会共和制度"③。1922年陈独秀在《马克思学说》引译《法兰西内乱》《哥达纲领批判》，提出劳动阶级不能单靠掌握现成的国家，而是实现"劳工专政"。④ 1923年周恩来领导的共产主义青年团旅欧支部以《历史要走到无产阶级专政》为题摘译了1852年《马克思致魏德迈的信》。1924年11月26—29日，《觉悟》副刊连载张太雷以《马克思政治学》为题翻译的列宁《国家与革命》。1925年，郑超麟以《专政问题的历史观》为题翻译的列宁

① 《红藏·新青年·第9卷·第6号》，湘潭大学出版社2015年版，第524页。
② 吕延勤：《马克思主义在中国早期传播史料长编（1917—1927）》中，长江出版社2016年版，第71页。
③ 吕延勤：《马克思主义在中国早期传播史料长编（1917—1927）》上，长江出版社2016年版，第605页。
④ 《红藏·新青年·第9卷·第6号》，湘潭大学出版社2015年版，第427页。

《论"民主"与专政》。1926 年任卓宣摘译恩格斯写的《法兰西内战》1891
年版导言，提出恩格斯讲的"无产阶级独裁制"，"不是别的，就是无产阶
级专政的政府形式"。① 1927 年，柯柏年译的《国家与革命》在《岭南民国
日报》副刊《革命》载出。到党的六大召开前，马克思、列宁集中论述无
产阶级专政概念的经典著作都开始汉译，改变了早期主要通过《哥达纲领
批判》关于过渡时期的论述来理解专政概念的文本格局。特别是党在延安
站稳脚跟后，吴黎平、张闻天合译《法兰西内战》，何思敬、徐冰合译《哥
达纲领批判》，很快由解放社出版，1938 年莫师古译《国家与革命》，到中
共六届六中全会召开前后，马克思、列宁集中论述无产阶级专政概念的经典
著作基本上都有了汉译本。更为重要的是，这些译本都是从德语母本或俄语
母本直接汉译，不再借道东洋。经典作家论述无产阶级专政概念原著直接
的、集中的汉译，为中国马克思主义者更全面、更充分地理解原著概念的科
学内涵，提供了文本支撑。这些经典著作中的德语词 Diktatur、俄语词
Диктатур、英语词 Dictatorship，从首次汉译全部是以"专政"对译。在马
克思、列宁经典著作的翻译和解读过程中，"专政"术语逐步生产出与"专
断""专制""独裁"不同的中性意义，光复了除"独揽政权"之外的"专
管政务"的古典含义。"专政"曾经以偏正结构作为"专断政府""专制政
体""专制政治"的缩略语，术语丰义后变成动宾结构，表达"专管政务"
"专管政治""专管政权"之义。"专政"术语丰义，源自中国马克思主义
者对无产阶级专政概念越来越全面、充分、科学的理解，即由无产阶级专政
的革命政治形式向基本政治形式的足义理解。术语、概念的转义丰义，有赖
于经典著作的文本支撑，而更具根本性的是，中国共产党带领中国人民从事
伟大社会革命的实践，是术语概念史和文本阅读史获得真正突破的前提条
件，党和人民探索建设新社会新国家的实践创造，是无产阶级专政概念成熟
的实践基础。

---

① 《红藏·新青年·第 9 卷·第 6 号》，湘潭大学出版社 2015 年版，第 319 页。

表3-9　"专政"译词演变表

德文 英文 俄文	1866年罗存德 英华字典	1884年 《井上哲次 郎订增英 华字典》	1908年 《颜惠庆英 华大辞典》	1918年 日本高 畠素之	1920年 沈雁冰 《美国共产 党宣言》	1920年 周佛海 《俄国共产 政府成立三 周年纪念》
Diktatur Dictatorship Диктатур	主国之职	主国之职	独裁官之职	Dokusai 独裁	专断、专政	独裁、专制、专政
1920年《中国 共产党宣言》	1921年李达参 考《国家与革命》	1922年陈独秀《法兰西内战》	1923年共产主义青年团旅欧支部《马克思致魏德迈的信》	1924年张太雷《国家与革命》	1925年郑超麟《论"民主"与专政》	1926年任卓宣《法兰西内战》序言
专政	专制、专政	专政	专政	专政	专政	独裁、专政

三、"无产阶级专政"概念中国化

马克思主义经典著作德语概念词 Diktatur 在十月革命实践伟力推动下进入日语，日本社会主义者按早先传入日本的《英华字典》模式造词，以和制汉字词"独裁"对译，并会通英语词 Dictatorship。留日旅日中国人早期多借词"独裁"译法，同时还配词"专制""专政""专断"等多种译法对译英语、法语文献词。"独裁""专断""专制"和"专政"作为语素与"平民""劳农""劳工""劳动阶级""无产阶级"等词搭配，形成"平民独裁政治""劳动者专断""劳动独裁""劳农专政""劳工专政""劳工阶级专断政府""无产阶级专断""无产阶级专制""无产阶级独裁政治""无产阶级者独裁制"等无产阶级专政概念的多种译法。在这些概念表述形式当中，最先用"无产阶级专政"这种表述的是蔡和森。1920年8月13日蔡和森在给毛泽东的信中说："社会主义必要之方法：阶级战争——无产阶级专政。"[①] 在往后蔡和森与毛泽东往来的书信中多次使用到无产阶级专政这

---

① 吕延勤：《马克思主义在中国早期传播史料长编（1917—1927）》上，长江出版社2016年版，第320页。

个概念。无产阶级专政原著概念从多种表述方式并存到确立统一表述方式，再从无产阶级专政到提出人民民主专政概念，这是马克思主义无产阶级专政概念中国化的进程。

Diktatur 从词源上起于约公元前 5 世纪的古罗马独裁官。独裁官是古罗马共和的非常任政治职务，由元老院推荐任命。虽然独裁官是最高级行政官员，但仅限于保国安民的非常状态，"尽管他施行绝对的权力，他却不是一个暴君，而是一位救世主。"① 独裁官最长任期不超过六个月，施政期间还要受到执政官、保民官的制约。因此，词源意义上的 Diktatur 并非专制暴政，而是受托执掌政务、保国安民。1848 年欧洲革命后的 50 年代，惧怕民主的暴政成为一种"流行病"，专政反而成为一种"流行语"。受"独裁"传统释意的影响，用汉语"独裁"对译 Diktatur 时，"专管政务"的含义被大大遮蔽，而更多保留了"独揽政权"的传统释意。所以说，Proletarian Dictatorship 在中西无产阶级专政概念发展过程中都存在不同程度上部分含义被遮蔽，只保留其中部分含义的现象。

在中国革命实践马克思主义无产阶级专政思想的进程中，"专政"被遮蔽的"专管政务"的含义逐步光复，"专政"替代"专断""专制""独裁"等译词成为 Diktatur 的统一汉译词。1920 年 11 月上海共产主义小组起草《中国共产党宣言》，在党的全国性文件中首次正式使用"无产阶级专政"术语。1921 年 7 月，中共"一大"通过《中国共产党第一个纲领》规定承认无产阶级专政。1922 年 7 月，中共二大提出民主革命纲领，明确革命的动力是工人、农民和小资产阶级、民族资产阶级，"二大"宣言提出实行"与贫苦农民联合的无产阶级专政"。② 中共"一大""二大"提出的无产阶级专政纲领，在大革命实践中经历了一个具体探索过程。1923 年陈独秀在中共"三大"报告中指出："现在我们在工人中只能提出成立中国总工会的口号，而不能提出无产阶级专政的口号。"③ 1927 年"四·一二"反革命政变后，党的"五大"通过《政治形势与党的任务议决案》，把民族资产阶级当作革命对象，认为中国革命已经发展到建立"工农小资产阶级之民主独

---

① 邓正来：《布莱克维尔政治制度百科全书》，中国政法大学出版社 2011 年版，第 183 页。
② 《中国共产党历史》第 1 卷，中共党史出版社 2011 年版，第 80 页。
③ 《建国以来重要文献选编（1921—1949）》第 1 册，中共中央文献出版社 2011 年版，第 245 页。

裁制"阶段，"八七"会议通过的《最近职工运动议决案》提出实现"工农独裁"的目标。在大革命失败前后，党在实践探索中出现的无论是右的还是"左"的倾向，都反映了党的幼年时期对无产阶级专政概念理解的偏差，从过渡政治形式的角度解读无产阶级专政概念，从"独裁""专制""专断"同义或近义上解读无产阶级专政概念，"左"和右的区别仅在于现时还是明时建立这种下层独裁制，忽略了中国社会正在生成的人民主体及其基本政治形式。1928 年 7 月，中共六大通过的《政治决议案》，首次将"民主"和"专政"连用，提出"工农民主专政"概念。从开辟井冈山红色政权起，无产阶级专政在中国有了现实注脚，无产阶级专政概念从认知接受进入实践生成及中国化超越。1931 年 11 月《中华苏维埃共和国宪法大纲》规定："中国苏维埃政权所建设的是工人和农民的民主专政的国家。"[1] 工农民主专政是土地革命中前期主要政权形式，党带领广大劳动群众创造了参加日常政治生活的可行方式。"专政"和"民主"联合构词不是简单的词语拼接，而是中国共产党人对中国革命实践进行经验总结后对无产阶级专政概念的中国化的超越。中国共产党人把"专政"与"民主"联合构词，使"专政"与"专断""专制""独裁"开始语义区分，原来被遮蔽的"专管政务"的含义得到逐步光复。工农民主专政概念的提出，也表明中国共产党人对中国革命政权主体的认识进一步深化。无产阶级专政建设的初步实践使中国共产党人深刻地认识到，无产阶级在中国并不占多数，无产阶级必须联合广大农民、民族资产阶级中的革命成分和小资产阶级组成联合掌握革命政权，才能达到本阶级的目的。1935 年华北事变后，中日民族矛盾激化，瓦窑堡会议将"苏维埃工农共和国"改为"苏维埃人民共和国"，"人民"一词作为革命政权建构主体定位，表明共和国以工农为主体的同时容纳一切反帝反封建的阶级，人民群体作为建设无产阶级政权的政治主体在中国凸显出来。在 1937—1945 年的全民族抗战时期，中国共产党在抗日根据地开展政权建设的进一步实践探索，实行在无男女、信仰、财产、教育等差别的真正普遍平等的选举制基础上建立"三三制"政权，毛泽东称为"民主专政"[2]。

①　《建国以来重要文献选编（1921—1949）》第 8 册，中共中央文献出版社 2011 年版，第 649 页。
②　《毛泽东选集》第 2 卷，人民出版社 1991 年版，第 741 页。

随着抗日民主根据地的扩大和抗日民主政权建设实践深入，无产阶级专政的政治主体和政治形式更加具体化、中国化，"专政"在词义上越来越与"民主"相通，越来越与"独裁""专断""专制"在词义上区分开来。延安时期，毛泽东反复地、仔细地研读了解放社出版的《法兰西内战》《哥达纲领批判》《国家与革命》，并向全党推荐学习，结合抗日民主政权建设实践深刻解读经典著作中的无产阶级专政概念。1948 年 6 月 16 日，《人民日报》第一版专栏刊登《重印"左派幼稚病"第二章前言》，人民民主专政的概念第一次出现在公众视野。次年 6 月毛泽东发表《论人民民主专政》，无产阶级专政概念中国化为人民民主专政。自 1926 年从"采取专制的手段"去解读《国家与革命》的无产阶级专政概念，① 到结合根据地政权建设实践重新研读《国家与革命》等经典原著概念，以毛泽东为主要代表的中国共产党人，从政治主体和政治形式方面都完成了对无产阶级专政原著概念的本质回归和创新发展。Proletarian Dictatorship 在中国经历了从多种译法到统一译法的概念发展史，并完成从无产阶级专政到人民民主专政概念的中国化延伸，"专政"成为中国马克思主义政治学的核心概念。

首先，相比"专断"，"专政"术语更易于突出原著概念关于阶级主体方面的规定性。"专断"是一般词汇，算不上科学术语，在《汉语大词典》的释意为"独自决断"，从词义上看专断一词的主体是"独自"，即个人。在马克思、恩格斯原著语境中，马克思设想无产阶级将逐渐地成为现代工业社会的人口多数，因此，无产阶级专政这个术语本身就暗含着将由人口的多数建立起一种政治形式的意蕴。中国共产党领导中国人民开展伟大社会革命的实践证明，要取得革命、建设、改革的胜利，必须在政治上最广泛地整合能够动员起来为伟大事业奋斗的阶级阶层力量。因此，"专政"术语相比"专断"更能表达原著概念中的阶级主体是一个或几个大的社会集团，而不是个人。

其次，相比"专制"，"专政"术语更易于表达原著概念关于根本国体的规定性。"专制政体""专制政治""专制政府"等词组，都是用"专制"一词表述一种政权组织形式，即政体。过去一切阶级斗争和革命的根本目

---

① 《毛泽东读书集成》，中央文献出版社 2013 年版，第 3179 页。

的，都是建立本阶级占统治地位的新政权，而无产阶级社会革命的最终目的是为了消灭阶级存在的条件，所以不仅仅要在政治上建立一个新国家，更要建立一个生产者阶级占有生产资料、人民当家作主的新社会。无产阶级专政是可以使劳动在经济上获得解放的政治形式。依靠这种新型国家政治形式，保障生产者阶级充分参加公共社会生活和日常政治生活，保障生产者阶级始终作为国家政治权力主体实现政治统治。因此，"专政"相比"专制"更易于表达原著概念关于在劳动者占有生产资料基础上、在人民群众参加日常政治生活前提下，建立新型政治形式的国体界定。

最后，相比"独裁"，"专政"术语更易于阐发原著概念关于人民群体的规定性。"人民"是一个生成性概念，人民群体是以生产者阶级为基础的多数人口，在近代社会历史运动中能够进行政治表达、政治行动、政治建构和政治认同，作为一个政治主体逐步形成。人民群体通过共同占有生产资料，参加公共社会生活和日常政治生活，并在各种基层自治形式的基础上，通过普选制、代表制、委员制、廉薪制、罢免制、问责制等具体政治制度，在国家层面直接掌握政权，专政第一次成为绝大多数人所享有的真实的民主。无产阶级专政具体化为人民民主专政，经济上获得解放的、占有生产资料的多数人口直接掌握国家政权，以无产阶级专政概念的中国化，创造了大国民主的政治形式，从理论和实践的结合上解答了200年来政治学上的卢梭难题，为现代民族国家建设新型政治文明贡献了中国概念和中国话语。

《布莱克维尔政治制度百科全书》深刻地指出：无产阶级的统治是第一次由大多数人实行的专政。因此，马克思称它正在"赢得民主的胜利"。[①]在传统概念史上，民主和专政是一对相互对立的术语，但在马克思、恩格斯、列宁那里，民主和专政成为对未来社会政治形式相通的表述。在马克思主义中国化进程中，实现了民主和专政两词连用，并在伟大社会革命实践中见证人民作为政治主体的生成，锻造出人民民主专政的国体概念。

---

① 邓正来：《布莱克维尔政治制度百科全书》，中国政法大学出版社2011年版，第185页。

第五节　法　　律

　　"法律"为汉语固有词，鸦片战争后不久即由英美传教士与英文 law 对译并传入日本，19 世纪末又经日语回归借词，"法律"确定为与 law 对应的现代政治术语。哈特在《法律的概念》（*The Concept of Law*）中认为，法律是规范系（system of rules），无论如何命名法律概念，归根到底法律是一种意识形态，是一个完整的中央统治机构。那么，法律术语在马克思主义中国化进程中，是如何经过无产阶级意识形态的诠释，而生成马克思主义概念的？马克思在大学读的是法律专业，他对法律概念的阐释诸如"追究思想倾向的法律，是对非法行为的公开承认"，"法典就是人民自由的圣经"，蕴含法律概念的认知语言学机制。《共产党宣言》是马克思主义法律概念成熟的标志，其隐喻性语言向世人说明法律的本质，剖析资产阶级法律概念的内涵和局限，展望未来社会崭新的法律制度。《共产党宣言》所隐喻的法律概念在汉译过程中被逐步中国化，本节从认知语言学的角度分析中国马克思主义者通过经典著作汉译接受的法律概念。

一、中西方法律概念的词源

　　中国古代文献记载的"法"的词源流变，最早在西周的铜器铭刻已有"灋"字。"灋"，会意字，从水，表示法度公平如水；从廌（zhì），即解廌，神话传说中的一种神兽，能辨别曲直，在审理案件时，它能用角去触理屈的人。"灋"字沿用至秦汉时期，战国时期简化为"法"，但当时的"灋"字，原无法律之意，假借为"废"字。《经籍估纂》中将"废"引申为"发"，"发"引申为"伐""罚"，故"罚者，伐也"，演绎为"法"。《史记·孝文本纪》曰："法者，治之正也，所以禁暴而率善人也。"孙诒让在《周礼正义》中注疏："法本为刑法，引申之，凡典礼文制通谓之法。""法"和"律"本来是独立的单音词，但是后来"律"却有"法"的引申义，故而合为一体。《吕氏春秋》记载管仲把"法""律"合为一体，"民心乃服，是非乃定，法律乃行。"《史记》记载了秦始皇"法令由一统，二世用赵高，早法令，更为法律"。按照《字源》释义：律，形声字。从彳，聿声。聿本义为笔，像手持笔形。律本指古代用来校正乐音标准的管状仪器，以管的长短来确定音节，引申指音律、乐律。古人按乐音的高低分为六律和六吕，合称十二律。因音律有高低的规定，所以又引申有法律、规律、依法治理、约束、衡量、遵守、等级等意义。

法律（law）滥觞于古挪威语（Old Norse），即 14 世纪前斯堪的纳维亚人所讲的北日耳曼语 的 lǫg，与 lay 同义，字面意思是"放置"，引申为"放置、建立的或固定的东西"，后进入古英语（Old English）变成 lagu，复数为 laga，进入中古英语（Middle English）又演变成 lawe，意思是"由当局规定的规则、条例"，有时也表示"权利，法律特权"。在物理学中，law 为"表达事物规则秩序的命题"，从 1796 年开始，法律（law）和秩序（order）相继耦合。印欧语系的语言一般使用不同的词来表示"特定的法律"和"法律"，例如拉丁语的 lex，jus 和 lex 表示"法律"，jius 表示"权利"，特别是指"法律权利"和"法律"。一般意义上的"法律"一词在词源上大多是指"什么是正确的"，通常与"正确"的形容词联系在一起，law 本身还经常和"直"（straight）"真"（true）"合适"（fitting）或"用法（usage）、习俗（custom）"等词的引申义用法一致，例如希腊语的 nomos（钱币的，奖章的，与钱币或奖章有关的）、法国的 droit（权利）和 loi（法）、西班牙的 derecho（法律）、古挪威语 rettr（权利）、古英语 riht（权利）、荷兰语 recht（正确的）、德语 Recht（正确的）和 Gesetz（法律）均可翻译为"法律"，同时又有"权利、正义、公平，或规律、规则"等内涵。英语的 law、norm、rule、act 等词都有"规则、规律"等多重含义。

可见，中西语言中"法律"的语源不尽相同，汉语中的法律滥觞于"灋"，作为会意字，"灋"从水，从廌，表示法律、法度公平如水，辨别曲直，春秋以降，"法""律"合为一体，在封建社会，其政治语用多指刑法、律令，是体现统治阶级的意志并由国家制定和颁布的行为规则。而英、法、德等西文中，law 一词发轫于"放置、放置的东西"，引申的内涵是"正确、平等、权利"。

二、近代西方法律概念及其东渐

对于法律这一意识形态的概念及其隐喻解释，西方学者作了深入的探讨，拉丁文的 jus 和 lex，德文的 Recht 和 Gesetz，法文的 droit 和 loi，英语的 law、norm、rule、act 等都有法律的含义，其中 jus、recht、droit 均可翻译为"法、权利、正义、公平，或规律、规则"等概念，law 有规则、规律双重含义，加定冠词又有不同含义，a law 指单个法律，the law 指整体法。总的来说，西方语言有关"法律"词意的核心是"正义、公平、公正"，法律隐喻为正义、权利和规则的化身。孟德斯鸠的著作《法的精神》认为：人民的安全就是最高的法律，倡导三权分立，以权力制约权力，防止权力滥用；卢梭认为法律只能是公意，即作为合作公民的行为和意志；康德认为，"法是能使多个人的意志依据自由的普遍原则与他人意志相协调的条件之总和"。① 耶利米·边沁的《论一般法律》认为："法律是由一个国家内的主权者所创制的、或者所采纳的、用以宣告其意志的符号的集合。"② 边沁还提道：法皆违背自由，故凡法皆恶。把法律隐喻为一种罪恶，间接阐述了法的功利主义观点。无政府主义者巴枯宁说："所有的法律已经确认成为统治阶级剥削工人的系统工具"（All law has for its object to confirm and exalt into a system the exploitation of the workers by a ruling class）；③ 黑格尔把法当成国家制定或认可的实定法；奥斯丁认为法是主权者的命令，其实就是"意志"说；在《法律的概念》（*The Concept of Law*）中，哈特认为法无非就是"主要规则与次要规则的结合"（law is a system of rules, divided into primary and secondary ones）；结构主义的马克思主义学派的奠基人、法国哲学家阿尔都塞认为法律既属于国家机器，又属于意识形态；④ 20 世纪 70 年代，德沃金的《法律帝国》（*Law's Empire*）认为，法律是作为整体的法律（Law as integrity）；⑤ 美国律师、女权主义法学家凯瑟琳·麦金依把法律拟为有生命的人，其《正宗女性主义》认为，法律有性别，是男权主义的体现；美国批判法学派（Critical Legal Studies，CLS）指出，法律不是全社会意志的反映，而是统治者意志的体现，法律不是社会冲突的预防和调停人，而是实现非正

---

① ［德］康德：《法的形而上学原理》，沈叔平译，商务印书馆 1991 年版，第 40 页。
② ［英］边沁：《论一般法律》，毛国权译，上海三联书店 2008 年版，第 1 页。
③ Stewart and Burgess：*Collins Dictionary of Law*，Harper Collins Publishers，1996，p. 229.
④ 任岳鹏：《西方马克思主义法学》，法律出版社 2008 年版，第 87 页。
⑤ Dworkin：*Law's Empire*，Oxford University Press，2006，p. 410.

义统治的工具。当代法国著名社会学家皮埃尔·布迪厄的"符号统治"（domination symbolique）认为法律是通过"幻术"（l'illusion）制定出来的文化暴力，是参与并实施符号统治的国家统治工具，进而让人相信法律对社会事务上的管理的合法性，国家是合法的符号暴力的持有者。受布迪厄影响，法国哲学家米歇尔·福柯（Michel Foucault，1926—1984）认为法律是表达权力的话语，是隐藏权力的一个面具。

清末康有为《公车上书》所讲："非变通旧法，无以为治"，"变法之法，富国为先"的"法"并非现代意义的"法律"，而是意义涵盖宽泛的社会制度和生活方式。梁启超受卢梭的《社会契约论》（法文：Du Contrat So-cial）和孟德斯鸠等人法律学说的影响，如他的《论立法权》认为，法律是"国家之意志"，而《变法通议》认为法律是"天下之公器"；① 留学英国多年的严复说："皆待法而后有一日之安""刑赏者，天下之平也，而为治之大器也"，② 认为法律是维持社会公平的重要手段和国家治理的工具；孙中山认为，法律是一种稳定的、调整人们行为的社会规范，是"板定的"，法律如同事物中的"纲"，③ 法律是治国的根本；"法律是一种人事的机器，是一部大机器，就是调和自由与统治的机器"；④ 章太炎认为，法律功能是"抑官吏，伸齐民"，核心在于扩展民权，隐含着法律是一种工具；谭嗣同反对把法律变成君主独家的工具，而主张把法律变成资产阶级民主国家的工具。

以上资产阶级的法律概念林林总总，在资产阶级看来，法律的概念直接涉及统治阶级的利益，所以其概念隐喻为社会契约、公共意志、命令、主权者的命令、维护统治秩序和促进社会团结的工具、面具，等等。

三、马克思主义经典作家的法律概念

马克思恩格斯在《共产党宣言》中称："你们既然用你们资产阶级关于自由、教育、法等等的观念来衡量废除资产阶级所有制的主张，那就请你们

---

① 汤毅平：《中国法律思想史》，武汉大学出版社 2009 年版，第 311 页。
② 严复：《天演论》，商务印书馆 1981 年版，第 57 页。
③ 唐自斌：《孙中山法律思想史研究》，湖南师范大学出版社 1997 年版，第 21 页。
④ 孙中山：《孙中山集外集》，上海人民出版社 1990 年版，第 221 页。

不要同我们争论了。"① 在这里，马克思主义创始人明确宣布了他们关于法的概念，与资产阶级关于法的观念具有根本的不同，马克思主义者必须通过破除资产阶级偏见，获得关于法律的科学概念。

法律是上层建筑的统一体。法律作为意识形态，是随着社会历史发展而发展的，马克思关于统治（Domination）的理论聚焦于经济方面对资本的分析，认为法律作为社会规范，典型代表是资产阶级的物质统治框架，资本主义各有其不同法律，结合成为拥有统一的法律的民族。马克思在目标域政治思想、法律思想、哲学思想、文艺思想等意识形态的抽象概念和源域上层建筑之间建立隐喻的映射关系，使得人们借助概念隐喻的映射关系认知社会意识形态，进而深刻认识到上层建筑必须适应经济基础。Super structure 是拉丁语前缀的组合，是"超越"（super）与"主干"（structure）的组合，意思是"建立"或"堆积"。上层建筑是一个高于基线的现有结构的向上延伸的结构，具体指建筑物、桥梁或船舶等各种物理结构，这样一个建筑学上的术语被马克思和恩格斯运用到其法律概念的论述中，阐明了法律基于经济基础的法学世界观，揭示法律的本质、特征和运动规律。马克思和恩格斯还把上层建筑映射为政府、法律、利益和关税的四个统一，恰如航海之舟上层部分，其发展和前进的方向依赖于水下的船体，即马克思和恩格斯所谓的经济基础。其中"统一的法律"这一论点，说明马克思和恩格斯预知资本主义发展过程中，"世界的文学"并非字面上的文学，而是意识形态的集合体，其中的建筑学上的上层建筑被映射为法律，预知上层建筑之一的法律的发展方向，法律的统一是社会发展的必然要求。

马克思和恩格斯把建立在资本主义经济基础之上的政府、法律、利益和关税的四个统一的上层建筑借助隐喻技巧表达出原有的语言材料不能准确表达出上层建筑的真实性的含义，所依赖的就是隐喻所固有的隐藏功能，用隐喻模式完成意喻，赋予法律系统这一国家机器新的概念，这一新的概念将随着无产阶级取得政权之后建立新的经济基础而具有新的模式和新的含义。人们透过这样的隐喻映射和链接关系，认识到所谓的法律作为意识形态和上层建筑，是国家的产物，是统治阶级实现统治的工具，体现统治阶级的意志，

---

① 《马克思恩格斯文集》第 2 卷，人民出版社 2009 年版，第 48 页。

而法律由经济基础所决定，同时也要适应社会经济的发展。马克思和恩格斯预言无产阶级日益壮大的力量将废除上层建筑重要组成部分的资产阶级法律，建立符合无产阶级利益的真正法律，"法律只是在自由的无意识的自然规律变成有意识的国家法律时，才成为真正的法律。"① 马克思和恩格斯把法律这一意识形态和上层建筑隐喻为偏见（law is prejudice），表明资产阶级在夺得统治地位之后，迫使包括法律在内的整个社会意识形态服从于他们对社会的剥夺，为他们发财致富创造条件，巩固自己的统治地位。无产阶级要彻底废除现存的占有方式，炸毁资产阶级社会的整个上层建筑才能解放社会生产力。

法律是意志。意志并非指某种欲望，而是指一个人以自己的欲望为导向的行为能力，所以意志是人的行为体现之一，是人的能动性体现。马克思和恩格斯把法律隐喻为人的意志，通过两者"创造相似性"属性，把不同语域的概念相似性进行映射，进而创造生动化的信息。句中使用了隐喻词 just as（像……一样）在"法律"（law）和"意志"（will）之间搭建隐约映射关系，认为法是资产阶级意志的体现，即法律的制定者是资产阶级，具有鲜明的阶级性，法律所反映的是资产阶级的整体意志，为资产阶级服务，法律不是资产阶级中少数人的意志，只有上升为国家意志的统治阶级意志，才成为法律。法律具有规范指引和预测作用，公民在认知和理解法律的基础上将能够预知其行为是否会受到法律制裁及制裁程度，从而起到教育和警示作用，这种作用是统治阶级所期待的国家意志。资本主义国家将资产阶级意志制定为法（the will of your class made into a law for all），其实质是国家把符合资产阶级愿望的社会规则认可为法，马克思和恩格斯把法律隐喻为人，这里的意志已经被拟人化了，承载着人的思维，所以法律在一定程度上是发号施令的人，法律可以惩处不守法的社会行为主体，以体现国家的统治意志。

法律是工具。乔纳森·斯威夫特（Jonathan Swift）认为，"法律就像蜘蛛网，可以捕捉小苍蝇，黄蜂破网"，将法律比喻为"cobweb"。在乔纳森·斯威夫特看来，蜘蛛织的网虽然宽广，但其约束力具有相对性，最终是为统治阶级服务的工具。马克思和恩格斯把其中的"自由、文化和法律观

---

① 《马克思恩格斯全集》第 1 卷，人民出版社 1995 年版，第 176 页。

念"（notions of freedom，culture，law）隐喻为标尺（Standard），按照法的社会功能，"统治阶级意志论"当然推论法律是"阶级斗争工具"。马克思和恩格斯将法律推断为统治阶级意志的体现，这个标尺是资产阶级法学家用来衡量无产阶级的法律概念的标尺。马克思和恩格斯提及的"1850年1月和2月由法国秩序党所制定的一切法律公然是镇压农民的措施"（All the laws made by the Party of Order in January and February 1850 were avowed meas-ures of repression against the peasant），法律隐喻为措施（laws are measures），这一隐喻手法生动形象地表述了法律就是工具的论断。

法律是可以移植的植物。隐喻是基于源域与目标域的相似性特点的思维认知活动，人类用源域来解释目标域，这是逻辑学上的类比推理，即根据两个概念的相似性，由此推出另一个概念也具有同样的其他属性的认知思维过程。马克思和恩格斯在《共产党宣言》中论述到，世界统一化的"世界文化"，法律交往为法律的统一提供了可能。法律融合现象可以通过"学习、借鉴吸收、模仿、传播、移植"等方式得以实现，把可以移植的植物这一具体源域映射为法律，把"移植"隐喻为"学习、借鉴吸收、模仿、传播"。在各种融合的形式中，"移植"（transplant）最为形象，移植原义指将植物移动到其他地点种植，如明代的沉德符《野获编·機祥·花石之祸》记载有："岭南从来无牡丹，即移植者，俱不作花。"在认识思维结构上，法律移植一词属于隐喻手法，其他物体的移植是源域，法律移植是目标域。在古代和中世纪社会，虽然国家之间的交通不甚方便，但法律移植已非常普遍。阿兰·沃森教授经过详细的考证之后认为："法律或法律制度自一国向另一国，或自一族向另一个民族迁移是屡见不鲜的"。① 古代腓尼基及地中海诸国移植了古巴比伦的商法，亚洲、非洲国家移植西方两大法系国家的法律。在资本主义扩张之初，殖民地国家的法律吸纳宗主国的法律，如马克思和恩格斯就提及，"欧洲大陆上的大多数政府都不得不在作了或多或少的修改之后采用了英国的工厂法"，② "从美国建国以来，北美就采用了英国的海上法，保留了它的全部严格性。"③ 马克思和恩格斯把法律看作一个活的有

---

① ［英］阿兰·沃森：《法律移植论》，《比较法研究》1989年第1期。
② 《马克思恩格斯文集》第3卷，人民出版社2009年版，第11页。
③ 《马克思恩格斯全集》第15卷，人民出版社1963年版，第409页。

机体，预料到资本主义扩张后，世界各民族之间的法律移植更加频繁，因而法律统一的进程也不断加快，这个过程也是移植的过程。与此同时，无产阶级在发展壮大中也要求统一的行动纲领和法，如恩格斯在给工人协会的信中说："国际不能有两种支部：一种接受共同法律，而另一种则拒绝接受。不过我希望你们绝不会反对接受这些法律，因为这些法律是整个欧洲工人创立的"。① 法律创立的过程也是移植了整个欧洲工人的智慧和力量。

法律是运动的。马克思和恩格斯通过剖析人类社会的发展规律，通过隐喻和符号体系，形象化地指出法律是运动的，并且是按照一定的规律性而运动的，法律的发展规律与社会发展同步进行。资产阶级站在自己的阶级立场，认为法律是永恒的（law is ever-lasting），而马克思和恩格斯论证了法属于历史范畴，认为法律是运动着的意识形态，"资产阶级用来推翻封建制度的武器，现在却对准资产阶级自己了。"② 而这些武器也包括资产阶级所制定的法律。马克思和恩格斯所指的意识形式当然包括法律这种意识形式，马克思和恩格斯立足于社会经济关系及其变化，在抽象、复杂的政治经济学话语中，运用隐喻和人们的常识，用"修订"（modified）和"嬗变"（change）使其著作中那些深奥、晦涩的法律观点变得具体生动，清晰地勾勒出意识形态之一的法律运动变化的脉络。

《共产党宣言》的发表，在上层建筑、国家意志、工具、植物和运动的物体和法律之间构建隐喻映射关系，上层建筑映射为根植于经济基础的法律，反映了法律的历史性质；国家意志和工具映射为法律，说明法律具有阶级性；植物映射为法律，反映了法律具有继承性，不同历史类型的法律制度之间的延续、相承、继受，旧法律制度对新法律制度的影响和新法律制度对旧法律制度的承接和继受；而法律作为一种意识形态是随着经济基础的变化而运动变化的，是法律不断吸纳新的元素的变化过程。《共产党宣言》反映出马克思主义法律概念的基本内涵和法的运动方向，这些科学的论断标志着马克思主义真正科学地解释法律的本质属性和特征。

---

① 《马克思恩格斯全集》第 18 卷，人民出版社 1964 年版，第 79 页。
② 《马克思恩格斯文集》第 2 卷，人民出版社 2009 年版，第 37 页。

四、中国马克思主义法律概念

从 1908 年《共产党宣言》民鸣译本，到 2018 年马克思诞辰 200 周年纪念版定译本，可以反映中国马克思主义者对法律概念的理解过程。在《共产党宣言》1888 年英文版中，law 及其相关概念 legislation 和 legislative 在英、汉、德、俄、日各个译本中的翻译含义不尽相同。英文版共出现 10 个"law"，除了两个意译为"规律"外，其他八个被译成"法""立法""法律""法典""法制""法权"和"法理"。在古代汉语中，"法"和"律"两字含义各异且分开使用，后来合称为同义的"法律"，法律从内容上看，以权利和义务为主要内容。

表 3-10　law 的各种译词

德文	1888 年英文版和 2018 年定译本	民鸣译本	华岗译本	成仿吾译本	乔冠华校译本	1949 百周年纪念版	陈瘦石译本	博古译本	陈望道译本
Gesetz	*Law/*，法律	法律	法律	法律	法律	法律	法律	法律	法律
	Law/，法律	法典	法典	立法	法制	法制	法典	立法	法典
Gesetz	*Law/*，法律		法律	法律	法律	法律	法律	法律	法律
Recht 权利	*Law/*，法		法律	法权	法权	法权	法律	法权	法律
Gesetz	*Law/*，法律		法律	法律	法律	法律	法理	法律	法律
Recht	*Law/*，法		法律	法律	法律	法权	法律	法律	法律

《共产党宣言》第 29 段中的德文 Gesetz 和英文 one code of laws 在汉译文中被翻译成"法典""立法""法制"。法典（code）指法令典章，即经过整理的比较完备、系统的某一类法律的总称，所以译成法典和法律意思都是一样的。one code of laws 是名词短语，不可能是一种国家的立法行为，既不是法律制度，也不是与法律有关的各个法律行为的环节。法权（right）依法享有的权利、法定之权。第 98 段的第 1 个 law 在德语原文中是 Recht（权利），曾经翻译成"法权"，翻译成"法律"也没有偏离原文的意思。第 2 个 law 是指马克思的法律的意志论，汉译本都翻译成法律，但陈瘦石翻译成"法理"却值得商榷，所谓法理（Jurisprudence）是以整个法律现象的共同

发展规律和共同性问题为研究对象的学科，包括法律的起源、发展和消亡、法律的本质和作用、法律和其他社会现象的关系、法律的创制和实现、法律的价值等，译文与原文语境和原意相差太远。第 124 段的 law 的德语原文是 Recht（法律、权利），只有 1949 百周年纪念版译成"法权"，根据上下文语境，其内涵不能涵盖作为上层建筑的"法律"。

综合上述考证和隐喻，《共产党宣言》用上层建筑、工具、意志、植物和运动的物体等具体生动的源域映射抽象的法律这一目标域，是一部概念鲜明、结构科学、语言生动、逻辑严谨的法理经典。法律的五个概念隐喻本质上存在着内在的逻辑关系，只有马克思主义才第一次揭示了法律是国家实现其阶级任务的工具，是统治阶级意志的反映，意志的内容由统治阶级的经济基础即物质生产方式决定，有什么性质的经济基础，便有什么性质的法律。法律是在经济上和政治上占统治地位的阶级意志的反映，法律是由国家制定或认可并由国家强制力保证执行的行为规则。

马克思援用法律隐喻的概念内涵之一是法律具有阶级性，即把基于经济基础的上层建筑隐喻为法律，调整和协调各阶级之间的关系，按照统治秩序规范社会成员的行为。上层建筑隐喻表明法律和上层建筑的相似性（similarity），法律是统治阶级把本阶级对于整个社会的勾画，置于经济基础之上，如同建筑物的四梁八柱一样，从上层塑造整个社会结构，打造统治秩序。这一隐喻深刻揭示了法律概念的本源，为"法律从哪里来"找到了答案。法律隐喻的概念内涵之二是，法律是统治阶级的意志以及实现阶级意志的工具，马克思和恩格斯通过法律和意志、工具的相似性强调了法律的工具理性。在中国特色社会主义新时代，宪法是人民当家作主管理国家的根本章程，坚持科学立法、民主立法、依法立法，所有下位法都要服从符合上位法直到宪法，接受合宪性审查，构建和完善以宪法为核心的中国特色社会主义法律体系，保证法律始终成为人民意志上升为国家意志进而得以实现的保障和工具。这一隐喻揭示了法律概念的本质，为"法律作什么用"提供了答案。法律隐喻的概念内涵之三是，法律作为人类政治文明发展成果，是世界各国建立现代国家治理体系的基本形式，各个民族和国家在实现现代化的进程中，都会如现代化先起国家一样，逐步采取法治的方式方略，因此，法律作为现代国家治理的基本工具，具有从现代化先起国家向后起国家移植的规律。法律隐喻为运动变化的物体，运动形式包括移植和传承，法律是移植的植物，法律移植、法律成果吸收过程是政治文明发展的重要方面。在我国全面建设社会主义现代化国家的新征程中，全面依法治国是国家治理的一场深刻革命，法律是国家治理体系和治理能力现代化的重要工具。这种隐喻表明，法律属于历史性概念，以法律作为治理工具，实现法治国家，即使各个民族和国家走向现代化的必由之路，同时，法律本身也会随着国家消亡而消亡。

第　四　章

马克思主义社会学术语中国化考释

　　自由、平等、博爱，曾是代表资产阶级出生证的口号和概念，在洋务后期初入中国，自由、平等与共产等新术语一起，皆被时下士人学人所诟为："仅据其名词外延，不复察其名词之内容，由是为恶为非者，均恃新名词为护身之具"，自由、平等等术语那时被讥为社会上为恶为非者伪托的"高尚之名"，[①] 现在则作为社会主义核心价值观在社会层面的核心术语，成为21世纪中国马克思主义的重要概念。本章考证注疏自由、平等、共同体、市民社会、社会有机体五个马克思主义社会学术语，其中，自由、平等、市民社会为日语回归借词，有机体从日语原语借词，共同体是中国翻译者利用汉字拼义组词。

第一节　自　　由

　　人类历史是一部追求自由的历史，正因为自由被古今中外千万人述说，自由反而成为最难以说清的概念。无论是从观念入手还是从语词入手，或者从知识考古学角度入手，都不能忽视自由概念史演变的概念反思并对其中的误读予以阐释和澄清。西方的自由思想由来已久，但中国传统社会中是否也

---

　　① 沈国威：《近代中日词汇交流研究：汉字新词的创制、容受与共享》，中华书局2010年版，第295页。

独立发展出了自由观念，它与西方至古希腊以来的自由思想有何接连？自由思想在概念史上经历了怎样的变更？这些疑问的解答不仅需要我们从纵向上梳理西方自由思想在社会史影响下的概念史演变过程，更需反思自由概念演变的时代意义。同时也需要从横向上将西方自由思想与中国自由思想加以比较，重现中国自由思想的独特魅力。从自由的本质、自由的基础、自由的阻碍力量和自由的实现途径上我们可以将中西方的自由概念内涵区分为生存自由、意识自由、意志自由和实践自由，从概念发展角度来说这四类自由之间具有历史承接关系。在一个辽远的时空下反思自由思想，这有助于从自由的方法论及自由的目的上看中西方自由呈现出心性与理性、修身治国与认识和改造世界的不同特征，有助于当下中国社会主义核心价值观的建构及其在世界范围内的传播和认同。

一、开启哲学思维之生存自由

在人类早期（公元前 5 世纪左右）中国和西方都曾独立发展出自由思想，他们都不约而同地将自由与个体生存状态、生活方式、精神境界联系在一起。"自由的第一个条件是生存自由……只要没有生存自由，那么不管有其他什么样的自由，都不能算是自由。"[①] 作为第一形态的生存自由注重自由的主观内在性，强调只有通过克制感官享受的诱惑（必得消解外物）才能获得自由，并主要从道德伦理的角度思考对人来说什么是善的生活方式，将自由与从善联系在一起。

西方的自由思想源于古希腊，黑格尔说："我们必须承认希腊哲学代表典型的自由思想"。[②] 苏格拉底是最早真正探讨自由思想的古希腊哲学家。他认为自由就是遵从理智行事，能够自制、从善就是自由。他说："凡不能自制的人就是没有自由的。""能够做最好的事情就是自由。"[③] 人是有理性的，理性有选择能力，对欲望有控制能力，正是这种选择和自制实现了人的自由生存。苏格拉底将理智看成是自由的基础，将对善的理智认识和行善看

---

① ［日］柳田谦十郎：《自由的哲学》，李丙盛、肖良译，三联书店 1961 年版，第 144 页。
② ［德］黑格尔：《小逻辑》，贺麟译，商务印书馆 1980 年版，第 100 页。
③ ［希腊］色诺芬：《回忆苏格拉底》，吴永泉译，商务印书馆 1984 年版，第 170 页。

成是实现自由的途径，这就是他所谓的"智慧是最大的美德"。① 苏格拉底奠定了西方哲学自由思想的基础。他的原则是：人必须从他自身出发找到他的目的，必须通过他自己达到至善。苏格拉底的"善"达到了本质和普遍性并存在于自身的意识之中，这为向意识自由的转化提供了某种指引。

中国东汉之前的古典文献中并未使用自由一词表达"自由"的含义，而是使用"自然""无"等词语。"自然"这个概念是由老子最早界定的，其本义是初始的样子。老子的"道法自然"是一种纯然生存状态，它的至高境界是自由。老子《道德经》中有"道之尊，德之贵，夫莫之命，而常自然。"②"夫莫之命"即道不受外物支配。实现"道"的自然之境须通过去欲守德。要"虚其心""弱其志"这样才能"不争"，③ 才能顺应"自然"回归婴儿般本真的初始状态。禅宗六祖慧能说他的禅法是无念为宗，无相为体，无住为本。佛教认作万事万物的普遍原则的"无"与道的"常自然"，就其作为独立的原则而言可以说都是自由。这里的自由强调从心性出发，依靠个体的道德修养和体认将矛盾消解于心灵之内，以达到脱离有限上升到"无为、无待"的自由境界。虽然同属于生存自由但中国传统"自由"思想不以理性为基础，但其在实现途径和阻碍力量上与西方生存自由是一致的。

无论是古希腊哲学还是中国传统哲学对自由都没有系统、专门的论述，早期的生存自由之所以归于"自由"，是因为其符合自由的本质规定。黑格尔在《哲学史讲演录》的导言中明确指出："思想必须独立，必须达到自由的存在，必须从自然事物里摆脱出来，并且从感性直观里超拔出来，思想既是自由的，则它必须深入自身，因而达到自由的意识。"④ 由此我们可以得出独立性原则是自由的第一原则；其次自由必须上升到追求无限、普遍、本质的高度并认识到自身就是这样的存在；最后自由是自我决定。老子谓道"独立不改"，"先天地生"，"道生一，一生二，二生三，三生万物"。⑤ 可见道的根本属性与自由的本质相符。

---

① 《柏拉图全集》第 1 卷，王小朝译，人民出版社 2003 年版，第 402 页。
② 张葆全、郭玉贤：《老子今读》，广西师范大学出版社 2012 年版，第 150 页。
③ 张葆全、郭玉贤：《老子今读》，广西师范大学出版社 2012 年版，第 9 页。
④ ［德］黑格尔：《哲学史讲演录》第 1 卷，贺麟、王太庆译，商务印书馆 2011 年版，第 101 页。
⑤ 张葆全、郭玉贤：《老子今读》，广西师范大学出版社 2012 年版，第 28 页。

生存自由主要基于人的理性和心性能力。阻碍生存自由的限制力量主要来源于自身的欲望，因此克制超出自然的欲望，遵循道德成为实现生存自由的途径。生存自由对善只是主观的应然认识及实践，而意识自由则强调对客观必然性真理的认识。

二、理性原则之意识自由

在苏格拉底之后自由思想的发展在西方哲学史上进入了意识自由的进程。这时哲学家的主要目的转向使哲学成为科学，使哲学达到客观性、普遍必然性和绝对性。西方哲学的意识自由承接了生存自由的理性基础，但是脱离了伦理学、道德哲学的路径，转向认识论，将必然性看作自由必须克服的阻碍力量。在中国近代哲学中，因为承接的是中国传统哲学生存自由的心性基础，所以在意识自由的发展上没有获得显著的进步。佛家的超世和道家的出世态度使自由思想没有在认识论领域取得革命性的推进，依然沿着一以贯之的"心性"思想体系前行。西方哲学中意识自由的第一特征是主体性的觉醒，人意识到自己是与对象不同的主体性存在，意识到自己在自身中是自由的。主体依靠思想意识活动成为独立的力量来把握外部世界。笛卡尔的"我思故我在"使得哲学第一次真正站在了主体性的新大陆上。意识自由的第二特征表现为对客观必然性真理的追求。海德格尔在《路标》中指出"真理本质上是自由。"[1] 近代认识论的意识自由正是要通过主体的思维活动获得对无限、绝对和全体的真理性认识而进入自由之境。意识自由力求通过主体对客观对象的认识，在思维和精神层面实现自由。

笛卡尔提出以自我意识的"我思"为基础，以自由原则来确定真理。他说："精神用它本身的自由，对一切事物的存在只要有一点点怀疑，就假定它们都不存在，不过决不能认为它自己不存在。"[2] 不仅以笛卡尔为代表的唯理论遵循理性的自由原则，近代经验论也是如此。培根以观察和实验中获得的经验来破除公认的权威。黑格尔认为经验论的怀疑主义"通过这种自觉的否定过程，自我意识为它自身争取到它的自由的确定性，创获到达那

---

① ［德］海德格尔：《路标》，孙周兴译，商务印书馆 2000 年版，第 220 页。
② ［法］笛卡尔：《第一哲学沉思集》，庞景仁译，商务印书馆 1986 年版，第 10 页。

种自由的经验，并且从而把这种经验提高到真理的地位"①。如果说笛卡尔只是在自由原则基础上确立了主体对真理的意义，那么斯宾诺莎则将自由与必然性知识联系起来。斯宾诺莎最先提出了自由是对必然的认识，"一个人越是听理智的指使，他越自由，凡是仅仅由自身的必然性而存在，其行为仅仅由它自身决定的东西叫自由。"② 承认必然性并不意味着否定人的自由，相反，能够认识到因果关系及其对自己的制约作用，才是自由。斯宾诺莎致力于从心灵的知识推出心灵的自由。但他的意识自由在其将外部因果必然性的强制向内心自愿转化的过程中，还带有明显的机械论的痕迹，这个缺点最终是由黑格尔克服的。康德将理性的自由原则引入实践领域，认自由为道德哲学的拱顶石。康德是在实践必然性的意义上将自由理解为实践理性能力，意志自我决定的能力。"与理性的内在立法相关的自由只是一种能力。"③ 自律即自由意味着服从实践理性的绝对命令，按照行为必然性行事才能证明主体是自由本体。虽然康德将自由带入实践领域，将纯粹意志看作自由的基础，但是他的自由思想依然带有明显的主客对立的特征，依然是通过对行为必然性认识实现自由，依然是意识自由层面的自由。但我们必须同时承认康德奠定了自由在意志层面发展的基础。

黑格尔以思辨逻辑和实体的辩证发展推进了康德的自由思想。他强调自由是主观性与客观性的统一、外在与内在的统一。在"主体即实体"的哲学原则下，黑格尔将主体认作精神的辩证统一体。精神通过思维把握概念，而实体是依靠概念的思辨运动实现与精神的相互统一。黑格尔在《小逻辑》中指出"必然性的真理就是自由，实体的真理就是概念"④，而"概念是自由的原则"⑤。作为主体的人在与实体的对立统一中自觉到其自由本质，自觉自为的自由才是真正的符合概念的自由。虽然黑格尔在《法哲学原理》中集中论述了意志自由，但他的意志仍是精神的一个环节。"精神是一种理智，理智通过感情、表象最终达到思维。意志就是在这一过程中产生的。它

① ［德］黑格尔：《精神现象学》上卷，贺麟、王玖兴译，商务印书馆 1979 年版，第 137 页。
② ［荷］斯宾诺莎：《伦理学》，贺麟译，商务印书馆 2014 年版，第 238 页。
③ 李秋零主编：《康德著作全集》第 6 卷，中国人民大学出版社 2007 年版，第 234 页。
④ ［德］黑格尔：《小逻辑》，贺麟译，商务印书馆 1980 年版，第 322 页。
⑤ ［德］黑格尔：《小逻辑》，贺麟译，商务印书馆 1980 年版，第 327 页。

最靠近理智的真理。"① "思维包含了意志，意志只不过是一种特殊的思维方式，它是能把自己转变成一种规定性存在的思维。"② 黑格尔所谓的意志自由实质上也是精神自由、意识自由。

从意识自由的发展过程我们可以看出意识的活动性与主体性逐渐同一，意识自由的本质规定表现为意识活动的独立性、无条件性、自我确定性，自己规定其自身。但意识自由的基础始终是理性把握必然真理的认识能力，意识自由的实现途径是对客观必然性的认识，但是人们也认识到精神意识的自由还不是感性的、现实生活的自由。康德和黑格尔谈论的意志自由只是主体的理性能力，并不包含人的情感、欲望和冲动等感性内容，这预示着自由还有另一个发展方向。中国传统哲学中的自由，在西方哲学传入中国之前没有发生根本性变化。中国哲学的认识论并未事先假定外部世界之客观存在，而是一直坚持主体与客体的自在统一。以儒学为代表的心性意义上的自由不以认识真理、征服世界为任，而是以"家国"为终极目的，这使得中国传统哲学发展缺乏相对的独立性，逐渐成为"齐家、治国、平天下"的思想工具，这一弊端对中国哲学影响深远。

三、社会性的意志自由

古希腊哲学的自由思想，既孕育了意识自由也衍生出意志自由。意志自由是人对来自外部障碍或强迫的摆脱，从而人能够按照自己的意愿采取行动或不行动。自由不再是主体内在性的思想独立，而是意识向外在存在转化的独立性。意志自由的主要特征包括：意志自由的自愿行动特性，意志自由的平等性。意志自由的基础是自我保存的欲望，意志自由的实现途径是建立公共社会生活秩序。

（一）平等的自由

柏拉图和亚里士多德虽然开启了现实社会城邦生活中意志自由的思考，但他们的自由思想依然植根于理性，而斯宾诺莎却迈出了意志自由出自意愿的第一步。这使得意志自由开始脱离理性根基，转而植根于感性欲望的选

---

① ［德］黑格尔：《法哲学原理》，杨东柱、尹建军、王哲编译，北京出版社 2007 年版，第 6 页。
② ［德］黑格尔：《法哲学原理》，杨东柱、尹建军、王哲编译，北京出版社 2007 年版，第 7 页。

择。斯宾诺莎对自由的理解具有过渡性意义，他强调需要从因果必然性的强制向内心自愿转化。斯宾诺莎用自然法和社会契约论，第一次完整提出创建国家的目的在于保障人民的安全和自由，这些思想对近代自由主义产生了巨大的影响。

　　洛克在《政府论》中提出"所有人生来就是自由的"①。自由、平等和财产占有是人天生享有的自然权利。从此意志自由进入独立发展阶段，与意识自由有了明确的界限。洛克认为，无法律就无自由，个人自由要依靠政治法律制度才能实现，不再依赖对真理的认识。"自由意味着在法律许可的范围内，根据自己的自由意志处置自己的人身、行动及其全部财产。"② 洛克开启了个人自然权利和国家法律的合理性问题的讨论，奠定了意志自由理论的基石。

　　与洛克不同，卢梭指出现实社会生活中的不自由和不平等，但也明确了获得自由的方法。卢梭在《社会契约论》中指出："人是生而自由的，但却无往不在枷锁之中。"③ 只有"服从人们为自己规定的法律，才是自由"。④ 他认为社会共同的自由是建立在约定之上的而非自然赋予。生活在"自然状态"下的人，天生具有自爱心，保存自我生命的欲望。在这种欲求下人们约定彼此互不侵犯，形成公共意志。卢梭强调全体公民意志就是社会法律，它是人类自由意志的升华。"自由的概念不可在每个人的偶然任性意义下去理解，而必须在理性的意志、自在自为的意志这个意义下去理解。"⑤ 人类理性的自由本性为"公意"的形成提供内在保证。卢梭的"公意"实质上是个体的主观内在的意识自由外化为主体间的客观外在的意志自由，其背后是所有人理性选择的结果。

　　密尔被认为是自由主义的集大成者，他继承了自洛克以来的自由主义传统，坚持个人自由至上的自由主义基本原则。密尔从"私人领域"和"公共领域"的区分来探讨自由的含义、性质和范围。他从个人和社会的关系

① ［英］洛克：《政府论》，张羽译，京华出版社2000年版，第11页。
② ［英］洛克：《政府论》，张羽译，京华出版社2000年版，第131页。
③ ［法］卢梭：《社会契约论》，何兆武译，商务印书馆2003年版，第5页。
④ ［法］卢梭：《社会契约论》，何兆武译，商务印书馆2003年版，第42页。
⑤ ［法］卢梭：《社会契约论》，何兆武译，商务印书馆2003年版，第80页。

出发理解自由。密尔在《论自由》中指出："个人的行为只要不涉及他人的利害，个人就有完全的行动自由，不必向社会负责；他人对于个人的行为不得干涉，只有当个人行为危害到他人利益时，社会才有权对个人施加裁判和强制力量。"① 密尔强调人们按照自己的意愿行动的重要性，"任何人的行为，在仅涉及本人的那部分，他的独立性在权利上是绝对的。"② 对密尔来说自由的基础不是天赋权利和公意而是大多数人的福利，实现自由的途径不是社会约定的法律而是不侵犯他人利益的个人利益不可侵犯。密尔考量人与人之间的自由关系时以功利为标准，其解决问题的方法不是诉诸权利而是功利。虽然密尔明确指出他要论证的不是意志自由而是社会自由或公民自由。仔细分析我们会发现密尔的自由实际上就是本文所谓的意志自由，因为他论述的自由是社会中的个体行动的自由，正如他所说是"与哲学必然性教义不幸相反的东西"。③

意志自由的发展以个体的自我保存欲望为基础，具体来说就是个体的生命、财产和自由权利的保障。但是自由不是一个人的自由，而是每个人的自由。意志自由不是任意而为，是社会的自由，受法律、公意、他人自由的约束。约束人与人之间关系的行为规范和秩序成为实现意志自由的必要条件。法律、政府和国家与意志自由看似相互对立，实则相辅相成。

（二）西方自由主义与中国传统自由思想的碰撞与融合

中国社会从明清时期到五四运动经历了社会历史和思想的剧烈变革，在东西方文化碰撞与融合下，西方自由主义思想传入国内并被国人接受。这一时期许多原来不为人们重视的传统词汇，如自由在知识界对译西学与东学的过程中被赋予全新的含义，并逐渐成为近代知识界思考问题的核心概念。

在中国古代文献中，"自"和"由"在甲骨文中就已经出现。而"自由"一词最早出现在东汉时期，《史记》中有"言贫富自由，无予夺"。但这里的"自由"实际上是"由自己"的意思。东汉赵岐在《孟子章句》中说："今我居师宾之位，进退自由，岂不绰绰然舒缓有余裕乎！"④ 此后自由

①　［英］密尔：《论自由》，许宝骙译，商务印书馆 1959 年版，第 10 页。
②　［英］密尔：《论自由》，许宝骙译，商务印书馆 1959 年版，第 10 页。
③　［英］密尔：《论自由》，许宝骙译，商务印书馆 1959 年版，第 1 页。
④　李学勤主编：《十三经注疏》，北京大学出版社 2000 年版，第 133 页。

一词开始陆续出现。《后汉书·五行志》中有"百事自由，初不恤录也"①。东汉时期的汉译佛经中也有"自由"词语出现。

近代西方自由主义意义下的自由通过两条路径传入中国，一条是一些来华传教士根据自己对汉语的掌握直接对译自己的母语。1833—1838 年德籍传教士郭实腊主编的杂志《东西洋考每月统计传》中两次介绍陪审制度，其中一篇名为"自由之理"。可见这时有着全新含义的自由语词就已在中国出现，只是鸦片战争之前西方传教士的出版物在中国境内无法自由传播，故其影响有限。② 另一条是中国知识分子直接借用长期使用汉字的日本知识分子对西语的翻译，这一影响最为直接。1877 年开始，清政府派人出使日本，中国的官派学者开始广泛接触日本知识分子，黄遵宪就是其中之一。他在1884 年完稿的《日本国志》中，把"自由"一词解释成："自由者，不为人所拘束之义也，其义谓人各有身，身各自由，为上者不能压抑之、束缚之也。"③ 这里的自由就是黄遵宪借用了日语词汇，即日本翻译近代西方概念的"新词"。从 19 世纪 80 年代末开始，具有新内涵的自由一词被广泛使用，这可以从当时《申报》和《学务纲要》中对包括"自由、平等、共产"在内的新词的批评即可判定。④ 1895 年初，严复系统地介绍和阐述西方思想，他先后翻译了《天演论》《原富》《群己权界论》，在前两部著作中就出现了"自由"一词，但是在《群己权界论》中，严复将 liberty，freedom 译为自繇。"自繇云者，乃自繇于为善，非自繇于为恶。"⑤ 他认为西方的 liberty、freedom 是抽象名词，而古汉语中的自由是虚词、副词。繇字是由字的通假字，虽然古文中繇字有放诞、肆无忌惮之意，但其初义有"不为外物拘牵""自主无挂碍"的含义，此义与西方语境中自由的无阻碍状态的含义相通。

以严复和梁启超为代表的自由思想家们虽然接受了西方自由主义思想，但同时为了适应救亡图存的需要也对其作了中国化改造。他们既想通过介绍

---

① 瞿颢：《通俗编》第 15 卷，商务印书馆 1958 年版，第 320 页。

② 参见沈国威：《近代中日词汇交流研究：汉字新词的创制、容受与共享》，中华书局 2010 年版，第 484 页。

③ 黄遵宪：《日本国志》，上海古籍出版社 2001 年版，第 393 页。

④ 沈国威：《近代中日词汇交流研究：汉字新词的创制、容受与共享》，中华书局 2010 年版，第 225—226 页。

⑤ ［英］穆勒：《群己权界论》，严复译，商务印书馆 1981 年版，第 198 页。

西方的自由思想救国，又对个体享有的自由有所忌惮。在西方新知识和其自身深厚的传统文化融合过程中他们往往表现出前后不一甚至自相矛盾的特征。自由以不侵犯他人自由为界转化成个人不侵犯国家和群体自由。最初，严复对自由概念的理解完全源自西方自由主义的意志自由。后来严复将个人与政府（群体）的权界看作自由的根本问题，并提出在当时的中国个人自由应该缓行。因为个人自由的享有与国家所处的生存环境有关，和平年代国民享有的自由权利就多；当外患深重国家生存受到威胁时，国民享受的自由权利就应减少。梁启超则认为自由的对立面不是政府的管制而是心奴，即精神思想的完全依赖性。"自奴隶于人犹不足畏也，而莫惨于我奴隶于我……若有欲求真自由者乎，其必自除心中之奴隶始。"① 梁启超虽强调精神层面的自由，同时也承认诉诸政治的意志自由。梁启超说："使滥用其自由，而侵他人之自由焉，而侵团体之自由焉，则其群固已不克自立，而将为他群之奴隶，夫复何自由之能几也?"② 这里他表达了国家自由优先的思想。梁启超的想法来源于当时中国所处被西方列强侵犯的特殊历史时期，这也显示了中国近代自由思想强烈的救亡图存的政治目的。

四、马克思主义的实践自由

马克思主义自由观呈现出独特的实践思维的特征。自由的基础既是现实的人又是社会关系中的人；自由的阻碍力量既是满足生存需求要征服的自然，又是压迫和束缚人的社会制度；实现自由的途径既是对必然性的把握，又是合理的社会关系的生成；自由实践意味着自由个性的生成和生产方式的跃迁。马克思主义的自由具有现实性、实践性、社会性、辩证性的特征。

（一）劳动活动创造人的自由本质

马克思认为，人的自由与人的现实生命是相勾连的，因而只有从人的特殊存在方式，即满足生存需要的活动出发，把自由奠基于人的现实生命存在之上，才能真正切实理解自由的真实内涵。对于马克思来说自由的基础不是精神意识和意志而是现实生命的生存活动。他指出人的现实生命的生存是人

---

① 梁启超:《新民说》，中州古籍出版社1998年版，第104页。
② 梁启超:《新民说》，中州古籍出版社1998年版，第103页。

类社会存在和发展的前提，满足基本生存需要和对自然的征服是第一位的，而满足生存需要的物质实践活动形成了具体的社会关系。最初这种社会关系表现为人与人的平等，但是随着人们对自然规律认识的不断深入，物质实践能力随之增强，物质生活资料不断积累，私有制开始出现，不平等的社会关系转而成为自由的社会阻碍。

在马克思看来，自由不仅仅是存在状态或理性能力，它更是一种生命活动。人的主体意识的物化、对象化活动。自由是主体的物质否定性活动，是有目的的活动，而且是自觉其目的的活动。马克思将自由理解为主体通过将意识物化到他的对象上面而实现自己。主体不断改造和创造外物的过程即是自由，它是一种现实的自由，一种具有物质批判性的自由，既是对物的现实否定的过程也是人的自由本质逐渐确立的过程。

现实的个人及其自我实现过程，都是以实践为中介在社会性维度下展开的。个体为了生存结成社会群体，现实的个人总是处于社会关系中的个人，其有意识的对象化活动总是社会关系下的活动，自我实现过程必然在社会发展过程中完成。马克思把自由的历史发展理解为通过对象化和社会个人的交互作用完成的一个社会过程，个人自我实现的条件本身就是现实社会条件，自由实现的阻碍力量也必须在社会条件下去理解和把握。在社会关系这一宏观背景下现实的人、实践活动和自我实现才成为现实的具体的东西，而不是抽象的普遍的外在的东西。

马克思借由类本质和异化劳动的概念阐述了自由的辩证发展过程。马克思在《1844 年经济学哲学手稿》中指出："自由的有意识的活动恰恰就是人的类特性"①，但异化劳动却将有意识的活动（自己的自由本质活动）变成了维持生存的手段；人的自由自主活动变成了为他人的活动、否定人自身而不是实现人自身的活动。马克思认为只有通过社会关系的变革，才能实现"通过人并且为了人对人的本质和人的生命、对象性的人和人的产品的感性的占有"②。异化只是人的发展的本质引起的阶段性现象。马克思将整个人类社会和人类自由划分为三个阶段：人的依赖关系、以物的依赖性为基础的

① 《马克思恩格斯全集》第 3 卷，人民出版社 2002 年版，第 273 页。
② 《马克思恩格斯文集》第 1 卷，人民出版社 2009 年版，第 189 页。

人的独立性、自由个性。在这一过程中，马克思揭示了自由的客体性维度和主体性维度的辩证统一。从客体向度上来说，马克思将人的类生活和物质生产方式作为客观认识对象，其存在不以人的意志为转移的客观规律。马克思的唯物史观认为物质劳动、生产实践是人的有意识的活动，是人的客观存在方式。从主体向度上来说，人是社会实践主体同时也是价值主体。异化消除之后劳动将重新成为目的与手段统一的自由活动，从客体向度中解放出来的个人将自由地发展成各具个性的共同能力所组成的自由人联合体，客体向度与主体向度统一的自由体。这就是马克思所说的对物的依赖关系的解除，进入人的自由全面发展阶段。

马克思既传承了意识自由的主体性及认识必然性真理也继承了意志自由的重视感性需要的和社会性的理论视角，同时也独立发展出实践自由的独特性质。现实主体为了类的生存进行感性实践活动，而非思维的概念运动，由个体的人结成为社会关系中的人，通过自由意识的外化（对象化）并真实地改造和创造对象，在这一辩证运动中发展为自由的人。

（二）马克思主义自由概念在中国的传播

陈独秀是通过在《新青年》杂志上对日本社会主义者河上肇和山川均著作的译介，接受了马克思的无产阶级专政和自由思想。毛泽东认为自由有两个不同含义，一个是资产阶级的自由主义，一个是恩格斯阐述的认识论的自由。1937 年在《反对自由主义》中毛泽东号召反对自由放任、个人意见第一的自由主义。另外我们从《毛泽东读书集成》中可以看到他在 1937 年到 1965 年之间批注过博古、李达和沈志远在不同时期翻译的《辩证唯物论与历史唯物论》。① 毛泽东对自由的理解主要来源于这些译著。毛泽东在批判第三次左倾路线危害时提出"自由是必然的认识和世界的改造"。后来在1962 年《扩大的中央工作会议上讲话》中进一步提出"只有在认识必然的基础上，人们才有自由的活动。这是自由和必然的辩证规律"。在《学习马克思主义的认识论和辩证法》中他指出："人类历史，就是一个不断地从必然王国向自由王国发展的历史。"② 在毛泽东看来自由就是人的主观认识和

---

① 参见中共文献研究会编：《毛泽东读书集成》（目录），中央文献出版社 2014 年版，第 90 页。
② 《毛泽东文集》第 8 卷，人民出版社 1999 年版，第 325 页。

客观实践活动的统一，将必然性认识转化为改造世界的力量。毛泽东对自由思想的理解是有限的，这既与当时包含自由思想的著作翻译工作尚未全面展开有关，也与当时人们对自由主义的态度有关。

改革开放之后邓小平多次指出，资产阶级自由化"就是崇拜西方资本主义国家的民主、自由，否定社会主义"①。其后国内学者在深刻剖析资产阶级自由概念的同时，也激发了对社会主义自由概念的认知，党的十八大首次将自由纳入社会主义核心价值观。社会主义核心价值观认为自由是人的意志自由、存在和发展自由，是人类社会和马克思主义追求的社会价值目标。

自由概念经历了从实体式的自由到抽象的概念式的自由、到个体的自由、再到社会关系中现实的自由。马克思主义实践自由凝聚了西方自由思想的精髓，实现了实践基础上概念与现实、个体与社会的辩证统一，突破了西方理性主义的狭隘界限，为自由思想提供了新的方法论视角和价值目的。社会主义核心价值观的自由应坚持马克思主义实践自由的唯物史观之实践原则和人本主义的价值目的，在客体维度和主体维度统一的基础上继续发展，这将助力我们在新的历史条件下将社会主义自由思想推向新的发展高度。

第二节 平　　等

溯及古今中西，不平等的社会现实和平等的价值理想使人们困惑不已。我们在探究当今社会主义平等价值观的同时，不可避免地要追溯平等概念的演化过程。平等必然是主体间的平等，但与主体相关的事物很多，在哪些方面人们可以追求平等呢，如法律面前的权利与义务的平等，经济上的财物平等，社会地位和机会的平等。这些平等的价值诉求其存在的合理性基础曾被解释为：自然尊严、上帝信仰、天赋权利、理性契约、人性自爱、社会正义。我们需在平等概念历史发展的进程中反思其哲学意蕴。平等的要求源于社会共有的逻辑，是对社会共有的进一步要求。论及平等，我们必须要回答什么是真正的平等，它是无条件的绝对无差别的，还是有条件的相对差异化的。平等的主体是谁，或者可享有平等的群体范围。平等的依据或平等要求

---

① 《江泽民文选》第 1 卷，人民出版社 2006 年版，第 131 页。

的理论合理性是什么。最后平等是否在社会现实中可获得，或者只能停留于观念理想。根据对这些问题的不同回答我们将平等分为人格平等、权利平等、实质平等。

虽然平等观念早已出现，但自1789年法国大革命提出"自由、平等、博爱"的口号以来，自由与平等被越来越多的人接受和使用。然而，广泛的使用却使其含义变得越来越模糊。从严格的意义上讲，平等是指每个有同等资格的人有资格得到相同的对待。即亚里士多德所谓的"相等的人应该配给相等的事物"。① 平等更多的是强调主体被公正地而非完全相同地对待。对于平等有两种不同的理解：其一，相同性、平均化的平等强调配给的平等，只是描述性、形式上的平等。正因如此有人认为，数学意义上衡量的平等不具有独立的价值意义，它只具有工具价值，即我们谈论平等时一定是在衡量自由、正义、财富资源、机会等的数量关系。不可否认平等总是某一维度上的平等，但这并不能否定平等的独立价值意义。其二，差异化平等不追求数量上的均等，而是根据主体的差异状态，按比例分配与之相称的事物，这是公正对待意义上的平等。实际上平等总是以差异化和不平等为前提，没有差异和不平等，平等就没有意义。平等意味着平衡或削减由差异引起的不平等，但平等并非意味着完全去除差异化，而是在保留可接受的相对差异化基础上的政治、伦理和社会价值诉求。

一、人格平等

在汉语文献中"平等"是古已有之的重要概念。儒家的平等观念以道德为合理性基础。孟子认为人皆可以为尧、舜，其平等的可能性来源于"尧、舜之道，孝悌而已矣。子服尧之服，诵尧之言，行尧之行，是尧而已矣"。在孟子看来，人人皆可如尧舜般孝悌，于"为仁"上人人平等。而为仁的可能性则在于"恻隐之心，人皆有之；…… 我固有之也，弗思耳矣"②。在人性本善的基础上，人人都能为仁，只要"求"（在实践中磨炼）则可以得之。孔子认为追求仁的实践原则不离忠恕之道。《论语·里仁》中曾子

---

① ［古希腊］亚里士多德：《政治学》，吴寿彭译，商务印书馆2009年版，第152页。
② 施忠连主编：《四书五经鉴赏辞典》，上海辞书出版社2013年版，第198、188页。

曰："夫子之道，忠恕而已矣。"作为忠道他提出"己欲立而立人，己欲达而达人"，作为恕道他提出"己所不欲勿施于人"。[①] 朱熹认为"尽己之谓忠，推己之谓恕"[②] 在践行忠恕之道的过程中，人己关系变为人格平等的关系，忠恕之道在平等的道德主体间展开。尽管孔子一以贯之的"忠恕"之道体现了平等观念，但孔子所谓的平等是在"爱亲、泛爱众、爱天下"的轮次关系中逐步推展开的。

与孔子所推"礼"之精神的"分、别、序"不同，工匠出身的墨子站在小生产者的立场上提出"兼以易别"的观点。所谓"兼"，即不分人我、彼此，一同天下之利害。"视人之国，若视其国；视人之家，若视其家；视人之身，若视其身"，"别者，处大国攻小国，处大家乱小家，强劫弱，众暴寡……是谓天贼。"[③] 墨子主张无论是国家还是个人，不分大小、强弱都应"天下之人皆相爱"。因墨子的平等观念脱离了当时的社会现实，故墨学屡遭诘难，备受冷落以趋中绝。但墨子的平等观念其价值是不可泯灭的。

中国古代佛家从共性、心性出发强调众生平等，佛经说："一切众生，莫不有心，凡有心者，莫不作佛"。"大地众生，皆有如来智慧德相。"这是佛教最彻底的平等观。佛家要求人们放弃世俗肉身，与佛陀共入精神的无限境界。儒家基于性善论的"圣凡平等"论，佛教的人人皆可成佛，都包含了某种形而上学意义上的平等，都意在追求绝对的存在，是超越现实差别的精神境界的平等。

亚里士多德在《尼各马可伦理学》中谈到友爱的平等与公正的平等。亚里士多德曾说："友爱就是平等。"[④] 对亚里士多德来说志同道合的伙伴之间的友爱是平等的，而且他们在德行上的付出和收获应基本相当。西方的平等观念除发源于古希腊伦理学之外，犹太教对此也作出了贡献。从以色列人与上帝立约即可获得证明。以色列人信仰和服从唯一的上帝耶和华，上帝则视以色列为特选子民，并赐福给以色列及其子孙后代。在这种约定关系下，上帝与人之间不再是宿命安排而是平等的双向选择。犹太教在创世说中表达

① 施忠连主编：《四书五经鉴赏辞典》，上海辞书出版社 2013 年版，第 46、53、74 页。
② （宋）朱熹撰：《四书章句注集》，中华书局 2011 年版，第 72 页。
③ 肖萐父、李锦全主编：《中国哲学史上卷》，人民出版社 1982 年版，第 99 页。
④ ［古希腊］亚里士多德：《尼各马可伦理学》，廖申白译，商务印书馆 2003 年版，第 238 页。

了"众人皆兄弟"的平等思想，不仅犹太人皆兄弟，全人类都是兄弟。从犹太经典中"异教徒是你的邻居，你的兄弟。亏待他便是一种罪孽"。可见，不仅上帝与人是平等的，人类在上帝面前也是平等的。

通过对中西方早期平等观念的梳理，我们可以看出无论是"仁者爱人""兼爱非攻"还是"友爱""兄弟慈爱"都指向同性相惜、同声相应、同气相求的人格的平等。人格平等只以人的本性（天性）为前提，即人在本质上是同等重要的。如果我们不承认人格平等，那么平等的价值追求就无从谈起。人格平等的差异化前提在儒家看来是有着血缘关系的"亲亲"，而在西方这种差异化存于自由公民和奴隶及妇女之间。人格平等的实现要依靠道德实践和宗教实践达到精神层面的为仁、成佛、友爱。就其超越的境界而言无法产生现实生活中政治、伦理和社会平等的价值诉求。

二、权利平等

权利平等与人格平等的相同之处在于他们都承认人的自然存在是平等的。权利平等与人格平等的不同之处在于：人格平等以人性为基础，通过道德实践，论证平等的可获得性；而权利平等以人的自由权利为基础，依靠理性能力，以法律或契约为保障条件，使公民在法律范围内享有均等的权利，权利平等从人的自然状态、天赋权利出发论证"人人生而平等"。但是，我们不得不指出天赋的权利平等只停留于观念上的平等，即每个"自然状态"下的行动者都有一个信念：他的行动能力与他人的行动能力是平等的，而并非事实上每个自然人都具有相等的行动能力，带有明显的相对性特征。

西方权利平等观念的代表是洛克和卢梭，这既是他们对不平等的现实批评也是对平等的理想建构。他们认为每个人生而享有平等的自由权利，在自然状态被破坏后则应通过缔结契约获得平等的自由权利。在权利平等层面，争议最大的问题是自由与平等间相互一致还是存在矛盾，即为了实现平等，特别是财产平等而侵犯自由权利是否正当。争议久而未决的主要原因是我们没有正确地设定理解自由与平等关系的维度。

首先当我们从权利的维度分析自由与平等的关系，那么自由与平等是相互一致、相辅相成的。在法律权利范围内自由是平等的目的，平等是自由的条件。在社会生活中要实现个人自由必须以每个人的平等权利为前提，否则自由将成为少数人侵犯他人的自由；要获得平等的自由必须要以让渡部分（或全部）的权利为前提，由国家政府和法律来保障公民的平等地位。自由不是放任的、绝对的自由，而是人与人之间平等的自由，政府为人民平等地享有自由提供政治保障。洛克以自然法作为约束侵犯行为的规范，提出保留人民推翻反动政府的权力，人民与政府之间是平等的，政府作为强权机构应该是社会的公仆。政府应该由人民来选出，不存在剥夺自由和侵犯自由的关系。这里自由与平等是内在一致的，平等是行使权利的平等，自由权利应当在人与人之间、人民与政府之间平等。

其次，当我们在财产占有维度下分析自由与平等关系时，我们会发现洛克倾向于自由意义上财产占有权的平等，而卢梭倾向于保留财产占有权基础上的财产占有量的平等，他认为没有财富的平等，自由就没有保障。然而人为地调整财富的平等却可能招致自由受损。卢梭则认为财产占有的不平等将损害自由权利。他在论人类不平等的起源时指出，由于私有制的出现和财产占有的不平等导致政治不自由。卢梭认为自然的、生理上的不平等会导致某些有优势的人获得更多的尊重，而这是人类走向不平等的第一步。

洛克与卢梭在平等问题上的争论焦点在于到底是财产占有权的平等还是财产占有量的平等，哪一种平等与自由是相互一致的。显然洛克强调的是前者，但是其中却隐藏了占有量的不平等。为了解决这个问题，卢梭提出应该把个人财产让渡给共同体，实现财产占有量的平等，进而保障每个人的自由权利。但卢梭在财产的转让量上也是有所保留的，即不是全部转让而是部分转让，至于是哪一部分卢梭没有明确说明。可见卢梭追求的政治自由，不是以财产的绝对均等为前提条件的，而是依靠契约对自由权利提供保障。卢梭向往的是一个个人占有财富，但财富的差异不会伤害自由和平等的公民社会。

如果说洛克只是使近代人的平等意识觉醒，那么卢梭的社会契约则进一步保障了个体能够平等地享有自由权利，国家法律作为共通性最高的契约是自由权利的基本保障。自由与平等从根本上属于同一个政治理想的两个侧面，平等是卢梭为自由划定的范围和边界，权利平等也因此获得了与其他平等不同的独特的张力。但他们都没有意识到权利平等其实质是对自然和社会偶然的不平等的合法化。不平等的财产占有量得到了法律平等的保护。

　　清末民初的中国社会思潮是近代各种主流观念碰撞、融合的交响曲。这一时期在西学和东学（主要指源于日本的近代学术观念）的共同影响下许多不为人所重视的传统词汇，如自由、平等在知识界对译西学与东学的过程中被赋予全新的含义，并逐渐成为近代知识界思考的核心概念。

　　18 世纪 20 年代前后，马礼逊华英字典已将汉译佛语"上自诸佛下至蠢动此性正相平等"中的"平等"，对译英文 Equal。① 1833 — 1838 年普鲁士传教士郭实腊主编的杂志《东西洋考每月统计传》，该杂志刊载的《侄外奉叔书》一文中说："侄至北亚墨里驾，兼及列邦……该国无爵，民齐平等。"② 明确提出了具有近代意义的平等观。只是鸦片战争之前西方传教士的出版物在中国境内无法自由传播，故其影响有限。权利平等观念传入中国主要还是通过日本学者中江兆民翻译评注《社会契约论》而成的《民约译解》一书。1882 年中江兆民以汉文翻译了卢梭的《社会契约论》，这是卢梭著作的第一个汉语译本，它直接而深远地影响了卢梭的平等概念在中国的传播。1898 年上海同文译书局刻印了中江兆民的《民约译解卷之一》，将之定名为《民约通译》。而第一个阅读《民约译解》的中国人是当时官派出使日本的学者黄遵宪，他在给梁启超的信中提道："明治十二三年时，民权之说极盛，初闻颇惊怪，既而取卢梭、孟德斯鸠之说读之，心志为之一变，以谓太平世必在民主。"③ 梁启超在 1901 年的《清议报》载《卢梭学案》和 1902 年《新民丛报》载《民约论巨子卢梭之学说》中复述和介绍了卢梭的社会契约论。而其中梁启超的言论如果没有来自日本的思想资源是不可想象的。

　　在《民约译解》中平等一词是以中国古代传统的"均"字来代替的。这个"均"很难表达卢梭的政治理想，即自由权利平等和财产占有权利平等的丰富内涵。"均"只表达了财产占有量的平等，孔子的《论语·颜渊》中有"不患寡而患不均"及后来的"均贫富"都是在经济平等的意义上来使用"均"字的，它和权利平等含义不同。不仅如此，中江兆民温和对抗封建专制的态度使权利平等成为隐藏在自由文本中非独立的观念。《民约译

---

①　《马礼逊华英字典》，英国东印度公司澳门印刷厂 1815—1823 年，第 144 页。

②　郭实腊主编：《东西洋考每月统计传》（1833—1838），中华书局 1997 年版，第 241 页。

③　吴雅凌：《卢梭社会契约论的汉译及其影响》，《现代哲学》2009 年第 3 期。

解》传入中国后这一误读非但没有得到纠正反而加剧了。

梁启超在《卢梭学案》中介绍平等思想时指出，"要而论之，民约云者，人人自由，人人平等。"① "平等云者，谓法律之下无特权已耳。"② 在梁启超看来要求绝对的平等几乎是不可能的，权利的平等要依靠法律作保障。这里我们必须指出梁启超将道德平等和权利平等混称为"道德平等"，明显是受到中国传统文化的影响。他认为，平等的理论基础是：佛教认为一切众生皆有佛性，"其立教之目的，在使人人皆与佛平等而已。"③ 但是梁启超同时也看到了佛教冤亲平等，儒家的不独亲其亲、不独子其子的绝对的道德平等，只是"可为理论而未能见之实行者也"④。正因如此，梁启超所谓的"道德平等"更倾向于卢梭的权利平等，但梁启超与卢梭的平等思想仍然存在差异：即在卢梭看来公民享有平等的权利，其保障是社会契约，而梁启超则将其保障诉诸个人德性。而且梁启超并非卢梭式的平等主义者，他更注重个人的自由。平等只是作为自由的补充来阐释的。

在论述平等思想的过程中严复与梁启超有颇多相似之处。首先他们都强调平等思想与公民道德的内在联系。其次，他们都否定主张绝对平等的平均主义。最后他们都始终围绕自由来谈论平等，严复一直强调"自由为本，民主为用"，"西之教平等，故以公治众而贵自由"即自由优先。⑤ 在平等观念的古今嬗变中，梁启超、严复代表了早期自由主义平等。他们坚持自由对于平等的优先性，努力建构新的社会规范的同时仍求助于传统观念。虽然指出了人格平等的局限性，但他们对于"平等"观念的哲学论证之薄弱后来也并没有得到根本性的改变。

三、实质平等

自由主义提出的权利平等只是形式上的平等，即每个人对其天然的自由享有平等的权利。权利平等致力于消除出身和社会地位因素对实现平等的障

---

① 梁启超：《卢梭学案》，《饮冰室合集》文集之六，中华书局 1941 年版，第 100 页。
② 梁启超：《中国道德大原》，《饮冰室合集》文集之二十八，中华书局 1941 年版，第 16 页。
③ 梁启超：《佛教之信仰乃平等而非差别》，《饮冰室合集》文集之十，中华书局 1941 年版，第49 页。
④ 梁启超：《新民说》，《饮冰室合集》文集之四，中华书局 1941 年版，第 112 页。
⑤ 《原强修订稿》，《严复集》第 1 册，中华书局 1986 年版，第 31 页。

碍，然而，享有追求自由的权利并不蕴涵平等的自由权利能自我实现。而实质平等则致力于消除物质条件对实现平等的障碍，实质平等也可以说是追求结果平等。

马克思的平等观是基于人的社会关系的实质平等。正因如此，马克思的平等观可以使权利平等意义上关于自由与平等关系的争论难题迎刃而解。马克思以唯物史观的方法，将实质平等建立于生产关系的平等基础上。马克思主义的平等观呈现出实践性、社会历史性和现实性的特征。实现了观念性平等和实践性平等、形式平等与实质平等的现实统一。马克思认为："自我意识是人在纯粹思维中和自身的平等"，① 通过马克思对平等的论述我们可以得出，马克思以实践性的思维对平等进行了界定，即平等的意识来源于实践活动。马克思强调平等是以人的本质同一为基础的人和人之间实际的同一，而非形式同一，而这种实际的同一其现实基础，马克思认为是社会关系。马克思主义的平等观的社会历史性特征另一方面表现为平等是社会历史发展过程中实现的平等，是从资本主义形式平等到共产主义实质的平等。虽然资本主义社会发展出权利平等观念，但马克思在《论犹太人问题》中批判了资产阶级雇佣劳动实质的不平等。首先，马克思指出资本主义社会雇佣劳动产生的基础是不平等的，劳动力和生产资料相互分离，这使劳动者不得不进入看似平等的劳动力与物质生活资料的交换之中。其次，马克思指出维持资本主义社会的资本积累机制是不平等的，即雇佣劳动是一种剥削。雇佣劳动的存在表明了资本主义社会实质的不平等，而这种不平等只有通过社会关系中资源的平等分配才能彻底解决。因此马克思在《哥达纲领批判》中对按劳分配仍然持批评态度。按劳分配作为一种"平等的权利按照原则仍然是资产阶级权利"，因为按劳分配没有考虑到人的自然禀赋和受教育情况，而是按照劳动的量平等地分配劳动报酬。但按劳分配只是将人当作劳动者，而没有将人理解为自由的、自觉劳动的人。在共产主义社会第一阶段，在按劳分配原则下，不平等不仅是不可避免的，而且是应当出现的。只有到了共产主义社会高级阶段"各尽所能，按需分配"，② 才真正实现了人在社会关系中

---

① 《马克思恩格斯文集》第 1 卷，人民出版社 2009 年版，第 263 页。
② 《马克思恩格斯文集》第 3 卷，人民出版社 2009 年版，第 436 页。

实质的平等。只有在社会历史发展的过程中，通过物质生活的生产方式的变革，社会形态的更替才能最终实现真实的平等。

马克思主义的平等观的现实性特征。在马克思之前人们要么从抽象的普遍的自然人格特性推导出平等观念，要么从人的一般理性特性推导出平等观念。但是，现实的人是某种生产方式下属于一定阶级的人。马克思意识到了在现实的社会生活和社会关系中，正是物质生活和经济资源方面的不平等才导致人格身份、政治权利、社会地位的不平等，要实现真正的平等必须首先有物质基础的保障，还要有社会制度的保障。

马克思主义认为平等观念是建立在现实物质生活基础上的，资本主义社会商品的平等交换、自由竞争的市场经济、平等的财产占有权、法律面前人人平等，这些看似平等的形式，其实质都包含无产阶级和资产阶级的不平等。阶级之间的生产资料占有的差别被理所当然地理解为由形式平等带来的合理的不平等，即在资本主义社会资本对雇佣劳动的剥削是正当的。马克思主义的平等正是要打破这些不平等，实质平等在社会中应表现为无阶级差别的平等，即人们平等地占有生产资料和劳动产品。

马克思主义哲学奠基于人的自由实践本质，人是社会历史性的、现实的存在，通过实践活动形成社会关系和社会意识。只有从人的现实社会生活出发理解精神世界，在生产方式的辩证发展中把握平等观念的产生根源和实现路径，在社会历史中构建思想体系，才能正确理解马克思主义的平等观念。

进入中国特色社会主义新时代，平等作为社会主义核心价值观概念得到肯定。其含义为公民在法律面前一律平等，其价值取向是不断实现实质平等。社会主义制度在我国的确立，为追求权利平等在形式上和实质上的一致提供了基本前提。但真正的平等并不会因此而自然形成，我们应正确把握平等在形式上和实质上内在统一的逻辑，在马克思主义平等观的基础上将社会主义核心价值观的平等推向新的高度。

第三节　共　同　体

共同体是马克思主义经典著作的一个重要概念，它反映的是人的一种共同存在状态，这个概念在《德意志意识形态·费尔巴哈》（下文简称《费尔巴哈》）章中出现的频率非常高，目前对共同体概念的研究与其重要性明显地不匹配，而且探讨共同体不仅是为了厘清一个概念，更重要的是梳理马克思观察人类历史的一种范式，本节基于《费尔巴哈》章译本和文本，探讨共同体概念的内涵、问题域及其思想底蕴。

一、Gemeinwsen/community 原著概念的内涵与外延

共同体概念最早可以追溯到古希腊的 koinonia，意即城邦中的市民共同体，古罗马西塞罗《论义务》中使用 communitas 一词指代"共同体"，这一词语逐渐演化成现代英语的 community，马克思、恩格斯在《德意志意识形态》中使用了 Gemeinwsen 与英文词 community 相对应，意思更多的是指非政治的联合形式。① 词源学的考证只是辨析共同体概念的一个方面，要想明确马克思的共同体概念还是要回到《费尔巴哈》章的文本。

（一）Gemeinwsen/community 概念内涵

为了厘定共同体概念的内涵，我们先来分析《费尔巴哈》章出现频率较高的相关术语，首先是"自然形成的共同体"。在《费尔巴哈》章的整体语境中，"自然形成的共同体"是指古代的社会共同体状态，其生产力极其低下，单个的人无法独自应对大自然，可以说个人还没有独自生活的能力，所以个体的生存要仰赖共同体的力量。这个时代，个体没有独立个性，只有把自我融化在整体的行动中，个体才能够生存下去，在共同体与个体之间的天平上，指针明显地偏向了共同体。处在那种天然的天人合一状态下，个体没有主体意识，越是古代的社会，这种共同体本位的特征就越是明显。马克思谈到的日耳曼人的封建所有制，这种所有制已经不是古代原始社会的共同体状态了，但它仍然具有明显的共同体本位特征。这种共同体本位的社会状态以生产力极其低下为基础，以共同生产、共同所有、共同利益、共同血缘、共同信仰、平均分配为主要特征，个人不是生产资料所有者，缺乏独立个性和自由。随着生产力的发展和私有制的出现，这种共同体本位的社会状态逐渐解体，《费尔巴哈》章中指出，"私法是与私有制同时从自然形成的共同体的

---

① 马俊峰：《马克思社会共同体理论研究》，中国社会科学出版社 2011 年版，第 26—27 页。

解体过程中发展起来的"。① 黑格尔说，自由就是依赖自身而存在，在私有制条件下个人有了财产，不再仰赖于他人，这样的人是自由的，自由人自然也就产生了私法的自由理念，私法是私有制的观念表现，也是私人自由的保障。在马克思那里，共同体的社会状态（即自然形成的共同体）直到近代资本主义产生才逐渐解体，而代之以资本主义的"虚幻的共同体"状态。

"虚幻的共同体"。在有的语境下马克思也称"冒充的共同体"，主要指代资产阶级的国家。如果说古代社会是一个共同体本位的社会，那近代资本主义则是一个个体本位的社会状态，古代社会的个体只有仰赖于共同体的整体力量才能够存活下去，而近代生产力的发展则决定了单独的个体可以独自应对大自然，个体的主体意识得以启蒙和觉醒。在从古代共同体本位的社会状态向近代个体本位社会状态的发展演变过程中，出现了资本主义的社会状态，资本主义的核心价值观就是个人主义。如果说在共同体和个体这一天平上，古代社会明显偏向于共同体这一极，那现代社会则偏向于个体。个体地位的凸显使得共同体被架空，在这个意义上，共同体是"虚幻的""虚假的"或者"冒充"的。虽然共同体的形式还在，但它已经无法像古代社会那样直接控制个体的人身自由了。共同体的"虚幻性"不止这些，在《费尔巴哈》章中，共同体的虚假性主要表现在资产阶级的国家观上。在资本主义社会中，国家形式上是公共利益的代表，但从本质上讲，资产阶级国家只代表统治阶级的利益，国家只是打着公共利益旗号维护资产阶级利益的共同体，国家这种"普遍性"组织只是一种"虚幻的共同体"。应该说，相对于前现代社会而言，"虚幻的共同体"是人类的一次进步，个体获得了自主和自由，但这种进步存在历史局限性，这种"虚幻的共同体"只是人类历史进步的"新的桎梏"。

"真正的共同体"。所谓"真正的共同体"就是指未来的"自由人联合体"，自由人联合体的德文词是 Assoziation，即英文词的 association，它既不是 Gesellschaft（社会），也不是 Gemeinwsen（共同体），而是"协会"，在"Assoziation"中，个体的自主、自由是主要的，"协会"本身不是为了控制个人自由，而是为了让个人充分享受自主、自由。个体与共同体之间的关系

---

① 《马克思恩格斯文集》第 1 卷，人民出版社 2009 年版，第 584 页。

不像古代共同体本位社会那样过于强调共同体而忽略个体，也不像近代个体本位社会那样过于强调个体而忽视共同体，个体和共同体在"自由人联合体"中保持着一种合理的张力，既有个体的充分自由，又有共同体合力的整合度，这是"真正的共同体"。在资本主义条件下，共同体形式上不再宰控个人的人身自由，但实际上资产阶级还控制着人们的生存条件，所以人并没有获得实质性的自由，而"在控制了自己的生存条件和社会全体成员的生存条件的革命无产者的共同体中，情况就完全不同了"①。在这种"真正的共同体"中，个体控制了自己的生存条件，能够"依赖自己而存在"，真正获得了自由。如果说古代社会是共同体本位，近代资本主义社会是个体本位的社会状态，那么"真正的共同体"超越了前两个阶段，既保留了个体本位的个人自主、自由等有益成分，又抛弃了其共同体的"虚幻性"；既保留了共同体的优点，又消除了共同体对个体的不合理控制和干预，"真正的共同体"是人类的彻底解放和真正自由状态。

从这三种共同体的概念辨析中可以看出，共同体就是人的群体存在状态，这种群体存在状态中的个人之间存在一定的关系，临时聚集的群体状态不是共同体，共同体的整体和个体之间的关系是衡量共同体发展状况的标尺。

（二）Gemeinwsen/community 概念外延

共同体虽然只是一个概念，但其外延所关涉的问题域却构成了整个人类社会的丰富横截面。《费尔巴哈》章不仅展示了共同体概念的不同种类，还展示了其宽广的问题域。共同体概念所展示的问题域以共同体与个体的关系为核心。共同体是一个历史性的概念，随着人类历史的发展，共同体表现为不同的形态，而共同体与个体的关系则是衡量人类共同体发展程度的标尺，也是人类自由状态的标尺。个体离不开共同体，人是社会性的存在物，只有在共同体中，个体才能够成为社会性的人，但同时个体又不希望共同体过多地干预自己的私人自由，尤其在现代社会，个体的人是偏重于共同体一方还是偏重于个体一方，反映了人类的发展状态。共同体和个体之间的边界随着人类历史的发展而有所改变，古代的共同体可以替个体做主，甚至左右个体的生命存在，而这种做法在当代显然已经超越了共同体应有的边界，在现代

---

① 《马克思恩格斯文集》第 1 卷，人民出版社 2009 年版，第 573 页。

社会，共同体和个体之间的边界明显地向共同体缩小。人类社会就是在共同体和个体之间的张力中生存下来的，也必然会在这种张力中继续生存下去，只是这种张力会随着人类历史的进步而有所调整。对人类存在产生重要影响的概念必然也会对理论产生重大影响，其实共同体与个体这对概念是整个政治哲学史的核心线索，政治哲学史上的诸流派都可以反映在共同体与个体之间的光谱上，古典共和主义偏重于共同体，当代自由主义诸流派则偏重于个体，各种保守的、激进的政治哲学思潮都可以量化在共同体与个体之间的列表上。共同体与个体的关系不仅可以折射出古往今来的政治哲学派别，还关涉人类社会的发展状况，特别是在《德意志意识形态·费尔巴哈》章中，在共同体与个体的关系视域下，马克思探讨了个体与共同体、社会的发展与人的发展，这其中的辩证关系。

共同体与个体关系视域下的社会发展。马克思较为集中地探讨了如下几个问题：

第一，分工与共同体的衍变。和共同体概念一样，分工也是《费尔巴哈》章的重要概念，而且分工概念和共同体概念存在密切联系。分工是共同体发展的基础。分工的发展不是一蹴而就的，也有一个自然的发展过程，分工反映了生产力的发展，推动"自然形成的共同体"走向解体。分工不仅推动了共同体形态的发展，也造就了共同体形态的局限性，正因为生产力低下，分工分裂了整体与局部才导致了共同体的异化，致使共同体被少数人所操控，变成了维护少数人利益的工具，而共同体的这一弊端也需要由生产力和分工的发展来消除。

第二，共同体与所有制的衍变。不同的共同体形式伴随不同的所有制形式，古代"自然形成的共同体"与生产资料的共同所有相伴而生，共同生产、共同所有是古代社会的生活样法，这是由低下的生产力状况所决定的。而随着生产力的发展，部落所有制这种原始共产主义的所有制形式逐渐解体，到了近代发展出了资本主义的私有制。所谓"纯粹私有制"就是资产阶级的私有制，这种私有制是近代资本主义的基础，它彻底解构了坚实的共同体，把一个个具体的人发展成主体，个体主义的盛行架空了共同体，国家只是一种"虚假的共同体""冒充的共同体"，是共同体的异化。随着生产力的发展，所有制形式逐渐发展成为社会所有制，成为"重建个体所有制"

的社会状态，与这种所有制相匹配的共同体形式就是真正的共同体——"自由人联合体"。

第三，市民社会的发展与共同体形态的演变。市民社会是相对于古代共同体而言的，古代共同体强调个体对共同体的服从，而市民社会则充分张扬个体的主体性，黑格尔指出，市民社会是私人利益跟特殊公共事务，"它们二者共同跟国家的最高观点和制度冲突的舞台。"① 市民社会中的人都是利己主义者，都以自我利益为中心，和共同体本位的社会状态相反，市民社会是一个个体本位的社会状态，黑格尔的市民社会实际上就是资本主义市场经济的真实写照，是资本主义个人主义的充分体现。人类历史的发展就是从古代共同体社会向市民社会状态的发展。《费尔巴哈》章指出："'市民社会'这一用语是在 18 世纪产生的，当时财产关系已经摆脱了古典古代的和中世纪的共同体。"② 摆脱了共同体对个体的束缚，是个体主体性的充分彰显，市民社会的发展推动古代共同体向近代"虚幻共同体"的演变发展。

共同体与个体关系视域下的人的发展。人的自由解放一直是马克思理论探讨的聚焦点，在共同体与个体的关系视域下，马克思关注了人的发展的下列两个问题：

第一，共同体与人的异化。根据马克思在《1844 年经济学哲学手稿》中的阐释，异化就是人创造出来的东西反过来变成了控制、压迫人的主体。处于分工之中的个体被局限在某一具体的领域，无法看到整体，更无法掌控整体，分工把个体和共同体割裂开来，这就为资产阶级掌控共同体提供了条件，资产阶级掌握了这种由劳动者所创造的物质力量（共同体）后就反过来压榨劳动者，而要想消除这种异化，就要消除旧式分工，建立真正的共同体。共同体的异化是人类历史的必然，只有真正经历了异化的"虚幻共同体"之后，人类才能够建立真正的共同体。

第二，共同体与人的自由。自由也是一个历史性范畴，在不同的历史阶段，自由有不同的内涵，但到目前为止，自由的获得就是个体从共同体中解放出来的过程，就是缩小共同体对个体干预的过程。《费尔巴哈》章指出：

---

① ［德］黑格尔：《法哲学原理》，范扬、张企泰译，商务印书馆 1961 年版，第 289 页。
② 《马克思恩格斯文集》第 1 卷，人民出版社 2009 年版，第 582 页。

"仅仅使用和滥用的权利[jus utendi et abutendi]就一方面表明私有制已经完全不依赖于共同体"。① 使用和滥用自己的所有物是现代自由的基本表现，是个体独立意识觉醒的基本表现，也是自由主义者经常挂在嘴边的句子，也是个体脱离共同体束缚的标志，所以也是"私有制已经完全不依赖于共同体"的体现。个体主体的凸显固然是一种进步和解放，但个体的自由不应该只是一味地强调个人主义，只强调个体而否弃共同体的无政府主义，是个人主义发展的极端，它无法担负历史的责任，真正自由的获得离不开共同体对公共事务的担负，自由人联合体作为一种"Assoziation"，不仅充分张扬个体的自由，还充分保留共同体的优点。

二、《德意志意识形态》 Gemeinwsen 原著概念汉译情况

在《费尔巴哈》章中，马克思探讨"封建的或等级的所有制"的时候有这样一句话，"这种所有制像部落所有制和公社所有制一样，也是以一种共同体为基础的。"② 这句话在郭沫若1938年的译本中译作："那个种族财产与公家财产一样，又是根据在共同组织上的"。③ 在谈到由分工而导致的特殊利益与共同利益之间的矛盾的时候，《德意志意识形态》有这样的句子："采取虚幻的共同体的形式"，紧接着还有，"普遍的东西一般说来是一种虚幻的共同体的形式"字样。④ 而郭沫若1938年的译本则把这句话译作，"就由于这特殊的与共通的利害关系之矛盾，那共通的利害关系便形成为国家而采取一种独立的形态，由那实际上的个别与总和之利害关系分离，而同时是作为幻象上的共通性。"⑤ 也就是说，在现在统一译作"共同体"的地方，郭沫若译本都是闪烁其词，或者译作"共同组织"，或者"共通性"。周建人（笔名为克士）1941年译本译作，"它和宗族的及公共的所有权相象，也以公共组织为基础……"⑥ 上文引用的第二处，周建人没有译出，直接把这部分一带而过了。从上述引文可以看出，不管是译作"共同组织"还是"公共组织"，其内涵基

①　《马克思恩格斯文集》第1卷，人民出版社2009年版，第585页。
②　《马克思恩格斯文集》第1卷，人民出版社2009年版，第522页。
③　《德意志意识形态》，郭沫若译，言行出版社1938年版，第150页。
④　《马克思恩格斯文集》第1卷，人民出版社2009年版，第536页。
⑤　《德意志意识形态》，郭沫若译，言行出版社1938年版，第68页。
⑥　《德意志观念体系》，克士译，书林书店1941年版，第29页。

本和共同体概念的意思接近，只是没有明确译作共同体而已。新中国成立后，共同体概念的译名正式在中央编译局编译的《马克思恩格斯全集》译本中确定下来。人民出版社 1961 年出版了一个《德意志意识形态》全本的单行本，这个单行本其实就是《马克思恩格斯全集》中文第一版第三卷。可以看出新中国成立以来，中央编译局译本基本把德文 Gemeinwsen 译作共同体。

共同体概念偏于学术，所以这个概念不被早期马克思主义传播者所注意，早期马克思主义传播者更加重视唯物史观，尤其是阶级斗争、革命等概念和话语的阐释和传播，共同体概念相对来说被边缘化了。但我国也存在社会共同体的事实，只是不叫共同体而已，比如家族、族群，等等。共同体开始在马克思主义理论界成为热点话题受社会学研究影响较大，尤其是滕尼斯《共同体与社会——纯粹社会学的基本概念》汉译和出版。共同体概念受到理论界的普遍重视始于改革开放后，有关马克思共同体概念的文章和著作开始大量发表。真正使共同体概念进入我国主流话语体系的是党的十八大以后，"中华民族共同体""人类命运共同体"等新概念的提出和流行，使原著概念"共同体"焕发新时代价值和意义。

三、中国马克思主义共同体概念的时代价值

马克思和恩格斯的共同体原著概念提供了观察人类社会的科学工具，这一概念成为中国马克思主义概念，时代价值在于这一概念工具的分析角度和范式，反映了人在社会中的自由状态和解放程度。

从个体与共同体的角度看待人类社会。以往我们更多地关注"五形态说"以及人类依次经历了"人的依赖状态""以物的依赖性为基础的人的独立性""自由人联合体"这三种社会形态等马克思观察人类历史的角度，而忽略了从共同体与个体的关系范式来观察人类历史。其实共同体与个体是马克思观察人类历史的重要维度，为了复原历史发展的丰富性，我们很有必要深入地挖掘这一角度。在马克思看来，古代社会是一个共同体本位的社会状态，或者说是一个强共同体、弱个体的社会状态。① 个体依附于共同体，个

---

① 李永杰：《共同体与个体：马克思观察人类历史的一对重要范畴》，《马克思主义与现实》2014年第 4 期。

体只是共同体上的一个零部件，这样的共同体是"自然形成的共同体"，它以血缘、习俗、语言、信仰为基本纽带，在这样的社会状态下，个体没有自觉的独立性和主体意识，这种社会状态和马克思所说的"人的依赖状态"相对应，人依赖于共同体，个体没有自我观念，而是以共同体的大我为自我，共同体对个体拥有控制权，共同体本位的社会状态一直持续到封建社会的末期，我国封建社会的"三纲五常"就是个体依附于共同体的典型写照，资本主义生产力的发展和资产阶级的启蒙运动、资产阶级革命最终促使共同体本位的社会状态解体。当然，前资本主义社会状态下，共同体的特征也不尽相同，越是古代，共同体本位的特征就越明显，而越往后则共同体对个体的控制越松散。资产阶级启蒙运动是对共同体本位社会状态的反动，启蒙运动的口号就是"公开运用自己的理性"，自己的事情自己做主，不容他人置喙，它所张扬的就是人的个体性和主体性。康德说："如果我有一部书能替我有理解，有一位牧师能替我有良心，有一位医生能替我规定食谱，等等；那么我自己就用不着操心了。"① 这种不需要自己"操心"的状态就是前资本主义的状态，共同体越俎代庖代替个人作决定，这种不用自己"操心"的状态就是启蒙所针对的蒙昧状态，启蒙就是促使蒙昧走向开化。资产阶级革命建立了资本主义社会，使个体本位成为社会的主流，个人主义成为核心价值，但如果说古代"自然形成的共同体"在共同体这一极上走向了极端，那么资本主义的个人主义则在个体这一极上走向了极端。原子式个人主义的盛行架空了共同体，资本主义性质也决定了其国家只能是"虚幻的共同体"，这个阶段是与马克思所谓的"以物的依赖性为基础的人的独立性"社会状态相对应。未来的"自由人联合体"则扬弃资本主义的全面物化和异化，也扬弃资本主义的"虚幻共同体"，实现人的彻底解放，在共同体和个体之间保持合理的张力和平衡。马克思从这样一个范式关注人类历史的发展轨迹给出了一幅视角新颖的历史图景，对我们认识历史发展的丰富性具有重要意义。

共同体与个体之间的自由谱系。共同体与个体的关系蕴含深刻的自由意蕴，古往今来的自由观念都没有超越这对范畴，只有在社会主义核心价值观

---

① ［德］康德：《历史理性批判文集》，何兆武译，商务印书馆 1990 年版，第 22—23 页。

范畴内，才能阐明自由价值观。贡斯当区分了古代人的自由和现代人的自由，所谓古代人的自由就是以共同体为价值目标的自由：诸如在广场协商战争与和平问题，与外国政府缔结联盟，投票表决法律并作出判决，审查执政官的财务、法案及管理，宣召执政官出席人民的集会，对他们进行批评、谴责或豁免。诚如阿伦特所说，在古希腊城邦，讨论公共事务的广场才是彰显人的本质之所，私人领域只是满足自我欲望之所，在私人领域人受必然性支配，是不自由的。贡斯当指出，在古代，"所有私人行动都受到严厉的监视。个人相对于舆论、劳动特别是宗教的独立性未得到丝毫重视。我们今天视为弥足珍贵的个人选择自己宗教信仰的自由，在古代人看来简直是犯罪与亵渎。""年轻的斯巴达人不能自由地看望他的新娘。""在古代人那里，个人在公共事务中永远是主权者，但在所有私人关系中却是奴隶。"① 这就是古代人的"积极自由"，这种自由和古代的共同体社会相对应。而现代人的自由则与之相反，是"消极的自由"，对个人而言，自由只受法律制约，而不因某个人或若干个人的专断意志限制。现代人的自由和现代资本主义个体本位的社会状态相对应，是以个人主义为核心价值观的。人的自由是个体相对于共同体而言的，也是特殊历史发展阶段的产物，没有抽象的自由。

　　共同体与个体呈现了人的解放程度。人处于共同体与个体之间的张力之中，解放与自由是相对于人类历史的发展而言的，封建社会的人身依附在现代看是不自由的体现，但在生产力极其低下的社会状态下却是历史的必然，以具体的历史阶段为坐标系。就整个人类历史而言，人类的解放和进步事业是一个逐渐脱离共同体束缚的过程。社会每前进一个阶段，人就从共同体的束缚中解放出来一点，而到了现代资本主义时代，个体的主体性得到了最充分的凸现。人获得了空前的自由和解放，人与人之间已经解脱依附关系，但资本主义社会中的人并没有获得彻底的解放，因为它只是用"物的依赖性"代替"人的依赖性"，社会的全面物化表明，人虽然不再是他人的奴隶，但人却还是物的奴隶，工作对人来说还只是一种谋生的手段，"对工人来说，维持工人的个人生存表现为他的活动的目的，而他的现实的行动只具有手段

---

　　① ［法］邦雅曼·贡斯当：《古代人的自由与现代人的自由》，阎克文、刘满贵译，商务印书馆1999 年版，第 26—27 页。

的意义；他活着只是为了谋取生活资料。"① 这就意味着，人还是受必然性支配，如果不参与工作就无法生存下去，人们参与一项工作还不是出于自愿和兴趣，"只要分工还不是出于自愿，而是自然形成的，那么人本身的活动对人来说就成为一种异己的、同他对立的力量，这种力量压迫着人，而不是人驾驭着这种力量。"② 人就还没有获得真正解放，人还被局限于某一特殊的活动范围，所以资本主义也不是人类的真正解放。未来的理想社会以生产力的巨大发展为基础，任何人都没有特殊的活动范围，都可以在任何部门内发展，这才是人的解放状态。

中国马克思主义共同体概念所蕴含的思想底蕴和思维方式对思考当前人类社会所面临的公共困境及构建新型大国关系具有重要的启迪意义。习近平总书记在多个场合频频提到"利益共同体""命运共同体""幸福共同体""东盟共同体""东亚共同体""中华民族命运共同体""中巴命运共同体""中国—东盟命运共同体""亚洲命运共同体""中拉命运共同体""中非命运共同体""中阿利益共同体和命运共同体""人类命运共同体"，就是全球性共同体发展趋势的反映，也是中国马克思主义共同体概念所反映的思维方式在当代的体现。这里所谓的各种共同体，实际上是中国马克思主义共同体概念的次级概念，共同体概念从人类社会发展的宏观角度来关注共同体，而命运和利益共同体概念将视角切换到国际社会和世界格局，将视域定格于当前新一轮全球化的时代。当今世界，经济全球化趋势越来越明显，中国的和平崛起已经成为不可阻挡的历史潮流，这为世界多极化的趋势提供了强劲的动力，但多极化并不意味着国与国关系变得更加松散，相反随着各民族国家之间经贸、文化等方面交往的日益深入和世界历史向纵深发展。尽管这一轮全球化仍然是资本主导的全球化，所以，整个人类社会还不可能一下子建成"真正的共同体"即"自由人联合体"，但实践证明中国积极参与全球化，能够从中获得巨大开放红利，获得重大发展机遇。中国有愿望、有条件、有必要通过发挥中国特色社会主义的制度优势，探寻一条发展新型大国关系的道路，不断把世界机遇变成中国机遇，不断把中国机遇变成世界机遇，在和

① 《1844 年经济学哲学手稿》，人民出版社 2000 年版，第 175 页。
② 《马克思恩格斯文集》第 1 卷，人民出版社 2009 年版，第 537 页。

平与发展的时代主题下，实现整个国际社会共同利益的最大公约数，各国发展机遇和前途命运的最大公约数。

第四节　市　民　社　会

市民社会是马克思主义社会学的重要概念，这一判断并非仅仅局限于早期马克思，因为"对市民社会的解剖应该到政治经济学中去寻找"，马克思四十年如一日地研究政治经济学，可以说，就是在"解剖市民社会"。日本学者甚至将市民社会称为马克思"压箱底"的概念。① 这一概念在马克思主义经典著作早期汉译时就有两种不同的解读，改革开放后又受到西方马克思主义的影响，现在需要作为中国马克思主义概念厘定基本含义。

一、马克思恩格斯市民社会概念的文本学解读

最经典的解释来源于《马克思恩格斯文集》（还有《全集》、《选集》中文版）对这一概念所作的注释。《马克思恩格斯文集》2009 年版第 2 卷收录了马克思的《〈政治经济学批判〉序言》一文，其中有一句引用率非常高的话，即"物质的生活关系的总和，黑格尔按照 18 世纪的英国人和法国人的先例，概括为'市民社会'，而对市民社会的解剖应该到政治经济学中去寻求"②。在这里，文集对市民社会概念作了一个注释，注释指出，"市民社会（Bürgerliche Gesellschaft）这一术语出自黑格尔《法哲学原理》第 182 节（见《黑格尔全集》1833 年柏林版第 8 卷）。在马克思的早期著作中，这一术语有两重含义。广义地说，是指社会发展各历史时期的经济制度，即决定政治制度和意识形态的物质关系总和；狭义地说，是指资产阶级社会的物质关系。因此，应按照上下文作不同的理解。"③ 不仅十卷本《文集》，实际上《马恩全集》的第一版、第二版，《选集》的第一版、第二版以及 2012 年第三版的其他各卷等文本在涉及市民社会的注释时，都是作类似的解释。注释的意思是说，市民社会在马克思早期的著作中实际上都是指物质关系，只是

---

① ［日］望月清司：《马克思历史理论的研究》，韩立新译，北京师范大学出版社 2009 年版，第 37 页。
② 《马克思恩格斯文集》第 2 卷，人民出版社 2009 年版，第 591 页。
③ 《马克思恩格斯选集》第 1 卷，人民出版社 2009 年版，第 766 页。

在不同的语境中，有的是资本主义的特殊性物质关系，有的则是人类全部历史时期的一般性物质关系，是个对当今时代，特别是对当代资本主义，仍然具有分析功能的概念。但学术界理论界"按照上下文做不同的理解"时，容易陷入或按广义或按狭义理解为一般经济基础和资本主义经济基础的思维，从而把物质关系简单化。

马克思确实在很多情况下是在经济基础的意义上使用市民社会概念的。其依据很多，比如恩格斯在回忆自己和马克思共同撰写《德意志意识形态》的时候指出，马克思在《德法年鉴》时期已经把自己的看法概括成如下的意思："不是国家制约和决定市民社会，而是市民社会制约决定国家"。这里所谓的市民社会显然就是经济基础的意思，因为恩格斯还特意做了解释，即"从经济关系及其发展中来解释政治及其历史"①，也就是说市民社会就是"经济关系"。不仅在恩格斯的回忆中，生产在马克思的很多著作中，市民社会所指的也是经济基础。这里，还需要强调两个方面：第一，马克思还用不同的提法来区分各形态的市民社会，如"奴隶占有制的市民社会""旧的市民社会""现代的市民社会"② 等等。第二，在马克思和恩格斯很多著作中，市民社会与交往形式、物质关系、经济关系、生产关系等概念混在一起用。马克思的市民社会概念除了选集的经典注释之外，还有两种义项，这两种义项也是物质关系的具体内容。

第一，市民社会就是资产阶级社会。

恩格斯1852年与马克思通信讨论《路易·波拿巴的雾月十八日》英文译法的时候就说，"'资产阶级社会'（Bürgerliche Gesellschaft）被译成'中等阶级社会'，严格说来这在语法和逻辑是不对的，就好像把'封建社会'译成'贵族社会'一样。有教养的英国人不这么说。应当说：'资产阶级社会'（bourgeois-society），或者根据情况说：'商业和工业社会'（commercial and industrial society），并且可以加一个注：我们理解的'资产阶级社会'是指资产阶级、中等阶级、工业和商业资本家阶级在社会和政治方面是统治

---

① 《马克思恩格斯选集》第4卷，人民出版社2009年版，第232页。
② 《马克思恩格斯全集》第3卷，人民出版社2002年版，第386、186、91页。

阶级的社会发展阶段。"① 在直接可以翻译成资产阶级社会的地方，这一概念就直接翻译成了资产阶级社会，但也有一些地方翻译成了市民社会，这时候的市民社会概念就是指资产阶级社会，比如在《关于费尔巴哈的提纲》中，马克思指出，"旧唯物主义的立脚点是市民社会"，② 此处实际上就是资产阶级社会的意思，当然如果我们将其解释为资产阶级的经济基础（即文集中经典注释的狭义上的市民社会），也能够解释通，但本文认为，这里的市民社会应该作资产阶级社会解，因为，如果作资产阶级的经济基础解，则与后边的"人类社会或社会的人类"不能构成对仗，显然这里的意思是说，旧唯物主义是资产阶级的哲学，只代表一部分人（即资产阶级）的利益，而新唯物主义则属于无产阶级的世界观，它所追求的则是整个人类的解放，所以，这里的市民社会作资产阶级社会解释比较合乎逻辑。

第二，从生产和交往中产生的社会组织。

马克思在《德意志意识形态》中指出，"市民社会包括各个人在生产力发展的一定阶段上的一切物质交往"，是"直接从生产和交往中发展起来的社会组织"。③ 这种社会组织是生产力发展到资本主义时代才出现的社会组织，近代以来，随着生产力的发展，前资本主义的"共同体本位"状态开始解构，个体从共同体的束缚中解放出来，开始生发出独立主体意识。个人主义是近代资本主义社会哲学的核心，它张扬了个人的主体意识，解构了原始共同体的束缚。个体独立性的凸现从另一方面强调了人的社会性和共同性，市场中的个体要实现自我利益最大化，就需要交往，需要社会组织，所以市民社会离不开社会组织，它本身就是在生产和交往基础上发展起来的社会组织。

二、Bürgerliche Gesellschaft 原著概念汉译考证

"市民"在汉语古典词义指"城市居民"，这个义项直到当代仍然在民间口语中沿用，"市民"是与"农民"相对的城市居民。明治时期日本人用

---

① 《马克思恩格斯全集》第 49 卷，人民出版社 2016 年版，第 239—240 页。引文括号中的外文词是笔者加的。

② 《马克思恩格斯文集》第 1 卷，人民出版社 2009 年版，第 502 页。

③ 《马克思恩格斯文集》第 1 卷，人民出版社 2009 年版，第 582—583 页。

汉字词"市民"对译西方的 Citizen，译法很快传给中国人，但这个新义项所指，并没有很快被中国人接纳。在市民社会概念翻译方面，新中国成立前的一些著作并没有翻译成市民社会，《德意志意识形态》一书在谈到德国哲学家没有为历史提供世俗基础，但英法的历史学家虽然片面但毕竟对世俗的社会历史作了一定的研究，他们"首次写出了市民社会史、商业史和工业史"，① 郭沫若译《德意志意识形态》则译作"所以他们是先写有产者的社会史，贸易史，产业史"②。《德意志意识形态》郭沫若译本收入了《费尔巴哈论纲》（题目注下左侧"依据原有手稿"字样），郭沫若译文："旧式的唯物论之立脚点是有产者的社会，新式之立脚点是人的社会或社会性的人类。"③ 也就是说，现在译作"市民社会"的地方，郭沫若译作"有产者的社会"。其实译作"有产者社会"也有一定道理，Bürgerliche Gesellschaft 本身就有资产阶级社会的意涵。而克士（周建人笔名）译的《德意志观念体系》（1941 年由珠林书店出版）有这样的句子，"交通的形式，系受一切以前历史时代既存的生产力所决定，反过来决定这些的，是公民社会。"译者在这里对"公民社会"作了一个注释，"公民社会，原文是 Bürgerliche Gesellschaft，常被译为资产社会，但原意思是'文明社会'，即指有政治，法律，等等的社会，和'自然社会'，即原始社会相对待。在 18 世纪，资产者的理论家提出来以攻击阻碍私有财产自由旧制的政策。如后来调整个人间关系的法律称为民法，调整国家和公团体间的法律叫作公法。可以看出这里所指是公民社会。亦译作市民社会。"④ 周建人（笔名克士）不同意"资产社会"，即郭沫若"有产者社会"的译法，而是认为把 Bürgerliche Gesellschaft 译作"公民社会"或"市民社会"，并指出，这个概念的原意是与"自然社会"相对的文明社会。在《德意志观念体系》中其他涉及市民社会的地方，周建人也译作公民社会。1960 年出版的《马克思恩格斯全集》第 3 卷收入了《德意志意识形态》全文，1961 年人民出版社出版《德意志意识形态》全文单行本，其中的译法基本和 1960 年版《马克思恩格斯全

---

①　《马克思恩格斯文集》第 1 卷，人民出版社 2009 年版，第 531 页。
②　《德意志意识形态》，郭沫若译，言行出版社 1938 年版，第 61 页。
③　《德意志意识形态》，郭沫若译，言行出版社 1938 年版，第 34 页。
④　《德意志观念体系》，克士译，珠林书店 1941 年版，第 34 页。

集》第 3 卷的译法一样，包括之后出版的三个版本的《选集》以及《文集》和各种单行本，统一将 Bürgerliche Gesellschaft 译作市民社会。

如 1902 年梁启超《新民说》所言："盖西语所谓市民（Citizen）一名词，吾中国亘古未尝有也。"[①] 由于我国没有市民社会传统，缺乏接受市民社会概念的相应文化土壤，市民社会概念在改革开放前马克思主义传播史上并非显学。进入新时期，先有西方马克思主义创始人葛兰西的著作及其中的市民社会概念传入我国，葛兰西《狱中札记》葆煦译本 1983 年由人民出版社出版，曹雷雨译本 2000 年由中国社会科学出版社出版；《狱中书简》《葛兰西文选》2008 年由人民出版社出版。葛兰西的市民社会概念在国内学界引起很大反响，激发了国内研究市民社会问题的热情。再有法兰克福学派大师哈贝马斯的相关著作被翻译成汉语。哈贝马斯也很受国内学界青睐，他的很多著作陆续被引介到我国，洪佩郁等翻译的《交往行为理论》第一卷、第二卷，先后于 1994 年、1996 年由重庆出版社出版，2004 年上海人民出版社又出版了曹卫东的第一卷译本。哈贝马斯较为直接地涉及市民社会概念的《公共领域的结构转型》亦由曹卫东汉译，学林出版社 1999 年出版。在新世纪，又有日本的马克思主义市民社会派集中译介到国内，包括望月清司的《马克思历史理论的研究》，韩立新翻译，北京师范大学出版社 2009 年出版；韩立新主编的《当代学者视野中的马克思主义哲学：日本学者卷》（文集），2014 年由北京师范大学出版社出版，也大量译介市民社会派；植村邦彦的《何谓"市民社会"——基本概念的变迁史》，赵平等人翻译，南京大学出版社 2014 年出版，更是聚焦市民社会概念史研究。近 30 年来，西方马克思主义、法兰克福学派和日本马克思主义市民社会派等国外马克思主义市民社会思想，对国内解读马克思主义市民社会原著概念，一方面激发了热情，同时又对马克思主义经典著作概念带来某些误植，因为国外马克思主义的市民社会概念，更接近英语概念 Civil Societ 而不是马克思恩格斯的德语概念 bürgerliche Gesellschaft；或者说，更接近周建人的翻译而不是郭沫若的翻译。

1994 年，方朝晖在《中国社会科学》第 5 期发表《市民社会的两个传

统及其在当代的汇合》。方文通过挦顺市民社会对译的德语词 bürgerliche Ge-
sellschaft 和英语词 Civil Societ 的词源关系及词义演变，比照法文、拉丁文、
古罗马文等文字的汉译，认为 bürgerliche Gesellschaft 和 Civil Society 分属两
个不同的文化传统，马克思所使用的市民社会从来都是 bürgerliche Gesell-
schaft，而不是 Civil Society 对应的德文词 Zivilgesellschsft。也就是说，马克
思的市民社会不是英文的 Civil Society。实际上，德文 Bürgerliche Gesellschaft
（经典的翻译即市民社会）本身就有资产阶级社会的意思，Bürgerlich 是个
形容词，其名词形式即 Bürger，该词的词根为 Burg，意即城堡、要塞、城镇
等，后来演变成为居住在城堡周围城镇上的居民，这些居民多为商人和手工
业者，实际上就是市民、资产者，他们摆脱了封建人身控制，在政治上有自
主权，在经济上是私人所有者。资产阶级就是从这些居民中产生的，故
Bürgerliche Gesellschaft 的内涵之一就是资产阶级社会，所以在翻译的时候，
这一德文词语在一些语境下直接被翻译为资产阶级社会，其历史语境和文化
传统都延伸不出英文 Civil Society 具有的"公民社会"或"文明社会"义
项。1999 年，英国思想家弗格森的《文明社会史论》由林本椿译成汉语，
辽宁教育出版社出版，此书 2010 年又有新的译本，还是由林本椿等翻译，由
浙江人民出版社出版。该书译名为"文明社会"，对应的英文母词即 Civil So-
ciety。由于概念翻译误植，国内不少学者认为《文明社会史论》实际上也可
以译作《市民社会史论》，Civil Society 即市民社会。实际上，《文明社会史
论》的作者弗格森是与黑格尔同时期的思想家，是英国古典思想传统中的
"社会学"创始人，弗格森与黑格尔同时在英语传统和德语传统中，提出了
Civil Society 和 Bürgerliche Gesellschaft 术语，弗格森先于马克思 30 年就使用了
Civil Societ 术语，这个术语与 30 年之后马克思恩格斯在德语文化传统中，借
用黑格尔的 bürgerliche Gesellschaft 术语，词源词义、所指能指都不一致。

　　除了《德意志意识形态》译词衍变，以《共产党宣言》对"小市民"术
语的汉译为线索，更能确证马克思恩格斯原著概念与 Civil Society 的内涵差
异。2017 年人民出版社《宣言》单行本中，有三处定译为"小市民"，对译
的恩格斯审定的 1888 年英文版《宣言》中的母词既没有 Citizen，也没有
Civil，而是英语 the petty Philistine。对译的 1848 年德语原版母词是
Spießbürger，由 Spieß（小）和 bürger（市民）两个义素构成。Spießbürger/the

petty Philistine 曾先后汉译作"市侩""庸人""俗人""一般人""小资本家""小资产阶级",与市民社会原著概念有共同词根和义素。

三、马克思主义市民社会概念的基本内涵

精准解释马克思和恩格斯市民社会概念,阐发中国马克思主义市民社会概念,既要严格遵循马克思主义原著概念提出的德语文化传统,又要考证汉译词衍变的内在逻辑和意义,还要撇清国外马克思主义市民社会概念有可能造成的概念误植。综合以上所述,马克思的市民社会总体上包括三种内涵,即经济基础、资产阶级社会和社会组织。我们需要对此概念进行时代化分析,经济基础固然是物质关系的核心内容,不过既然市民社会可以和经济基础画等号,那为什么不直接用经济基础概念,而用市民社会概念呢?马克思之后的马克思主义者在归纳马克思主义基本原理的时候,都是用经济基础概念,而没有用市民社会概念,这是否意味着,市民社会概念只不过是经济基础的代名词,是马克思历史唯物主义的过渡性概念,它本身并不重要,甚至对于成熟时期的马克思来说,市民社会这个概念就没有必要存在了?如果仅仅将马克思的市民社会概念解释为经济基础,那么认为这一概念是前历史唯物主义时期不成熟的过渡性概念,成熟时期的马克思就不再使用这一概念了,这种理解显然与前述考证的物质关系的三种展开不能吻合,所以遮蔽了马克思市民社会概念的重要性和丰富性。马克思的市民社会概念之所以能激起当代学者强烈的学术热情,绝非仅仅因为它是经济基础的代名词,我们需要根据上述考证对马克思的市民社会概念作引申与辨析。依照马克思的原文,市民社会就是物质关系的总和与展开,这样的物质关系内容包括如下特征:

第一,这种物质关系是资产阶级社会的物质关系。市场领域所表现出的利己主义就是资产阶级社会物质关系的典型表现,上文已经从语源学的角度考察了 Bürgerliche Gesellschaft 本身就包含资产阶级社会的内涵,马克思在很多语境下也是这个意义上使用该词语,所以,作为市民社会的物质关系总和本身就是资产阶级社会的物质关系的总和。

第二,这种物质关系是以物的依赖性为基础的人的独立性的典型表现,而以"物的依赖性为基础的人的独立性"则是资产阶级社会的时代特征。马克思在《1857—1858 年经济学手稿》中,依照人的存在状态将人类历史

划分为三个阶段，资本主义社会就是第二个阶段，它已经消除了人身依附的"人的依赖关系"，每个人已经实现了形式上的独立性，不过这样的社会是一个全面物化的社会，人们依赖物而存在，人变成了实现物的价值的手段，他者不再是和自我处于同一位格的主体，而降低为实现自我利益的工具，拜物教成为社会的生存样法。市民社会所谓的物质关系就是这种物的依赖关系的典型表现。

第三，市民社会是个体本位状态下的社会组织，个人主义是资本主义的核心价值观，市民社会作为社会组织是以个体本位为基本特征的。市民社会的出现是前现代共同体本位的社会状态解体之后的事情，是个体本位的社会状态，但个体的独立性又决定个体必须与他人交往，所以个体本位的结果又需要在交往基础上形成一定的社会组织。

第四，市民社会只能在政治经济学中得以解剖。要真正理解市民社会不应该到政治国家中，而应该深入政治经济学当中，马克思的政治经济学研究就是为了解剖市民社会。市民社会概念在马克思的不同语境中虽然存在不同的内涵，但这些内涵之间的关系密不可分，"资产阶级物质关系"这一内涵自然而然地引申出"以物的依赖性为基础的人的独立性"这一内涵，而上述两种内涵又引申出"个体本位"这一特征，个人主义的核心价值观反过来又维系着上述两种内涵特征。所有这些物质关系又归结于非政府的私人领域，因为资产阶级不希望政府过多地干预经济发展，非政府的私人领域努力排除政府的干预，从这个意义上说，市民社会是典型的现代性概念，是观照现代社会的一个重要范式。尽管市民社会的上述特征表明它更多地和市场经济相联系，但是剖析市民社会不应该就是跟西方经济学，特别是不应该陷入庸俗经济学窠臼，而"应该到政治经济学"中去。因为在政治经济学中，我们才会发现市民社会的物质关系和政治国家之间决定与被决定的关系，才会发现这些生产资料的所有者才是公共领域的主导者，才会发现坚持社会主义基本经济制度这个物质关系总和，对于构建社会主义和谐社会的重大意义。

第五节 社会有机体

社会有机体概念在马克思那里更多地被当作一个工具性的自明概念，被用来解释社会现象，而没有规范性的界定。中国马克思主义术语研究尤其应该把那些马克思已经明确提出，但由于种种原因而没有作深入、系统地阐释的概念内涵阐释出来。

一、马克思社会有机体概念的由来与特征

有机体是生物学用语，也称机体，主要是对动物、植物等有生命的机体的统称。生物有机体表现出其他物体所不具有的一系列特征：有机体是一个系统，它把系统内和环境分开；有机体是一个自发生长的过程，不断地进行自我更新；有机体的生长是一个从低级到高级、从简单到复杂的过程；有机体还呈现出整体性、系统性、复杂性等特征。有机体之所以是"有机"的，就在于诸"器官"之间的相互依赖、不可分离，且相互生成。在马克思之前，很多思想家已经注意到了社会的"有机体"特征。柏拉图认为，就像人体分为很多器官一样，城邦也由不同的人群构成，他认为，城邦由统治者或者叫治国者、军人护卫者、农工等劳动者和商人及其他服务人员这三类人员组成。这三类人员各司其职，构成了城邦这个有机体。明确探讨了社会有机体概念的是孔德，斯宾塞则更加明确地将有机体概念引入社会学，他说，"社会就是一个有机体，也有营养器官、循环器官、协调器官和生殖器官。"但社会有机体也有诸多不同于生命有机体的地方："（1）生物有机体的各部分构成一个具体的整体，而社会有机体的各部分构成一个抽象的整体；（2）生物有机体的活体单位固结在一起、联系紧密，而社会有机体的成员是自由的，或多或少是分散的；（3）生物有机体的中枢神经功能通过身体传送的刺激来实现，社会有机体的中枢神经功能则通过情感语言和思想语言来实现；（4）生物有机体的意识集中于整体的神经系统，社会有机体的意识则分散于整个社会，各社会成员都具有感知苦乐的能力。"①

德国古典思想家，尤其康德、黑格尔也都存在有关社会有机体的思想闪光点，成为马克思社会有机体思想的概念来源，但就总体而言，社会有机体

---

① 崔载阳：《近世六大家社会学》，转引自皮后锋：《严复评传》，南京大学出版社 2006 年版，第66 页。

概念在马克思那里是一个自明的不需要作界定的工具性概念，它主要是用来表述社会基本特征的。马克思早在《莱茵报》时期就提到过"国家生活的有机体"①，在以后的著作中也多次提到社会有机体。马克思有关社会有机体的论述较为零散，缺乏系统性和全面性，但从这些论述中，我们可以看到社会有机体具有丰富的内涵，笔者在这里不打算对其下规范性的定义，而是归纳其特征，在特征的呈现中构建其内涵。

过程性。社会有机体不是一个一成不变的"坚实的结晶体"，而是一个生成过程，一旦这一生成过程终止了，社会也就不再是有机体了。社会有机体的生成过程具有多种特性：1. 这一生成过程一刻也不停息，有机体就是生命的绵延过程，只是有时候发展变化较为明显，能够为人们所感知，而更多的时候则发展缓慢，缓慢到感知不到发展的存在。2. 这一生成过程是一个从简单到复杂、从低级到高级的发展变化过程。早期的人类社会比较简单，内部结构也不复杂，随着社会的发展与进步，社会逐渐创生出诸多原来所没有的"器官"，逐渐发生分化，产生多种多样的群体、机构、职能，分工越细，社会就越复杂，进步程度就越高。3. 生成过程既具有遗传性，也具有变异性。每一代人都是在前一代文明的基础上把人类历史往前推动的，都会继承上一代人的文明遗产，但人类社会在发展过程中也有"变异"，创生出前一代所没有的因素，越是到现代社会，这种创生性就越明显，社会的发展唯其有这种"变异"才会有进步与发展。4. 这一生成过程表现在微观上就是大量人口的繁衍、发育、成长、衰亡；而表现在宏观上则是社会逐步走向进步与文明。

整体性。社会有机体的整体中每一个因素、每一个环节都要从整体上看待，而不能孤立地看待，社会有机体的整体性包括横向上的整体性和纵向上的整体性。"社会形态"概念主要是从横向上讲社会的整体性，所以它不能和社会有机体画等号，而"社会有机体"概念则不仅包含横向上的整体性，还包括纵向上的整体性，是社会整体的丰富和发展的过程。从横向上看，社会有机体概念侧重于社会各个部分之间的协调性、互补性以及整体性；而从纵向上看，社会有机体概念则是指社会发展的自组织性、规律性、和谐性。

---

① 《马克思恩格斯全集》第 1 卷，人民出版社 1995 年版，第 333 页。

系统性。社会有机体的系统性主要是指社会有机体整体上是一个复杂的系统，在这一系统中，各个子系统内部具有很高的复杂性，而子系统之间又具有密切的关系和相互依赖性，子系统与整体之间也有着密切的关联和相互依赖性。社会系统内部具有复杂的结构，社会整体具有较高的有序性、协调性，局部从属于整体，而整体则又大于局部之和。社会有机体不仅自身具有高度的精密性与和谐性，还与周围的环境进行有序的能量交换，社会有机体从环境吸收能量并内化到自己的机体中，同时释放自身的一些废物，而这些废物则又被环境所吸收、消化。社会有机体与环境进行着诸多的刺激—反应活动，在长期的刺激—反应过程中，社会有机体逐渐适应环境，也改变环境，而被改变的环境又促使社会有机体进行新的适应过程。当这一互动处于良性状态时，社会有机体就会健康发展，而当这一互动处于恶性状态时，比如社会有机体过度向环境索取，那么社会有机体就得不到健康的发展，有可能衰退，甚至灭亡。

自组织性。人类社会的发展可以分为两种样态：自生自发的发展；人为控制着的发展。社会是由一个一个的人组成的，人类的历史是由人创造的，从表面上看，人类社会好像是由人自觉地控制着发展起来的，但实际上人类历史的发展却是一个自生自发的过程，人类之所以能"创造"历史，就是因为人类顺应了历史发展的规律。马克思主义哲学认为，人的自觉性和历史规律的客观性是辩证统一的，不符合历史规律的"自觉"不能创造历史，所以社会有机体的发展具有一定的自组织性，它的内部结构复杂而精巧，看上去好像是某个超现实的力量的杰作，但实际上这只是社会自我组织、自我发展的结果。

平衡性。社会有机体是一个平衡的系统，各要素之间的关系，是一种有机的耦合关系，它既输出、作用于其他要素，同时，它也必须不断吸收其他要素提供给它的营养，并力求达到平衡。在历史上，各种战争、动荡是社会失衡的应激反应，而且这些动荡本身也是为了让社会再次回到平衡状态。在社会有机体中，平衡状态由多种因素构成，"各种关系有机耦合，形成一个统一的整体，任何一种关系的缺失都会引起整个机体内在平衡的失调。因此，为了整体的进步，各种因素必须互相配合，淘汰过时的要素、器官，创造出社会需要的器官来，这是一个永不停息的过程，既是社会发展为一个整体的原因，也是社会有机体生命长于个体生命的原因。"① 失衡是为了淘汰过时的要素和器官，平衡则是社会的"常态"，整个人类历史总是处于平衡——失衡——再平衡……的发展过程，在这一过程中，社会有机体实现了张力中的动态平衡。

自我修复性。就像生物有机体的某个部位被损伤后，该有机体能够自我修复一样，社会有机体也有这一功能，这种有机体具有自身不断更新和再生的能力。在人类历史上，战争曾经使一些国家的人口、经济、社会结构等遭到重创，但是这些重创很快就会得到恢复。当然，这种修复能力也是有限度的，当创伤达到致命的程度，超出修复能力范围的时候，社会有机体也会死亡，或者发生社会形态的变迁。

二、马克思主义社会有机体概念的汉译考证

在马克思那里，他并没有专门探讨社会有机体概念和理论，而只是把社会看作有机体，把有机体概念当作工具性的概念来使用。有机体最经典的表述就是在《资本论》第一卷的第一版序言中："现在的社会不是坚实的结晶体，而是一个能够变化并且经常处于变化过程中的有机体。"② 我们先探讨这一概念在我国的翻译情况。

1930 年，陈启修翻译出版了《资本论》第一卷的第一分册，这是在我国最早的《资本论》原本的翻译，在这个版本的《原著者对于第一版的序文》中，上述引文译作："感着现存的社会不是一个固定的结晶体，倒是一个可以变动的，常常变动进程当中的有机体。"③ 可以看出，在《资本论》的最早译本中，有机体概念已经确定了译名。上述这句话在郭大力和王亚楠翻译的出版于 1938 年的《资本论》第一卷中译作，"感到了现（漏掉了'代'字）社会不是一个固定的结晶体，而是一个能够变化的，且不断变化的有机体。"④ 这里也明确译作有机体概念。新中国成立后中央编译局的译

---

① 孙承叔：《资本与历史唯物主义——〈资本论〉及其手稿当代解读》，复旦大学出版社 2013 年版，第 229 页。

② 《马克思恩格斯文集》第 5 卷，人民出版社 2009 年版，第 10—13 页。

③ 《资本论》第 1 卷第 1 分册，陈启修译，昆仑书店 1930 年版，第 172 页。

④ 《资本论》第 1 卷，郭大力、王亚楠译，读书出版社 1938 年版，第 1 页。

本也没有变动，都译作有机体。上述引文在 1972 年出版的《马克思恩格斯全集》第 23 卷（《资本论》第一卷）中，译文是："现在的社会不是坚实的结晶体，而是一个能够变化并且经常处于变化过程中的机体。"① 这里译词"机体"和"有机体"是同一个概念。1975 年人民出版社出版了《资本论》的单行本，单行本和《马克思恩格斯全集》的译本是同一个版本。2001 年出版的《马克思恩格斯全集》（第二版）第 44 卷（《资本论》第 1 卷）改译作"有机体"，② 2004 年版的《资本论》第 1 卷单行本也译成"有机体"，③ 该单行本就是第二版《马克思恩格斯全集》第 44 卷的单独出版。

对马克思"有机体"概念的翻译从一开始就确定了译名，是因为有机体这个概念的汉译，在近代中国已经有了一定的术语基础了。严复在翻译赫胥黎的《天演论》的过程中，通过汉字拼义组词，用"官品"对译英文 Organism，即有官之品的意思，"官"指器官。严复有意将人类社会与生物群体类比，"身贵自由，国贵自主。生之与群，相似如此。此无故无他，二者皆有官之品而已矣"。不久日本人创设了和制汉字词"有机""机体""有机体"，并通过留日中国学生进入汉语。严复本人裹挟其间，也接受了日语借词："按'有机'二字，乃东文取译西文 Organism。其字源于希腊，本意为器，又为机关。""近世科学，皆以此字，命有生者。其物有生，又有机关，以司各种生理之功用者，谓之有机体"。④ 鲁迅在留日期间，就将严译词"官品"与日译词"有机体"对应通义，在《人生象学》中称："官品（Organismus）者，或称有机体。"⑤

三、马克思社会有机体概念的时代意蕴

马克思没有就社会有机体专门从概念上作过阐释，他更多的是把社会有机体作为自明的概念用来表述社会的特征，但在马克思的有关论述中却蕴含着丰富的内涵生长点。建构中国马克思主义社会有机体概念，对于我们进一

① 《马克思恩格斯全集》第 23 卷，人民出版社 1972 年版，第 12 页。
② 《马克思恩格斯全集》第 44 卷，人民出版社 2001 年版，第 13 页。
③ 《资本论》第 1 卷，人民出版社 2004 年版，第 13 页。
④ 《严复集》，中华书局 1986 年版，第 1255 页。
⑤ 黄河清：《近现代辞源》，上海辞书出版社 2010 年版，第 905 页。

步认识社会、改造社会具有重要的启迪意义。中国特色社会主义的发展是一个有机的协调发展过程，根据马克思主义社会有机体功能，我们应该更加注重发展的系统性、全面性、整体性、协调性、平衡性、组织性，要在以经济建设为中心的基础上，坚持"四个全面"，协调推进"五位一体"的发展，推进整个社会系统、和谐、协调发展。

第一，从有机体与个体的关系看待社会发展。前文已明确，社会有机体的整体性意味着局部服从整体，那么作为有自觉的独立意识的个体在社会有机体中发挥什么作用，他与社会有机体之间的关系怎样呢？个体是否永远都要抹杀自我个性而服从于整体呢？在马克思看来，个体与整个社会有机体之间的关系是随着社会有机体的发展而有所变化的。在远古时代，个体依赖于整体，这根源于人们改造自然，从自然界获取物质生活资料的能力的低下。这种历史条件下，社会有机体的整体性很明显，个体必须无条件地服从整体，没有自觉的、独立的主体意识。而随着人类历史发展到了近代，资产阶级的启蒙运动和资产阶级革命启迪了人的独立个性的觉醒，"公开运用自己的理性"成为启蒙运动的座右铭，没有经过自我理性的评判，不接收任何别人的越俎代庖。如果说古代社会是一个整体本位社会的话，那么近代资本主义则是一个个体本位的社会，古代的"人的依赖性"被近代的"以物的依赖性为基础的个体的独立性"所代替，个体不再无条件地服从社会有机体这个整体，社会整体呈现为"虚假共同体"状态，但这并不意味着社会有机体已经解体，所谓"虚假共同体"只是社会有机体发展演变的一种形态，是一种整体不过多地干预个体私人自由的社会状态，这是现代社会有机体不同于前现代社会有机体的地方，"社会有机体"并不意味着社会整体都像古代社会那样宰制个体，既给个体充分自由，又保持一定的整体状态就是社会有机体的一种状态，但资本主义还没有达到这种状态，资本主义的个体架空了整体，原子式的个人主义也会造成诸多问题，是个体与整体之间的不协调，只有到了"自由人联合体"状态，社会有机体才能真正实现个体与整体的平衡，个体的人才会获得彻底的解放和自由，社会有机体也才会逐渐发展到高级状态。

第二，社会有机体具有复杂的结构。所谓结构就是系统内部诸要素（或者子系统）之间的关系，生物有机体各器官之间各司其职，相互耦合，形成一定的结构，维持生命现象的存续。社会有机体也有相应的结构，马克思的社会有机体概念实际上就是对整个人类社会的统称。历史唯物主义基本原理反映了社会的一般性结构，结构是对系统内部关系的高度抽象和概括，也只有站在结构的高度，我们才能够把握一个复杂系统。社会有机体的这一结构可以从横向和纵向两个维度来看。这一结构推动了社会有机体从低级向高级、从简单到复杂的发展，也推动着社会有机体发生分化，创生出原来所没有的成分，推动着社会有机体走向自我完善、自我组织、自我调节、自我平衡、自我和谐。

第三，社会有机体以人的自由而全面的发展为目的。生物有机体的发展是纯粹自发的，不存在意识，也不会有自觉。社会有机体由有意识的人组成，它的发展包含更多的自觉因素，虽然整个社会有机体的发展存在不以人的意志为转移的客观规律，但这些一般规律却是通过一个个具体的有自觉意识的特殊的人来表现出来，社会有机体的发展就是以人的发展为目的的。人总是自觉地追寻自我解放的，由人组成的社会有机体也自然会以人的自由解放为目标。所谓的"发展""进步""文明"等衡量社会有机体发展的标准也都是以人的发展为目的的，这些标准与"解放""自由"等价值存在密切的关系，甚至较多的重叠。社会有机体是人的组织，按照近代自然法则，人之所以要组成社会，构建政府，其目的就是为了个体更加便利地享受自我私人自由，所以人的自由与解放是社会有机体追求的目标。社会有机体之所以还要发展，就是因为人类的自由而全面的发展还没有彻底实现，从这个意义上来说，现存的资本主义社会虽然已经是一个极其精巧的社会有机体了，但它还不是人类"历史的终结"，人类历史还会走向更加文明的自由人联合体。

第四，创生出新的功能是社会有机体的重要现象。在生物有机体中，其器官、组织等都是有限的，但当这些有限的局部结合成有机体的时候，就会创生出原有器官所没有的功能。动物有机体的所有局部结合成有机体的活体就创生出了生命现象，只要有必备的供给，其心脏就能够跳动，心脏的跳动支撑整个生命体的运转，为生命提供营养和动力。高等动物的大脑还创生出意识、观念、思想，使得高等动物具有记忆、思考、想象的能力，这方面很多奇妙的现象至今对人类来说还是未知之谜。社会有机体也有创生性，社会在由个体整合为整体的过程中，创生出单个的人之和所不具有的功能。当然，这种创生出的功能不总是"正向"的。个体是追求自由自觉的人，但从个体到社会整体的整合过程发生了有利于资产阶级的创生现象。马克思指出，生产资料私有制是剥削的根源，资产阶级占有生产资料，而工人阶级一无所有，他们只能出卖自己的劳动给资产阶级。随着生产力的发展，真正的"自由人联合体"就会建立起来，那将是社会有机体的高级阶段，这个时候，由个体整合成的社会整体就会创生出"正"功能，积极肯定人的自由自觉的劳动，让人在劳动中感到"幸福"，"自由地发挥自己的体力和智力"。

第 五 章

马克思主义哲学术语中国化考释

早在 1903 年，马君武的《社会主义与进化论比较》称："马克司者，以唯物论解历史学之人也。"① 中国人接受马克思主义哲学，是从唯物主义历史观入门的，直到新时代，唯物主义历史观仍然是中国共产党人基本的看家本领。马克思在布鲁塞尔草就的《关于费尔巴哈的提纲》，被恩格斯称作"包含着新世界观的天才萌芽的第一个文献"，马克思提出了科学的实践概念，为新世界观的形成奠定了基础，提出了"全部社会生活在本质上是实践的"，人的本质"在其现实性上，它是一切社会关系的总和"。② 标志着马克思主义新世界观公开问世的著作是《哲学的贫困》，马克思在 1859 年的回忆中说，"我们见解中有决定意义的论点，在我的 1847 年出版的为反对蒲鲁东而写的著作《哲学的贫困》中第一次作了科学的、虽然只是论战性的概述。"③ 在这部著作中，马克思在驳斥蒲鲁东的同时阐述了自己的历史观和经济观，尤其是生产力和生产关系的辩证关系，马克思在《哲学贫困》中还分析了生产力概念的构成。科学的实践观是唯物史观形成的哲学基础，"社会存在""人的本质""生产力""生产关系"等是唯物史观范畴的核心概念，成为马克思主义哲学中国化进程中最重要的术语。

---

① 马君武:《社会主义与进化论比较——附社会党巨子所著书记》，林代昭、潘国华:《马克思主义在中国——从影响的传入到传播》上，清华大学出版社 1983 年版，第 76 页。

② 《马克思恩格斯文集》第 1 卷，人民出版社 2009 年版，第 501 页。

③ 《马克思恩格斯文集》第 2 卷，人民出版社 2009 年版，第 593 页。

本章以《共产党宣言》汉译为基本线索，考证注疏实践、社会存在、人的本质、生产力、生产关系五个汉语术语的概念史。实践是马克思主义哲学的立脚点，社会存在是历史唯物主义的立足点，人的本质是人的社会存在方式，生产力、生产关系则是这种存在方式中人的本质力量的展开。这五个术语都演变为中国马克思主义哲学的核心概念，其中，实践、社会存在、生产关系为日语回归借词，生产力从日语原语借词，人的本质是中国翻译者利用汉字拼义组词。

第一节　实　　践

在西方语言中，"实践"一词源自古希腊文，该词最初并非特定的哲学概念，而是与人的日常生活紧密相连的，后来经由德国古典哲学，德语词Praxis进入马克思主义，成为马克思主义哲学的核心概念和范畴。《共产党宣言》各个汉译本对"实践"术语的翻译存在从译成"实际""实行""行动"到"实践"的变化和定型，这个过程表明中国马克思主义实践概念的生成经历了从无到有、从生活化到理论化、从不成熟到成熟的逐步完善的过程。本节以《共产党宣言》汉译史上实践术语的译词演变为线索，探讨这一马克思主义哲学概念中国化的渊流及其对中国社会的话语影响。

一、"实践"概念的哲学史渊源

"实践"是马克思主义哲学的核心概念，也是其哲学的根本点和立足点。马克思主义哲学运用实践的立场和方法在人类哲学史上实现了伟大变革，这个变革使西方哲学从形而上学的思辨哲学转化为批判现实、改造现实的实践哲学。不仅如此，随着马克思主义的中国化进程，马克思主义哲学的"实践"特质对当代中国革命和建设也产生了巨大影响。然而马克思主义哲学中的"实践"内涵并不是一开始就具有的，它经历了一个漫长的历史演变过程。因此，实践这一概念在西方具有悠久的哲学史渊源。

在西方哲学中，"实践"一词源自古希腊文 praxis，该词最初并不是作为哲学概念而使用的，而是与人的日常生活紧密相连。原意是指通过不断的进行某种活动，使得该活动变得熟练。亚里士多德第一次把"实践"从日常生活领域引入哲学领域，从此"实践"才被作为一个哲学概念加以运用。他在对知识进行分类时，以知识的目的为依据，把所有的知识分成三类：理论知识、实践知识和创制知识。实践知识的目的是为了指导人的行动，所以"实践"在他那里就成为一个重要的、反思人类行为的概念。但他所说的"实践"活动并不是我们现在所理解的人与自然之间的生产活动，也不是一种纯粹求取自然知识的理论活动。在他看来，人是城邦的人，城邦是人生活的社会形式，人的一切行为必须以这种城邦的社会形式为前提，而"实践"是人作为城邦主体的一种社会活动。所以亚里士多德所说的"实践"主要指生活在城邦中的人的伦理化、政治化的活动。另外，在这三类知识的目的中，理论与实践都是一种自身构成目的的活动，因而是一种自由的活动，而创制的目的则在活动之外。创制之外另有目的，实践则没有，"实践本身就是目的"。① 基于这种划分，亚里士多德的"实践"概念更多地体现了伦理学意义。

到了中世纪时，在拉丁文中，praxis 被译为 actus。作为行动的 actus 是指经过人的意识选择之后的活动。由于受到中世纪的宗教影响，作为行动的 actus 更多是指超越世俗、信仰上帝的精神活动。因此，中世纪时"实践"概念虽然也是一种行动，但显然不是古希腊城邦意义上的伦理活动，也不是生产活动，而只是面向上帝的沉思。到了近代哲学，实践概念虽然不再具有中世纪的神学意味，但仍没有摆脱形而上学抽象思维的控制，实践只不过是抽象思辨活动外化的一个环节，实践变成了认识论意义上的实践。

到了德国古典哲学时期，康德在他的批判哲学体系中，对"实践"概念进行了前所未有的考察与重视，实践理性批判成为三大批判之一，从而使得"实践"概念具有十分重要的人本意义。康德把理性划分为理论理性和实践理性，与此相对应的哲学就是认识哲学和道德哲学。"哲学被划分为原则上完全不同的两个部分，即作为自然哲学的理论部分和作为道德哲学的实践部分（因为理性根据自由概念所作的实践立法就是这样称呼的），这是有道理的。"② 而实践理性与理论理性是根据人的活动性质来划分的。理论理

---

① ［古希腊］亚里士多德：《尼各可马伦理学》，苗力田译，中国社会科学出版社 1990 年版，第 120 页。

② ［德］康德：《判断力批判》，邓晓芒译，人民出版社 2002 年版，第 5 页。

性体现的是人的认识必然性，实践理性体现的是人的"意志自由"，是超越自然的应然性。因此，康德的"实践"不是人的基于自然的感性活动，而是人的理性自由的活动，只有自由才是实践的本质。每个人只有在自己的道德实践活动中才能意识到自由。这是在人性层面上对人的自由何以可能的拷问。

黑格尔对"实践"概念的探究超越了他之前所有的哲学家。在他的"绝对精神"哲学体系中，"实体即主体"成为其哲学的一个根本原则。真正的实体在其自身之中就蕴含运动发展的内在动力，因而这是一种能动性的原则。而人作为实体，其能动性根源于人的"实践"性。而人的实践是一个由"目的——手段——目的的实现"三个环节组成的过程，这一过程具有辩证逻辑的意义。目的与手段与对立统一的关系，人是通过运用手段去实现目的，如果没有手段，主体的目的也只不过是一个纯粹的主观形式或纯粹概念，"目的最初仅仅是内在的东西，主观的东西"，[①]主体通过手段去改造客体，去达到主客体的统一，在这个过程中，既扬弃了主体目的的单纯主观，又扬弃了客体的单纯客观。因此，在黑格尔看来，实践活动就不仅仅只是康德意义上的意志与意志自身相一致的意志活动，而是根据作为自由意志的主体对作为客体的客观世界加以改造的活动，它体现了主体的能动性，从而扬弃客观世界的片面性。可以说，黑格尔的实践观具有目的性、中介性和直接现实性的特征，并从而为马克思主义的实践观的形成提供了宝贵的思想养料。但他的实践观带有浓重的神秘与唯心主义色彩，这是它的根本缺陷。

马克思的"实践"概念是"实践"思想史上的一次最伟大变革。他一方面继承了德国古典哲学中"实践"所包含的主体能动性的思想，强调实践活动应该从主体出发而不是从对象出发，把立足点转移到主体方面。在这个意义上，"实践"活动是人类能动地改造世界的客观物质性活动，是感性的、对象性的活动，并提出"社会生活在本质上是实践的"，强调哲学的使命在于指导实践改造世界，"哲学家们只是用不同的方式解释世界，问题在于改变世界。"[②]另一方面，马克思也看到了以往哲学（包括德国古典哲学）

---

①　[德]黑格尔：《法哲学原理》，范扬、张企泰译，商务印书馆1961年版，第20页。
②　《马克思恩格斯文集》第1卷，人民出版社2009年版，第506页。

在"实践"思想上的局限性，他不是简单地对德国古典实践理论的继承，而是在对它的批判的过程中形成发展的。马克思认为德国古典哲学虽然高扬了主体和认识的能动方面，但却忽略了感性实践活动在整个人类认识中的基础性作用。在西方哲学史上，从亚里士多德到德国古典哲学，特别是康德哲学，明确区分了两种不同意义的实践活动：一种是"遵循自然概念的实践"，亦即认识论或技艺意义上的实践；另一种是"遵循自由概念的实践"，亦即本体论和伦理学意义上的实践，康德只把后一种活动理解为真正的实践活动。但是马克思反对康德这种狭义意义上的实践观。马克思认为"全部社会生活在本质上是实践的。凡是把理论引向神秘主义的神秘东西，都能在人的实践中以及对这个实践的理解中得到合理的解决"①。在他看来，生活世界的统一在于人的实践活动的统一，实践与人自身的生活本身联系在一起，而生产活动的实践构成人类本质的活动。人们在生产物质资料的同时，也生产人的物质生活本身，同时也创造人本身，"这种生产方式不应当只从它是个人肉体存在的再生产这方面加以考察。它在更大程度上是这些个人的一定的活动方式，是他们表现自己生活的一定方式。个人怎样表现自己的生活，他们自己就是怎样。因此，他们是什么样的，这同他们的生产是一致的——既和他们生产什么一致，又和他们怎样生产一致"，② 这样，马克思的"实践"概念就具有两个最基本特征：一是客观现实性。所谓"实践"一定是主体对客观对象进行有效改造的活动，并通过这种活动来变革世界。这种活动虽然受人的意志支配，体现人的主体性，但根本制约它们的不是意志活动，是客观的物质活动条件。二是普遍性。马克思主义的"实践"概念就是对人的各种生活活动的最一般的抽象。实践绝不像人们所直观的那样凌乱、那样狭隘，事实上，它是人类进步趋势的坚实基础，具有普遍性统一性的品格。

纵观"实践"概念的历史发展，"实践"概念经历了从古希腊的日常生活、社会生活的伦理学范畴到中世纪的面向上帝沉思的宗教范畴，再到人的意志活动的德国古典哲学范畴，最后到物质生产活动的马克思主义哲学范畴

---

① 《马克思恩格斯文集》第 1 卷，人民出版社 2009 年版，第 501 页。
② 《马克思恩格斯文集》第 1 卷，人民出版社 2009 年版，第 519—520 页。

的发展过程。马克思主义的"实践"概念展现了这一发展的辩证历程，实现了"实践"概念转换与根本变革。

二、praxis、praktisch 原著术语在日语和汉语中的译词演变

1904 年 11 月，日本社会主义者幸德秋水与堺利彦第一次把《共产党宣言》节译成日文准备发表，被当局查禁。1906 年 3 月，幸德秋水再次与堺利彦把《共产党宣言》全文首次译成日文发表。在这个译本中，幸德秋水与堺利彦把马克思的 praktische Vernunft 翻译成"实践理性"，即汉语的"实践理性"。前面说过，"实践"一词起源于古希腊文 praxis，而德文 praktisch、英文 practice、法文 pratique，均源自 praxis。日本早期马克思主义者在翻译马克思主义实践概念时，先后用两个词来翻译它：日语里的是 jissai 和 jissen，其对应的汉语是"实际"和"实践"。日本哲学家西周最早用 jissai 这个词，作为英语词 practice 的对译词使用，后来日本早期马克思主义者河上肇亦用 jissai 来表示与"Theorie"（理论的）相对的"praxis"。在《马克思社会主义理论的体系》一文中，河上肇说过这样一句话："马克思的社会主义在理论和实际（jissai）的所有部分都是一个完善的有机体系"。[1] 直到 20 世纪 20 年代，日语中 jissai 和汉语中的"实际"是用来翻译马克思主义实践概念的首选词。日语的另外一个词 jissen，在清末的时候以"实践"一词的形式被借用到了汉语里。1903 年旅日人士在日本汉译、在上海发行外来语辞书《新尔雅》中，不仅从日语 jissen 收录了"实践"一词，而且作为点注术语进行解释："动作行为存于现在之方面者谓之实践"。[2] 1925 年 4 月，瞿秋白在《新青年》第一期发表《列宁主义概论》中译文，也曾使用"实践"这个词来翻译俄语术语 praktika（praxis）。然而这在当时只是个别现象，大多数情况下主要使用"实际"对译 praxis。"实践"虽然开始用来翻译 praxis、praktisch，但直到 20 年代末 30 年代初，才分别在日本和中国的马克思主义术语中被当作普遍承认的译词用来翻译实践概念。

"实际"和"实践"这两个词都是经日语的回归译词，在汉语中的原生

---

① 转引自［德］李博：《汉语中的马克思主义术语的起源与作用》，赵倩等译，中国社会科学出版社 2003 年版，第 342 页。

② 汪荣宝、叶澜：《新尔雅》，上海明权社 1903 年版，第 67 页。

形态都不是哲学概念。"实际"原是佛教术语，其中的"实"有真正的、现实的、事实的、真理等意思，而"际"则是边缘、边界的意思。因而"实际"的原意就是"现实的边缘、边际"。在汉语佛教语言中，"实际"表示完全现实的真理，是不同于非现实、假象的，它一般作名词或形容词，而不具有动词的意义。在中国古代的汉语言学家许慎的《说文解字》中这样解析：将"实"解释为富也，"践"解释为"履也"。在后来的汉语中才把"实"和"践"结合起来组成一个动词来使用，汉语中"实践"是实行、履行的意思。在《宋史·理宗纪》中有："周敦颐、张载、程颢、程颐，真见实践，深探圣域"。明朝徐渭的《季先生祠堂碑》："〔先生〕著书数百言，大都精考索，务实践。"清人陈康祺的《郎潜纪闻》卷八："吾恨不从牧令出身，事事由实践。"这些古汉语文献中的"实践"都具有"现实的完成，实行"的意思。在中国古代哲学，实践的哲学内涵主要由"行"来代替，这里的"行"主要是指人在躬行和践履意义上的道德活动，是具有特定的目的性的活动，而实现某种目的的"行"就是中国哲学中所说的"知"，这种知是与实践互相紧密结合的，而不是指代的单纯的理论知识。哲学家们往往把"知"与"行"相提并论，强调"知"与"行"二者之间的辩证统一。由此可以看出，在古汉语中，"实践"一词的意义还是比较狭窄的，仅仅具有道德践履的意义，还不具有我们今天在马克思主义哲学意义上"实践"的内涵。

那么，马克思主义实践概念是如何中国化的呢？可以说《共产党宣言》在中国的翻译和传播，以及毛泽东《实践论》的出版对此起到了很重要的作用。在《共产党宣言》马克思诞辰 200 周年纪念版中，实践概念在五处出现，分别是"在实践方面，共产党人是各国工人政党中最坚决的、始终起推动作用的部分"；"在政治实践中，他们参与对工人阶级采取的一切暴力措施"；"在德国的条件下，法国的文献完全失去了直接实践的意义"；"一般'实践理性'的要求"；"失去任何实践意义"。五处实践概念都是在与理论相对应的意义上，评价不同社会主义派别的历史地位，评价标准就是对不同派别思想主张在改变现存社会制度中的真实性和现实性。第一处是评共产党，第二处是评封建的社会主义，第三、第四处针对"真正的"社会主义，最后一处是针对空想社会主义。沿循《共产党宣言》九个标志性译本中五处实践译词的衍变，可以探究实践概念中国化的历史轨迹。这九个译本包括新中国成立前六个，分别是陈望道译本、华岗译本、成徐译本、陈瘦石译本、博古译本、莫斯科译本（也称为百周年纪念版）；新中国成立后三个，分别是：1978 年成仿吾校译本，2001 年台湾学者唐诺从英文本翻译、在港台发行的译本，还有影响最大的中央编译局译本，其中包含六次翻译，现在通用的以 2009 年译本为准。下面从译本、译者、译词"三位一体"出发，通过对九个译本译词的考察探讨马克思主义实践概念的中国化。通过梳理，将《共产党宣言》译本、译者、译词情况列表如下。

表 5-1　《共产党宣言》汉译本一览表

译本	翻译时间	参考蓝本	出版社
陈望道译本	1920 年 8 月	日译本	社会主义研究出版社
华岗译本	1930 年初	英译本	华兴书局
成、徐译本	1938 年 8 月	德译本	延安解放社
博古译本	1943 年 8 月	俄译文，参考成、徐本	延安解放社
陈瘦石译本	1943 年 9 月	英译本（推测）	商务印书馆
乔冠华校译本	1948 年	英译本	中国出版社
莫斯科译本	1948 年	德文原版，英文版	苏联外国文书籍出版局
中央编译局系列译本	1964 年 9 月至 2009 年 12 月	德、英、俄译本	人民出版社
成仿吾重新校译本	1978 年 6 月	德译本	人民出版社

表 5-2　《共产党宣言》实践概念汉译词演变

德文母词	段落位置	陈望道译本	华岗译本	成、徐译本	博古译本	陈瘦石译本	百周年纪念版	编译局译本	成仿吾译本	唐诺译本
praktisch	66	在实际方面	在实际方面	实际上	在实践上	在实践方面	在实践方面	在实践方面	在实践上	实践面
in der politischen praxis	154	政治上的行动	政治上的行动	在政治实践上	在政治实践上	在政治行动上	在政治实践上	在政治实践中	在政治的实践中	在政治实践上

续表

德文母词	段落位置	陈望道译本	华岗译本	成、徐译本	博古译本	陈瘦石译本	百周年纪念版	编译局译本	成仿吾译本	唐诺译本
Die praktische Bedeutung	165	实行的意义	实践的意义	实际的意义	实践的意义	实际意义	实践的意义	实践的意义	实践的意义	实践的意义
Praktische Vernunft	165	普通的道理	实际的理性	实践理性	实践理性	实际理性	实践理性	实践理性	实践理性	实践理性
Der praktische Wert	200	实际的价值	实际的价值	实际的价值	实践的意味	实际的价值	实际意义	实践意义	实践价值	实际价值

从表5-2可以看出，依据德文母词praktisch，实践概念在《共产党宣言》正文中先后在正文的第66、154、165和200自然段出现。除了第66自然段的"praktisch"是单独使用以外，其他四处均与其他词联用形成一个完整的词组或短语。按照诞辰200周年纪念版定译本，这五处的译文分别是："在实践方面""在政治实践中""实践的意义""实践理性""实践意义"，中央编译局译本把五处的"praktisch""praxis"统一译成"实践"。但是，其他译本，特别是编译局译本之前，在这五处的翻译有四种译法，分别是"实际""行动""实行""实践"。如："在实际方面""政治上的行动""实际的价值""实际的意义""实际理性""实践理性"，等等。

从表5-1可以看出，这十个译本所依据的文本主要有四种：1. 陈望道主要依据1906年幸德秋水与堺利彦的日文本；2. 华岗、陈瘦石、乔冠华、唐诺依据1888年萨缪尔·莫尔的英文本；3. 博古依据1982年巴枯宁的俄文本；4. 成、徐依据德文本；5. 其他，如中央编译局译本、莫斯科译本等就参考以上多种语言母本。这四种母本所对应的"实践"语词形式分别是：日语的"实践"、英语的practice、俄语的практика、德语的praktisch。当然这些词在《共产党宣言》不同的地方会有不同的语境，其词性也会相应有所变化，如有时作名词，有时作形容词，有时作副词。而词性有所变化，其词形也会有所变化。但无论词性和词形怎么变化，其基本含义都是"实践"。

从表5-1还可以看出，1938年以前的译本有三个，即陈望道译本，华岗译本，成、徐译本，陈瘦石译本、唐诺译本是由非共产党人在国民党统治区独立翻译出版，受其他马克思主义者译本影响不大，受毛泽东《实践论》影响也不大，译词可以和1938年前的译本归为同一范围。为什么在这里要强调1938年这个时间节点呢？这是因为在1937年7月毛泽东发表了《实践论》这一著作，这篇著作原是毛泽东在延安抗日军事政治大学讲授哲学时讲义中的一部分。在这篇著作中，毛泽东运用马克思主义哲学的实践观点揭露党内的教条主义和经验主义，特别是教条主义的主观主义错误，从而将马克思主义的"实践"概念加以中国化。这就对后来《共产党宣言》汉译本在翻译"praktisch"时产生很大的影响。可以说1938年以后中国共产党对《共产党宣言》的理解也发生了较大变化，在话语的应用上形成了新民主主义的话语体系，1938年以后的"实践"这一概念就属于这一体系。

综合对表5-1和表5-2的分析，我们可以归纳梳理各种《共产党宣言》汉译本中实践译词的衍变机理：1. 在《共产党宣言》汉译本，尤其是早期的汉译本中，马克思的原著术语 praktisch 有四种译法，分别是"实际""行动""实行""实践"，但以"实际"和"实践"两种译法为主。2. 在《共产党宣言》首译本中，陈望道把同一英语母词 practice，在不同地方译成行动、实行一般口语词汇，尚未把马克思主义实践概念译作专用术语。比如在翻译 praktische Vernunft 时，译成"普通的道理"，这就非常口语化了。3. 第二个汉译本即华岗译本和党外知识分子陈瘦石译本，除了有一处将 practice 译作行动外，华岗译本和陈瘦石译本其他四处，将 practice 译作"实际"或"实践"，成徐、唐诺译本五处将 praktisch 和 praxis 译成"实际"或"实践"。这四个译本所据母本为德文本和英文本，德文本是马克思恩格斯原作，英文本为恩格斯审定，此时的汉译者开始把 praktisch 视为马克思主义经典著作的专用术语，翻译为"实际"或"实践"，但语词含义二者混用。4.《实践论》发表后由中国共产党组织翻译的四个《共产党宣言》权威译本，即博古译本、莫斯科译本、成仿吾校译本和中央编译局译本，对 praktisch 的翻译形成了统一和规范，全部译成"实践"。毛泽东借助苏联哲学教科书，通过列宁、斯大林哲学著作，运用马克思主义实践观来建构自己的"实践"概念。受毛泽东的《实践论》影响，使用俄文母本的博古译本中，马克思的 praktisch 经过俄语的 практика，成为中国马克思主义的哲学概念，被规范和统一译为"实践"，与早期从日语回归借词相对接。5. 纵观九个标志性译本，在翻译马克思主义创始人的 praktisch 概念中，是从一般口语到专用术语再上升为哲学概念的，存在着从非概念形式到概念形式的过渡、定型和丰义。这表明马克思主义概念中国化的过程是一个从无到有、从生活化到理论化、从不成熟到成熟的逐步完善的过程。

三、马克思主义实践概念对中国的影响

1920 年，毛泽东读了《共产党宣言》，确定了马克思主义的信仰，认定"唯物史观是吾党哲学的根据"①。在写作《实践论》之前，毛泽东反复研读了苏联的两本哲学教科书，一本是《辩证唯物论教程》。此书由苏联学者西洛可夫、爱森堡著，李达、雷仲坚译，上海笔耕堂书店 1935 年出版。对这本书，毛泽东的研究主要是在前半部分，也就是将重点集中于对认识与实践之间的关系问题上。李达在这本书中，直接将俄语术语 практика 译为"实践"。毛泽东读到与实践概念有关的段落时，常常画线、作批，接受李达的这个译法。涉及实践概念的地方都引起毛泽东格外关注，并且反复阅读过，五年后，毛泽东还专门研读、批注该书再版本。这个《教程》中有如下论述：

马克思指示了：现实与认识——客体与主体——之辩证法的统一，实现于社会的实践之历史的发展中。

毛泽东在马克思名字下画着重线，又在线下居中画圈强调。又在"实现于社会的实践之历史的发展中"下画双曲线，以示实践是落脚点。更有旁批：在实践中实现主体与客体的辩证法的统一。②另一本书是《辩证唯物论与历史唯物论》，此书由苏联学者米丁等著，中国学者沈志远翻译，中山文化教育馆编辑，1936 年 12 月由商务印书馆出版。在 1937 年 7 月以前，毛泽东仔细研读了《辩证唯物论与历史唯物论》，同时作了批注。批注明确提出了"实践是真理标准"；"实践高于认识"；"正确的理论积极地指导着实践"；"实践是发展的，理论也应是发展的"等有关实践的基本观点，强调

---

① 《毛泽东书信选集》，人民出版社 1983 年版，第 15 页。
② 《毛泽东哲学批注集》，中央文献出版社 1988 年版，第 17 页。

并复述了"实践之观点是认识论第一的观点"。可以这么说，正是因为毛泽东对《辩证唯物论教程》和《辩证唯物论和历史唯物论》这两本书的一次又一次的阅读和研究，才使他具备了足够多的理论知识去创作《实践论》。

《实践论》是马克思主义哲学中国化进程中的第一本中国马克思主义实践观著作，它的副标题是"论认识和实践的关系——知和行的关系"。在这里，毛泽东把马克思的"实践"概念，置于现实与认识、客体与主体的矛盾运动之中，并在《实践论》写作中把这种矛盾运动与传统知行观进行术语对接。《实践论》中首先将中国传统文化中的"行"加以改造，使之与实践观相联系，认为做或行动是主观见之于客观的东西，实践直接改造现实世界，使之发生变化。毛泽东使用"知行合一"，从形式上好像让人想起明代哲学家王阳明的"知行合一"范畴，但毛泽东所说的"知行合一"与王阳明的"知行合一"具有本质的区别。王阳明的"知"的含义是"良知"，"行"是"致良知"。而毛泽东却把"知""行"分别作为"认识"和"实践"的同一词来使用。毛泽东把认识和实践看作整个认识过程相互联系、相互依赖的一个整体，但在这个统一体中实践起着最重要的作用。毛泽东指出："首先，马克思主义者认为人类的生产活动是最基本的实践活动，是决定其他一切活动的东西。人的认识，主要的依赖于物质的生产活动，逐渐地了解自然的现象、自然的性质、自然的规律性、人和自然的关系；而且经过生产活动，也在各种不同程度上逐渐地认识了人和人的一定的相互关系。"①

因此可以看出，毛泽东继承了马克思主义"实践"的基本思想，特别是"实践"指向现实世界的变革的思想。在《实践论》中，毛泽东明确地概括出马克思主义哲学的最显著的特点，指出："马克思主义的哲学辩证唯物论有两个最显著的特点：一个是它的阶级性，公然申明辩证唯物论是为无产阶级服务的；再一个是它的实践性，强调理论对于实践的依赖关系，理论的基础是实践，又转过来为实践服务。"② 毛泽东的这一概括，在理论上和实践上都具有重大的意义。

在理论意义上，毛泽东既继承中国哲学知行观史上的积极成果，又总结

---

① 《毛泽东选集》第1卷，人民出版社1991年版，第282—283页。
② 《毛泽东选集》第1卷，人民出版社1991年版，第261页。

了马克思主义基本原理同中国革命具体实践相结合的新经验，对科学实践观作出了重大贡献。第一，运用了"社会实践"和"革命实践"概念。"社会实践"是高度的科学概括和深刻的哲学抽象，是对人们社会实际生活的一切领域的概括。"社会实践"概括了社会实际生活的一切领域。"社会实践"也是社会实践形式的本质的抽象。"社会实践"是对生产实践革命实践科学实践艺术实践生活实践的哲学抽象。它不是一般而是个别，存在于一具体实践形式之中。第二，论述了社会实践的基本形式。社会实践的过程包括物质生产过程阶级斗争和科学实验过程。人的正确思想来自社会实践，来自社会的生产斗争阶级斗争和科学实践三项实践中。生产斗争是社会实践的基础。第三，认识的基础理论来自丰富的社会实践。毛泽东在认识与实践关系上的一个重要思想，强调了"认识对社会实践的依赖关系"，申明了理论联系实际的重要性。第四，提出了社会实践是检验真理的唯一标准。实践检验真理的过程，是改正补充发展理论的过程，是整个认识过程的继续。

在实践意义上，《实践论》是中国革命基本经验的哲学总结，也是毛泽东哲学思想系统化的主要标志。它从哲学上概括了中国革命特别是第二次国内革命战争的实践经验，清算了党内主观主义特别是教条主义的错误。同时也利用吸收 30 年代马克思主义哲学传播发展的积极成果，对中国传统哲学进行了批判继承和科学总结。毛泽东用中国人民喜闻乐见的语言形式通俗而又深刻地系统阐发了马克思主义认识论，丰富和发展了马克思主义哲学。1937 年春，毛泽东应抗日军政大学之邀讲授哲学。他的讲稿后来整理成了《辩证唯物论（讲授提纲）》。但因"七七"事变爆发，毛泽东中断了抗大讲课，未能留下提纲。《实践论》即该提纲的第二章第十一节，写于 1937 年 7 月，于 1950 年 12 月 29 日经毛泽东亲自修改后正式公开发表。

马克思主义"实践"概念对中国的另一次重大影响便是 1978 年的那场"实践是检验真理的唯一标准"大讨论。1976 年 10 月，打倒"四人帮"后，全国人民正在反思"文化大革命"这场噩梦的原因，渴望错误的路线得以纠正。但是，因为"文革"的历史惯性使党和国家的各项工作处于一种徘徊不前的状态。特别是"两个凡是"的现代迷信意图把毛泽东晚年的错误思想继承延续下去，这完全违背了实事求是的思想路线。到底应该如何坚持马列主义和毛泽东思想？什么才是真正的马列主义、毛泽东思想？关于真理标准问题的大讨论回答了这些问题，给出了正确的答案。

1978 年 5 月 11 日，《光明日报》发表了引起真理标准大讨论的第一篇文章《实践是检验真理的唯一标准》。这篇文章是南京大学哲学系教师胡福明最初起草的，经中央党校内部刊物《理论动态》编辑部反复修改后，先在《理论动态》上发表，后在《光明日报》以"本报特约评论员"的名义发表。《理论动态》是胡耀邦同志到中央党校之后亲自创办的，胡耀邦同志一直关注着这场论争，是这场讨论的真正组织者。文章鲜明地提出，检验真理的标准只能是社会实践，理论与实践的统一是马克思主义的一个最基本的原则，革命导师是坚持用实践检验真理的榜样。在当代中国，这一论述成为向人民大众揭示马克思主义实践观点的开端。5 月 12 日，影响最大的《人民日报》和《解放军报》转载了这篇文章。两天之内，全国 35 家省市大报有 25 家转载此文。文章发表后，社会反响强烈。

1978 年关于真理标准问题的大讨论是一次伟大的思想解放运动，打破了"两个凡是"的思想枷锁，使真正的马克思主义指导思想和实事求是的思想路线得以确立。这一讨论也促进了全党和全国人民思想态度的转变和端正，从而客观、正确、科学对待马列主义和毛泽东思想。因此，邓小平强调："不要小看实践是检验真理的唯一标准的争论。这场争论的意义太大了，它的实质就在于是不是坚持马列主义、毛泽东思想。"[①] 同时，全国上下关于真理标准问题的大讨论也使马克思主义得到广泛的传播和认同，马克思主义的立场、观点和方法得以确立和贯彻，中国马克思主义大众化的进程进入一个新的发展阶段。总之，如果不开展真理标准大讨论，不坚持实践是检验真理的唯一标准，那么我们党就不能拨乱反正，不能重新确立党的思想路线、政治路线和组织路线，就不可能开创改革开放新局面，不可能走出一条建设有中国特色社会主义的新道路。可见，这场大讨论，对党和国家的历史进程产生了重大而深远的影响。

---

① 《邓小平文选》第 2 卷，人民出版社 1994 年版，第 191 页。

四、马克思主义实践概念中国化疏义

"实践"一词虽然在古汉语和古希腊语里早已存在，但它的含义主要是作为一种个人的道德践行意义上的修身养性的活动，而不是我们今天所说的在马克思主义哲学中所具有丰富内涵的那种概念。因而古汉语里的"实践"一词对中国人的思维方式、理论建构、思想建设以及社会发展的影响不是很大。但是随着马克思主义在中国的传播，随着《共产党宣言》的汉译和传播，马克思主义实践概念逐渐代替了汉语中实践一词的固有内涵。这一"逐渐代替"进程大致可以归纳如下：

1. 早期日本学者，如西周、河上肇、幸德秋水与堺利彦等在翻译和传播《共产党宣言》等马克思主义著作时，引入"实际"或"实践"概念来翻译"Praxis"，这为中国人翻译马克思主义实践概念提供了直接的回归借词。2. 从陈望道首译《共产党宣言》开始，尤其是早期的《共产党宣言》汉译本在翻译马克思的 praktisch 概念中，存在着从译成"行动""实行""实际"到"实践"的变化和定型。这个过程表明：在《共产党宣言》传播的早期，还没有形成统一的马克思主义哲学意义上的"实践"概念，对马克思主义 praktisch 概念的理解和翻译还没有形成统一的规范和共识。3. 毛泽东、李达通过俄语 практика 接受马克思主义实践概念，运用马克思主义实践概念对中国传统知行范畴进行创造性转化，写下《实践论》这一伟大著作，标志着马克思主义实践概念中国化的初步实现。4. 在 1938 年以后的《共产党宣言》汉译本中，由于受到毛泽东《实践论》的影响，对 praktisch 的翻译逐步形成统一和规范，以译成"实践"为主，并逐渐将其作为马克思主义哲学的核心概念。5. 以 1978 年"实践是检验真理的唯一标准"大讨论为标志，实践概念、实践观点、实践标准得以确立和贯彻，马克思主义实践概念在中国进一步大众化。

从《共产党宣言》的翻译出版到今天，从毛泽东《实践论》到真理标准大讨论，马克思主义中国化语境下的"实践"概念已具有十分丰富的哲学内涵。概括之说，实践是主观见之于客观的能动的活动，也就是人类有目的地改造世界的活动。具体而言，第一，实践与人的本质相统一。人是实践性的存在，实践是人类社会产生和发展的起点和力量，是人类社会从较低层

次向较高层次发展的全部过程。毛泽东把这一观点高度地概括为："人类的生产活动是最基本的实践活动，是决定其他一切活动的东西。……这是人的认识发展的基本来源"。① 第二，实践与认识相统一。实践是认识的源泉和动力。毛泽东把这一观点高度地概括为："实践、认识、再实践、再认识，这样的形式，循环往复以至无穷，而实践和认识之每一次的循环的内容，都比较地进到了高一级程度。"第三，实践与真理相统一。实践是检验真理的唯一标准，这就确立了实践对理论的决定性作用。理论是否正确只有在实践中才能得到检验。第四，实践与变革相统一。一切理论的最终目的都是为了改变当下的现实世界，改变世界的实践活动是所有认识的根本目的。只有不断改变世界才能最终实现人的解放。以上这些内涵体现了马克思主义中国化的"实践"概念既继承了马克思主义实践观的基本思想，又进一步丰富和拓展了"实践"概念的内涵，是马克思主义"实践"概念的新发展。

第二节　社　会　存　在

在《〈政治经济学批判〉序言》中，马克思指出："不是人们的意识决定人们的存在，相反，是人们的社会存在决定人们的意识"。② 唯物史观的基本问题被表述为社会存在决定社会意识，社会存在是马克思主义哲学的核心概念。在新中国成立之前的《共产党宣言》诸多汉译本中，马克思恩格斯原著术语 mit ihrem gesellschaftlichen Dasein 或译作社会生活，或译作社会存在，1958 年起中央编译局译本统一译作社会存在。依照较为权威的辞书，社会存在概念乃是物质生活条件的总和，其核心在于物质生活资料的生产方式。这一定义的直接依据是我国马克思主义哲学教科书体系对社会存在概念认识逐步深化的成果，教科书体系的概念界定可追溯到《联共（布）党史简明教程》，而其最初源头是《共产党宣言》。

一、马克思恩格斯社会存在术语译名考辨

李大钊在写于 1919 年的《我的马克思主义观》一文中讲到唯物史观

① 《毛泽东选集》第 1 卷，人民出版社 1991 年版，第 282—283 页。
② 《马克思恩格斯文集》第 2 卷，人民出版社 2009 年版，第 591 页。

"见于《共产党宣言》中的"时候，摘译《共产党宣言》的部分文本，其中有第二章名言："凡是属于人间意识的东西，都随着人人的生活关系，随着其社会的关系，随着其社会的存在一齐变化。"① 这里已经明确使用社会存在概念解释唯物史观。在 2018 年纪念马克思诞辰 200 周年《共产党宣言》单行本中，李大钊所摘译的这段话译作"人们的意识，随着人们的生活条件、人们的社会关系、人们的社会存在的改变而改变"。② 这里的"社会存在"对应的德文 mit ihrem gesellschaftlichen Dasein，实际上就是社会的（gesellschaftliches）存在（Dasein），英文是 material existence，法文是 sociales leur existence，俄文是 общественное бытие，③ 日语是"社会に存在する"。各国语言基本相同，都是"社会"和"存在"的结合。对这一句话，陈望道翻译的第一个《共产党宣言》全译本是这样翻译的，"人底理想，意见，观念，简单说，就是人底自觉这件东西，跟着物质的生活状态，社会的关系和社会的生活变化而改变，岂不是什么人都晓得的吗？"④ 陈望道在这里没有把 Dasein 的意思翻译出来，当然把"社会存在"译作社会生活，这一译法也有一定道理，因为海德格尔已经明确强调了 Dasein 的过程性。1943 年博古《共产党宣言》全译本的译法是："他们的意识，是随着他们生活状况、社会关系与社会存在的变动而变动着。"⑤ 这里明确使用了"社会存在"概念。

表 5-3　马克思恩格斯社会存在术语汉译词对照

译本	华岗译本（1932 年）	成仿吾、徐冰译本（1938 年）	陈瘦石译本（1945 年）	一百周年纪念版（1948 年）
译法	社会生活	社会存在	社会生活	社会生活

　　综合考察《共产党宣言》汉译纪念版中所收入的新中国成立前《宣言》

① 《李大钊全集》第 3 卷，人民出版社 2013 年版，第 12 页。
② 《共产党宣言》，人民出版社 2018 年版，第 48 页。
③ 韦正翔：《〈共产党宣言〉探究——对照中、德、英、法、俄文版》，中国社会科学出版社 2013 年版，第 332 页。
④ 《共产党宣言》，陈望道译，上海社会主义研究社 1920 年版，第 34 页。
⑤ 《共产党宣言》，博古译，延安解放社 1943 年版，第 48 页。

的诸译本（参见表5-3），我们还可以看到：新中国成立前《共产党宣言》的译本中多译作"社会生活"，只有博古和成仿吾、徐冰的译本译作"社会存在"，还有就是李大钊的摘译也译作"社会存在"，实际上只有"社会存在"才把文中的"Dasein"译出来了。那么"Dasein"有生活的意涵吗？确实在马克思的著作中，社会存在也有社会生活条件的内涵，译作社会生活也不是没有道理，所以"社会存在"和"社会生活"两种译法同时存在，但随着马克思主义在我国的传播，gesellschaftliches Dasein 逐渐被定译为"社会存在"的对译词。新中国成立后1958年出版的《马克思恩格斯全集》第四卷收入了《共产党宣言》全文，该译本译作"社会存在"，[①] 之后的各个译本都统一译作"社会存在"概念了。值得一提的是我国台湾地区的译本不同于中央编译局的译法，对于上面的那句话，台湾的唐诺译本译作："人的意识，难道不是随着他的物质条件、随着他社会关系和社会生活的改变而改变吗？"[②] 很显然，这里的"物质条件"受英文 material existence 的影响，但增加"社会关系"和"物质生活"，但用"物质条件"不足以表达马克思的 gesellschaftliches Dasein 之意。应该说社会存在概念包含社会关系和社会生活条件等内容。社会存在概念译名的确定是综合考虑了多种因素，社会存在是物质生活条件的总和（主要是生产方式），而社会生活概念范围略小于社会存在，所以译作社会存在更加符合马克思的原意。

上文我们以《共产党宣言》的若干译本为例考察了 gesellschaftliches Dasein 的翻译情况，马克思恩格斯的其他著作的情况也基本是这样的，这里不再赘述。总之"社会存在"译名的确定也经历了一个过程，开始的时候，翻译者并没有统一译作"社会存在"，而是存在不同的译法，后来逐渐确定了译法，但一个概念的形成不止是译名的确定，更重要的是内涵的理解。

二、社会存在概念内涵的溯源

按照海德格尔的说法，存在的研究史就是存在的遮蔽史，人们用"存在者"代替了"存在"本身，"社会存在"概念中的"存在"也不是存在

---

① 《马克思恩格斯全集》第4卷，人民出版社1958年版，第488页。
② 《共产党宣言》，唐诺译，脸谱出版社2001年版，第115—117页。

本身，而是"存在者"。虽然海德格尔以其独到的眼光察觉到了"存在"概念的问题所在，但我们已经习惯于用"存在"指代"存在者"了，一个概念能够顺畅地完成表达感情和思想的任务，那这个概念就是合理的。凡是存在的都是具有一定合理性的，所以作为"存在者"的社会存在概念也有其合理性，我们不去作海德格尔式釜底抽薪的解释，而是按照约定俗成的用法去理解社会存在概念。那么社会存在是什么样的"存在者"呢？马克思说，人们的存在就是他们的"现实生活过程"，① 也就是说，社会存在就是人们的"现实生活过程"，而"现实生活过程"所包含的内容很丰富，对于"社会生活过程"所包含的内容我们需要作一番梳理。虽然学界对"社会存在"的概念存在一定的争议，但一般人或者非专业的学者基本没有对这一概念作深入辨析，而是把它当作自明的概念接受下来，并用之去阐释唯物史观。对社会存在概念所作的解释多见于各种历史唯物主义的教科书，各种版本的历史唯物主义教材在解释社会意识的时候大多有较大篇幅，而在解释社会存在的时候往往只有寥寥数语，偏于笼统，这里我们以若干具有代表性的教科书的表述为线索来回溯"社会存在"概念的内涵演变。

最新也最具有权威性的教材是马工程教材，2009 年出版的马工程教材《马克思主义哲学》指出，"物质存在有两种基本形态，即自然存在和社会存在。""社会存在以自然存在为前提，包含进入人的活动范围、影响社会生活的那一部分自然存在。"② 认为社会存在是物质存在的一部分，它包括"人化"了的自然部分和社会生活条件部分。

肖前、李秀林、汪永祥主编的 1991 年版《历史唯物主义原理》，把物质生活资料的生产方式规定为社会存在的本质内容，认为自然环境、人口等因素作为生产方式的前提必然包含在生产方式中，没有必要单独列出，因此，在社会存在范畴的界定中，没有必要再把人口和自然环境同生产方式并列起来。这与艾思奇在《辩证唯物主义历史唯物主义》一书中的理解是一致的，艾思奇指出："社会存在最基本的是物质资料的生产方式"。③ 这本书初版于 1961 年，1978 年是第三版。1994 年出版的肖前主编的《马克思主义

---

① 《马克思恩格斯文集》第 1 卷，人民出版社 2009 年版，第 525 页。
② 《马克思主义哲学》，高等教育出版社 2009 年版，第 65 页。
③ 艾思奇：《辩证唯物主义历史唯物主义》，人民出版社 1978 年版，第 204—205 页。

哲学原理》指出："社会存在作为一种'物质的关系'，当然有其自然物质前提，并有其物质承担者，但社会存在的物质性却不能由某种自然物质性去说明。"① 这一解释把人的活动范围、影响社会生活的自然存在与物质生产方式并列，认为社会存在包含物质生产方式、自然地理环境和人口因素，但值得注意的是该教材明确认定上层建筑不属于社会存在，监狱、法庭等虽然是物质性的客观存在，但它们更多的是被决定的，属于上层建筑范畴，所以不属于社会存在范畴。

苏联学者罗森塔尔和尤金编的《简明哲学词典》中对"社会存在"作出这样的解释："社会存在是社会物质生活条件，主要是生产方式以及社会的经济制度。"② 这一解释的根源可以追溯到 1938 年由联共（布）中央审定的《联共（布）党史简明教程》③ 的第四章第二节，而再往前还可以追溯到马克思的《共产党宣言》和《德意志意识形态》。

在《联共（布）党史简明教程》传入国内之前，1935 年由北平大学法商学院作为讲义印行，1937 年由上海笔耕书店首次出版的李达《社会学大纲》这样定义："所谓社会的存在，是人类社会的现实的生活过程，是人与人在生活资料的生产过程中发生的相互关系。简单点说，社会的存在，即是社会经济的构造。"④ 把社会存在解释成"生活过程"源于马克思《德意志意识形态》，而把社会存在解释成社会经济的结构，则是李达的理解和发挥。中国早期历史唯物主义教科书对社会存在的解释大多可以追溯到斯大林的《辩证唯物主义和历史唯物主义》（把《联共（布）党史简明教程》第四章第二节单独拿出来成书）。《联共（布）党史简明教程》第四章第二节中多次使用"社会存在"概念来解释历史唯物主义，我们这里以 1949 年华东新华书店出版的《辩证唯物主义和历史唯物主义》为依据来看看斯大林的解释："社会存在怎么样，社会物质生活条件怎样，社会思想，理论，政治观点和政治制度也就会怎样。"⑤ 很显然，在这里"社会存在"和"社会

①　肖前：《马克思主义哲学原理》上册，中国人民大学出版社 1994 年版，第 295—296 页。

②　［苏］罗森塔尔、尤金：《简明哲学词典》，中央编译局译，三联书店 1973 年版，第 283 页。

③　联共（布）中央特设委员会：《联共（布）党史简明教程》，中央编译局译，人民出版社 1975 年版。

④　宋俭、宋镜明：《中国近代思想家文库·李达卷》，中国人民大学出版社 2015 年版，第 466 页。

⑤　［苏］斯大林：《辩证唯物主义与历史唯物主义》，上海华东新华书店 1949 年版，第 17 页。

底物质生活条件"并列使用，几乎是同义词，那么什么是"社会底物质生活条件"呢？"首先，'社会物质生活条件'这一概念，当然是把环绕着社会的自然界，即地理环境包含在内，因为这个环境是社会物质生活所必要的和经常的条件之一，而且无疑是影响到社会底发展。"① 其次，人口底增长，居民密度底高低，当然也包含在这一概念中。但这两个方面都不是物质生活条件中的决定因素，据历史唯物主义看来，物质生活条件中的决定因素是人们生存所必需的生活资料谋得方式，便是社会生活和发展所必需的食品、衣服、靴鞋、住房、燃料和生产工具等等物质资料生产方式。在《联共（布）党史简明教程》中，社会存在概念的内涵表述的十分清晰，包括地理环境、人口因素和物质资料生产方式，其中物质资料生产方式具有决定性因素。这种"决定性因素"，就是马克思恩格斯所谓的"总和"，马克思恩格斯实现了哲学世界观的变革，他们看作"总和"的，当然不是数学或物理学意义上的加总，而是最终起决定性的因素。马克思和恩格斯在《共产党宣言》中，将物质生活条件与社会存在的关系，以递进语序表述出来，"人们的意识，随着人们的生活条件、人们的社会关系、人们的社会存在的改变而改变"。② "生活条件""社会关系"和"社会存在"是逻辑递进关系，社会存在是经过社会关系中介的生活条件的总和。《联共（布）党史简明教程》是我国马克思主义哲学教科书的鼻祖，我国权威通行马克思主义哲学教材强调自然环境、人口因素必须与生产方式相结合，才能进入社会存在范畴，是对《联共（布）党史简明教程》定义的一种深化和发展，这种深化和发展是符合《共产党宣言》的精神实质的。如果不与生产方式相结合，自然环境和人口因素只是纯粹的自然因素，不能算作社会存在。

三、我国学术界对社会存在概念的争议与疏义

教科书的理解虽然具有权威性和明晰性，但学术界并不都认同这一解释，学术界在改革开放初期对社会存在概念产生了争议，这里我们梳理概括学界的争论及其侧重点，以呈现学界对这一概念的理解情况。

---

① ［苏］斯大林：《辩证唯物主义与历史唯物主义》，上海华东新华书店 1949 年版，第 21 页。
② 《马克思恩格斯文集》第 2 卷，人民出版社 2009 年版，第 50—51 页。

1979 年，朱光潜发表《上层建筑和意识形态之间关系的质疑》一文，该文把上层建筑也归入了社会存在行列，文章发表后很快就有人撰文商榷。王锐生在《上层建筑属于社会存在吗？——与朱光潜先生商榷》一文不同意朱光潜的理解，他认为，在唯物主义理论中，存在概念基本等同于"物质""自然"概念，而历史唯物主义的社会存在概念乃是人们的"社会物质生活条件"，不同意将上层建筑也纳入社会存在范畴。① 张生帧发表《政权、政权机构及其措施不属于社会存在》一文，判定政权及政权机构是否是社会存在的标准是看它是否具有第一性，而政权及其机构是由经济基础决定的，是派生的，不能算社会存在。② 之后，邹永图在《对"社会存在"范畴的一些理解》一文中，赞同支持朱光潜的理解，邹永图对社会存在范畴所包含的内容作了分层（即他所说的"态"），"生产方式"是"第一态"，"经济生活"是"第二态"，"政治生活"是"第三态"，这三个层面，当然也就把上层建筑因素包括进了社会存在范畴。③ 对于这一观点张云勋旋即发表《略论"社会存在"与"社会意识"范畴——兼与邹永图同志商榷》一文与其商榷。他认为，邹永图把上层建筑归入社会存在范畴是机械地套用了物质和意识的范畴，任何意识都有物质外壳，如果就此而将其归于存在的话，那就不能准确地理解社会存在和社会意识了，因此上层建筑不能归入社会意识。④ 对此，邹永图发表《对"社会存在"范畴的再理解——兼答张云勋同志》一文予以回应，强调上层建筑虽然有意识形态因素，但它不受意识决定，是统治阶级和被统治阶级关系的客观反映，它不只是"社会意识的物质表现"，坚持认定上层建筑属于社会存在范畴。⑤ 与此同时，何梓焜在《学术研究》1982 年第 2 期发表《从普列汉诺夫的"五项论"看"社会存在"与"社会意识"范畴——兼与张云勋、邹永图同志商榷》，以普列汉

① 王锐生：《上层建筑属于社会存在吗？——与朱光潜先生商榷》，《哲学研究》1979 年第 11 期，第 37 页。

② 张生帧：《政权、政权机构及其措施不属于社会存在》，《国内哲学动态》1979 年第 11 期，第 14 页。

③ 邹永图：《对"社会存在"范畴的一些理解》，《学术研究》1980 年第 5 期，第 67 页。

④ 张云勋：《略论"社会存在"与"社会意识"范畴——兼与邹永图同志商榷》，《学术研究》1981 年第 3 期，第 80 页。

⑤ 邹永图：《对"社会存在"范畴的一些理解》，《学术研究》1980 年第 5 期，第 67 页。

诺夫的《马克思主义的基本问题》为依据支持邹永图的观点，回应张云勋的某些质疑，社会存在内涵的争议把这个问题的研究引向了深入，更为细致地讨论了上层建筑的一些具体问题。

争论中把社会存在概念外延扩大的新理解，除了把上层建筑、政治生活纳入社会存在范畴之外，还有一些观点，此处简单概述。

把阶级斗争纳入社会存在。冉隆清《阶级斗争属于社会存在吗?》一文，针对关锋等学者认为阶级斗争属于社会存在的观点提出了批评，他指出，列宁认为社会存在就是"经济制度"和"经济关系"，而阶级斗争是被决定的因素，是依附于生产方式的，但它本身不是生产方式，他还逐一论证了阶级斗争的三种形式（思想斗争、政治斗争、经济斗争）都不属于社会存在范畴。[①]

把精神现象纳入社会存在。王荫庭撰文《"社会存在"范畴释义》指出，社会存在是指人类社会的一切物质现象和精神现象，把精神现象也纳入了社会存在。[②] 把物质现象列入社会存在范畴没有问题，把精神现象纳入社会存在突破了教科书的解释。《中国社会科学》1992年第6期发表何祚榕《〈"社会存在"范畴释义〉商榷》一文，文章虽不赞同王荫庭的一些观点，但却赞同他对社会存在范畴所作的新界定，即认为社会存在是指人类社会的一切物质现象和精神现象。把精神现象纳入社会存在是一种新解释。

社会存在是整个社会生活过程。吴凤娟发表的《试论"社会存在"范畴》指出，社会存在是历史的产物，纯粹自在的自然无所谓社会存在，它处于不断发展变化之中，而且包含多种复杂因素，多个层次相互交织，因此把社会存在界定为"人们的实际生活过程"是恰当的。[③] 表面看来吴凤娟的解释最符合马克思，该文的界定原封不动地搬用了马克思的文字，但她实际上超出了马克思强调的物质生活领域，从宽泛的意义上来解读"社会生活过程"。

关于社会存在解释的情况，力新在《国内哲学动态》1981年第2期发表《对社会存在范畴的一些不同理解》一文予以综述，他将学界对社会存

---

①　冉隆清：《阶级斗争属于社会存在吗?》，《国内哲学动态》1980年第2期，第19页。

②　王荫庭：《"社会存在"范畴释义》，《中国社会科学》1992年第1期，第79页。

③　吴凤娟：《试论"社会存在"范畴》，《复旦学报》（社会科学版）1985年版第5期。

在范畴的不同理解归纳为四种：社会存在等同于物质生活条件，以斯大林的解释为典型；社会存在等同于物质生产资料的生产方式，包括人类自身的生产和再生产，但不包括自然地理环境；社会存在等同于全部社会生活，包括物质资料生产方式、人类自身的生产、上层建筑和阶级、民族、家庭和其他关系；社会存在应包括客观化的社会意识形态。[①] 关于社会存在的讨论近年来还在继续，但其所讨论的大问题基本奠基于 20 世纪 80 年代，总的来看，前两种定义强调社会存在主要就是物质资料生产方式，甚至有人直接把社会存在与生产方式画等号，或者按照斯大林的界定把社会存在界定为物质资料生产方式、人口的变化和人口的数量。后两种定义则把社会存在界定为"社会生活过程"，而在对"社会生活过程"作解释的时候，把政治生活，甚至是精神生活也归入社会存在行列。

　　物质世界的存在包括自然存在和社会存在，马克思恩格斯始终是在物质存在的视域下使用社会存在概念的。马克思恩格斯在《共产党宣言》中使用的社会存在概念，是指物质生活，生活条件，即指物质生活条件，也就是马克思恩格斯在《德意志意识形态》中所明确界定的"物质生活条件"。生活条件、社会关系和社会存在是递进关系，早期译本把社会存在译作"社会生活"，一方面是抓住了社会物质生活的实质，另一方面又没有能充分表达物质生活条件的总和，没有突出社会存在是经过社会关系中介的物质生活条件的总和。马克思恩格斯实现了哲学世界观的变革，他们看作"总和"的，当然不是数学或物理学意义上的加总，而是历史唯物主义意义上的最终起决定作用的因素，也就是生产方式。我国现行权威辞书的解释维持了我国马克思主义哲学教科书体系的认识成果，《汉语大词典》释义："社会物质生活条件的总和，主要指物质生活资料的生产方式。"[②] 这里特别强调了社会存在是物质生活过程，也就是说不包括精神生活和精神生活中介的政治生活。

---

① 力新：《对社会存在范畴的一些不同理解》，《国内哲学动态》1981 年第 5 期。
② 《汉语大词典》第 7 卷上，上海辞书出版社 2008 年版，第 834 页。

第三节　人 的 本 质

　　人是一种未特定化的动物，其他动物在其降生之初就已经限定了它的生命轨迹和发展空间，它不会超越它的种所加之于它的规定性；而人的发展潜能几乎是无限的，人的本质不是对某种先天理性的禀赋，而是实践生成的结果，人的本质概念是马克思的重要概念。马克思主义 das menschliche Wesen 原著概念，在汉译过程中曾出现过"人情""人类""人类本性""人性"诸译法，最终创造性地定译为"人的本质"。这一定译过程渗透着我国深厚的优秀传统文化，更渗透着中国马克思主义者的领悟和创造，"人的本质"术语成为重要的中国马克思主义哲学概念。本节以《共产党宣言》汉译本为线索，梳理考证马克思"人的本质"概念汉译及中国化进程。

一、das menschliche Wesen 原著概念定译过程

　　"人的本质"的德文母词是 das menschliche Wesen，现在看来这一德文词和中文词"人的本质"对应得较为恰当，但在最初翻译的时候，我们并没有现成的汉语词汇与这一德文词相对应。早期马克思主义词汇较多的是通过日文而进入中国汉语词汇中的，德国学者李博说："让社会主义的相关概念进入中国人的精神生活需要为每一个新概念找到适当的汉语对等词语"，[①]日语是中国汉语词汇寻找这一"对等词"的重要途径。当时的中国进步青年留学日本的较多，而日本也有一大批诸如幸德秋水、河上肇等思想活跃的马克思主义理论家，另外日语与汉语具有较近的亲缘关系，语言文化隔阂较少，甚至可以直译为汉语，这都是马克思经典文本翻译借道日语的便利条件。

　　马克思在多部著作中涉及"人的本质"术语，我们选择《宣言》译本为线索，而不是以最能体现马克思"人的本质"内涵的《关于费尔巴哈的提纲》为例，来探讨该"人的本质"概念史，是基于《宣言》的汉译本多，

---

　　① ［德］李博：《汉语中的马克思主义术语的起源与作用》，赵倩等译，中国社会科学出版社2003年版，第80页。

能够呈现"人的本质"概念译词从最初翻译的译名到最终定译的译名的衍变过程，从而呈现这一概念在华传播和理解的过程。在 2018 年《共产党宣言》马克思诞辰 200 周年纪念版中，"人的本质"术语出现过三次。

第一处，"关于实现人的本质的无谓思辨"，是在批判德国"真正的"社会主义者把"法国的文献"变为纯粹抽象的思辨的过程中出现的，"法国文献"充斥着革命性与现实性，但德国的"真正的"社会主义者却把这些文献变为德国的抽象哲学。

第二处，"人的本质的外化"，这句话与上一句话的背景相同，德国"真正的"社会主义者把法国人那里很现实的东西，如货币关系，都转化为德国的抽象思辨哲学。

第三处，"不代表无产者的利益，而代表人的本质的利益，即一般人的利益"。这句话仍然是在说德国"真正的"社会主义者的思辨哲学所代表的不是"无产者"这一特殊群体的利益，而是"人的本质"的抽象利益。

上述三处"人的本质"术语，对译着同一个德文概念词 das menschliche Wesen。《共产党宣言》最早的全译本并非译自德文，而是译自幸德秋水和堺利彦翻译的日文版《共产党宣言》，在日文本中，幸德秋水和堺利彦将上述三处"人的本质"都被译作"人间性"，其中"人的本质的外化"被译作"人间性の離反"，[1]"人的本质的利益"被译作"人间性の利益"。[2]"人间性"是日本汉字词，这个词并非与汉语"人间性"等义，其汉语意思是"人""人类"或者"人类共性"。把 das menschliche Wesen 译作"人间性"也是因为缺少德语 das menschliche Wesen 的对应日语，是幸德秋水和堺利彦的创造。依照幸德秋水和堺利彦的日文版《共产党宣言》，陈望道译出了第一个《共产党宣言》汉译本。陈望道在处理这几处"人间性"的时候略微复杂，上述所引用 200 周年纪念版的三处引文中"人的本质"，在日文版《共产党宣言》中都是"人间性"，而陈望道的翻译却有三种情况，第一处陈译本没有译出，第二处"人的本质的外化"（即日文的"人间性の離反"）译作"人情离散"，[3] 第三处"人的本质的利益"（即日文的"人间性

① 《共产党宣言》，幸德秋水、堺利彦译，日本彰考书院 1952 年版，第 82 页。
② 《共产党宣言》，幸德秋水、堺利彦译，日本彰考书院 1952 年版，第 81 页。
③ 《共产党宣言》，陈望道译，上海社会主义研究社 1920 年版，第 53 页。

の利益"）译作"人类本性底利害"，① 译作"人情"是口语化的表述，这表明陈望道没有把"人的本质"作为一个重要概念对待，处理得偏于随意，而且在语境很相近的地方又译作"人类本性"更加说明了这一点。截至新中国成立，我国共有七个《共产党宣言》全译本，除了上述陈译本外，还有六个译本。2011 年，中华书局出版了一个由高放先生主编的《共产党宣言》（汉译纪念版），收入了上述包括陈望道译本在内的七个汉译本的影印本。我们以这本书为依据，梳理《共产党宣言》诸汉译本对"人的本质"概念的译词情况如表 5-4。

表 5-4　《共产党宣言》汉译本"人的本质"译词演变

2018 年诞辰 200 周年纪念版，括号内为页码。	德语版本	幸德秋水、堺利彦日语译本	陈望道译本	华岗译本	成仿吾、徐冰译本	博古校译本	陈瘦石译本	乔冠华校译本	百周年纪念版
人的本质（56）	das menschliche Wesen	人間性	没有译出来	没有译出来	人性	人性	没有译出来	人性	人类本性
人的本质的外化（56）	das menschliche Wesen	人間性の離反	人情离散	人情離散	人性的抛弃	人性底抛弃	人情冷暖	人性的抛弃	人性底脱離
人的本质（57）	das menschliche Wesen	人間性の利益	人类本性	人類本性	人性	人性	人类	人性	人类本性

1978 年成仿吾译本中，上述三处都已译作"人的本质"了。上述《共产党宣言》诸译本中，"人的本质"概念的译词衍变过程出现过"人情""人类本性""人性""人类"四种不同的译法，而最终定译为"人的本质"。在马克思主义经典著作汉译史上，这四个词汇之为什么只是昙花一现而没有被确定为最终定译呢？这需要看其词义表达与 das menschliche Wesen 内涵是否出入较大，在 das menschliche Wesen 中，das menschliche 是指"人的、人类的、人性的、人道的"之意思，而 Wesen 则是"存在并活动着、本质、本性、天性"之意。② 从上文的诸译本中可以看出，das menschliche

---

① 《共产党宣言》，陈望道译，上海社会主义研究社 1920 年版，第 54 页。

② 韦正翔：《〈共产党宣言〉探究——对照中、德、英、法、俄文版》，中国社会科学出版社 2013 年版，第 421 页。

基本都译作"人"或"人类"，疑义不大，关键性的单词是对 Wesen 的翻译。据 2013 年版的《杜登德汉语大词典》解释，Wesen 作为动词是"活着、生存者"之意；作为名词有如下几种内涵：一是"实质、本质"；二是"性格、品性、本性"；三是"活物、生命、生灵"；四是"行为、活动"。① 应该说曾经出现过的上述四种译法与德文词都有一定的对应性，译作上述四种词不能算错，但多少存在一定的不准确性。"人情""人类本性""人性""人类"这四种译法中，人情的译法最不准确，根据现代《辞海》的解释，人情包括人的情感、人之常情、人心世情、婚丧喜庆交际所送的礼物、情面情谊等方面的内涵，② 虽然现代人对"人情"理解可能不同于陈望道翻译《共产党宣言》的那个时代，但可以确定"人情"这个词基本没有翻译出 Wesen 的核心内涵。"人类"译法也不够准确，人类是对作为整个"类"的人的统称，偏于自然属性，它并不反映人 Wesen 的"精髓""精华"的核心内涵，人的精华在于人的社会性。"人类本性"和"人性"的译法倒是与 Wesen 存在较高的共同性，人性不是抽象的而是现实的、具体的，并随着人类历史的发展而不断演变。中国古代也有人性一词，比如古代有"食色，性也"的古语，孟子强调人性本善，荀子主张人性本恶，宋代朱熹主张"性即理也"，提出"太极即理"，认为理是世间万物的本源，而人之"性"是人禀受"天理"的结果，"天理"落实在具体的个人身上就是"性"。朱熹"性"的客观唯心主义解释与先前所讨论的人性善恶问题中的"人性"也略有不同，后者更侧重于人的道德性，朱熹的"人性"虽然也离不开道德性，但更多的是人对天理的"分殊"，朱熹用"理一分殊"理论把天理之"一""分殊"到具体的万事万物之上，人作为万事万物中的一种，只是天理之"一"的分殊，分得的天理就是"性"。应该说，性理学对宋之后中国影响深刻而久远，人之"性"的概念也为人们尤其是儒学的士大夫所熟悉，所以当"人的本质"概念进入中国文化系统中后，用传统的"人性"去对译 das menschliche Wesen 或者相应的英文词和相应的日文词语是有着深厚的传统文化基础的，而且人性也更加接近于人的本质。但古代的人性概念侧重

---

① 《杜登德汉大词典》下，北京大学出版社 2013 年版，第 2687—2688 页。
② 《辞海》（普及本）中卷，上海辞书出版社 2010 年版，第 3255 页。

于人的属性，Wesen 包含有人类精华的品性之意，所以人性概念与人的本质概念还是存在一定出入，最终经典著作的汉译者创造性地使用了"人的本质"的概念。可以说从"人情""人类""人性"到最后确定为"人的本质"概念，这一过程渗透着经典翻译者的智慧和选择，也体现了中国人对"人的本质"概念的理解过程。

虽然《共产党宣言》的诸译本对"人的本质"概念的译法存在较大差别，但最能体现马克思人的本质理论的《关于费尔巴哈的提纲》中对人的本质概念的经典定义在翻译过程中却从一开始都就被译作了"人的本质"。在张仲实翻译出版于 1938 年（该书初版于 1937 年，1938 年的版本是再版）的《费尔巴哈论》（收入了作为附录的《费尔巴哈论纲》，即后来的《关于费尔巴哈的提纲》）中，译作"人类的本质，决不是各别的个人所特有的抽象。人类本质在他的现实性上，乃是社会关系的总体"，① 这里已经明确译作"人类本质"概念了。再往前追溯，彭嘉生译的出版于 1929 年《费尔巴哈论》（同样也收入了《费尔巴哈论纲》作为附录）翻译为，"人类的本质决不是内在于个别的个人里的抽象体，在其现实性上他是社会关系底总体"②。《费尔巴哈论》的这两个早期译本所收入的《费尔巴哈论纲》都将 das menschliche Wesen 译作"人的本质"，这一点不同于《共产党宣言》的诸译本。译法的差别内涵了诸多因素，《关于费尔巴哈的提纲》中正面论述了人的本质，而《宣言》中涉及"人的本质"的地方都是在批判青年黑格尔派抽象哲学的时候侧面讲到"人的本质"的，前者更加凸显人的本质性质，而后者则更容易作引申的翻译，这两部著作的译者也不是同一个人，这就造成了同一个外文单词的不同译法。

"人的本质"概念应该是翻译者的创造性翻译，也是我们在找寻合适译词过程中"优化选择"的结果。"本质"是这一概念的关键要素，"本质"一词并非古汉语常用词汇，它是近代才逐渐出现并成为日常用语的汉语词汇，但"质"字却在古汉语中早已有之，"质"是"本质"一词的关键性语素。"质"古体为"質"，《说文解字》中解释为，"从貝，从所"，有人

---

① 《费尔巴哈论》，张仲实译，上海生活书店 1938 年版，第 86 页。

② 《费尔巴哈论》，彭嘉生译，上海南强书局版 1929 年版，第 129 页。

质之意，"如春秋交質子是也"，"引伸其義爲樸也、地也。如有質有文是。"① 先秦汉语中就有了"质"字，这里的质更多的属于质朴之意。古汉语中的"质"有"质朴""质地""性质""本质"等内涵，而且都可以在古代典籍中找到例句。② 其中与现代词汇"本质"最为接近的解释是"性质""本质"的解释，《辞海》中引用了《礼记·乐记》中的"中正无邪，礼之质也"作为例句解释"质"字的这一内涵，这里的"质"有"本质"的意涵。"质"是"本质"一词的关键性要素，而"本质"之"本"则是根本之意，和"质"的意思相近，古代汉语中"本"有"树根、树干""事物的根本、基础""起始、本原""依据"等内涵。③ "本质"一词中的"本"是"根本、基础"之意，"本质"合在一起是指事物最根本的东西。从这些解释中可以看出，古代汉语中就已经有"本质"的内涵了。近代以来，"本质"一词语开始出现于各类著作和文章中。检索《英华字典资料库》（该资料库收录了 1815 年到 1919 年间极具代表性的早期英华字典 24 套），共出现了 86 处"本质"字样。说明早在 1919 年前，本质一词就存广泛使用于汉语词汇中了，是传教士最早把"本质"一词与英文的 essence/nature 对应起来。1847—1848 年麦都思《英华字典》把 essence 译为"本質""真氣、元氣"，1866—1869 年罗存德《英华字典》把"essence"译为"本質、精質、精氣、性質"，1875 年的《字典集成》第二版中，英文单词 essence 意思是"本质、精气"④，已经把"essence"与汉语"本质"一词对接了。"本质"一词是日语回归借词，中国同盟会 1905 年在日本东京所办《民报》中，就从日语借词"本质"，在现代意义上使用。⑤ 不管经典翻译者在翻译的时候是否直接用自"日源回归"的"本质"概念，他们把"人的本质"与 das menschliche Wesen 对译都是一个创造性的翻译，幸德秋水只是把 das menschliche Wesen 译作"人间性"，而不是"人的本质"，而汉译者把一个较少使用的汉语词"本质"逐渐变成了一个日用而不觉的常用词。

---

① 《说文解字注》，（汉）许慎撰，（清）段玉裁注，凤凰出版社 2015 年版，第 496 页。
② 《辞海》，上海辞书出版社 2010 年版，第 5117 页。
③ 王力等：《王力古代汉语字典》，中华书局 2000 年版，第 456—457 页。
④ ［日］内田庆市、沈国威：《字典集成：影印与解题》，商务印书馆 2016 年版，第 167 页。
⑤ 朱京伟：《〈民报〉1905—1908 中的日语借词》，《日本学研究》2009 年第 1 期。

一旦有人用恰当的汉语词汇与外文对应起来，后人便会纷纷把这种对译看作是最合理的翻译，进而接受下来，das menschliche Wesen 就定译作"人的本质"。

二、中国马克思主义"人的本质"概念疏义

综合"人的本质"概念汉译衍变过程的考证，可以得出如下结论性认识："本质"一词汉语古有用例，近代西方来华传教士将该词与 essence/nature 对译，该义项进入日本，20 世纪初中国人从日语借词回归。"人性"在古汉语中是常用词汇，但古汉语中的"人性"并非现代意义上的人性，古典"人性"概念绕道日本又"词源回归"到中国，但"归回"的"人性"概念已经是包含有资产阶级人性观等理论内涵在内的概念了。即便是这一"回归"的"人性"概念也难以反映马克思 das menschliche Wesen 的科学内涵。另外"人情""人类"等译法则与德文相去更远。译作"人的本质"是长期选择的结果，是最为确切的译法，这一译法属于创造性的翻译，创造出了汉语"人的本质"概念，这一概念丰富了汉语词汇，丰富了中国马克思主义话语体系。把 das menschliche Wesen 译作"人的本质"只是符号上的对应，意义上的对应离不开人们的理解和解释，只有在不断的理解和解释中，符号才能真正成为活的语言，成为意义的"能指"。在马克思主义在我国的传播过程中，"人的本质"概念是如何被理解和解释的呢？

经过"人情""人类""人类本性""人性""人的本质"多译词衍变，最终确定"人的本质"术语，作为马克思原著概念的对译词，创造出一个非常重要的汉语马克思主义哲学概念。"人情"是基于中国传统人情社会的口语表述，不可能成为现代科学意义上的马克思主义概念。"人类"和"人类本性"，强调"类"和"类本质"，也就是从人作为自然种群的类看待人的根本属性，强调的自然属性，与马克思从社会性界定人的概念旨向不匹配。汉语古典意义的"人性"，实际上也是从"类本质"，从自然属性去解释人，当然增加了善恶的价值评判，但离开现实社会性，道德价值评判归根结底还是皈依自然性去解释。"人性"绕道东洋，从日语回归汉语，成为现代资产阶级概念，资产阶级人性论抽空阶级性去看待人，鼓吹人的解放和自由，与马克思原著概念强调人的现实性和社会性，强调通过经济关系、阶级

关系、社会关系去解放人、发展人根本立足点不同。所以，随着对马克思主义经典著作理解越来越科学，中国马克思主义者对马克思原著概念把握越来越精准，最终，"人情""人类""人类本性""人性"等译法逐个被超越，"人的本质"成为科学、深刻、充分表达马克思原著概念的汉语概念。"本质"一词强调事物内部联系、内在关系的运动，而"人的本质"术语更有利于表达从社会关系的矛盾体系和矛盾运动中，看待和推进人的解放、发展和自由。

从人的社会关系出发，我国早期马克思主义者强调社会性，尤其是强调阶级性。李达在探讨费尔巴哈抽象人性论的时候指出，"费尔巴哈把他的哲学上所注意的中心的人，看作抽象的、超越时间空间的、生物学上的人，不是属于一定社会和一定阶级的实在的人，没有社会性，也没有阶级性"①。费尔巴哈的人性论之所以是抽象的，根源就在于他不是从人的社会性、阶级性来理解人性，而是从自然属性来理解人性，这里的人性就是人的本质。艾思奇也有类似的观点，他指出，"在一切有阶级的社会里，人的本质和所谓的人性，都具有阶级的差别，不同阶级的人的认识，都受到他们自己阶级性的限制"②。艾思奇在人的本质问题上强调阶级性。著名的革命家吴玉章也说过，"在阶级社会中，人的阶级性，就是人的一种本能，一种本质"③。同样强调从人的阶级性的维度看待人的本质。强调从阶级性的角度理解人性不止上述三位理论家或革命家，毛泽东、瞿秋白等我党的理论家都有类似的观点。在人的本质上，我国早期的马克思主义者之所以强调阶级性，把握了人的本质在其现实性上是社会关系的总和，而在阶级社会中阶级性是社会关系的根本方面。同时也表明，人的本质是一个生成性的过程，社会关系总和固然不是单个人所具有的抽象物，但人毕竟是个体和共同体的辩证统一。马克思讲人的时候并没有排斥个人自由，马克思在《共产党宣言》中强调，在自由人联合体中，"每个人的自由发展是一切人的自由发展的条件"，没有个人自由也就没有共同体的自由，也就没有自由人联合体。必须把个体和共同体结合起来理解，从个体在共同体中社会关系的展开去理解。随着中国特色社

---

① 《李达文集》第4卷，人民出版社1988年版，第185页。
② 《艾思奇文集》第2卷，人民出版社1983年版，第846页。
③ 《吴玉章文集》上卷，重庆出版社1987年版，第402页。

会主义理论与实践发展，以人为本被确立为科学发展观的核心，习近平总书记还特别强调以人民为中心的发展理念，提出"时代是出卷人，我们是答卷人，人民是阅卷人"的判断。这表明我们对人的本质的理解越来越丰富、深刻。

第四节　生　产　力

自起源于汉语的"生产"被日本借用，赋予其经济含义，用来表示"财富的创造"后，其以"生产"为第一词素的一系列派生词逐步出现，其中就有"生产力"与"生产关系"。这组词汇与"生产方式"概念的产生发展稍有出入，其译词相对较早就已确定。但是"生产力"与"生产关系"的概念内涵以及二者之间的逻辑关系，在"生产方式"范畴体系下的地位作用，只有马克思主义在中国的广泛传播进程中，"生产力"与"生产关系"这组概念才被中国的马克思主义者接受并发展。

一、生产力的古典政治经济学概念

1613 年，塞拉在《简单论述金银在没有矿山地方也能占支配地位的原因》中，在拉丁语中第一个使用了"生产力"概念，指出"金银如不用在劳动上面，就没有生产力"①。在重农学派的创始人魁奈那里，"生产力"主要指"土地的生产力"，具体指土地的产出。亚当·斯密扩展了"生产力"概念的内涵，在 1776 年的《国民财富的性质和原因的研究》中，把劳动看作财富的来源，提出了"劳动生产力"概念，强调分工在劳动生产力中的作用。斯密认为资本对于提高劳动生产力是十分必要的。因此，在斯密那里，劳动生产力是同分工和资本相联系的。接下来的大卫·李嘉图进一步发展了"生产力"概念，他在《政治经济学和赋税原理》中多次使用生产力概念，把"生产力"解释为"土地原有和先天的能力"②。并提出了发展生产力的要求。1803 年，萨伊在《政治经济学概论》中，承认了斯密的"劳

---

① 姜海波：《青年马克思的生产力概念》，人民出版社 2014 年版，第 32 页。
② ［英］彼罗·斯拉法：《李嘉图著作和通信集》第 4 卷，蔡受百译，商务印书馆 1980 年版，第 19 页。

动生产力"概念,提出了"资本生产力"概念;针对李嘉图的"土地生产力",指出了不仅土地,其他的自然力也具有生产能力,提出了"自然生产力"概念。萨伊还进一步提出了"土地、资本、劳动"的结合方式和程度。这个时期所提出的"生产力"概念侧重于从量上去衡量生产多少财富。

以"生产力"理论出名的李斯特对"生产力"作了比较系统的考察。他认为生产力的最终决定因素是人,特别是从事经济活动的愿望和能力。他在 1841 年的《政治经济学与国民体系》中,指出生产力是财富的原因。在李斯特那里,生产力已不再只是量的标识,而是一种力量,能力,这不得不说是"生产力"概念的一个重要变革。

二、马克思恩格斯的生产力原著概念

马克思、恩格斯的生产力原著概念,德文形式 Produktivkräft/英文形式 productive forces,在概念内涵上,超越了古典经济学中的非历史的、形而上学的"生产力"概念,彻底变革了"生产力"概念,使"生产力"概念不只是一个经济学概念,而是成为建构了历史唯物主义的原著概念。

恩格斯在 1844 年的《国民经济学批判大纲》中,先于马克思八次使用了"生产力"概念,使用 Produktionskraft 及其复数形式,超越了古典政治经济学把"生产力"概念仅作为经济范畴,指出了在生产的过程中会产生生产力过剩或者生产力停滞的情况,并提出了生产力的发展是解决社会矛盾的希望所在。"人类支配的生产力是不可估量的"。①

马克思第一次触及"生产力"概念是在 1843—1845 年的《巴黎笔记》中,第一次使用"生产力"概念是在《1844 年经济学哲学手稿》中。在《评弗里德里希·李斯特的著作〈政治经济学的国民体系〉》(这是一部未完成的手稿,于 1971 年才首次公开发表)中,马克思使"生产力"概念超越了经济学视域,使之成为历史唯物主义的思想来源。写于 1845—1846 年的《德意志意识形态》(1932 年才得以公开发表)中,马克思、恩格斯第一次系统阐述了生产力和交往形式(生产关系)的辩证关系,确定了"生产力"概念的形式,德文为"Produktivkräft",从"Produktion-"转变为

---

① 《马克思恩格斯文集》第 1 卷,人民出版社 2009 年版,第 77 页。

"Produktiv-"，这一德文形式沿用到《资本论》。把原"生产力"的英文"productive power"经过德文修改再翻译成英文为"productive forces"。[①] 无论是德文形式还是英文形式，都是采取复数形式，表明马克思的"生产力"概念，是一种合力。至此，生产力的德文形式 Produktivkraft，英文形式 productive forces 在《形态》中得以确定并流传。马克思在《哲学的贫困》中，公开阐发了其"生产力"概念，在《共产党宣言》中第一次纲领性地阐发了"生产力"概念。

《共产党宣言》在马克思主义中国化的历史进程中，是我们认识研究马克思主义的一部重要著作，我们对"生产力"的概念的理解也深受《共产党宣言》所阐发的影响。首先，马克思肯定了资本主义社会在生产力的发展中所产生的巨大作用，这里的"生产力"的德文为 Produktionskräfte，而不是 Produktivkräft，英文为 productive forces。表明了马克思在这里使用的"生产力"概念是经济学意义上从量上去规定财富的高速增长，是各种要素的总和。其次，《共产党宣言》阐述了资本主义生产的历史是生产力和生产关系之间的矛盾运动，这里的"生产力"概念使用的德文 Produktivkräft，英文 productive forces，"生产力"是和"生产关系"相对应的一组逻辑范畴，与"生产关系"的矛盾运动构成了社会运动发展的推动力，是哲学范畴。因此，在《共产党宣言》中，"生产力"表现出了经济学和哲学的概念含义。

在《〈政治经济学批判〉序言》中，马克思概述了经由"生产力"概念建构的唯物史观的基本原理。在《资本论》第一卷中，马克思在使用"生产力"概念时多使用"劳动生产力"概念，并在一定程度上定义"生产力（Produktivkraft）当然始终是有用的、具体的劳动的生产力，它事实上只决定有目的的生产活动在一定时间内的效率"[②]。

因此，在马克思那里，"生产力"概念不仅是一个经济学概念，也是一个哲学概念，表示人类作用于自然上的力量与能力，与生产关系一道构成了一组对立统一的矛盾体，其对立统一运动是人类历史发展的推动力，是

---

① 姜海波：《青年马克思的生产力概念》，人民出版社 2014 年版，第 120 页。
② 《马克思恩格斯文集》第 5 卷，人民出版社 2009 年版，第 59 页。

"生产方式"逻辑体系中的核心范畴。

三、Produktivkräft/productive forces 汉译词演变

"生产力"概念是随着西方经济学和社会主义学说传入东方的，其发展经历了从非马克思主义到马克思主义化的转变。"生产力"也是日语造词。"生产力"自"生产"成为 production 的对等词后，其派生词渐渐进入人们的视野。与"生产方式"译词不同，"生产力"对应英文 productiv 出现相对较早。在 1888 年的《英和辞典》中就已经收入了"生产"的派生词"生產力ァル"（即有生产力，生产能力很高的），① 将"生产力"置于"productiv"词条下，至此"生产力"一词就广泛应用于各种经济学著作中。

日本于 1880 年前后开始受到欧洲社会主义思潮的影响，马克思、恩格斯的名字第一次出现在日本是在 1881 年小崎弘道的《近世社會黨の原因を論ず》。直到 1893 年，草鹿丁卯次郎的《カル・マルックス》（卡尔・马克思）的传记文章和深井英五编的《現時之社會主義》发表，标志着日本对马克思主义学说的介绍到了新阶段。② 这两部著作都介绍了马克思《资本论》的一些基本观点，而且《現時之社會主義》还介绍了《共产党宣言》的主要内容，至此，预示着阅读马恩原著的阶段即将到来，马克思主义在日本逐步传播开来，也开始引用并解读马克思的"生产力"的概念。1893 年深井英五编的《現時之社會主義》中，指出"商品的价格不单取决于生产该种商品消耗了多少劳动（劳动时间），而且还取决于劳动在社会中的平均生产力。"③ 使用了"平均劳动生产力"的概念。1899 年《近世社会主义》"洛度卫陆他斯（今译洛贝尔图斯）及其主义"一章中指出"今日一切社会生活之程度，则日昂进，生产力之发达，亦极其盛"。④ 这时，"生产力"一词的用法就与 19 世纪德文经济专著中的 Produktivkraft 一致。这一时期的社会主义的著作中虽然也涉及马克思的一些学说，但"生产力"概念更多是

---

① ［德］李博：《汉语中的马克思主义术语的起源与作用》，赵倩等译，中国社会科学出版社 2003 年版，第 181 页。

② 冯天瑜等：《语义的文化变迁》，武汉大学出版社 2007 年版，第 389 页。

③ ［德］李博：《汉语中的马克思主义术语的起源与作用》，赵倩等译，中国社会科学出版社 2003 年版，第 187 页。

④ 姜义华：《社会主义学说在中国的初期传播》，复旦大学出版社 1984 年版，第 176 页。

西方经济学中的概念。在这一概念通过日本传入中国后，"生产力"的译词也被中国学者所引进，用来对应 productive forces 概念。

马克思的"生产力"概念传入中国，"生产力"和"生产诸力"都可用来对应英文 productive forces，德文 Produktivkraft 概念。在《共产党宣言》的各译本以及对马克思主义著作的摘引中，使用了"生产力"和"生产诸力"相对应，其中以"生产力"为主流译词。

1903 年，幸德秋水的《社会主义神髓》于同年 10 月由中国达识社翻译为中文，由浙江潮编辑所出版后，在中国影响颇为深远。在《神髓》中译本，直接借用了日文的"生产力"形式，"盖近时生产力发达之程度之比率虽类有差异，难获详密精确之统计，而以机器代人力，比为最大之增加焉"①。生产力依旧是个经济学概念，可以用量去衡量，机器代人力则成为提高生产力的条件。这一年 3 月翻译的福井准造的《近世社会主义》中，同样使用了"生产力"概念，提出了发达生产力之途，"今日一切社会生活之程度，则日昂进，生产力之发达，亦极其盛"②。指出了劳动为生产之唯一要件，"彼与从来之经济学者，以土地、资本、劳力三者，论定为生产上之三要件相反，而生产上之要件，限于唯一之劳动"③。

1904 年，堺利彦和幸德秋水的《共产党宣言》首部日译本的出版，把马克思"生产力"概念理解为人们作用于自然的能力，是"生产过程中各个要素的总和"。"试问在过去哪一个世纪能够料想到竟有这样大的生产力潜伏在社会劳动里面呢？"④ 1908 年，民鸣在《共产党宣言》节译本中，就使用了日语借词"生产力"。在接下来的 1912 年陈振飞节译本，1920 年以日译本为依据的陈望道全译本，同样使用"生产力"。至此"生产力"就成为中国学者用来表示马克思的"生产力"概念的对等词。不仅在于翻译马克思的著作中，也在中国学者自己的著作中，使用"生产力"用来对应英文 productive forces，德文 Produktivkraft。如：张闻天在 1922 年 1 月的《中

---

① [日] 幸德秋水：《社会主义神髓》，达识译社译，浙江潮编辑所 1903 年版，第 2 页。
② 姜义华：《社会主义学说在中国的初期传播》，复旦大学出版社 1984 年版，第 176 页。
③ 姜义华：《社会主义学说在中国的初期传播》，复旦大学出版社 1984 年版，第 162 页。
④ [德] 李博：《汉语中的马克思主义术语的起源与作用》，赵倩等译，中国社会科学出版社 2003 年版，第 188 页。

国底乱源及其解决》，使用并解释"生产力"概念，"所谓社会的动力，在唯物史观的社会主义者称之为生产力。"①

除了"生产力"外，"生产诸力"也可用来对应马克思的生产力概念。1932年雷用中和李含章合译的俄文经日译本转译的《生产力与生产关系》中，概述了"生产诸力与生产诸关系研究大纲"，用"生产诸力"对应马克思的"生产力"概念。指出了"在社会的生产过程中，物质生产诸力之诸要素—生产手段与劳动力—的统一"，并点名"生产力"与"生产关系"的关系，"物质的生产诸力，是社会生产过程的内容；生产诸关系是社会的形态；这二者是辩证法地统一的。"②

1937年，李达在《社会学大纲》中，同时使用了"生产力"和"生产诸力"词素。提出"由于生产力的发达，剩余产物的出现，私有财产的形成，奴隶制度的确立等"③。同时还指出了"社会发展的内的根本矛盾，是生产力与生产关系的矛盾"④。并提出了"生产力即社会生产力"，"所以当我们说起生产力之时，是意指着特定发展阶段上的社会的生产力，而不是生产力一般"⑤。在此文中，李达还使出了"生产诸力"一词，"各时代的社会的发展法则所以各不相同的原因，从根本上说来，是由于物质的生产诸力不断的发展。人类间的生产关系，是和一定社会的生产力相适应的。"⑥"生产方法适应于各个阶段上的生产诸力的状态而形成。前节说过，特定社会的生产诸力，是特定社会中的劳动力与生产手段相结合所发挥的制造物质资料的能力。"⑦"生产力"与"生产诸力"的合用，表明当时的"生产力"译词还未统一，还未把"生产力"概念上升为马克思的经济哲学范畴。

1943年，陈瘦石译本作为当时唯一的非共产党人翻译的，在国统区发行的合法全译本。使用"生产诸力"对应英文 productive forces，正如我们

---

① 吕延勤：《马克思主义在中国早期传播史料长编（1917—1927）》中，长江出版社2016年版，第16页。

② 雷用中、李含章：《生产力与生产关系》，导群书店1932年版，第2页。

③ 《李达文集》第2卷，人民出版社1981年版，第13页。

④ 《李达文集》第2卷，人民出版社1981年版，第126页。

⑤ 《李达文集》第2卷，人民出版社1981年版，第288页。

⑥ 《李达文集》第2卷，人民出版社1981年版，第296页。

⑦ 《李达文集》第2卷，人民出版社1981年版，第384—385页。

在上一章所说明的一致，陈瘦石译本的一个特点在于对英文本的词语对应上，显得更为符合英语语法规范。"forces"为"force"的复数形式，因此译为"生产诸力"也无可厚非。因为马克思、恩格斯在《共产党宣言》中把生产力理解为"生产过程中各个要素的总和"，"诸力"则体现了生产要素的多数性。而且陈瘦石还把"生产力"和"生产关系"的矛盾运动译为"数十年的工商业史，只是现代生产诸力对于现代生产状况及资产阶级所赖以生存并统治的财产关系的反抗史"①。

四、中国马克思主义生产力概念疏义

无论是马克思、恩格斯还是列宁，都没有在经典著作中为"生产力"概念作出明确界定。中国马克思主义者在传播和翻译马克思主义经典著作的基础上，结合中国革命和建设的具体实践，在外在形式上用"生产力"译词对应英文 productive forces，德文 Produktivkraft，在科学内涵上对马克思的"生产力"概念作出中国化界定。

采用"生产力"译词，对应马克思的英文 productive forces，德文 Produktivkraft，在西方经济学一开始传入中国时就被中国知识分子所接受认同，在马克思主义传入中国后，中国的马克思主义者承续了"生产力"译词，对"生产力"概念进行马克思阐述，使之上升成为马克思历史唯物主义构建的基石，马克思主义经济哲学范畴。在《辞海》中，"生产力"被定义为"亦称'社会生产力'。人们征服自然、改造自然的能力"②。此定义首先指明了马克思的"生产力"概念是人类作用于自然上的一种力量，能力。生产的主体是人类，客体在于自然，而对于自然，不仅指自然界原有的包括土地、矿产、森林等原资料，也包括在原有自然资源基础上所加工成的用于生产的厂房、机器、设备等。其次指明了生产力的要素在于劳动者和劳动资料。毛泽东指出："生产力就是两项：劳动者和工具。"③

日语回归借词"生产"与"力"组词，成为"生产力"，其关键点在于对"力"的把握。马克思的"生产力"概念的英文为 productive forces。

---

① 《共产党宣言》汉译纪念版，陈望道等译，中华书局 2011 年版，第 160 页。
② 《辞海》，上海辞书出版社 2010 年版，第 1673 页。
③ 《毛泽东著作专题摘编》上，中央文献出版社 2003 年版，第 782 页。

"productiv"在早期的英华字典中，就含有"多产的""有生产力"的含义，从"量"上去规定其产出，并没有能力、力量只说。而"force"在 1822 年的马礼逊的英华字典中，"force"就被翻译为"力"，在之后的早期英华字典中，"力"无一成为"force"词条下的第一条解释，对应于"strength"，表示一种势力、能力。马克思的 productive forces 把蕴含有"量"的多产的"productiv"和具有力量、能力的"force"组合，成为马克思的"生产力"概念，用来表示一个经济哲学的概念，不仅指"量"上的规定，是各种要素的总和，更是表现了人类作用于自然上的一种能力和力量。因此，把"生产"和"力"组词，能够体现出马克思的"生产力"概念不仅是一个经济概念，也是一个哲学范畴。而对于"force"的复数形式"forces"，有些学者翻译为"诸力"。"诸"在西汉时，就有"众多""许多"的含义。"诸力"表明了马克思"生产力"概念的"量"的体现，体现"生产的水平和程度"，也表现了生产过程的要素的多数性。但是在中国传统的话语体系中，用来表示量的"诸"难以表述出马克思的"生产力"概念的哲学范畴，表现不出"生产力"概念在历史唯物主义构建中的基石作用，因此在马克思主义经典著作的术语中，选用"生产力"来对应马克思的英文 productive forces，德文 Produktivkraft。

第五节 生 产 关 系

和"生产力"是沿用古典政治经济学术语不同，马克思的"生产关系"（德文对应词 Produktionsverhältnisse）概念定型较晚，形成于《德意志意识形态》，但是这部著作直到 1932 年才面世。《德意志意识形态》中马克思用"交往形式"来表示"生产关系"的概念，在《哲学的贫困》明确表述为"生产关系"，这是马克思"有决定意义的观点"即"生产力和生产关系"的公开阐发，除此之外在《社会主义从空想到科学的发展》《〈政治经济学批判〉序言》《资本论》等中对"生产力与生产关系"也有论述。对这些著作最早较为系统的介绍是出现在 1899 年福井准造的《近世社会主义》一书中。这本书依次介绍了《自哲理上所见之贫困》《共产党宣言》《英国劳动社会之状态》《经济学之评论》《资本论》等，但只是对马克思的履历和学说进行简要介绍，肯定了马克思主义，但是本书中并没有涉及马克思的"生产关系"概念。而且在马克思那里，用来表示"生产关系"的英文词中，除了 relations of production 外还有 conditions of production，而德文中"生产关系"的对应词则只有 Produktionsverhältnisse，这就加大了我们对"生产关系"概念的翻译与理解的难度。

一、原著术语 Produktionsverhältnisse 汉译词演变

1888 年《共产党宣言》英文版是恩格斯亲自校订的版本，在此版本中英文 relations of production 和 conditions of production，都可对应德文 Produktionsverhältnisse。这就决定了中国马克思主义者在翻译马克思的"生产关系"概念时会依据不同的版本，出现不同的译词。通过对《共产党宣言》各种中译本及摘译的比较中发现，对于 relations of production，各译者都译为"生产关系"，而在 conditions of production 的翻译中，则出现"生产制度""生产方法""生产状况""生产情形""生产条件"和"生产关系"等译词。这种译词演变在《共产党宣言》汉译过程中，具有清晰的线索，见表 5-5。

表 5-5　《共产党宣言》"生产关系"译词演变

英文版	Relations of production	relations of production, of exchange	modern productive forces against modern conditions of production	conditions of production	bourgeois conditions of production	conditions of modern production	old conditions of production
德文版	Produktionsverhältnisse	Produktionsverhältnisse	Produktionsverhältnisse	Produktionsverhältnisse	Produktionsverhältnisse	Produktionsverhältnisse	aletn Produktionsverhältnisse
1904 年日文版	生產關係	生產し交換したその諸關係	近代の生產力が、近代の生產關係に対し	生產關係	ブルジョアの生產關係	現今の生產關係	古い生產關係
中央编译局版	生产关系	生产关系和交换关系	现代生产力反抗现代生产关系	生产关系	资产阶级生产关系	现代生产关系	旧的生产关系
1908 年民鸣版	生产关系	生产、交换、财产诸权	近代生产力对于生产方法	生产方法	绅士之生产方法		
1912 年陈振飞版	生产关系		生产力对于生产方法		绅士生产之方法		

英文版	Relations of production	relations of production, of exchange	modern productive forces against modern conditions of production	conditions of production	bourgeois conditions of production	conditions of modern production	old conditions of production
五四时期摘译版		生产及交换的关系	现代生产力对于现代的生产关系的反抗		资本家的生产关系		旧生产情形
1920年陈望道版	生产关系	生产，交换，财产关系	近代生产力对于近代生产方法	生产方法	资本家的生产制度	近世生产状况	旧的生产方法
1930年华岗版	生产关系	生产，交换，财产关系	近代生产力对于近代生产方法	生产方法	资本家的生产制度	近世生产状况	旧的生产方法
1938年成仿吾、徐冰版	生产关系	生产关系与交换关系	近代生产力反抗近代生产关系与财产关系	生产方法	资产阶级的生产关系	近代生产关系	旧的生产关系
1943年陈瘦石版	生产关系	生产关系，交换关系	现代生产诸力对于现代生产状况	生产方法	资产阶级的生产制度	现代生产状况	旧生产条件
1943年博古版	生产关系	生产关系与交换关系	现代生产力反叛现代生产关系	生产关系	资产阶级的生产关系	现代生产关系	旧的生产关系
1947年乔冠华版	生产关系	生产关系与交换关系	近代生产力反抗近代生产关系	生产关系	资产阶级的生产关系	近代生产关系	旧的生产关系
1948年百周年纪念版	生产关系	生产和交换关系	现代生产力反叛现代生产关系	生产关系	资产阶级生产关系	现代生产关系	旧的生产关系
2001年台湾版	生产关系	生产及交换关系	现代生产力反抗现代生产关系		资产阶级的生产关系		

　　把"生产"和"制度"结合成为"生产制度"对应马克思的"生产关系"概念出现在陈望道、华岗和陈瘦石译本中，出现为"资本家的生产制度"或者"资产阶级的生产制度"。"制度"一词早在西周时就已使用，用来表示"一定历史条件下形成的法令、礼俗等规范"，表述的是一种社会关

系。"生产制度"顾名思义，指在生产过程中约定成俗的规范。在马克思的著作中，"生产关系"是用来表示人们在物质资料的生产过程中所形成的社会关系，其中包括人们在生产中形成的人与人的关系，产品的分配关系，资本的占有关系等。"资本家的生产制度"表明在资本主义的社会制度下所形成的社会关系，是属于马克思"生产方式"范畴的生产关系层面，是生产关系概念的具体和特殊。而把"生产关系"理解为"生产制度"也被当时的学者所接受并认同，出现在早期的社会主义著作和马克思主义著作中。

"生产方法"在马克思主义传播早期，用来对应马克思的"生产方式"概念，也用来对应 conditions of production 表示马克思的"生产关系"概念，把马克思的"生产力与生产关系"的矛盾运动理解为"生产力与生产方法"的矛盾运动。体现了"生产方式"与"生产关系"之间的辩证关系，"生产方式"作为"生产力"和"生产关系"矛盾运动的对立统一，其中包含"生产关系"层面。

在 1919 年 4 月，《每周评论》刊登的成舍我（署名"舍"）摘译的《共产党宣言》，其中用"旧生产情形"对应马克思的"旧的生产关系"。"若是取革命的手段，他们便自居于统治地位，把一切的旧生产情形，都要废除"。[1]"condition"在 1822 年的马礼逊的英华字典中就被理解为"state，情形，势，大势"，在之后的英华字典中，condition 也一致保持"情形，形势、境地"等的译词。因此"生产情形"译词是符合当时国人的语言习惯与认知的。

把"生产"和"状况"合用用来表示马克思的"生产关系"概念出现在 1920 年常乃惪翻译的 W. Paschal Larkin 的《马克思历史的唯物主义》中，对《Oritieism of political Economy》的摘译中，"在这样的情形，生产状态反而妨碍生产力的发展"。[2] 用来表示"生产力和生产关系"的矛盾运动。"状况"在 1916 年的《赫美玲官话》置于"state"词条下，被解释为"state，n.（condition）状态，形势，状况，境遇，情形等"。这一表述也出

---

① 林代昭、潘国华：《马克思主义在中国——从影响的传入到传播》下，清华大学出版社 1983 年版，第 8 页。

② 吕延勤：《马克思主义在中国早期传播史料长编（1917—1927）》上，长江出版社 2016 年版，第 303 页。

现在陈瘦石的译本中，"现代生产诸力对于现代生产状况"。因此翻译于英文的常乃惪和陈瘦石用"生产状况"对应马克思的"生产关系"概念也是符合马克思恩格斯的表述的。但是出现在以英文版《宣言》为根据的陈望道、华岗和陈瘦石译本中的"生产状况"则不是用来表示生产力和生产关系的矛盾运动的，他们把"生产状况"和"现时"合用，用来描述社会生产的一种情形，状态。

　　除此之外，"生产条件"也可用来表示"生产关系"的含义。1920 年 12 月，《太平洋》第二卷第八号，刊登《时代思潮的杂评》，引用马克思的"无论何种社会，假使新社会存在必不可缺的物质条件，没有在旧社会的母胎中孕育成熟，新生产条件无由产生，即新社会不会产生，旧社会不会消灭。"① 这就是我们今天所熟知的"两个决不会"，用"新生产条件"对应"更高的生产关系"。在 1943 年陈瘦石的译本中，"生产条件"也用来对应 conditions of production，表示"生产关系"概念。"倘然他因革命而取得统治阶级的地位，并用武力廓清旧生产条件，那么，随着这些条件的廓清，他就能连带廓清阶级对抗与一般阶级所赖以存在的条件，并从而铲除他本身在阶级立场上的优越地位。"②

　　中国学者用"生产关系"对应英文 relations of production 早在 20 世纪初期就已出现，而用"生产关系"用来表示马克思的 Produktionsverhältnisse 概念则是在五四运动后，马克思主义广泛传播，并逐步把"生产关系"统一为马克思主义范畴的定译词，最终生成汉语中的马克思主义生产关系概念。

　　"关系"一词很早就出现在晚清汉语中，但其并没有"relation"的含义。在早期的英华字典中，经常被置于在"effect"等的词条下。李鸿章在一封信中写道"此身关系至重，衰年病后，以赔补元气为要"。在同时期的德川时代和明治早期的日语中，"关系"一词和晚晴汉语中的"关系"含义一样。在德川时代末期，"关系"就有了我们现在所熟知的"关系""联系""关联"的含义，被置于"relation"词条下。在 1893 年的《现实之社

　　① 吕延勤：《马克思主义在中国早期传播史料长编（1917—1927）》上，长江出版社 2016 年版，第 468 页。

　　② 《共产党宣言》汉译纪念版，陈望道等译，中华书局 2011 年版，第 173 页。

会主义》中，就使用了具有现代意义的"关系"义素的"社會の關係"，①
这一义素传入中国后，被收录在早期的英华字典中，用来表示 relation 的含义。梁启超在 1902 年的《新民说》就使用了"relation"含义的"关系"，
"私德与公德之关系"。直到 1904 年，以英文版为根据的日译本《宣言》中才使用"生产关系"这一组合词，用来对应"relations of production"。

　　1908 年，民鸣《共产党宣言》节译本译自日文版，其中沿用了"生产关系"译词，使用"生产机关及关系"，"绅士阀者非生产机关及关系屡生变迁以促社会全体关系之变化"。"现今握生产、交换、财产诸权之绅士社会（即唤起此生产即交换大机关之社会）。亦如彼之魔术师。"② 把资产阶级的生产关系理解为所有权关系。但是这一时期"生产关系"一词却鲜少出现在一些进步期刊上，此时用来表示"生产关系"概念的多集中于"制度"表述上。直到五四时期，"生产关系"一词在中国的传播进入了新的发展阶段，大量出现在马克思主义的著作中。

　　1919 年 5 月，《晨报》刊登了源泉译的河上肇《马克思的唯物史观》，沿用了日本译词"生产关系"。同年 5 月年李大钊在我的《马克思主义观》中，根据河上肇摘译的《哲学的贫困》《共产党宣言》《〈经济学批评〉序文》中，使用的"生产关系"译词，"人类在一定的生产关系之下"，③ 用来表示在物质生产过程中产生的社会关系。李大钊在同年 7 月的《阶级竞争与互助》中，引用马克思的话"资本家的生产关系，是社会的生产方法采敌对形态者的最后"④。

　　1920 年 5 月刘振翻译了田庄太郎的《法的社会主义之研究》一文，对"法的社会主义之批判的考察"中，引用了马克思的《经济学评论》，"人类于其生活之社会的生产，必然的由彼此等一直而独立之一定关系，即为与彼等之物质的生产力 die Materiellen Produktivkräfte 一定所发展之阶段相应的生产关系 ProduktionsverhaItnisse……物质的生活之生产方法，Produktionsweise

---

　　① ［德］李博：《汉语中的马克思主义术语的起源与作用》，赵倩等译，中国社会科学出版社 2003 年版，第 189、190 页。

　　②《共产党宣言》汉译纪念版，陈望道等译，中华书局 2011 年版，第 356、358 页。

　　③《五四运动文选》，三联书店 1959 年版，第 268 页。

　　④《李大钊全集》第 2 卷，人民出版社 2013 年版，第 482 页。

乃约束一般社会的政治的及精神的生活程序"①。这里就明确用"生产力"对应德文的"Produktivkräfte","生产关系"对应德文的"Produktionsver-haeItnisse","生产方法"对应德文的"Produktionsweise"。

1921年1月李达在《马克思还原》中，指出了"生产关系是社会制度的基础"，并简要阐明了"社会的物质生产力和社会中活动而来的生产关系"②的冲突作用。1921年8月施存统《唯物史观在中国的应用》，"资本主义底生产力，早已同生产机关［关系］发生冲突了，这是谁也知道的。"③施存统把用来表示马克思"生产资料"概念的"生产机关"和"生产关系"同用，是因为生产资料的所有制形式是生产关系中最基本的。瞿秋白在1923年3月的《东方文化与世界革命》中使用了"所谓历史的'堕性律'；然而最根本的动力，始终是物质的生产关系"④。1924年4月赵世炎在《冯玉祥配称革命么?》提出，革命是"新生产力和旧生产关系的矛盾"⑤的冲突，经过阶级斗争，产生新形势，形成新制度。这是把生产力与生产关系矛盾运动规律运动到中国革命中去。除此之外，恽代英、蔡和森、陈独秀等也都使用了马克思的"生产关系"概念。直到1932年《德意志意识形态》由苏共中央马克思列宁主义研究院第一次以德文原文出版，1933年以俄文出版。《德意志意识形态》的出版，使马克思的"生产关系"概念更为清晰明白。

1933年6月艾思奇在《抽象作用与辩证法》中，定义"生产关系"为"生产中的人类之间形成的社会关系"，"社会本是在生产中的人类之间一定的互相关系（即生产关系）之综合，这互相关系变动时，社会其物也是要跟着变动的。"在1935年答徐为芳的《"人类生活的努力"是什么》，解释"生产关系"为"人类为要维持生活，必须取得生活资料，为要取得生活资料，必须要进行生产的活动，为要进行生产活动，人类互相间就不得不发生

① 吕延勤：《马克思主义在中国早期传播史料长编（1917—1927）》上，长江出版社2016年版，第295页。
② 《李达文集》第1卷，人民出版社1980年版，第30页。
③ 吕延勤：《马克思主义在中国早期传播史料长编（1917—1927）》上，长江出版社2016年版，第752页。
④ 《瞿秋白文集·政治理论编》第2卷，人民出版社2013年版，第21页。
⑤ 《赵世炎文集》，人民出版社2013年版，第149页。

一定的关系。"① 而且艾思奇在 1935 年答胡青时，专门对《生产力和生产关系的交互作用》进行详细论述。

1943 年博古根据俄文版对成仿吾、徐冰译本重新校译，在对德文 Produktionsverhältnisse 的翻译上，统一使用"生产关系"译词。之后的各译本如乔冠华校译本、莫斯科百年纪念版以及后来的 1953 年《马克思恩格斯全集》等都使用了"生产关系"译词来对应德文 Produktionsverhältnisse，使马克思的"生产关系"概念译词得以统一规范。

二、中国马克思主义生产关系概念疏义

"生产"与同为日语回归借词的"关系"组词，在中国马克思主义发展史上成为 Produktionsverhältnisse 的主流译词，并发展统一成为马克思"生产关系"概念的标准译词，用来表示马克思的"生产关系"概念，和"生产力"一起成为马克思"生产方式"范畴体系的核心概念。

在《汉语大词典》中，"生产关系"被释义为"人們在物質資料的生產過程中形成的社會關係。包括生產資料所有制的形式；人們在生產中的地位和相互關係；產品分配的形式等。其中，生產資料所有制的形式是最基本的，起決定作用的。"② 把"生产"和"关系"结合，用来表示马克思的"生产关系"概念，是用文字对马克思生产关系概念的准确和深刻把握。

通过对《共产党宣言》的摘译及各中译本的分析，可知在马克思"生产关系"的概念表述中，用来表示具体的特殊的"生产关系"概念时，可用"生产制度"。在用来描述当时的具体的生产情形时可用"生产情形""生产状态"和"生产条件"。在表示"生产力"和"生产关系"的矛盾运动时，选用"生产方法"和"生产状态"。其中"生产关系"一词可用来表示具体的生产过程中所形成的关系，可用描述具体的生产情形，同时还可用来表示马克思哲学概念的矛盾运动，是对马克思"生产关系"概念的最本质的表述。

首先，"生产制度"表现出了生产关系的一种形式。在马克思的"生产

---

① 《艾思奇全书》第 1 卷，人民出版社 2006 年版，第 20、279 页。
② 罗竹风：《汉语大词典》第 7 卷下，汉语大词典出版社 1991 年版，第 1508 页。

关系"概念中，所有制形式、生产过程中人与人之间的地位、产品分配形式等，都是在物质资料的生产过程中所形成的具体的表现形式。而且在马克思的唯物史观中，"生产关系"从来不是一个独立存在的概念，和"生产力"概念一起，构成了"生产方式"范畴的关键概念，成为分析社会历史现象的一条线索，其运动变化规律是人类社会历史发展的推动力。而作为"生产关系"具体表现形式的"生产制度"则不足以和"生产力"一起，成为一对对立统一的概念。

其次，"生产情形""生产状况""生产条件"用来对应 conditions of production，表示马克思的"生产关系"概念。在早期的英华字典中 condition 和 state 同义，被翻译为情形、形态、形势等义。因此"情形""状况""条件"等词，是用来描述一定历史时期社会生产所存在的一种状态，具有历史性、阶级性。而马克思的"生产关系"概念描述了一种在物质资料生产过程中所形成的社会关系，"情形""状态""条件"等词则体现不出关系的存在性。

最后，"生产方法"在早期的中国马克思主义者用来和"生产力"一起，用来分析社会历史的推动力，把马克思的"生产力与生产关系"之间的辩证关系理解为"生产力与生产方法"的矛盾。但是，在马克思主义传播的早期，"生产方法"更多的对应马克思的"生产方式"范畴。而用"生产方法"对应"生产关系"，就是把"生产方式"等同于"生产关系"，混淆了马克思的"生产方式"和"生产关系"概念。

第 六 章

马克思主义民族学术语中国化考释

　　追求建立现代民族国家，是近代中国先进分子采西学、译西书的直接动力，这种动力又触发了中华民族共同体意识的觉醒。西方近代民族概念特别是民族国家概念进入中国，推动中国传统的血族、宗族观念向种族、国族观念演进，在此前提下，马克思、恩格斯、列宁、斯大林民族理论著作汉译和传播，推动中国人对民族概念的理解科学化，最终形成了中国马克思主义民族、民族国家和民族融合等概念，并在新时代创造性地提出了民族交融概念。本章以《共产党宣言》《共产主义信条草案》《共产主义原理》《家庭、私有制和国家的起源》以及列宁《论民族自决权》、斯大林《马克思主义与民族问题》等经典著作汉译为线索，考证注疏民族、民族国家、民族融合三个马克思主义民族学概念的来龙去脉。民族、国家、融合古汉语皆有典，先后经过近代资产阶级民族主义思想启蒙和马克思主义中国化，成为现代马克思主义概念词。

第一节 民 族

　　在《共产党宣言》意大利文版序言中，恩格斯指出："意大利是第一个资产阶级民族"，现代民族产生于西欧资本主义国家，现代民族概念首先诞生于资产阶级启蒙思想家，伴随西学东渐译介入华并逐步中国化，五四运动以后，伴随马克思主义经典著作汉译进一步马克思主义化，为中华民族建立社会主义取向的现代民族国家，奠定了概念基石。

一、马恩列斯笔下原著术语 Nation/nation/нация

据考证，汉译本马恩列斯著作中的"民族"一词在作者原著中对应的词汇有德文的 Volk、Nation、Nationalität，英文的 nation、people、nationality 和俄文的 нация、национальность、народ、народность 等多个，对这些不同类别"民族"，只有斯大林对俄文的 нация（现代民族）下过定义，马克思、恩格斯和列宁从未对任何一种"民族"明确下过定义。他们笔下的不同"民族"均有特定语境及意涵，需要具体地理解，不能笼统地将斯大林的"现代民族"概念等同于马克思主义经典作家的"民族"概念。

（一）马克思恩格斯笔下形形色色的"民族"

在概念论语境上，马克思恩格斯是以唯物史观和辩证法为基础，在分析人类社会历史发展规律，批判资本主义制度，指导世界无产阶级革命以及推动建立共产主义社会的大背景下阐发民族理论思想的，其论述既包括关于民族现象的一般性理论观点，也包括关于民族问题及如何解决这些问题的一般性理论观点。

在文本中，"民族"一词在中文译本马恩著作中出现的频率很高，几乎所有的重要著作都包含这一词汇。就意涵而言，这些"民族"形形色色，名目繁多，有近百种之多。如蒙昧民族、野蛮民族、革命民族、农业民族、工业民族、古代民族、现代民族、想象中的民族、现实的民族、日耳曼语族的民族、大民族、弱小民族等。据考证，这些不同的"民族"，如果取掉中文限定词，在原文著作中对应的西文词汇有多个，其原型包括德文的 Volk、Nation、Nationalität，和英文的 nation、nationality、people 等。如在中文版《共产党宣言》中，"民族大迁徙"在德文版中对应的词组是 Völkerwanderungen（Völker 是 Volk 的复数形式）；资产阶级把"一切民族甚至最野蛮的民族都卷到文明中来了"，在德文版中对应的表述为"alle，auch die barbarischstenNationen（Nationen 是 Nation 的复数形式）。"① 再如，恩格斯在用英文写作的《工人阶级同波兰有什么关系？》一文中同时使用了 nation、nationality 和 people 三

---

① 中文引文见《共产党宣言》，《马克思恩格斯全集》第 4 卷，人民出版社 1958 年版，第 469、470 页。"笔者注"部分见 Karl Marx，Friedrich Engels：*Karl Marx/Friedrich Engels Werke*，Band 4，Berlin：Dietz Verlag，1977，pp. 465–466。

个词，但在《马克思恩格斯全集》中文第一版第 16 卷中，这三个词都被译为"民族"。对此，译者讲："恩格斯在这篇文章里用了 nation、nationality 和 people 三个词，这三个词一般都译'民族'，我们在这里同样也译'民族'。但在本文中这三个词的含义是有区别的。为了不致混淆起见，凡原文用 nationality 和 people 的地方，我们都附上原文；凡不附原文的地方，则原文都是用 nation。"①

（二）列宁笔下的四类"民族"

在阐发民族理论思想的语境上，列宁与马恩一脉相承。相比较而言，列宁主要关注的是帝国主义时代的民族殖民地问题、俄国内部的民族问题及解决方案和政策。在文本方面，"民族"一词在中译本列宁著作中出现的频率也很高，这些"民族"同样形形色色，有几十种之多。如被压迫民族、殖民地民族、附属民族、格鲁吉亚民族、东欧的民族、东方民族、历史的民族、现代民族、未开化的民族、大民族、小民族、弱小民族、少数民族、两个民族（即统治民族和被统治民族）等。

据考证，这些不同的"民族"，在《列宁全集》俄文版中对应的俄文词汇主要有四个：нация、народ、национальность 和 народность。其中关于 нация，列宁使用最频繁。但在他笔下与在斯大林笔下意涵不同。斯大林笔下的 нация 指向明确，专指"现代民族"，即斯大林《马克思主义和民族问题》的著名定义所指称的"民族"②。但列宁笔下的 нация 则既包括现代民族，还包括前现代社会的一些"民族"。

实际上，在俄文原著中，列宁对 нация、народ、национальность 和 народность 的使用，很多时候没有严格的界限。对此，苏联时期知名民族学专家 М. В. 克留科夫、勃罗姆列伊等人也有类似的感受。М. В. 克留科夫认为，在论述犹太人的历史地位时，"列宁先后称他们为 нация、национальность、народ、народность。"③ 勃罗姆列伊讲，"在俄语文献中，нация、национальность、народ、народность 这些词本来是直接作为同义词使用的。……这

---

① 《马克思恩格斯全集》第 16 卷，人民出版社 1964 年版，第 171 页。
② 《马克思主义经典作家民族问题文选·斯大林卷》，社会科学文献出版社 2016 年版，第 32 页。
③ ［苏］М. В. 克留科夫：《重读列宁——一位民族学者关于当代民族问题的思考》，《世界民族》1988 年第 5 期。

一点也反映在列宁的著作中（特别是革命前的著作）"①。

（三）斯大林的"现代民族"概念

斯大林对继承和发展马克思、恩格斯和列宁的民族理论思想作出了重要贡献，在阐发民族思想的理论语境上，斯大林与马克思、恩格斯、列宁一脉相承。相比较而言，斯大林更多关注的是俄国及苏联国内的民族问题、民族政策和一般意义上的民族现象。斯大林对何为"民族"（实为"现代民族"）明确下过定义，1912 年底，在波兰的克拉科夫俄共党中央会议上，列宁与斯大林就民族问题进行讨论，斯大林在列宁的建议下，结合马克思恩格斯的民族观，于 1913 年写就《马克思主义和民族问题》，列宁称这篇文章是解读布尔什维克党的民族概念"首屈一指的论文"。此文提出了"现代民族"的概念，斯大林的民族（нация）概念，结合文本小语境（即 context）来看，内涵除了他列举的四个必备的特征外，还有一个前提是他在定义中没有明确强调的，即这类"民族"的存在是以资本主义生产方式得以确立为基础的。

《马克思主义和民族问题》定义的这类民族（нация）概念，"不是普通的历史范畴，而是一定时代即资本主义上升时代的历史范畴"，② 斯大林论及的"民族"，远不止这一类。实际上，斯大林著作中文译本中的"民族"也有 30 多种，如被压迫民族、统治民族、特权民族、被奴役民族、苏维埃民族、资产阶级民族、社会主义民族、从属民族、大民族、多数民族、少数民族、小民族、伊斯兰教民族等等。据考证，除了特指现代民族的нация，斯大林著作中文译本中的"民族"一词在他的俄文原著中对应的词汇同样还 народность、народ、национальность 等。后面这几类"民族"，斯大林均未对其明确下过定义。但基本指向是清晰的，即 народность "部族"或前资本主义社会的"民族"народ 指"落后民族"、"原始民族"；национальность 指抽象意义的"民族""民族性"。

---

① 贺国安：《勃罗姆列伊的探索——关于"民族体"与"民族社会机体"》，《民族研究》1991 年第 1 期。

② 《斯大林选集》上卷，人民出版社 1979 年版，第 69 页。

二、马克思主义经典作家民族概念汉译考

据考证，汉语"民族"一词最早在《南齐书·顾欢传》篇目中出现："今诸华士女，民族弗革"，显然是从传统夷夏观定义民族。[①] 早在 1834 年，普鲁士传教士郭实腊就在《救世主耶稣基督行论之略传》中引入近代意义上的民族含义："申谕中外民族，悔罪伏奉耶稣救世者之教也。"[②] 1874 年早期洋务派王韬在其主办的《循环时报》中发表《洋务在用其所长》一文，提到"夫我国中乃天下之大国也，幅员辽阔，民族殷盛，物产富饶"[③]，已经将近代意义上的民族观念指称本土民族。19 世纪上半叶外来传教士主导以汉语固有词"民族"翻译的近代民族概念，并没有流行开来，如 1877 年郭嵩焘在《伦敦与巴黎日记》中依然将 nation 直接音译为"纳慎"，将 international 音译为"英得纳升尔"。[④] 甲午战后，中国人又从日译西书借词回归，1896 年 8 月至 1898 年 8 月之间，《时务报》中古城贞吉负责的"东文译报"专栏引入一套新词语，当中就包括"民族"一词，近代意义上的西方资产阶级民族概念正式成为汉语常用术语。1939 年商务印书馆出版的《辞源》对"民族"的释义，代表了民国时期中国人的民族概念："由人种及社会之发达，结合数部族而为一，谓之民族。其结合大都以地势或以宗教，而血统、风俗、语言次之。"[⑤] 显然，这里"民族"一词的用法和欧洲对这一词的传统用法较为接近，都主要把民族看作自然形成的共同体。这种近代民族概念在马克思主义经典著作汉译影响下，向马克思主义概念演进，经历了一个旧词新义即意义再生产的历程。中国人形成现代民族概念，从开始就受到社会主义思潮和马克思主义熏染。早在 1903 年，留日学生在东京出版的《江苏》杂志发文称："民族一语见于欧洲学者之著书。始于罗马西舍伦之共和篇中多混国家人民民族为一。"[⑥] 把意大利视为第一个现代民族，显然受《共产党宣言》意大利文版序言影响。之后，在《德意志意识形态》

---

① （梁）萧子显：《南齐书》，中华书局 1972 年版，第 934 页。
② 庄钦永、周清海：《基督教传教士与近代汉语新词》，新加坡青年书局 2010 年版，第 57 页。
③ 王韬：《弢园文录外编》，中华书局 1959 年版，第 83 页。
④ 郭嵩焘：《伦敦与巴黎日记》，岳麓书社 1984 年版，第 302 页。
⑤ 《辞源》正续编合订本，商务印书馆 1939 年版，第 820 页。
⑥ 孙江：《亚洲概念史研究》第 3 卷，商务印书馆 2018 年版，第 171 页。

《共产党宣言》《家庭、私有制和国家的起源》等马克思主义民族理论经典著作汉译本中，不同译者对英文 nation、德文 Nation 和 Volk、俄文 нация 使用众多各异的译词法，代表着对民族概念的认知演进。

表 6-1　新中国成立前马克思主义经典著作民族术语的汉译词

书名	出版时期	翻译者	出版社	民族的相关译词
德意志意识形态	1932 年	杨东莼、宁敦伍	昆仑书店	民族
	1938 年	郭沫若	言行出版社	民族、国民、国
	1941 年	周建人	珠林书店	民族、人民、区域、国家、国民
	1949 年	郭沫若	书益出版社	民族、国民、国
共产党宣言	1902 年	民鸣	天义报	国民、国、人民、民、国境
	1912 年	陈振飞	民生日报	国民、国家
	1920 年	陈望道	社会主义研究社	国民、国、国粹、国家
	1930 年	华岗	华兴书局	国民、国家、国、国境、国情、国粹
	1938 年	成仿吾、徐冰	解放社	民族、人民、国民、国家、国、国族
	1943 年	博古	解放社	民族、人民
	1943 年	陈瘦石	商务印书馆	民族、本国、一国、国家、国界、国籍、国
	1948 年	乔冠华校译	香港中国出版社	民族、人民、国家、国、国族
	1949 年	未署名（百周年纪念版）	外国文书籍出版局	民族、国
家庭、私有制和国家的起源	1929 年	李膺扬译	新生命书局	民族、国民、部落、人类、人民、民、集团、国民
	1941 年	张忠实译	学术出版社	民族、民、人民、国民、世界、部落

（一）国民

细致考察发现，在早期的汉译版本中，如 1908 年、1912 年、1920 年和

1930 年《共产党宣言》中，几乎都没有出现"民族"的踪迹，而都是大量使用"国民"一词。查阅同时期的《英华字典》，可以发现 1852 年魏源翻译的《增广海国图志》、1881 年井上哲次郎和有贺长雄的《哲学字汇》、1908 年颜惠庆版《英华大辞典》、1911 年卫礼贤德的《英华文科学字典》、1913 年商务书馆《英华新字典》、1916 年赫美玲的《官话》中"nation"都有"国民"之意。但这种情况也不是绝对的，1913 年商务印书馆出版了张在新所编的《英汉词典》，当中"民"指百姓（people），具体列出"国民"一词的用法，而对应英文中是 citizen。1933 年出版的《新术语辞典续编》中对于"国民文学"（national literature）的解释为："'国民文学'与'世界文学'相对的，为一民族的文化的自然表现，对于文化创造有所贡献。这与'国民经济学'一样，同是资本主义时代的产物。"可以看出，在这里国民与民族是一样的概念。《汉语大辞典》中"国民"有两层含义，一是指一国或藩封所辖的百姓，二是指近代以来称具有某国国籍的人为该国国民。可以看出国民是一个政治性的术语，更多体现的是一种政治身份。在近代，中国古代的"臣民"观已经完成了到"国民"的蜕变。那真正的"国民"概念是何时才出场的呢？方维规认为，"'国民'概念真正开始在中国传播，始于 1896—1897 年《时务报》上刊载的由古城贞吉译自《国民杂志》《国民报》《国民新报》《国民友志》的大量文章，以及这两年《时务报》中古城氏的其他许多译文，'国民'概念出现的次数几乎数不胜数。"① 而 1904 年最早的日文版《共产党宣言》全译本中，"国民"一词是最主要的译词，也没有出现"民族"的踪影。20 世纪早期，梁启超的民族思想在中国社会的影响较大，而"国民"也是梁启超民族思想的关键所在，他的民族概念也多受日学的影响。并且中国的马克思主义者一开始也是在较大范围接触日本的社会主义学说，1908 年《天义报》上所刊《共产党宣言》就是留日学生民鸣把日文翻译成中文而来，1920 年出版的陈望道译本也是主要从日文版翻译而来，这两位译者都大篇幅的使用了"国民"这一译词。"民"这一单音节译词就只出现在民鸣翻译的版本中，且次数不多，"世界各民""各民"这里的"各民"均指各民族。自 19 世纪 40 年代起民族一词就已出现

---

① 孙江：《亚洲概念史研究》第 2 卷，商务印书馆 2018 年版，第 34 页。

在各类报纸杂志中，而且20世纪初中国社会众多的思想家就已经开始使用"民族"概念，论述各自的民族思想，但并没有完全排斥其他相关用语的存在，"国民""人民""民"这一类概念仍然被混合使用。无论是翻译成"国民""人民"还是"民"，仍有其合理性，这些词所突出的都是一个民族的主要成员。基于翻译所依照的原初蓝本、当时社会的用语习惯以及对原著概念本身的理解等多方面的综合考虑，才会出现以"国民""人民"和"民"这些译词来对应英文nation、德文Nation和Volk等为主的外文词汇。

（二）国族

国族这一译词主要出现在《共产党宣言》的汉译版本中，1938年成仿吾、徐冰翻译的版本以及1948年经乔冠华校译的版本中都各使用了一次"国族"，而且都是出自同一句话，目前由中央编译局出版的最新版本中则译为"旧民族性的解体。"① 而在1938年和1948年两个汉译版本中，都将"旧民族性"译为"旧国族"，1908年出版的最早的日文版《共产党宣言》中译为"旧民族性"，陈望道和华岗都译为"国粹"，"国粹"与"国族"这两个译词相对于"民族性"来说，差异较大。"民族性"即德文Nationalität以及英文nationality，nationalities译为"民族性"就是对民族事实、民族现象、民族特点的概括，这表现的正是抽象与具体的关系。对于"国族"最通常的理解便是国家民族，而且当时"国族"是孙中山民族主义思潮的主要用语，但孙中山所指的也是国家层面上所建立的国家民族，但"国族"一词最终并未成为常用的词语，并不多见。用"国族"和"国粹"以对应英文nationality并没有"民族性"所表达的准确，但这两个词都在一定程度上体现了一个抽象、概括出共同点动态过程。

（三）国家

在日语中"民族"与nation对译，nation本身就具有民族与国家两层内涵。在近代的西方社会中，nation既可指国家也可指民族。在近代，自1822年马礼逊的《英华字典》起，自20年代20世纪前，大多数的《英华字典》中nation都较为频繁地被对译为"国""邦""邦国""国家"这类词，组合为"女国""进贡之国""万国""万邦""文化的国""文明各国""有

① 《马克思恩格斯选集》第1卷，人民出版社2012年版，第425页。

化之国""债权国""债务国""最优待国""富国"这些词语。而且许多带着"万国"字眼的名称出现在人们的视野中，美国传教士丁韪良所译并在1864年由京都（京师）崇实馆刊行的《万国公法》（Elements of International Law），1868年在上海由林乐知等传教士创办的一份刊物《教会新报》，后于1874年更名为《万国公报》，这是对中国近代发展影响巨大而深远的刊物之一，"国"是当中对nation等相关术语的最直接也最常见的译法。甲午战后，作为国家的主权意识也日益凸显，"国家"和"国"这一组译词的共同特征主要在于突出政治性，现代意义上的国家是政治统治与社会管理的共同体，而民族则是建立在一定的历史文化、风俗习惯、共同地域、共同语言、心理认同等要素基础之上的共同体。马克思所否定的正是资本主义国家所理解的民族国家类型。仅把英文中nation、德文Nation、Volk等词翻译成"国家"，这样的译法在一定程度上有其政治偏向性，切合整个国家急需革命的迫切需要。

（四）国界、国境

依据地域性这一标准可以将国界、国境、区域归为一组。1930年华岗所译的《共产党宣言》是以英文版为蓝本，文中"国境"一词所对应的是英文frontier一词，译为"国境"就不为奇。就共同地域而言，马克思就曾在《摩尔根〈古代社会〉一书摘要》中提到印第安民族的基本要素包括共同的语言和地域。在通常意义上所理解的民族是在共同的地域上生活的共同体，而国界、国境、区域都集中表现同一民族在共同地域生活的必要性，突出地缘这一要素。

（五）民族

20世纪20年代末，《马克思主义与民族问题》关于民族概念的定义传入中国，1929年上海南强书局出版李达《民族问题》，引入斯大林民族定义，指出民族的要素包括：常住的共同体、言语的共同体、地域的共同体、经济的结合、心理的共同性，概括而成中国马克思主义者的最初定义。从表7-1所列15种汉译本中，统计众多译词可见，在使用频率上，这些译词存在明显差异，使用频率最高的是"民族"和"国民"，"国家""国"次之，而余下译词的使用频率都较低，有的甚至就出现一次，如"集团"和"人类"。在进一步就"民族"和"国民"两译词分时段比对，可以发现在

1902 年、1912 年、1920 年和 1930 年翻译的《共产党宣言》中，"国民"是主流译词，而从李达定义之后，从成仿吾、徐冰译本开始，"民族"上升为主流汉译词，见表 6-2。

表 6-2　新中国成立前《共产党宣言》"民族"译词演变

译词	译者及词频
民族	华岗（1 次）、成仿吾与徐冰（24 次）、博古（31 次）、陈瘦石（19 次）、乔冠华（23 次）、百周年纪念版（43 次）
国民、人民、民	民鸣（13 次）、陈振飞（12 次）、陈望道（29 次）、华岗（15 次）、成仿吾与徐冰（3 次）、博古（1 次）、乔冠华（1 次）
国家、国	陈振飞（2 次）、陈望道（5 次）、华岗（13 次）、成仿吾与徐冰（5 次）、博古（1 次）、陈瘦石（12 次）、乔冠华（7 次）、百周年纪念版（2 次）
国境、国界、区域	民鸣（1 次）、华岗（1 次）、陈瘦石（1 次）
国族	成仿吾与徐冰（1 次）、乔冠华（1 次）
国粹	陈望道（2 次）、华岗（1 次）

三、中国马克思主义民族概念疏义

通过考证可见，经典作家著作中文译本中名目繁多的"民族"术语，实际包含了人类历史上出现过的各类民族。除斯大林的现代民族概念，"民族"一词在经典作家的著作中译本中主要是一个论述或分析民族现象、民族问题的单位，而不是一个内涵清晰的概念。也就是说，何为一般意义上的"民族"，经典作家并没有为我们提供现成的答案。

但学者们在解读经典作家的"民族"概念时常见的一种误区是：经常把经典作家们具有特定场景、意涵的论断当作具有普遍性意义的结论，并以此为基础进行提炼、总结，进而得出马克思主义经典作家民族概念的结论，或套用起来解释中国的民族现象和民族问题。一种典型的情况是将斯大林"现代民族"概念等同于经典作家的通用民族概念。这种教条式的解读在国内长期存在，从 1954 年出现的关于汉民族形成问题的大讨论，到从 1980 年代延续至 1990 年的关于民族定义的讨论，再到 2004 年之后出现的关于中国的民族问题能否"去政治化"及与此关联的"族群"与"民族"概念的论辩，这种认识一直是主要声音之一。一些人甚至以此为基础，错误地衡量、评价新中国成立后开展的民族识别工作及在此基础上制定和施行的各项民族政策，在社会上造成不容忽视的消极影响。教条式解读及相关思想观点不断传播的根源，很大程度上与一些人对我们在前文述及的情况了解不够有关，即对经典作家笔下的"民族"并不是同一的，原著中指称的西文词汇、"族体"有多种这种情况不了解直接相关。

这也就引出了另一个问题：经典作家著作在翻译成为汉语的过程中，用汉语"民族"一词指对全文述及的若干个德文、英文、俄文"民族"词汇，在很大程度上就把这些不同西文"民族"词汇或"族体"之间的差别遮蔽了。追溯学术史可见，这种汉译方法，应当说综合考量了近现代以来中国人对汉语"民族"一词的使用习惯，和新中国成立之初开展民族工作及贯彻落实民族平等政策的需要。[①] 便于翻译，或使复杂问题简单化，也可能是翻译人员采取这种译法的一个重要因素。从学理上讲，这种译法的确为人们准确理解经典作家的"民族"概念及民族理论思想造成困难，因为如何理解"民族"一词及其基本意涵，是如何理解马克思主义经典作家民族理论思想的逻辑起点。在这一逻辑起点的把握上出现问题，以此为基础的解读、理解必然会出现偏差。

虽然何为一般意义上的"民族"，经典作家并没有为我们提供现成的答案。但这并不影响经典作家民族概念对我们所具有的指导意义，因为他们的论述告诉了我们认识民族现象、民族问题及探究如何解决之道的思想方法、基本立场和必须秉持的原则。一个中国化马克思主义的、一般意义上的"民族"概念需要我们自己去建构，需要从人类民族现象的普遍规律中产生。为此，中国学者进行了长期的努力。解读和定义"民族"一词也就成为中国民族学、人类学等诸多学科长期关注、又争论不休的一个最为重要的理论问题。

中国共产党作为坚定的马克思主义者，对民族概念的探索始终秉持着经典作家阐发民族理论思想的思想方法、基本立场和原则。在 2005 年正式提

---

① 参见牙含章、孙青：《建国以来民族理论战线的一场论战——从汉民族形成问题谈起》，《民族研究》1979 年第 2 期。

出一般意义上的民族概念之前，党的民族理论文献中论及的各类"民族"，在新中国成立前主要包括中华民族、中国境内各民族、少数民族和汉族以及10余种少数民族的具体称谓；在新中国成立后主要包括中华民族、中国各民族、少数民族、散杂居民族、人口较少民族、城市民族，以及汉族和55个少数民族的具体称谓等。这些称呼的采用，受到了近代以来中国人对现代意义上"民族"一词的理解、使用习惯和经典作家民族理论思想在中国传播的双重影响，在一定意义上体现着中国化马克思主义民族概念的探索历程。

经过长期的准备，在2005年的中国民族理论"十二条"当中，中国共产党对何为一般意义上的民族作了回答："民族是在一定的历史发展阶段形成的稳定 的人们共同体。一般来说，民族在历史渊源、生产方式、语言、文化、风俗习惯以及心理认同等方面具有共同的特征。有的民族在形成和发展的过程中，宗教起着重要作用。""十二条"同时讲道："民族的产生、发展和消亡是一个漫 长的历史过程。在人类社会发展的进程中，民族的消亡比阶级、国家的消亡还要 久远"；"我国是各族人民共同缔造的统一的多民族国家"；"中华民族是对我国各民族的统称"。这就提出了完全中国化的马克思主义民族概念，既表现了中国人对"民族"的一般理解，也对人类社会各类族体的特征有着普遍的概括，背后的思想方法、基本立场和秉持的原则与经典作家一脉相承。尽管学界目前对这个概念仍有不同意见，这个概念在内涵上也仍有完善的空间，但这个概念的提出，标志着中国马克思主义者已经超越了斯大林现代民族概念的长期影响，标志着中国马克思主义民族概念在科学化水平上又迈出了坚实的一步。

第二节　民 族 国 家

民族国家是马克思主义民族学的关键概念之一。就内涵而言，其指有别于欧洲早期城邦国家和封建帝国而言的现代国家，是民族主义运动的产物，在民族结构上，既包括单一民族国家，也包括多民族构成的国家。这一概念传入中国后，国人长期以来对如何理解其内涵存在分歧，焦点问题在于多民族国是否属于民族国家的范畴。争论背后反映的是如何建构民族国家、如何归置国家内部差异性民族与"国族"之间关系的理论主张。

一、马克思主义经典作家的民族国家原著概念

如同"民族"一样，经典作家对何为民族国家也没有下过明确的定义。但对民族国家的形成、性质和类型留下了许多经典论述。要理解他们思想体系中民族国家概念及意涵，必须回到具体的文本语境和当时的社会历史大背景去解读，提炼。

马克思、恩格斯认为，资产主义生产方式的确立是民族国家产生的基础，西欧资产阶级战胜封建王权，以民族 nation 的名义建立的国家就是民族国家。他们认为，这种民族国家既包括单一民族的，也包括多民族结构的。在论述已经建立起民族国家的"民族原则"时，恩格斯指出："没有一个大国境内不包括有一部分其他民族。法国有佛来米族的、德意志族的、意大利族的地区。"①列宁也认为民族国家并非都是单一民族构成的，指出西欧"多数国家的民族成分是完全单纯的，或者几乎是完全单纯的。……这就是人们经常谈论的那种'民族国家'的类型"②，但也指出"俄国是以一个民族即以大俄罗斯民族为中心的国家"③。

斯大林对民族国家的理解与马克思、恩格斯和列宁有一些差异，主要体现为两点：一是他认为多民族国家和民族国家在本质上不同；二是认为民族国家之内不存在民族压迫，多民族国家之中大民族对小民族、统治民族对被统治民族进行压迫、剥削是历史常态。而这成为他后来偏离、背弃列宁的遗训，错误地认为只要将苏联整合成为一个单一民族——苏维埃社会主义民族的民族国家，民族问题就能彻底解决的思想根源，继而为苏联处理民族问题的失败，乃至苏联的最终解体埋下隐患。

综上可见，经典作家所说的民族国家，是指相对于欧洲的城邦国家、封建帝国而言的现代国家形态，既包括资产阶级建立的国家，也包括无产阶级建立的国家。其思想要点有三：其一，民族国家是资本主义时代典型的国家形态。相对于中世纪的封建王权国家，民族国家的出现具有巨大的历史进步

---

① 《马克思恩格斯全集》第 13 卷，人民出版社 1962 年版，第 298 页。
② 《列宁全集》第 28 卷，人民出版社 2017 年版，第 367—368 页。
③ 《列宁全集》第 25 卷，人民出版社 2017 年版，第 239 页。

性。其二，"无产阶级首先必须取得政治统治，上升为民族的阶级，把自身组织成为民族，所以它本身还是民族的"，① 由无产阶级建立的国家也必然仍是"民族的"国家。其三，在民族结构上，民族国家既包括单一民族国家，也包括多民族构成的国家。

二、新中国成立前的传播与理解

马克思主义民族国家概念在华传播是十月革命以后，且主要是在中国共产党登上历史舞台之后才开始的。中国共产党领导的新民主主义革命与资产阶级领导的旧民主主义革命有所不同，但在新中国成立前，其性质仍然是资产阶级革命，其主要目标仍然是建立一个统一的、独立的国家，即民族国家。但中国共产党的文献中鲜有直接使用民族国家一词，而是以建立联邦共和国、民主共和国、人民共和国等的表述对应了对建立民族国家的诉求。

所以我们看到，1922 年 7 月，中共二大通过的《关于国际帝国主义与中国和中国共产党的决议案》，这一中共党史上最早的民族纲领文献，对建立"民族国家"的诉求是这样表述的："在自由联邦制原则上，联合蒙古、西藏、回疆，建立中华联邦共和国"。② 土地革命战争时期，中国共产党明确主张承认各民族的自决权，承认各民族在此基础上有分立国家的权利。但对建立一个统一的"民族国家"的诉求没有变化。例如"瑞金时期"《关于中国境内少数民族问题的决议案》也规定："中华苏维埃共和国的目的是建立一个没有民族界限的国家"。③ 实际上，这种理解、表述一直延续到了抗日战争。

抗日战争爆发后，中国共产党人对如何建立民族国家，建立一个什么样的民族国家的理解发生了变化，原来主张建立联邦制的民族国家转变为建立民主制共和国。毛泽东在《论新阶段》中提出："对于国内各族，给予平等权利，而在自愿原则下互相团结，建立统一的政府。"④ 随后不久，毛泽东

---

① 《马克思恩格斯文集》第 2 卷，人民出版社 2009 年版，第 50 页。
② 《民族问题文献汇编》，中共中央党校出版社 1991 年版，第 8 页。
③ 《民族问题文献汇编》，中共中央党校出版社 1991 年版，第 165 页。
④ 《民族问题文献汇编》，中共中央党校出版社 1991 年版，第 595—597 页。

在《新民主主义论》中又明确指出，中国"是一个伟大的民族国家"①。中共领导人明确承认当时的中国是一个民族主义的国家，是一个民族国家，这在中共党史上是第一次。显然，这种承认在当时产生的一个宏观历史背景是抗日战争全面爆发，重新塑造中华民族意识，形成中国境内各民族的凝聚力，团结起来打败日本帝国主义侵略者，摆脱外来民族的奴役，实现中华民族完全自立，成为一个能够独立主宰自己命运的现代国家成为当时的客观需要。这种承认还有一层意思是，辛亥革命作为资产阶级革命，推翻了清朝的封建统治，建立了资产阶级领导的中华民国，推动了王朝国家或封建帝国向现代国家转型的部分，而这种国家就是马克思、恩格斯和列宁所讲的民族国家。

延安时期，中国共产党人对马克思主义民族国家概念的理解并不完全一致。在毛泽东作出上述论述之前，时任中宣部副部长的杨松对民族国家概念的理解则更多遵循了斯大林的思路。他认为，西欧各国和美国都是一个民族形成为一个民族国家，民族形成与民族国家的形成过程是相符合的，"但在我国则不是这样的，因为，我国不是一个民族的国家，而是一个多民族的国家。我国汉族及其他被同化的种族已成为和正在形成着一个近代的中华民族，我国境内其他少数民族也正在形成或将要成为近代的各民族。"② 杨松《论民族》的文章，当时在延安广泛传播，这些文章最初是杨松向延安马列学院的学员教授马克思主义民族理论的讲稿。当时能够进入延安马列学院学习的学员，大多数都是党的各条工作战线上的中高级干部。

尽管存在理解上的不同，但在整个"延安时期"，党的民族理论文献中对民族国家概念的使用，基本上还是遵循毛泽东同志在《论新阶段》《新民主主义论》《中国革命和中国共产党》中的用法。

而在新中国成立之前，对如何理解马克思主义的民族国家概念及相关思想，除了上述党内同志间不同的理解之外，基于当时革命环境的制约，学界并没有展开实质性的讨论。虽然民族国家的概念及相关思想在中国共产党人和国民党人当中都在广为传播，但国民党人对民族国家概念内涵及如何建构

① 《毛泽东选集》第 2 卷，人民出版社 1991 年版，第 623 页。
② 《民族问题文献汇编》，中共中央党校出版社 1991 年版，第 773 页。

民族国家的理解，遵循的是 19 世纪末期已经传入中国的西方民族主义理念，无论是孙中山最初提出的"恢复中华、驱除鞑房"的种族革命口号，其后又主张的汉、满、蒙、回、藏，实行"五族共和"，还是蒋介石主张的宗族论，即"中华民族是一个宗族"，其理论依据和实践目标都是西方民族主义理念一族一国的典型民族国家的形态，而与其配套的政策便是民族强制同化政策。学界的一些讨论，比如 1939 年前后受到国民党陈立夫、傅斯年等人授意，在史学家顾颉刚与民族学家吴文藻、费孝通之间展开的"中华民族是一个宗族"的论辩中，吴、费的观点及主张与马克思主义的主张已经很接近，但其思想来源并不是马克思主义。

三、新中国成立后的传播及争论

新中国成立初期，党的文献和党和国家领导人对民族国家的使用基本上延续了延安时期以来的用法。1950 年，周恩来在庆祝新中国成立一周年的讲话中强调，"中国是一个以汉族为主体的多民族的国家"，① 1954 年《宪法》规定："中华人民共和国是统一的多民族的国家。"② 宪法是国家的根本大法，所以宪法中对"民族国家"一词的使用，和我国民族结构形式的规定，成为其后党的文献及相关政策文件中对民族国家表述的准绳。这种规定性的表述一直延续到了 1982 年版的《宪法》颁行。

1982 年宪法对"民族国家"一词的使用或间接界定是："中华人民共和国是全国各族人民共同缔造的统一的多民族国家。"③ 相比之前，变化主要体现为：强调各民族共同缔造中华人民共和国——这个统一的多民族的国家，其中的变化及进步是显而易见的。学界对马克思主义民族国家概念内涵的理解则要宽泛的多。一种在 1950 年代出现并被其后的诸多学者认可的观点认为，"我国在长久的历史发展进程中，形成为一个统一的多民族国家。在很早的古代，我国就建立了多民族的中央集权制的国家制度。如果从秦始皇统一中国算起，已有 2000 多年的历史。到了清朝以后，我国现有的版图，

---

① 《民族政策文件汇编》第 1 辑，人民出版社 1958 年版，第 8 页。
② 《中华人民共和国宪法》，人民出版社 1954 年版，第 3 页。
③ 《常用法律适用全书》，中国法制出版社 2014 年版，第 6 页。

就被稳定下来"①。总结起来看，这种观点即"我国自秦汉以来即逐渐成为统一的、多民族的国家。"② 这种理解超出了经典作家民族国家概念原义。因为如前文所述，经典作家讲的民族国家是相对于前现代社会的城邦国家、封建帝国而言的。所以从严格意义上讲，资产阶级推翻清王朝建立的中华民国，和中国共产党人推翻帝国主义、封建主义和官僚资本主义建立的新中国才是民族国家。

　　上述解读的出现及流行，与当时学界对"民族"概念的理解直接相关。按照西方民族主义理念，中文"民族"即英文的 nation，或德文的 Nation，或俄文的 нация 等，即现代民族或国族意义上的"民族"，与这种"民族"相对应，或由这种民族建立的国家才称得上民族国家。但按照在 1950 年代中国人对"民族"一词的理解和使用习惯，其意涵则要宽泛的多，远不止于现代民族、或国族这一种类型，中国境内的少数民族、历史上的一些民族，如匈奴、鲜卑、突厥、回纥、女真、契丹、党项、吐蕃、西羌、月氏等都是汉语"民族"一词指称的对象。也就是说，这一时期人们对民族概念的理解，一个是狭义层面的，即现代民族、国族，一个泛义层面的，既包括作为现代民族的国族，也包括国族之下的各个具体民族，如汉族和 55 个少数民族，以及中国历史上出现过的各个民族。按照泛义层面上的民族概念来理解，只要是由多民族构成的国家，都可以称之为民族国家，构成这种国家的民族可以是现代民族，也可以是古代社会的各种族类群体。而且，持这种观点者自然也都认为民族国家既包括由单一民族构成的国家，也包括由多个民族构成的国家。虽然这种理解不符合经典作家笔下民族国家的原意，但却似乎符合当时的中国人对民族一词的理解，也符合中华文明绵延数千年未曾间断、无论是中原王朝还是少数民族入主中原建立的王朝，都在追求大一统的历史政治传统这样一种史实。这是这种观点能够被许多人接受，以及得到广泛传播的基本缘由。而从理论发展的角度看，这种论点显然是对马克思主义民族国家观念中国化的产物，符合中国历史传统和自近现代以来中国人对民族一词的理解和使用习惯基础上生成的逻辑。

----

① 陶明：《试论我国是一个统一的多民族国家》，《民族研究》1959 年第 9 期。
② 陈连开：《怎样阐明中国自古是多民族国家》，《历史教学》1979 年第 2 期。

　　经过长期讨论，这种论点被官方采用，由国家民委主导编写的全国民族院校统编教材采用了这种论点。《中国民族理论新编》第二版在论述"秦代统一的多民族国家形成以来，在我国发展的历史进程中，各民族都发挥了重要作用。近代以来，中华各族人民在中国共产党的领导下，驱逐帝国主义，推翻三座大山，建立了社会主义的人民共和国。"①

　　但与此同时，在1980年代之后，大量的西方民族主义理论、西方政治学学术成果也传入中国。由此，学者们对民族国家概念的理解和使用更加多元化。大部分研究者认为民族国家是人类社会进入近现代后出现的国家形式，但在如何理解民族国家的结构形式方面，则存在严重分歧。主要观点可以分为三类：第一类解读基本上遵从了斯大林的论述。例如，1987年出版的《民族词典》认为，民族国家"一般指由单一民族组成的国家，包括两种类型，一种是在资产阶级革命胜利后建立的，一种是在无产阶级革命后建立的。"② 第二类解读则混用了西方政治学中的"民族国家"概念与马克思主义的民族国家概念。如周平认为，民族国家与多民族国家是相比较而言的，是一对相对的概念。不论从逻辑的角度还是从历史的角度来看，"民族国家的概念都处于更为基础的地位，多民族国家是在民族国家出现以后和成为普遍现象的基础上形成的。"认为"民族国家的实际意义应该是'某个民族的国家'，多民族国家的实际意义就是'某些民族的国家'。"③ 第三类解读虽然在陈述及论证自己的观点时没有明确引述马克思主义经典作家的相关论述，但其内涵是与马克思主义经典作家，尤其是马克思、恩格斯和列宁的思想是一致的。如王建娥认为，民族国家包括单一民族国家和多民族构成的国家，民族国家的本质特征在于它的主权。④

　　民族国家是资本主义、社会主义、民族主义这三大近代思潮共用的一个关键性概念。如何在理论上理解民族国家的内涵，如何在实践中建构民族国家，不同政治思潮、政治力量有不同的见解和主张。但实际上，对"民族—国家"，或单一民族国家与多民族国家的概念、结构的不同解读、认

---

①　吴仕民：《中国民族理论新编》，中央民族大学出版社2008年版，第146页。

②　陈永龄：《民族词典》，上海辞书出版社1987年版，第351页。

③　周平：《民族政治学》，高等教育出版社2007年版，第51、54页。

④　王建娥：《族际政治：20世纪的理论与实践》，社会科学文献出版社2011年版，第54、55页。

识，其关键不在于理论上的分歧，而在于这种解读、认识所支撑的政治观念和主张，即如何建构民族国家的理念与实践的主张。

在中华人民共和国成立之前，中国各政治派别提出的民族国家设想主要有三种类型：一是孙中山"驱除鞑虏、恢复中华"的辛亥革命口号倡导的建立单一汉民族国家的设想。二是蒋介石设想的包含一个民族，即各民族同化为一个"国族"的民族国家——内部高度同质化的中华民族的国家。三是中国共产党登上历史舞台后，在长期的革命实践中逐渐形成的建立统一的多民族的、多元一体结构国家的设想，也即复合型的统一多民族国家。前两种设想都因为不符合中国的历史国情而失败，后一种早已变成现实。① 所以说，如果认为民族国家既包括单一民族国家，也包括多民族国家，那么对民族国家的建构就不应该排斥国家内部民族的多样性存在。如果认为民族国家就是单一民族国家，那么对民族国家建构的主张一定会否定国家内部多民族的存在，会想方设法用同化的方法将其他民族的同化于国族之中。而这才是问题的关键。

第三节　民　族　融　合

马、恩、列、斯各自的著作中，频繁使用"民族融合"这一术语，但对何为民族融合，经典作家并未作出直接的界定。马克思主义民族融合概念在中国传播的过程中，人们对如何理解其内涵一方面始终存在争论，另一方面也在推动其中国化的发展。中国共产党 2012 年提出的"民族交融"，就是在马克思主义民族融合概念中国化基础上产生的一个新概念。

一、马克思主义经典作家的民族融合概念

民族融合概念及相关的思想在经典作家的著述中是一种贯穿性的论述，需要从整体性上去理解和把握。其中有两条是必须掌握的大前提：一是马克思主义所秉持的唯物史观；二是马克思主义的共产主义社会理想。这两条，前者是哲学基础和方法论；后者是理论和实践指向。

---

① 王希恩：《中国近代以来的三种民族国家设想》，《西北师大学学报》2013 年第 6 期。

　　经典作家对民族融合概念的使用及由此阐发的相关思想既存在前后的承继关系，也各有侧重点和具体前提。离开这些基本的前提，就难以准确理解马克思主义民族融合概念的基本含义。马克思恩格斯主要是在阐述共产主义理论和揭示人类社会发展规律时论述民族融合问题的。

　　1847年6月，恩格斯在《共产主义信条草案》中最先对民族融合作了论述。他讲道："按照公有制原则结合起来的各个民族的民族特点，由于这种结合而必然融合在一起，从而也就自行消失。"① 其后，恩格斯在《共产主义原理》一文保留了这一论述。显然，恩格斯在这里讲的民族融合是预测性的，指对的是民族现象的消亡。这一论述的基本理论预设是人类社会发展到共产主义社会之后，即社会生产力的高度发达，物质财富和精神财富的极大丰富，公有制生产方式的普遍建立，使得民族、国家之间的隔阂与界限消失，从而使得民族现象和国家现象也消亡，人类社会实现大同。

　　马克思则从人类共同体历史演进的角度揭示了另一种民族融合现象。1881年，他在《路易斯·亨·摩尔根〈古代社会〉一书摘要》中论述历史上雅典的民族聚合状况时讲到，古代"雅典的四个部落由于杂居在同一地域，彼此之间的地理界线已逐渐消失，而在阿提卡融合为一个民族。"② 相对于恩格斯所讲的预测性的、与民族现象消亡相联系的终结性民族融合，马克思这里所讲的民族融合属于人类历史上已经存在的、过程性的民族融合现象。

　　这里必须指明，马克思恩格斯笔下的"民族"是泛义的，包含人类历史上的各种族类形态。但这一点在以往的许多研究中常常被忽视。

　　列宁继承了马克思恩格斯的民族融合概念及思想，但列宁是在指导世界无产阶级革命、俄国革命和建设世界上第一个社会主义国家的探索中论述民族融合的。一方面，列宁面临比马克思恩格斯生活的时代更为复杂的民族问题，这使列宁对包括民族融合在内的民族现象有着比马克思恩格斯更多、更为丰富的论述。另一方面，基于革命实践的需要，和理论本身向前发展的惯性，列宁发展和具体化了马克思恩格斯的民族融合思想。对实现民族融合的

①　《马克思恩格斯全集》第42卷，人民出版社1979年版，第380页。
②　《马克思恩格斯全集》第45卷，人民出版社1985年版，第445—446页。

原则及具体路径问题，列宁在 1916 年 8 月讲，"如果我们要求给予蒙古人、波斯人、埃及人，以及所有一切被压迫的和没有充分权利的民族以分离自由，那么这决不是因为我们主张它们分离，而仅仅是因为我们主张自由的、自愿的接近和融合，但不主张强制的接近和融合。"我们"必须实行民族平等，宣布、规定和实现各民族的平等'权利'，……不这样就没有走向各民族完全自愿的接近和融合的道路。"① 之后，在《关于自决问题的争论总结》中还讲，"要达到使一切民族完全平等、密切亲近和进而融合的共同目的，显然要走各不相同的具体道路"。但要达到国际主义和民族融合这一目的，除了实行这个原理（笔者注：即反对单个民族的闭关自守和各自为政，主张不分民族、国家的无产阶级国际主义，顾全人类的整体利益，少数人的利益服从全体的利益）以外，没有也不可能有其他道路。② 显然，列宁所主张的民族融合，是以民族平等为前提，通过自由、自愿的方式接近而最终实现，这是基本原则。在具体路径上，可以多样化，没有统一要求。

在处理国内外复杂民族问题的过程中，斯大林对马克思、恩格斯和列宁的民族融合概念及背后的思想有继承，也有发展，作出了自己的理论贡献。斯大林的正确论述集中体现在 1929 年 3 月完成的《民族问题和列宁主义》一文中，尤其对未来社会民族融合的实现途径有比较集中和启发性的论述。斯大林将未来社会的民族融合分成了前后递进的两种情况：前一种是区域性的民族融合，后一种是终结性的民族融合。前一种情况和马克思所讲的历史上的民族融合现象有相似之处，但不同的是，斯大林所说的这种情况是预测性的，是以全世界无产阶级实现专政，世界社会主义经济的发展代替世界资本主义经济之后才能出现的；后一种情况和马克思恩格斯、列宁讲的终结性民族融合内涵相同。

上述即是马克思、恩格斯、列宁和斯大林有关民族融合的主要论述。这些论述在四位经典作家民族理论文献中所占篇幅虽然不大，但基本内涵是明确的。当然，要科学、全面地理解其内涵，还需要联系几位马克思主义经典作家民族理论的基本观点。由此也可以将马克思主义民族融合概念的基本内

① 《列宁全集》第 2 卷，人民出版社 2017 年版，第 161、169 页。
② 《列宁全集》第 28 卷，人民出版社 2017 年版，第 42、44 页。

涵，或对何为马克思主义的民族融合概念作如下界定：民族融合是指若干民族在交往交流过程中变成一种新民族或世界上所有民族在交往交流过程中界限最终消失、隔阂完全消除、最终走向一体的过程及现象。

二、新中国成立初期民族融合概念的运用与争论

新中国成立前，马克思主义民族融合概念在学界只是作为一般性词汇得以传播，关于其内涵的探讨并未展开。新中国成立后，随着马克思主义民族理论在中国传播的深入和党的民族工作实践在新社会中的推进，理论界对民族融合概念的讨论也由此发端。

1953 年学术界开始的对汉民族形成问题进行的大讨论，首次间接涉及民族融合概念的问题。讨论的内容都是当时党和政府在开展民族工作时所面临的、迫切需要从理论上予以回答的重要问题。[1] 在此背景下，周恩来在 1957 年全国人大召开的民族工作座谈会上，就中国历史上的民族同化现象谈看法时，也提及历史上的民族融合现象。他首先明确区分了民族同化的两种形式（强制同化、自然同化）及性质，并在举例说明中国历史上的民族自然同化现象时所讲的"有记载的兄弟民族，……有的可能和汉族或者和其他民族融合起来了"的情况，间接地谈及了中国历史上的民族融合现象。[2]

之后，著名历史学者吕振羽于 1959 年发文，专门探讨了我国历史上的民族融合现象。他认为"在社会主义社会以前的历史时代，……民族间的融合或共同性的形成、增长等情况"是普遍存在的，"各民族、尤其是长期生活在一个国家内的各民族劳动人民间，在不可避免的相互接触、不断增强的经济、文化联系的纽带作用中，在共同进行的生产斗争和阶级斗争中，必然地互相影响互相传授、学习和吸收彼此的东西，逐渐引起差别性的削弱、减少以至消失，共同性的形成、增长和发展，表现为一种自然融合的趋势。这种融合是符合劳动人民的利益和历史发展的要求的，不只与强制同化有原

---

① 参见金炳镐、周传斌：《马克思主义民族理论与中国民族理论学科——纪念马克思逝世 120 周年》，《民族研究》2003 年第 5 期。

② 《周恩来选集》下卷，人民出版社 1984 年版，第 261 页。

则区别，而且正是其对立面"①。吕振羽在阐述自己的观点时，直接理论依据是列宁和斯大林的论述。② 吕振羽发文之后，著名历史学家范文澜在一些高校的讲堂上也表达了与吕振羽的类似的看法，但不同的是：他将我国历史上的所有民族同化现象（包括自然同化和强制同化）、民族聚合现象统统称之为民族融合。③ 这二人的观点，尤其是范文澜的观点被广泛传播后，引起了学术界的热议，争论随即展开。

　　争论的焦点问题有两个：一是阶级社会中是否存在民族融合；二是在历史教学中是否可以使用民族融合这一概念。赞成者（如岑家梧）认为，按照马克思主义经典作家的原意，我国历史上是有民族融合现象的。④ 反对者（如翦伯赞）认为，民族融合在马克思主义民族理论中有特定含义，不能与民族同化混淆。⑤ 从对处理民族关系的实践指导意义上讲，两种观点也并不冲突。缺憾在于争论双方未能将我国历史上民族聚合现象中的民族融合与民族自然同化区分开来。

　　在理论界就如何理解马克思主义民族融合理论的基本思想而展开讨论的同时，当时的民族工作领域受"大跃进"运动的催动，产生了一场"民族融合风"。主要表现为在认识和处理社会主义时期的民族关系问题及民族地区发展的问题时，不尊重民族发展规律，急于求成的思想占了上风。这一问题在 1958 年 9 月中央统战部、国家民委在广西三江侗族自治县召开的全国民族工作现场会上首先出现苗头。会议上部分领导同志对少数民族地区和民族工作部门在实际工作中坚持民族特点、地区特点的做法进行了批评，对民族问题和民族差别存在的长期性产生了严重怀疑。⑥ 其后，这种思想倾向在

---

　　① 吕振羽：《关于历史上的民族融合问题》，《历史研究》1959 年第 4 期。

　　② 引证文献为：列宁的《社会主义革命和民族自决权提纲》、斯大林的《民族问题和列宁主义》和《联共（布）中央委员会向第十六次代表大会的政治报告》。参见吕振羽：《关于历史上的民族融合问题》，《历史研究》1959 年第 4 期。

　　③ 范文澜于 1962 年完成了《中国历史上的民族斗争与融合》一文。但由于各种历史原因，此文直到 1980 年才公开登载出来。详见《历史研究》1980 年第 1 期。

　　④ 参见岑家梧：《在教学上如何处理祖国历史上的民族关系》，《历史教学》1962 年第 9 期。

　　⑤ 翦伯赞的《关于处理中国史上的民族关系问题》一文完成于 1962 年。但由于历史原因，此文直到 1979 年才作为遗作公开登载出来。详见《关于处理中国史上的民族关系问题》，《中央民族学院学报》1979 年第 Z1 期。

　　⑥ 陈连开等：《中国近现代民族史》，中央民族大学出版社 2011 年版，第 776 页。

1958 年 12 月中央统战部组织召开的第十一次全国统战工作会议上得到集中反映。在这次会议上，时任中央统战部副部长汪锋在大会报告中讲道，"我国的社会主义民族关系，正在迅速地形成和发展。各民族之间的共同性越来越多，差别性越来越少，民族融合的因素正在逐步增长。"[1] 为此，要"加速少数民族地区的社会主义建设，争取在今后 15 年、20 年或者更长一点时间内，使少数民族能够在经济和文化方面先后赶上或接近汉民族的发展水平，共同建成社会主义"。[2] 这次会议之后，基于错误的形势预判而提出的民族工作任务，使民族地区在工作中忽视民族特点、地区特点，取消行之有效的优惠政策、照搬汉族地区经验的"一刀切"现象严重泛滥开来，"民族融合风"由此而成。

随着"大跃进"运动和"民族融合风"的推进，党的民族政策受到严重冲击，例如，有些地区强迫回民养猪，不许少数民族穿民族服装等。还有一些地区甚至提出通过少数民族群众生活实现"十化"："居住集体化，房屋新式化，睡觉床铺化，吃饭食堂化、碗筷化，衣服改良化、新式化，生活卫生化，环境清洁化、美观化"[3]，来消除民族之间的差别，增强民族之间的共同性。这些做法，不管其主观愿望如何，实质上都是在人为地消灭民族特点，是强制实行民族同化，是大汉族主义在实践中的典型表现。这对少数民族的心理感情伤害很大，严重损伤了汉族和少数民族在新中国成立之后刚刚建立起来的互相信任的关系，个别边疆地区，甚至出现了少数民族人口外流的现象。

针对实践中的"民族融合风"和理论界关于如何理解与发展马克思主义民族融合理论的讨论，当时党的民族工作的实际领导人李维汉，在 1961 年9 月发表的《关于民族工作中的几个问题》的第六部分，专门论述了"民族融合问题"。他从八个方面阐述了自己的观点。[4] 李维汉的八点论述，是对民族工作领域催动"大跃进"运动、"民族融合风"错误思想的有力批判，为纠正当时的错误思想及政策，指导实际民族工作及理论研究发挥了重要作

① 《中国共产党的民族理论与民族政策》，民族出版社 2013 年版，第 42 页。
② 《汪锋传》，中共党史出版社 2011 年版，第 360 页。
③ 王和平、郎纬伟：《民族团结的历程》，四川人民出版社 1989 年版，第 61 页。
④ 李维汉：《统一战线问题与民族问题》，人民出版社 1981 年版，第 596—602 页。

用。这八点不但继承了马克思主义民族融合概念及思想的精髓，还结合当时国内的民族问题现状和民族工作实际，系统论述了我国社会主义时期民族融合的理论与实践问题。尤其是他关于在社会主义阶段如何理解民族融合因素增加的现象、民族共同性与文化多样性的关系、民族融合实现过程中必须注意的原则等方面的论述，成为其后，尤其是改革开放以后中国共产党人在民族融合理论与实践问题上的直接思想来源及理论基调。

三、新时期马克思主义民族融合概念的丰义

上述讨论推动了中国共产党民族融合理论的发展，然而，这并没有解决不同学科领域的学者对马克思主义民族融合概念及思想的差异性理解，也即马克思主义民族融合概念及思想中国化的差异性发展。新时期以来，理论界的解读和对"民族融合"这一术语的使用进一步多样化。

其一，民族理论学界大部分学者所理解和使用的民族融合分为两种情况：1. 认为民族融合只有到了共产主义社会才能发生，社会主义社会不可能发生民族融合。持这种理解的学者较为普遍。显然，这种理解实际上只是马克思主义经典作家论及的民族融合的一种情况，即终结性的民族融合现象；2. 认为民族融合既包括终结性的融合，也包括阶段性、过程性的融合。例如，王希恩认为，"民族融合既是一种结果，又是一种过程。……民族融合不论过去、现在还是将来都是一种普遍的存在，是人类社会发展的规律"①。此看法与马克思主义经典作家的思想一脉相承。

其二，历史学、马克思主义理论等学科领域学者使用的民族融合，内涵是泛义的，与 20 世纪 60 年代前后历史学领域一些学者使用的民族融合含义基本一致。一些学者使用的民族融合，内涵既包含马克思主义经典作家论及的民族融合现象的两种情况，还包括历史上的民族自然同化现象。② 也有一些学者将历史上的所有民族聚合现象，包括民族强制同化、自然同化统称之为民族融合。③

---

① 王希恩：《关于民族融合的再思考》，《西北师大学报》2010 年第 1 期。
② 莫岳云：《马克思主义民族融合理论的当代思考》，《广东社会科学》2011 年第 6 期。
③ 钱国旗：《民族融合的良性发展模式——论南迁拓跋鲜卑与汉族的融合》，《民族研究》1998 年第 4 期。

其三，党的民族理论文献、党和国家领导人的相关表述中所使用的民族融合内涵非常严格，与马克思主义民族融合理论的基本思想一脉相承。这种情况自改革开放以来延续至今。特别是改革开放以来不同时期的一些党和国家领导人在相关论述中不但继承了马克思主义民族融合理论的基本思想，而且根据中国社会发展的阶段性特征、民族问题实际，与时俱进、因地制宜地发展了这一基本思想。

上述前两类看法基本上也代表了目前学界对经典作家民族融合概念及思想理解、运用的一般情况。总体上看，这两类情况主要是对概念内涵及思想的解读，发展性的论述相对较少。相比较而言，改革开放以来不同时期的一些党和国家领导人对马克思主义民族融合概念及思想都有程度不同的发展。

民族融合问题具有很强的政策性、实践性及敏感性。所以，党和国家领导人对马克思主义民族融合思想的发展都有很强的理论与现实针对性。其中一个明显的变化是，党的民族理论文献、党和国家领导人的相关著述、民族工作部门的正式表述，很少再直接使用"民族融合"这一术语。之所以这样，在笔者看来，主要是因为中国共产党人和民族理论学界的主流学者们已经深刻认识到，在我国社会主义初级阶段，不是民族融合（不论是过程性的融合，还是终结性的融合）的阶段，民族工作的主题是促进各民族共同团结奋斗，共同繁荣发展。关于民族融合思想的基本问题，前人已经讲清楚，在社会主义初级阶段继续讨论民族融合问题，是重复性、和不必要的劳动，不再具有现实意义。

党的十一届三中全会后，党的各项民族政策逐步全面落实，少数民族和民族地区的发展出现可喜局面，国内的民族关系状况相比改革开放之前也发生新变化。20 世纪 90 年代前后，第三次世界民族主义浪潮渐成气候。在这股浪潮冲击下，苏联解体、东欧剧变，我国的民族关系由此也面临严峻的考验。在这样一种历史背景下，中央于 1992 年 1 月召开了首届"中央民族工作会议"，专门研究部署民族工作。这次会议开创了党和国家以"中央民族工作会议"的方式来确立各个历史阶段民族工作指导原则与重大决策部署的先例。其后历次中央民族工作会议都成为中国特色民族理论政策发展的重要里程碑。

四、新时代民族交融概念的提出及创新

新世纪以来，国内的民族关系及问题发生了新变化，呈现出新特点。一方面，随着市场经济大潮的持续推进、城镇化进程的加快和不同民族人口跨区域流动、居住、工作、生活现象的不断增多，各民族在交往交流中产生的共同性在不断增加，相互之间的关系正朝着更加包容、亲近、认同的趋势发展；但另一方面，因经济利益、城镇化、人口流动等导致的民族关系问题呈多发态势，民族分裂主义问题、民族歧视问题、民族认同分化问题等更加突出。这些变化及问题引起了理论界和民族工作部门的广泛关注。如何化解这些问题，理论界出现了不同的声音。其中无视民族问题的长期性，"力图改变现有民族政策、加快民族融合进程的主张颇为盛行，已经严重影响到对现阶段各民族共同繁荣政策的坚持。"[①] 所以，如何从理论上科学阐释近些年来国内民族关系及问题发生的新变化，以引导民族工作实践，就显得非常必要和迫切。

在此背景下，2010 年 1 月，胡锦涛在中央第五次西藏工作座谈会上提出了"民族交融"概念。在同年 5 月召开的中央新疆工作座谈会上，胡锦涛间接地重申了这一理念。从中央提出和强调民族交往交流交融的会议精神及历史背景来看，"民族交融"既是对我国当前民族关系特点和趋势（即各民族在交往交流中产生的共同性在不断增加，相互之间的关系正朝着更加包容、亲近、认同的趋势发展）的概括，也是为推动各民族共同团结进步、共同繁荣发展提出的新思路，在理论上包含消解新世纪以来呈多发态势的民族关系问题，以及依然突出的民族分裂主义、民族歧视、民族认同分化等问题的意涵。

"民族交融"正式提出后，习近平又两次作出了新的论述，使这一理念的内涵趋于系统和完善。他在 2014 年 5 月召开的中央第二次新疆工作座谈会上提出，要加强民族交往交流交融，推动建立民族互嵌式社会环境和社区环境。[②] 在 2014 年 9 月召开的中央民族工作会议上强调，要"加强各民族

---

① 王希恩：《中国特色民族理论政策十年发展观》，《中南民族大学学报》2015 年第 3 期。

② 参见《习近平在第二次中央新疆工作座谈会上强调　坚持依法治疆团结稳疆长期建疆　团结各族人民建设社会主义新疆》，《人民日报》2014 年 5 月 30 日。

交往交流交融"。① 从理论内涵上看，"建立民族互嵌式社会环境和社区环境"的提法是"三交"理念向实践层面延伸的标志，也是在民族工作实践中促进各"民族交往交流交融"的具体思路和举措，也指明了实践中促进各"民族交融"的基本原则和目标。

"民族交融"概念的提出，标志着马克思主义民族融合概念中国化在新时代发生了飞跃性的丰义。具体来讲，主要体现为如下几点：

其一，规避了马克思主义民族融合原著概念的局限。民族实体的存在关系民族成员的切实利益及尊严。在传统的马克思主义民族理论中，不论是未来共产主义社会才能实现的终结性的民族融合，还是阶段性的或历史上已经存在的民族融合现象，都意味着有民族实体消失。所以，现阶段一提民族融合，人们往往会联想成为各民族的"合而为一"，警惕性就会提高，对立情绪往往会出现，矛盾冲突也常常会由此而产生。但"民族交融"则不同，它虽然在强调各民族之间的"合"，但更强调的是各民族在交往交流中的"和而不同"与"和谐"。其理论指向仍然是要促进各民族共同团结进步，共同繁荣发展。

其二，丰富了马克思主义民族理论的概念体系。不论是历史上还是当下，不同民族之间的交往交流必然会使参与交往的各民族自身发生一些变化，对涉及民族交往状态、结果的一些现象，马克思主义民族理论有专门的术语予以表示，如民族同化（自然同化、强制同化）、民族融合等。但对这两种状况之外的现象，即"不同民族在交往交流中共同性因素不断增加"这一现象或状态，一直没有专门的术语予以标示。"民族交往交流交融"当中的"民族交融"这一术语则填补了这一空白。

其三，深化了对社会主义初级阶段民族问题和民族关系的认识。"民族交融"的实践目标或理论指向即通过对各民族交往交流中"合"与"和"的强调，来消解民族认同与国家认同分化的问题，来维护和巩固各民族之间平等、团结、互助、和谐的关系。而这些，自然与马克思主义民族融合理论的基本思想有着内在的逻辑联系，只是后者有着更为明确的现实背景和问题

① 《中央民族工作会议暨国务院第六次全国民族团结进步表彰大会在北京举行》，《人民日报》2014年9月30日。

指向。这不但体现了中央对当前我国民族问题、民族关系认识的深化，也完善了进一步巩固我国社会主义初级阶段新型民族关系的路径指向。

其四，实践意义突出。"民族交融"的提出，以及在实践层面的延伸——各民族互嵌式社会结构和社区环境的建立，为城镇化进程加快背景下进一步推动各民族之间的"两个共同"提供了政策依据与新的路径。如果这种设想在实践层面能够得到较好的落实，民族认同与国家认同分化问题应该会逐步消解，这也会为阻隔民族分裂主义思想代际遗传创造良好的社会基础。

第　七　章

马克思主义总体术语中国化考释

　　马克思主义经典著作中有一些重要术语，总体上贯穿经济学、政治学、社会学、民族学和哲学等各领域，在经典著作汉译过程中，这些马克思主义总体术语生成中国马克思主义总体性概念，本章聚焦在汉语语境中使用最多、影响最大的七个总体性概念，考察其马克思主义经典著作术语源头和概念史。主要以《共产党宣言》《德意志意识形态》等经典著作汉译为线索，同时结合汉译西书史料和抗战时期报纸语料，运用知识考古学和话语分析技术，考证注疏社会主义、共产主义、无产阶级、意识形态、中国化、共产党和党内政治生活等七个马克思主义总体性概念。

第一节　社　会　主　义

　　邓小平曾说："社会主义是一个很好的名词，但是如果搞不好，不能正确理解，不能采取正确的政策，那就体现不出社会主义的本质。"① 社会主义运动已有 500 年之久，但实际上 socialism（社会主义）一词的使用至今还不到两百年，其最早由欧文和圣西门分别在《合作》和《环球》杂志中使用、提出。socialism 一词来源于拉丁文 Socialis，原意是"集体的""同伙的"，汉语"社会主义"一词是经日本译介而产生。1870 年，日本学者加藤

---

① 《邓小平文选》第 2 卷，人民出版社 1994 年版，第 313 页。

弘之首创了"社会主义"一词。1871 年，西周第一次用日文汉字把 socialism 译为"会社之说"。1878 年，福地源一郎首次将 socialism 译为"社会主义"。1899 年，梁启超在日本翻译政治小说《佳人奇遇》时，从日语借词，直接借鉴并采用了"社会主义"这一译法，这是中国人最早将日文的"社会主义"一词移植到汉语中，在此之后，"社会主义"一词在中国开始广泛延用。

一、早期赴外使节和来华传教士的音译和附会

从 19 世纪 70 年代开始，国人旅欧和西方传教士来华日渐增多，社会主义逐渐被中国人所知。起初，社会主义传入中国的方式主要依靠音译，人们对社会主义的了解还仅仅停留在对名称的界定上。1868 年，西方传教士在上海创办《中国教会新播》（后更名为《万国公报》）。此刊中采用了音译的方式，将德国社会民主党音译为"苏西耳德磨克拉特"，其中"苏西耳"就是英语 society 的音译。[1] 1874 年，江南制造总局编译的《西国近世汇编》，在介绍德意志帝国国会改选时将"德国社会民主党人"译为"主欧罗巴大同之议者"。1877 年，《西国近世汇编》"共产党人"（communist）为"康密尼人"，在当时被看作是"乱党"，其主张是"贫富适均之愿"。[2] 虽然社会主义在当时被认为是不合法的，但就其主张而言，却符合中国底层群众的社会诉求。这一时期，对"社会主义"的认识除了音译之外，开始存在一些其他的理解。例如 1898 年，胡贻谷的翻译著作《泰西民法志》由广学会出版，据悉，原著是英国克卡朴编纂的《社会主义史》。胡贻谷受李提摩太的委托，在翻译过程中，将 History of Socialism 译为"泰西民法志"，把"社会主义"（socialism）译作"民法""民法学"，其中，"社会"即为"民"，"主义"即为"法"。[3] 1878 年，黎庶昌将 socialist 音译"索昔阿利司脱"，并说"'索昔阿利司脱'，译言平会也"，把"社会民主党"译为

---

① 经盛鸿：《史海闲话》，上海人民出版社 1999 年版，第 354 页。

② 姜义华：《社会主义学说在中国的初期传播》，复旦大学出版社 1984 年版，第 12—13 页。

③ 谈敏：《回溯历史——马克思主义经济学在中国的传播前史》上，上海财经大学出版社 2008 年版，第 132 页。

"平会"。① 从黎庶昌的翻译中可以看出，国人在对社会主义翻译时，开始逐渐注入新的理解，给社会主义贴上"均平""平等"的标签，这体现了国人对于社会主义认识的进步和发展。

此种译法与中国传统思想有着潜在的联系。从历次农民起义的诉求中可以看出，中国传统社会的农民具有平均主义的愿望，例如 1853 年太平天国颁布的《天朝田亩制度》中提出"凡天下田，天下人同耕""无处不均匀，无人不饱暖"的社会方案，就体现了"均平"的观念。梁启超也曾把古代的井田制度看作与近世社会主义相同的制度，提出"分田劫假""取富人之田耕种，共分其所收"。② 受中国传统思想的影响，对"社会主义"的翻译逐渐结合"均平""均贫富"等概念，以此体现贫富差距不平等的社会现象。1871 年，王韬游历欧洲之后所著《普法战纪》中，指出巴黎公社的主张是所有产业全部充公。1873 年《西国近世汇编》在报道西班牙各工会关于财产分配的问题时，要求"按名公晰，以赡贫困，其工值所得亦公晰，以均有无"，"藉富室私产而公分之"；1875 年又提出"俄礼部以境内近有奸民，创为贫富均财之说"，所谓"贫富均财之说"其含义等同于现在的"社会主义"，目的在于"欲藉其本境殷富，夺其资材，以予贫之。"③ 郭嵩焘编写的《伦敦与巴黎日记》，主要介绍了 19 世纪 70 年代欧洲工人罢工运动和俄国民意党人的主要活动，并发现其运动的特点是"通贫富上下，养欲给求通为一家，不立界限"④。1880 年京师同文馆出版了由汪凤藻和传教士丁韪良共同翻译的英国法思德编著的《富国策》，在《论制产之义与均富之说》一文中提到了"均富之说"的由来，即革除私有财产，使人人共享其利，这里的"均富之说"就体现了社会主义"平均"的内涵。英国传教士傅兰雅口译、应祖锡笔述的《佐治刍言》也延续了这种译法，将法国的"社会主义"主张译为"平分产业"，写到"法国向有人言'一国产业，必与一国人平分，令各人皆得等分，方为公道'等语。此种人皆因狃于虚名，

① 经盛鸿：《史海闲话》，上海人民出版社 1999 年版，第 354 页。
② 梁启超：《中国之社会主义》，《新民丛报》第 26 号 1903 年 2 月 26 日。
③ 姜义华：《社会主义学说在中国的初期传播》，复旦大学出版社 1984 年版，第 8—9 页。
④ 郭嵩焘：《伦敦与巴黎日记》，岳麓书社 1984 年版，第 886 页。

而以平分产业为一视同仁之事。"① 1902 年袁宗濂、宴志清编辑的《西政通典·用财总论》中分别提到罗伯特·欧文和傅立叶的社会主义，"昔者英人温氏，尝创均富之说矣"，"法人傅氏变通其意……是均财之法，使各保其私产，即可以分济贫人。"② 作者把欧文和傅立叶的社会主义译为"均富之说""均财之法"。

政治制度和社会环境的影响使广大群众对"均平"的渴望根深蒂固，以至对美好未来社会的向往就是以"均平""均贫富"为标准，因而在看到西方对社会主义的描绘时，便不由自主的冠上"平"的标签，认为社会主义就是带有"均平"色彩的。

二、日本社会主义文献汉译中的变化和解读

19 世纪 70 年代，西方社会主义思想传入日本，并在日本广泛传播，这对甲午战后留日旅日的中国人产生了很大影响，他们创办了比如《译书汇编》《浙江潮》等很多刊物，大量翻译日本社会主义学说。

1895 年严复翻译《天演论》意味着社会主义译词含义的新变化。他把"社会"译为"群"或者"人群"，提出"人既想聚以为群"，③ 认为社会学是"群学"，这对社会主义的翻译又作了进一步推进。之后，严复在翻译《社会通诠》时又提出"群"与"社会"是有分别，"动物亦未尝无群也，惟其无秩序、无组织、故不能名之曰'社会'"。

"群"和"社会"观念的形成，并没有让中国人放弃"平"的价值取向，而是认为社会主义应该由善群而求平。1901 年，《译书汇编》第二期刊登了杨荫杭节译的《近世政治史》中《社会党由来》一文，提到了 1873 年以来社会党分为马克思和拉萨尔两派，认为马克思学说就是"均富之说"。1902 年 9 月，由陈黻宸主编，马叙伦、杜士珍等人辅助，在上海创办了《新世界学报》，该报主要宣传新学，抨击旧学。1903 年，杜士珍指出"社会主义"名称并非我国的产物，最初根据英国 socialism 翻译为"索西亚利士谟"。这个译词来自罗伯特·欧文创办的一个组织，组织名称为"Association of all

---

① 姜义华：《社会主义学说在中国的初期传播》，复旦大学出版社 1984 年版，第 27 页。
② 《用财总论》，《西政通典》第 63 卷萃新书馆刊行 1902 年。
③ 经盛鸿：《史海闲话》，上海人民出版社 1999 年版，第 355 页。

classes of all nations"，在当时译为"亚知索哀西温奥尔科拉知塞奥尔禁西温"，"索西亚利士谟"便由此得名，其目的是"专在废除私有财产，而为社会财产，为共有财产"。① 1903 年，广智书局翻译并出版福井准造的《近世社会主义》，总结了不同学者对"社会主义"的定义不同，其蕴意也不同。指出约瑟夫·蒲鲁东认为社会主义是"为社会而要求服从个人之意志"。傅利叶认为社会主义是"注意于人间本来之性质，以要求一般之幸福"。欧文认为社会主义"其第一着力于社会之状态，而要求其平等。其第二，不必依赖国家之力，以求其改革"。希耶尼把社会主义者看作是"匡正人间贫富之不平等，取其充分所有，而与不充分者，以保其均平"。最后，作者提出自己的看法，认为社会主义是"要求贫富之平均，以改革社会之组织"。② 同年，广智书局又翻译了西川光次郎的《社会党》，在其出版广告中，同样把"社会主义"译作与财富均平相关的"均产之说"。1903 年，《浙江潮》第六期出版了《最近三世纪大势变迁史》，作者分析了资本主义制度下贫富不均的社会现象，在此基础上把"社会主义"译为"平等主义"。同年，文明书局出版侯士绾翻译日本学者村井知至的《社会主义》一文，指出社会主义的本质是"以协和而营业，以平允而分财。"③

康有为和梁启超对社会主义的见解也是建立在"群"的基础上。戊戌变法失败之后，康有为、梁启超逃往日本，受日本社会主义思潮影响，在1901—1902 年这一时期他们将"社会主义"译为"人群之说"和"人群主义"。康有为在其著作《大同书》就提到"故近者人群之说益昌，均产之说益盛，乃为后此第一大论题也"④。梁启超把斯宾塞倡导的社会主义解释为"人群主义"。后来，梁启超随生活环境的激变和思想波动，对社会主义的认识处于不断的变化中。1902 年，梁启超发表了《干涉与放任》，把"社会主义"的实质看作是"干涉主义"。1903 年，梁启超又发表了《二十世纪之巨灵托辣斯》，重新展现了他的社会主义观点，他将"社会主义"与资本主义的"托辣斯"结合在一起，认为学理中产生的社会主义就是现实中产

---

① 杜士珍：《近世社会主义评论（选录）》，《新世界学报癸卯》1903 年第 2 号。
② 姜义华：《社会主义学说在中国的初期传播》，复旦大学出版社 1984 年版，第 90 页。
③ 姜义华：《社会主义学说在中国的初期传播》，复旦大学出版社 1984 年版，第 269 页。
④ 姜义华：《社会主义学说在中国的初期传播》，复旦大学出版社 1984 年版，第 45 页。

生的托辣斯。1904 年，在《新大陆游记》中梁启超把社会主义解释为"国家社会主义"，说"盖国家社会主义，以及专制之组织，行极平等之精神"。① 1906 年，梁启超在《驳孙文渲说中关于社会革命论者》中，又把"社会主义"看作是"改良主义"，将资产阶级改良主义作为思想武器反对民主革命。梁启超对社会主义的不同认识深受社会环境的变化影响，但他对社会主义的理解始终围绕着"群"，在"群"的基础之上，以社会群体的角度，考虑社会主义平等。

资产阶级民主派对社会主义的理解和传播也以"群"为前提，把社会主义看作是一个民族整体的社会主义，主张实现整个社会团体的利益。在资产阶级民主派中，最先介绍马克思主义学说的是马君武。1903 年，他编纂了《社会主义与进化论比较》一文，其中将社会主义与进化论进行了比较，指出进化论是"物种竞争，最宜者存"，而社会主义是"人群当共同和亲，利益均享"。② 后来，马君武在《圣西门之生活及其学说》一文中，介绍了圣西门的社会主义也是主张人群共同经营。1905 年，孙中山提出"三民主义"，并把"社会主义"看作是"民生主义"。随后，在《在东京民报创刊周年庆祝大会的演说》一文中，孙中山指出民生主义的根源是贫富不均，并把民生主义和社会主义联系在一起，讲到"我用民生主义来替代社会主义，始意就是正本清源，要把这个问题的真性质表明清楚"③。冯自由在编纂《民生主义与中国政治革命之前途》时，也将"社会主义"译为"民生主义"，指出"民生主义 socialism，日人译名社会主义"，"国家民生主义，日人译作国家社会主义。"④ 除此之外，朱执信也曾把"社会主义"译作"民生主义"。1906 年，《民报》第 5 号刊登出宋教仁《万国社会党大会略史》，这篇文章译自日本的《社会主义研究》，介绍了社会党起源、第一国际和第二国际运动以及社会党硬软两派的分裂。在译文中，宋教仁把"社会主义"看作是没有国界，没有阶级的"民胞物与之主义，太平大同之主

---

① 吴松等：《饮冰室文集点校》，云南教育出版社 2001 年版，第 1851 页。
② 马君武：《社会主义与进化论比较》，《译书汇编》1903 年第 11 期。
③ 《孙中山选集》下卷，人民出版社 2011 年版，第 836 页。
④ 《民生主义与中国政治革命之前途》，《民报》第 4 号 1906 年 5 月。

义"①。1991 年，宋教仁在《社会主义商榷》中，把社会主义分为"无治主义""共产主义""社会民主主义"和"国家社会主义"，并论述社会主义是"所有平等自由之思想"，是"改革现社会一切组织之说"。②

不管是资产阶级改良派还是资产阶级民主派，他们对社会主义的认识主要源自日本，深受日本社会主义的影响。而且，对社会主义的理解以"群"为前提，把社会主义看作是"人群之说"，努力实现整个社会团体的财产均平和地位平等。

三、十月革命后科学社会主义概念的传播与影响

马克思主义在中国的广泛传播是在俄国十月革命之后才开始的，十月革命为当时处于迷茫徘徊的中国送来了科学社会主义。李大钊在《我的马克思主义观》一文中，区分了科学社会主义和其他社会主义。李大钊是中国最早的马克思主义传播者，他指出："社会主义是由英语'棱雪立什姆'（socialism）翻译而来的名词，本身拉丁语 socius（同僚）的形容词 socialis（同辈）而来。"起初的定义是"凡用政治权力，以变私有土地及资本为公有，是为社会主义"③。1918 年 4 月 20 日，《劳动》第二号刊登了《俄罗斯社会革命之先锋李宁史略》一文，描述列宁是"主张大同主义的最热心家"，提倡富人要与贫人平均分配独占的资产，"以救暂时的贫富阶级"④。1919 年，杨匏安编著了《马克思主义》，文中他把马克思主义称为科学社会主义，提出要把一切生产工具收归国有，并恢复每个人的经济自由。同年 9月，俞颂华在《社会主义之批判》中，对马克思主义进行了分析，提出几个要点，其一是土地与重要工业共同占有；其二是工业由民主选集的职权者共同管理；其三是分配结果要根据民主合意的原则实行；最后，总结出马克思主义的主旨是"保障物质上公正之分配"⑤ 1920 年 11 月，李达在《劳动界》十六号刊发表《劳动者与社会主义》一文，提出社会主义的主张是推

① 宋教仁：《万国社会党大会略史》，《民报》1906 年第 5 号 6 月 30 日。
② 宋教仁：《社会主义商榷》，《民立报》1911 年 8 月 13 日至 14 日。
③ 《李大钊全集》第 4 卷，人民出版社 2006 年版，第 193 页。
④ 《俄罗斯社会革命之先锋李宁史略》，《劳动》第 2 号 1918 年 4 月 20 日。
⑤ 俞颂华：《社会主义之批判》，《解放与改造》第 1 卷 1919 年第 1、2 号。

翻资本主义制度，废除财产私有，要把一切工厂、机器、原料都归到劳动者手中，由劳动者管理，由劳动者共同生产。第二年4月，《新青年》刊登了李季编写的《社会主义与中国》，他在文中指出，社会主义就是要废除资本主义的生产和交换方式，建立土地和资本公有的经济制度，让阶级剥削归于消灭。

十月革命的胜利推翻了资本主义私有制，李大钊、陈独秀、李达等人在宣传社会主义的过程中，逐渐转变为早期的马克思主义者。他们对社会主义的认识和理解主要建立在"公"的基础上，把社会主义看作生产资料的公有制，废除财产私有，主张资本公有，以解救贫富不均。

四、"社会主义"概念在华演进的历史逻辑

"社会主义"术语从传入中国起，就开始了其"中国化"进程，进行着概念的意义再生产。1902年之前由于语言的限制，一些译者只能根据"社会主义"一词的读音直接转述，比如"Society democtrate"译为"苏西耳德磨克拉特"，"Socialist"译为"索昔阿利司脱""莎舍尔德玛噶里会""索西亚利士谟"，"socialism"译为"梭雪立什姆"，这种音译方式是最早也是最朴素的译法，此种依法，如果译者不加以解释，读者很难了解其真正内涵。后来一部分译者在翻译"社会主义"时，开始把中国传统思想和"社会主义"结合起来进行意译，赋予其"均平""均富"等内涵来表达社会主义概念，由此开始译为"平会""均富之说""贫富均财之说""均产之说""贫富之平均""平分产业"等，这种意译的根源在于着眼社会存在的贫富差距、财富分配不平等状况，强调平分财富，社会地位平等的诉求。

戊戌变法前，推崇"信、达、雅"翻译方法的严复，在《天演论》中将社会主义的翻译推进为"人群之说"，使得社会主义增加一层新的含义，即实现一个社会团体的整体利益。此外，康有为、梁启超关于社会主义也有了"群"的理解。康有为在《大同书》中提到"人群之说益昌，均产之说益盛"。梁启超在论述戊戌变法的论据时，也是"以群为体，以变为用"，他的"群"代表的是资产阶级的利益，主张实行君主立宪制，对社会进行资本主义改造。后来，梁启超在日本时受日本社会主义思潮的影响，对社会主义的认识又有了进一步的发展，他把社会主义看作"改良主义""国家社

会主义""干涉主义",梁启超认为社会主义是在资本主义制度下,由于贫富差距产生的,社会主义的目的是要抑制资本主义的发展,谋求大多数人的利益,还是强调"群"的概念。在资产阶级革命派中,马君武对社会主义进行解释时,提出"人群当共同和亲,利益均享",可见,马君武也是从"群"的角度去理解社会主义。随后,冯自由、朱执信同样把"社会主义"翻译为"民生主义",其中冯自由曾提出"民生主义 socialism,日人译名社会主义",这种译法的出发点仍然是建立在社会主义中"群"的概念基础之上。宋教仁对社会主义的理解是"民胞物与之主义,太平大同之主义",着重从人民大众的角度表现对太平的诉求,凸显了社会主义译词中"群"体追求均"平"的迫切愿望。

十月革命成功的事实呼吁中国的知识分子走上一条新的救国道路,此后,科学社会主义开始在中国广泛传播。俄国的道路促使中国的知识分子开始更为深刻地认识社会主义,通过学习研究俄国革命遵循的"主义",中国的知识分子开始认识到生产资料公有制对于"均平"和"人群"的重要性,中国早期的马克思主义者开始从"公"的角度去理解和宣扬社会主义。李大钊提出,变私有土地和资本为公有才是真正的社会主义。杨匏安也认为,科学的社会主义就是要把一切生产工具收归国有,并恢复每个人的经济自由。李达在解释社会主义时,提出社会主义的主张就是废除财产私有,把一切工厂、机器、原料都归到劳动者手中,由劳动者管理,由劳动者共同生产。俞颂华指出,马克思主义的主旨是物质的公平分配。李季对社会主义的理解,也是建立土地和资本公有的经济制度,让阶级剥削归于消灭。可以看出,早期的马克思主义者主要从经济角度论述无产阶级与有产阶级对立的根源,在分析社会主义时,以"公"的思想为基础,把社会主义看作是将一切资本收归国有,实行共同劳动,公平分配,鼓励劳动阶级团结起来,推翻私有制,创建公有制,针对"群"的诉求,努力实现财富均"平"、资产"公"有。

1992 年春,邓小平在南方谈话中指出,社会主义最大的优越性在于实现"共同富裕",这是以邓小平为代表的中国共产党人对社会主义本质作出的高度概括和深刻凝练。经过以邓小平为核心的中国共产党人的持续努力,开辟了中国特色社会主义道路,从而促使社会主义的内涵在实践中变得更为丰富。"共同富裕"的社会主义根本目的是建立在对"平""群""公"含义总结、升华的基础之上，从而作出关于"共"的本质的揭示。"实现人民共同富裕"，其中"人民"就是早期译词中"群"的体现，梁启超提出："近世社会主义之盛行也，凡以为多数劳动者之权力也"①，社会主义的实现需要劳动者这个群体的共同努力，而社会主义也以实现劳动者群体的共同利益为目标。"共同"体现了译词"公"的含义，"公"具有阶级性。"富裕"是分配"均平"朴素观念的更深理解，中国达识译社在翻译日本学者幸德秋水的《社会主义神髓》文章时，提到了社会主义的主张是"物质的生产机关即土地资本之公有""生产之公共的经营""社会的收入之公正分配"，②说明在土地资本公有、生产收入公平分配的基础上，才能真正达到财富均平，最终实现共同富裕。

"社会主义"术语在逐西向东中国化的进程中，中国人经由同属汉字文化圈的日本为中介，先后以中国传统政治文化中的"平""群""公""共"去解读 socialism 术语，这是一个层层递进的认识过程，最终达到了对社会主义的本质性认知。当代中国的社会主义概念正是融合了"平""群""公""共"的含义，社会主义本质在于实现共同富裕，应从"共"的取向上更精准地理解社会主义的概念内涵。"共"不仅仅体现在生产资料的公共占有，而是以生产资料公有制为主体，以此为基础上保障分配的公平，表现为每个人共同参与经济、政治、文化和社会生活，在日常政治生活和社会生活中，共商、共建、共治、共享、共赢，打造真实的利益共同体、社会共同体和命运共同体。

第二节　共产主义

"共产主义"术语在欧洲具有深远的历史文化背景和宗教观念渊源，马克思将其进行了彻底的无神论转化，日语翻译和转化过程又为汉语翻译和接受奠定了语义学和语用学基础。

---

① 梁启超：《二十世纪之巨灵托辣斯》，《新民丛报》第40、41号1903年11月2日。
② ［日］幸德秋水：《社会主义神髓》，中国达识译社译，《浙江潮》1903年10月5日。

一、"共产主义"原著术语的欧洲思想渊源及其演进

"共产主义"这个术语并不是马克思或恩格斯的创造，这一点我们都知道。但我们往往把这一思想来源及概念术语追溯到欧洲空想社会主义者，尤其是圣西门、傅利叶和欧文这三位空想社会主义者。实际上，这一术语及其相关思想观念有着更为久远的历史和更深层的历史文化渊源。

"共产主义"（communism）这个术语来自法语 communisme，是由拉丁词根 communis 和 isme 发展而来的，communis 意思是"公社的""共同体的""公有""公共"；isme 是一个后缀，指一种抽象的状态、情况、学说等。马克思恩格斯在《共产党宣言》中使用的是德文 Kommunismus，有人认为翻译成汉语用"公共主义""公社主义""社区主义"更符合拉丁语和德语原意。

作为一种无阶级平等社会的理念，共产主义可以追溯到古希腊。5 世纪波斯的马兹达克运动（Mazdak movement）也曾被描述为"共产主义的"，因为其挑战贵族阶级和神职人员的特权，批判私有制，试图建立平等社会。之后各种小共产主义团体时不时地出现，大都在《圣经》的感召下，以宗教共产主义形式共享土地和其他财产。近现代共产主义思想也被追溯到 16 世纪英国人托马斯·莫尔的《乌托邦》，书中描绘了一个建立在财产公共所有基础上的社会。17 世纪时共产主义思想再次出现在英国清教团体"掘地派"，提出废除土地私有权。对私有财产的批判持续至 18 世纪启蒙时代，之后，随着法国革命的兴起，共产主义作为一种政治主张而出现，在 19 世纪早期，各种社会改革者都以公有制为基础。现代形式的共产主义成长于 19 世纪欧洲的社会主义运动，19 世纪 20—30 年代，在法国、英国开始流行"社会主义"和"共产主义"术语，19 世纪 40 年代以后，"共产主义"这一术语就越来越与马克思和马克思主义紧密联系在一起了。1848 年《共产党宣言》明确宣布："共产党人可以把自己的理论概括为一句话：消灭私有制。"

里斯亚克·考拉考沃斯基（Leszek Kolakowski）把基督教异端再吸收神学作为马克思"共产主义"思想的一个至关重要的先驱。在他对社会主义传统及马克思主义思想渊源的研究中，把马克思主义以及"共产主义"观

念追溯到 3 世纪希腊哲学家普罗提诺，从普罗提诺到作为基督教异端的基督教柏拉图主义，这一异端传统此后常以基督教神秘主义形式出现，比如 14 世纪哲学家梅斯特·艾克哈特（Meister Johannes Eckhart）和 19 世纪哲学家约翰·斯科图斯·爱留根纳（John Scotus Erigena）。① 在这一研究范式中，马克思主义的"共产主义"概念被看作一种特定类型宗教末世论的非神学化版本。这种观点在西方很具有代表性。我们当然不会同意这种把马克思主义，尤其是共产主义理想，打上宗教色彩，甚至混同于某种宗教传统（比如基督教弥赛亚末世论）的论调。但是，作为一种概念史或术语渊流考证研究，"共产主义"这一术语本身，确实有着更为久远的历史和宗教传统背景，只不过并不能因此就把马克思主义的"共产主义"概念归属于宗教末世论。奥地利经济学家穆瑞·罗施巴德（Murray N. Rothbard）就犯了这样的错误，在他很有影响的论文《卡尔·马克思：作为宗教末世论者的共产主义者》中，把共产主义归结于基督教宗教末世论，把马克思看作一个弥赛亚末世论者。罗施巴德详细地论述了欧洲历史上各种宗教"共产主义"团体、秘密组织，以及很多次的共产主义社会尝试，其中，代表性的人物如从 12 世纪意大利的约阿希姆（Joachim of Fiore）到 16 世纪德国的托马斯·闵采尔（Thomas Müntzer）。当然，这些描述和研究都是否定性的，基本是恐怖与罪恶的展现。其基本特征就是没收私有财产，废除私有制，统一分配生活必需品，甚至废除家庭和婚姻制度。他由此解释 20 世纪德国马克思主义者恩斯特·布洛赫（Ernst Bloch）在他的《希望原则》（the Principle of Hope）一书中，"1830 年代和 1840 年代欧洲共产主义运动内部基督教和无神论派别之间可悲的分裂最终和解了……异端宗教的弥赛亚末世论视域与基督教共产主义现在强势回归了"。② 他自然认为这是因为马克思主义自身就包含这样的因素和胎记。但如果从"共产主义"这个关键术语的渊源考证研究来说，罗施巴德的研究却具有很高的资料价值，他很详细地考察了"共产主义"这个术语的历史文化演化背景，具有重要的概念史和文化语义

---

① Leszek Kolakowski, "Main Currents of Marxism: Its Origins, Growth and Dissolution", Vol. 1, Oxford University Press, 1981, pp. 9-29.

② Murray N. Rothbard, "Karl Marx: Communist as Religious Eschatologist", *The review of Austrian Economics*, Vol. 4, 1990, p. 179.

学价值。

我们应该注意到，马克思和恩格斯 1848 年在《共产党宣言》那一著名的开篇句中写道，"一个幽灵，共产主义的幽灵，在欧洲徘徊"，詹姆斯·贝灵顿（James H. Billington）也说过，"共产主义"这一具有魔法的词，当时以一种历史上前所未有的词语流行速度，在整个欧洲大陆扩散。① 从中我们可以看出，在马克思之前，在欧洲大陆，共产主义思想已经蓬勃兴起，这一术语已经广为流传，具有深远的历史根源。罗施巴德甚至追溯了《共产党宣言》这种类型文本的历史渊源，并认为巴贝夫所写，1795 年出版的《庶民宣言》（*Plebian Manifesto*）是半个世纪后在《共产党宣言》中达到顶点的这种革命宣言系列的中第一本。②

马克思和恩格斯在《共产党宣言》开篇所指的，是 19 世纪 30 年代和 40 年代，带有弥赛亚或千禧年共产主义和社会主义色彩的团体在全欧洲崛起，最著名的是在法国、比利时、德国和英国，有欧文主义者、卡贝主义者（Cabetists）、傅利叶主义者、圣西门主义者，以及许多其他团体。到 1847 年底，共产主义运动被决定性地转向了无神论，决定性的转变发生在 1847 年 6 月，当时两个最具有无神论色彩的共产主义团体之一——伦敦的正义者同盟，改组成共产主义者同盟另一个是由马克思领导的布鲁塞尔共产主义通讯委员会，成为共产主义者同盟布鲁塞尔支部。

罗施巴德的研究指出，"共产主义者"这个词第一次在流行出版物中使用是在埃蒂耶纳·卡贝（Etienne Cabet 1788—1856）的乌托邦小说《伊加利亚旅行记》（*Voyage in Icaria*）（1839 年）中，从那以后，这个词就像野火一样在整个欧洲蔓延开来。③ 其实这一术语的现代定义在法国哲学家 Victor d'Hupay（Joseph-Alexandre-Victor Hupay de Fuveau）1777 年出版的著作 "Projet de communauté philosophe"（翻译成英文为 *Project for a Philosophical Community*）中形成，他将启蒙的遗产推进到生活原则，倡导一

① James H. Billington, "Fire in the Minds of Men: Origins of the Revolutionary Faith", Basic Books, 1980, p. 243.

② Murray N. Rothbard, "Karl Marx: Communist as Religious Eschatologist", *The review of Austrian Economics*, Vol. 4, 1990, pp. 160-161.

③ Murray N. Rothbard, "Karl Marx: Communist as Religious Eschatologist", *The review of Austrian Economics*, Vol. 4, 1990, pp. 163-164.

种公社生活形式。他的书被看作共产主义哲学的奠基之作，因为他把这种生活方式定义为他所说的"commune"（"communal"），即"公社"，公社成员之间共享所有经济和物质产品，从而所有人都可以从彼此的工作中获益。1785 年，他的朋友及同时代作家雷蒂夫·德·拉布勒托纳（Restif de la Bretonne）在一篇书评中将他称为一个"共产主义者"，这被看作是现代意义上的"共产主义"（communism）这个术语第一次在文本中被使用。

有两个对马克思思想影响比较大，对"共产主义"这个术语考证研究有重要价值的人，一个是法国共产主义者泰·德萨米（Theodore Dezamy），他努力将共产主义思想和共产主义革命转变成"科学的"，并宣称共产主义革命既是"合理的"又是"不可避免的"。马克思可能从德萨米那里吸收了更多思想。[①] 另一个是对黑格尔左派影响很大的波兰贵族奥古斯特·齐日柯夫斯基伯爵（Count August Cieszkowski），他用德文在 1838 年写的《历史哲学引论》（Prolegomena to a Historiosophy），将一种新的历史辩证法带入黑格尔主义之中，这是一种关于人的三阶段的新变式。第一阶段，古代阶段，是一个情感时代，没有反思思维，人与自然具有初级的直接统一性的时代，"精神"在其自身之中。第二阶段，基督教时代，从基督出生到黑格尔，是思想、反思的阶段，"精神"沿着抽象和普遍的方向趋向于自身。但这一阶段也是一个人与上帝、精神与物质、思想与行动无法容忍的二元化、异化的时代。最后，第三和最高阶段，这个后黑格尔时代将是一个实践行动的时代，在这个时代，基督教和黑格尔的思想都将被超越，并体现为一种行动意志、一场推翻并超越现存制度的最后革命。"实践行动"（practical action）这个术语是齐日柯夫斯基借用了希腊词 praxis，来概括这个新时代，这是一个很快就在马克思主义中获得非常重要影响的术语。这一最后行动阶段将会至少带来一种思想和行动、精神与物质、上帝与尘世的统一，并带来人的完全"自由"。[②] 在 1844 年用法语写的著作中，齐日柯夫斯基主张，一个新的阶级注定将成为这一革命社会的领导者，他称这一新的阶级是"智识阶级"

---

① James H. Billington, "Fire in the Minds of Men: Origins of the Revolutionary Faith", Basic Books, 1980, p. 251.

② Murray N. Rothbard, "Karl Marx: Communist as Religious Eschatologist", *The review of Austrian Economics*, Vol. 4, 1990, pp. 171-172.

（intelligentsia）。不久，布鲁诺·鲍威尔在 1841 年后期欢呼齐日柯夫斯基新的行动哲学，把它称作"最后审判的胜利号角"。通过青年黑格尔派，齐日柯夫斯基的思想对马克思产生了明显影响。

但是，最根本的转变还是马克思自己完成的。如果说黑格尔泛化并精致化了基督教弥赛亚辩证法，马克思现在"把黑格尔头足颠倒过来"，通过对辩证法无神论化，不是把它建立在神秘主义、宗教、"精神"、绝对观念或世界精神基础之上，而是建立在坚固的和"科学的"唯物主义哲学基础上，马克思使它转变成为唯物主义的历史辩证法。

以唯物主义和无神论术语重新组织辩证法，马克思就放弃了历史上神学色彩辩证法通过历史发挥作用的那些推动者：或者是基督教弥赛亚主义启示，或者是不断增长的对世界精神的自我意识，这样马克思需要以一种"科学的"唯物主义，重新建基于"历史规律"来解释迄今为止的历史进程，并且更为重要的，也能够解释这个世界及人类历史转变到共产主义的不可避免性，阐明这一历史工程的具体细节及其动力机制。马克思对共产主义的论证与他关于人的本质、类存在概念相关，这方面受费尔巴哈影响比较明显。费尔巴哈也是一个共产主义者，他相信，如果人抛弃了宗教，那么人从其自身的异化就会被克服。对于马克思，宗教只是这些问题中的一个，整个人的世界（the Menschenwelt）正在异化，因而必须彻底推翻，从而使真正的人的本质得到实现。只有到那时，现存的"非人"才能真正成为人。真正的人，是一种"集体性存在"（Gemeinwesen / communal being）或"类存在"（Guttungswesen / species being）。① 1843 年底，马克思找到了实现共产主义的引擎或动力，这一任务的历史承担者，"无产阶级"，不只是作为一种经济阶级，而是作为当共产主义被实现时注定成为"普遍的阶级"。马克思从一本出版于 1842 年，由一个年轻的社会主义反对者，洛伦茨·冯·施泰因（Lorenz von Stein）写的很有影响的书中获得了作为共产主义革命关键的"无产阶级"概念。施泰因将共产主义运动解释为这一没有财产的无产阶级的阶级利益的合理化，马克思在施泰因的攻击中发现了共产主义革命必

① Murray N. Rothbard，"Karl Marx：Communist as Religious Eschatologist"，*The review of Austrian Economics*，Vol. 4，1990，p. 173.

将到来的"科学的"引擎（engine），① 就是无产阶级，这一最"被异化"和"没有财产的"阶级。

马克思说过，"粗陋的共产主义"主张每一个人都变成私有财产的所有者，因此共同体和物质财富之间的私有财产关系并没有被消灭，这种共产主义只不过是私有财产的彻底表现。当时社会上流行的巴贝夫、卡贝、德萨米、欧文和魏特林等人的共产主义学说，就带有原始共产主义的平均主义痕迹。马克思不仅将"共产主义"转向彻底的无神论，而且实现了从"粗鄙的"现代形式向人的彻底解放和全面自由的发展。

二、"共产主义"术语的日语中介转化

汉语在吸收马克思主义原著概念时，"现代日语词汇的影响对汉语词汇的现代化来说，是一个很重要的要素，甚至是最重要的要素"②。日本社会主义运动初期对马克思主义概念的引入和汉语中相应的术语表的创制为汉语中相应的专门表达系统奠定了基础。"共产主义"也经过日语的中介转化而成为汉语重要术语。1881 年 4 月 20 日小崎弘道（Kozaki Hiromichi）在《六合雜誌》上发表的《关于现代社会主义政党的起源》，对马克思和恩格斯的理论及德国社会民主党作了一些介绍。③ 日本学界普遍认为这是马克思的名字和他的政治主张第一次被介绍到日本，其中一些术语，如"社会说""共产说"为日后出现的"社会主义""共产主義"等词的前身。

1882 年日本人宍戸義知訳的《古今社会党沿革说》是最早介绍社会主义的单行本，其实是美国人西奥多·伍尔西（Theodore D. Woolsey）1880 年出版的著作（原书名为"Communism and Socialism in Their History and Theory"）的缩略译本，其中简单介绍了《共产党宣言》的主要内容，虽然没有直接出现《共产党宣言》的书名，其中一段文字概括了《共产党宣言》提

---

① Robert C. Tucker, "Philosophy and Myth in Karl Marx"（1970）, Cambridge University Press, 1961, pp. 114–117.

② ［德］李博：《汉语中的马克思主义术语的起源与作用》，赵倩等译，中国社会科学出版社 2003 年版，第 26 页。

③ ［德］李博：《汉语中的马克思主义术语的起源与作用》，赵倩等译，中国社会科学出版社 2003 年版，第 81 页。

出的社会主义运动纲领。① 这可能是日本最早介绍《共产党宣言》的文本，但对《共产党宣言》中社会主义运动十条纲领对应地只涉及五条。1893 年日本民友出版社编辑出版、编者为深井英五的《現時之社會主義》，也对《共产党宣言》提出的社会主义运动纲领作了介绍，和 10 年前相比内容有所细化。② 1904 年 11 月，堺利彦和幸德秋水合译的《共产党宣言》问世，这是马克思和恩格斯原著的第一个日译本。这一译本不完整，缺少第三章。1906 年 3 月堺利彦在他自己编辑发行的日本最早宣传社会主义的杂志《社会主义研究》（Shakai-shugi kenkyu）上重刊了《共产党宣言》，并补译了第三章。之后中国马克思和恩格斯原著翻译也是从《共产党宣言》开始，介绍马克思主义原著内容也是从《共产党宣言》中关于社会主义运动的纲领开始，这其中主要还是受日本的影响。

汉语术语"共产主义"是日本早期造词者采用繁体汉字译为日文后传入中国的。1870 年加藤弘之在《真政大意》里用日语片假名コムミュニスメ音译"共产主义"一词，还没有意译。福地源一郎（Fukuchi Genichirō）1878 年 6 月 6 日在《东京每日新闻》上发表《邪说之危害》，使用"kyōdō-tō 共同黨"一词，Kyōdō-tō 逐字的意思大致为"追求共同（kyōdō）的人（tō）"。西周在《社會黨諭の说》（著于约 1878 — 1879 年）中将 die Kommunisten 译为"tsūyū-tō 通有黨"，其字面意思大致为"追求共同财产（tsūyū）的人（tō）"，将 Kommunismus 译为"tsūyū-gaku 通有學"，其字面意思为"共同财产（tsūyū）的学说（gaku）"。几年后出现于日本政治文献，表示"共产主义"的"kyōsan 共産"一词，现在无法知道是谁创造的了，这个词由"kyō"（意为"统一的""共同的""使……归公有"）和"san"（意为"生活费用的获取""财富""财产"）两个语素构成。③

kyōsan 这一新词问世不久即被收入英日词典，在《增補訂正英和字彙》

　　① 朱京伟：《马克思主义文献的早期日译及其译词》，冯天瑜等：《语义的文化变迁》，武汉大学出版社 2007 年版，第 385—387 页。
　　② 朱京伟：《马克思主义文献的早期日译及其译词》，冯天瑜等：《语义的文化变迁》，武汉大学出版社 2007 年版，第 391 页。
　　③ ［德］李博：《汉语中的马克思主义术语的起源与作用》，赵倩等译，中国社会科学出版社 2003 年版，第 133 页。

（Ei-Wa jii Ⅱ）（1882）中，communism 被译作"kyōsan-ron 共産論"，逐字的意思为"使财富公有（kyōsan）的理论（ron）"；communist 则被译成了"kyōsan-tō 共産黨"，意为"欲将财富变为公有财产（kyōsan）的人（tō）"。在 kyōsan 后附上表示"原则""主义"的 shugi，如此产生的术语"kyōsan-shugi 共産主義"连同其原来的形式"kyōsan（-teki）共産（的）"也在《現時之社會主義》（1893）中出现，此书中解释说："共产主义（kyōsan-shugi）要彻底废除私有财产，实现绝对的平均主义。"① 在这本书中，用 kyōsan-tō 这一表述用来表示"共産黨"，而《共产党宣言》这个书名的日文翻译是 kyōsan-tō no sengensho《共産黨の宣言書》。②

中国研究社会主义的文献大约出现于 20 世纪初，最初 10 年间出版的有关马克思主义的文献，几乎都是译自日文或是在日本出版的，日本人创造的有关马克思主义的术语也在这个时期开始进入汉语。俄国十月革命前夕，中国人开始直接从俄语、德语、英语等翻译马恩原著，尽管如此，翻译时参照日译本的情况仍比较常见，主要考虑的恐怕还是借用日文术语的可能性。③ 1955 年，郭沫若作为中国科学代表团团长在日本早稻田大学做"中日文化交流"演讲时曾说，中国民众是通过译成汉语的介绍马克思和恩格斯的日语书籍那里听说了马克思和恩格斯的，包括他本人在内。相关研究者也承认，"那时，马克思列宁主义的书籍多半是从日语转译过来的，随着这些书籍的翻译与介绍，又借用来一批日译词"④。

三、"共产主义"术语在中国的接受和概念生成

汉语术语"社会主义"首次出现于 1896 年的《时务报》。⑤ 汪康年于 1896 年 8 月在上海创办《时务报》，设"东文报译"栏，率先将新的政治理论和关于国家体制、政治制度、共产主义运动的知识介绍给中国。古城贞吉

---

① ［德］李博：《汉语中的马克思主义术语的起源与作用》，赵倩等译，中国社会科学出版社 2003 年版，第 134—135 页。
② ［日］深井英五：《現時之社會主義》（Genji no shakai-shugi），民友社 1893 年版，第 85 页。
③ 朱京伟：《马克思主义文献的早期日译及其译词》，冯天瑜等：《语义的文化变迁》，武汉大学出版社 2007 年版，第 384 页。
④ 《五四以来汉语书面语言的变迁和发展》，商务印书馆 1959 年版，第 94 页。
⑤ 《时务报》第 6 卷，第 12 册，华文书局 1967 年版，第 812 页。

在"东文报译"使用的术语中有"社会主义"。在此之前，1881 年，东京出版的汪凤藻、丁韪良汉语翻译著作中，把术语"socialism"译作"均富之说"①。严复 1895 年在《原强》中使用了"均贫富之党"来指社会主义政党，但他没提到"社会主义"这个术语。严复于 1895 年春至 1896 年秋将赫胥黎的两篇论文翻译成了《天演论》，于 1898 年 4 月以单行本的形式刊刻出版，其中将"the communistic aphorism"翻译成"均富言治者之极则"，这一"极则"在赫胥黎的原著中就是我们后来所熟知的共产主义的分配原则"各尽所能，按需分配"，严复的翻译是"合于古井田经国之规"②。看来严复是把"communism"这一术语翻译成"均富之说"或"均贫富之说"。从后来很多文献来看，严复的著作风行海内，影响极大，但其术语却没有成为固定术语。沈国威列有"赫胥黎的主要著述及其早期汉译一览"表，其中说明"communism（-tic）"这一术语在"《华英音韵字典集成》1903"③ 中的解释是"大公之道、通用百物之道"，在"《官话》1916"④ 中的解释是"共产主义"。⑤ 但是，我们已经看到，严复翻译赫胥黎著作，"communism"这一术语是用"均富之说"，用"大公之道、通用百物之道"这一术语的是谁，在哪本著作翻译中使用，沈国威没有说明，现在也看不到这样的证明材料。从他这本著作行文来理解，就是《华英音韵字典集成》中这样解释的。不过作为当时很有影响的英汉字典，这也可以作为"communism"这一术语在中国翻译的重要代表。

　康有为在 1902 年完成的《大同书》中，用"人群之说"作为"socialism"、"Sozialisums"的汉语对等词，这可能是从"Gesellschaft"（即"社会"）一词的汉语译名"人群"中派生出来的。在此书中，康有为将"com-

① 汪凤藻、丁韪良译：《时务报》，乐善堂 1881 年版。
② 参见赫胥黎"Evolution and Ethics and other Essays"，Greenwood Press，1968，Prolegomena IX，严复《天演论》导言十一：蜂群。
③ 《华英音韵字典集成》编者为谢洪赉，1902（另有标注为 1903）年上海商务印书馆出版。主要是为了方便外国人学习汉语而编纂的。
④ ENGLISH-CHINESE DICTIONARY/OF THE/STANDARD CHINESE SPOKEN LANGUAGE/（官话），由任职中国海关的德国人赫美玲（K. Hemeling）所编纂，1916 年由 The Presbyterian Mission Press，Shanghai 印刷出版。
⑤ 沈国威：《近代中日词汇交流研究——汉字新词的创制、容受与共享》，中华书局 2010 年版，第 182 页。

munism"和"Kommunismus"翻译为"均产之说",按字面意思理解就是"平衡财产的理论"。根据李博的考证,康有为将 Sozialismus 和 Kommunismus 分别译成"人群之说"和"均产之说"是受了参与《万国公报》工作的传教士影响。……康有为的作品完成之后多年都未出版。……该书在内容和术语方面都没有对 20 世纪初对社会主义问题感兴趣的中国知识分子产生影响。① 严复是最早尝试翻译西方人文科学书籍的译者之一,他虽然没有直接翻译《共产党宣言》及其他马克思主义的文献,但他的译作中直接涉及相关的术语,而且还涉及作为马克思主义典型代表的共产主义分配原则。但严复严格遵循训雅的翻译原则,采用大量生僻汉字和单字,这些都与现代世界言文一致和口语化的现代国语发展趋势不符。另外,严复翻译时日语作为中国现代知识中介和汉语新术语来源已经初露端倪,但他还没有现成的术语和话语系统可用。之后,在大量日语新词及话语系统的建构中,严复所用的术语大多成为历史遗迹了。就他对"共产主义"这一术语及其原则的翻译来看,其理解和转化都具有非常大的局限性,不能恰当地传达其主旨和核心思想。

1901 年 1 月,中国留日学生主办的《译书汇编》杂志第二期中提到"共产党"一词,有人猜测"共产党"的概念大概由兹沿用。② 汉语中表示"社会主义"概念的术语大约从 1902 年才开始较为频繁地出现在汉语著述当中。1902 年,梁启超在《进化论革命者颉德之说》一文中说,"麦喀士(日耳曼国社会主义之泰斗也)",这是国内首次将"社会主义"概念与马克思的名字联系在一起。1903 年出版的首部汉语日语借词词典,编纂者们首次尝试对 Sozialismus 这一词语定义为:"废私有财产,使归公分配之主义,谓之共产主义。"③ 1903 年 10 月,在中国留学生在东废私有财产,使归公分配之主义,谓之共产主义。一名社会主义。京出版的《浙江潮》发表署名"大我"的一篇文章,提到并介绍了马克思的共产主义。

---

① 〔德〕李博:《汉语中的马克思主义术语的起源与作用》,赵倩等译,中国社会科学出版社 2003 年版,第 123 页。

② 李其驹等:《马克思主义哲学在中国:从清末民初到中华人民共和国成立》,上海人民出版社 1991 年版,第 5 页。

③ 汪荣宝、叶澜:《新尔雅》,明权社,1903 年版于东京印刷,第 64 页。

日语术语"kyōsan 共产、共产的"和"kyōsan-shugi 共産主義"被汉语吸收。《申报》于 1906 年 10 月 28 日发表《新名词输入与民德堕落之关系》，以及当时各种批判新名词的文章，反复提及的来自日语的"新词"中，就有"共产"这个词。从上面引文可以看到，"共产主义"一词已经出现于 1903 年的《新尔雅》，并且和"社会主义"是同义词，可以互换。1905 年，同盟会机关报《民报》杂志在东京创刊，李博认为，"大量证据表明，对孙中山及其追随者来说，'民生主义'是'社会主义'的同义词，两者可以互换"①。国内研究者也普遍认为，"众所周知，孙中山本人一再把民生主义称之为社会主义"。② 但胡汉民持有不同的观点，认为"民生主义"并非指 socialism，而是 demosology 的对等词。③ 正如李博所说，"中国论述社会主义的早期文献在使用'社会主义'和'共产主义'两个概念的术语上有时比较混乱"④。

就《共产党宣言》的汉语介绍、翻译情况看，与日本的马克思主义介绍、翻译密切相关，相关术语也主要来自日语翻译和用词。这些早期介绍、翻译虽然是中国人和中文，但几乎都出自在日本的中国留学生与流亡者，以及中国人在日本创办的中文报刊。其中有梁启超在横滨发行的杂志《清议报》《新民丛报》，同盟会机关报《民报》杂志，流亡日本的无政府主义者办的《天义报》等。1906 年，《民报》杂志刊登同盟会主要成员朱执信所写的题为《德意志社会革命家小传》，介绍了马克思（译为马尔克）和《共产党宣言》主要内容，多处引用《共产党宣言》，并翻译了《共产党宣言》第二章最后列出的无产阶级革命结束后第一阶段的 10 个纲领。⑤ 此文是同盟会的主要代言人就同盟会的社会主义纲领进行论争而发，主要还是介绍性的，不是正式的翻译。

---

① ［德］李博：《汉语中的马克思主义术语的起源与作用》，赵倩等译，中国社会科学出版社 2003 年版，第 125 页。

② 邱捷：《1912 年广州〈民生日报〉刊载的〈共产党宣言〉译文》，《中山大学学报》（社会科学版）2011 年第 6 期。

③ 胡汉民（署名民意）：《告非难民生主义者》，《民报》第 12 号，1907 年 3 月。

④ ［德］李博：《汉语中的马克思主义术语的起源与作用》，赵倩等译，中国社会科学出版社 2003 年版，第 138 页。

⑤ 朱执信（署名蛰伸）：《德意志社会革命家小传》，《民报》1906 年 1 月、4 月第 2 号、第 3 号。

1919年5月1日，李大钊在《新青年》的马克思主义特刊上详细介绍了三部马克思主义著作：《哲学的贫困》《共产党宣言》和《政治经济学批判序言》。根据李博的研究，李大钊所引用的内容来自对河上肇（Kawakami Hajime）于1919年创刊发行的《社會文題研究》上发表的论文《马克思社会主义理论体系》中，摘自《哲学的贫困》《共产党宣言》和《政治经济学批判序言》日语译文的二次翻译。①

这里把"共产主义"这一术语作为马克思主义关键概念，并作为对马克思主义在中国传播和接受的核心话语，一方面理由在于，理解马克思所创建的复杂而庞大思想体系的钥匙，根本上就是：马克思是一个共产主义者。献身于共产主义是马克思的根本着眼点，其重要性远远超出阶级斗争、辩证法、剩余价值理论，以及其他理论，马克思一生为之求索的目标是共产主义的胜利。在这一视域中，马克思后来对资本主义经济的探究可以看作就是对实现共产主义动力机制、"历史规律"的探求。从这一意义上讲，"共产主义"这一术语是理解、传播、接受马克思主义的核心和基础术语，是在各种文化中阐释和重构马克思主义理论体系与话语体系的关键词。另一方面的理由在于，马克思以后的马克思主义者们和研究马克思主义的学者们中间存在忽略"共产主义"对于整个马克思主义体系的中心地位的趋向。在1930年代和1940年代的"正统"马克思主义那里，为了更强调劳动价值论、阶级斗争或历史唯物主义，"共产主义"被轻视了。苏联一直尽力解决社会主义的实践问题，把共产主义当作一个"比任何事物都令人尴尬的问题来对待。"② 但是，"共产主义"这一概念应该在马克思主义研究中居于中心地位，其他所有概念、理论、思想都以"共产主义"概念为基础和指向，比如马克思对资本主义的研究，对经济学的研究，对历史规律的研究，都在于说明共产主义问题。

今天，我国社会主义仍然处于初级阶段，"共产主义"似乎有点遥不可及，甚至很多人怀疑它是不是真的是一种科学合理的理想目标。不论对于执

---

　　① ［德］李博：《汉语中的马克思主义术语的起源与作用》，赵倩等译，中国社会科学出版社2003年版，第94页。

　　② Murray N. Rothbard, "Karl Marx: Communist as Religious Eschatologist", *The review of Austrian Economics*, Vol. 4, 1990, p. 125.

政党的社会建设目标，还是对于理论研究者，都更关注当下实践上和现实的问题，从而淡化甚至淡忘了"共产主义"，"共产主义"作为术语似乎也成为了一个令人尴尬的概念。但问题在于，如果不以共产主义为核心和基础，如何理解社会主义及中国特色社会主义？社会主义初级阶段又从何谈起？另一方面，忽视"共产主义"这一概念在马克思主义理论和思想体系及话语体系中的核心和基础地位，造成现有理论体系及话语体系中"共产主义"概念的失落，其实也会使整个理论和思想体系失去指向。习近平总书记强调中国特色社会主义共同理想和共产主义远大理想并提，确实具有深远的理论和现实意义。马克思和恩格斯的共产主义概念，不仅超越了德国古典的哲学共产主义，又超越了各种空想共产主义，也与后来放弃共产主义目标的民主社会主义和一些西方马克思主义思潮不同，我们不能设想一种没有共产主义的马克思主义，不能设想一种没有共产主义的社会主义。共产主义是与传统的所有制关系从而与传统的思想观念彻底决裂的新社会形态，社会分配方式以及由此而来的社会结构和社会关系将充分实现人们的自由和联合。在中国特色社会主义新时代，中国共产党人首先要"姓马姓共"，要牢固树立和践行共商、共建、共治、共享、共赢和共同体的理念，坚定共产主义远大理想才能推进在新时代继续推进伟大的社会革命。

第三节　无　产　阶　级

"无产阶级"术语（以 Proletariat、Proletarier 或 proletarian 的形式）在《共产党宣言》正文中共出现 84 次之多，《共产党宣言》是马克思恩格斯最集中使用"无产阶级"这一术语的经典著作，是无产阶级的战斗檄文。本节以《共产党宣言》汉译史线索，对这一术语在汉语语境中引入、翻译、传播、接受、定名的概念史考察，追索"无产阶级"这一马克思主义基本概念的源流。

一、马克思恩格斯原著术语 Proletariat

"无产阶级"（Proletariat）这个术语源于拉丁文 *proletarius*，古罗马时期每五年进行一次人口调查，对公民和他们财产进行登记，对于那些财产价值低于最低标准的公民，就不登记他们的财产，而是登记他们的孩子——*proles*，源于拉丁文 *prōlēs*，指后代。这样就有了 *proletarius* 这个名称，意思是"生育后代的人"，也就是说，*proletarius* 对罗马社会唯一的贡献被认为就是生养了后代（proles），从而为国家提供了劳动力。14、15 世纪以后，大量失地农民也被称为 proletariat，这时，"无产阶级"指在资本主义社会中，不占有任何生产资料，不得不靠出卖劳动力为生的阶级，他们唯一拥有的是他们的劳动力，这样一个阶级中的成员就是一个"无产者"（德语 Proletarier，英语 proletarian，法语 prolétaire，俄语 пролетарий）。

在马克思主义经典著作中，当强调他们受压迫受剥削时，往往使用"无产阶级"的字眼，而当强调他们是社会财富的创造者和未来社会的建立者时，就使用"工人阶级（劳动阶级）"（working class）一词。这一点在《共产党宣言》中有明确表现，经常一起使用。恩格斯直接指出过："我也总把工人（working men）和无产者，把工人阶级、没有财产的阶级和无产阶级当作同义语来使用。"① 恩格斯在《共产党宣言》1888 年英文版的注释中解释，无产阶级是指近代雇佣劳动者阶级，他们没有自己的生产资料，为了生存被迫出卖自己的劳动力。

之前，巴贝夫在《庶民宣言》（*Plebian Manifesto*）中号召穷人必须起来洗劫富人，打破不平等。他用的 Plebian 就是古罗马时期的平民、庶民，这对后来马克思、列宁产生了重要的影响。马克思可能是从 1842 年洛伦茨·冯·施泰因（Lorenz von Stein）的书②中获得了"无产阶级"这一革命的"钥匙"，作为共产主义革命不可避免地到来的"科学的"引擎。无产阶级，这一最"被异化"和宣称"无财产的"阶级，就是那钥匙。③ 施泰因是一个保守的黑格尔派君主主义者，马克思熟悉施泰因的书。④

马克思转向共产主义发生在他 1843 年 10 月到 1845 年旅居巴黎期间，加速这一转变的原因是他在巴黎与无产阶级团体的接触。这一转变在

---

① 《马克思恩格斯文集》第 1 卷，人民出版社 2009 年版，第 387 页。

② Lorenz von Stein，*Der Socialismus und Communismus des heutigen Frankreichs*，Liepzig，1842.

③ Murray N、Rothbard，"Karl Marx：Communist as Religious Eschatologist"，*The review of Austrian Economics*，Vol. 4，1990，pp. 123–179.

④ Robert C、Tucker，"*Philosophy and Myth in Karl Marx（1970）*"，New York：Cambridge University Press，1961，pp. 114–117.

1843—1844 年的《〈黑格尔法哲学批判〉导言》中完成，在转向共产主义者的过程中，莫泽斯·赫斯（Moses Hess）对马克思产生了重要影响。罗施巴德认为，马克思的《〈黑格尔法哲学批判〉导言》是对赫斯在他的《欧洲三头政治》（*European Triarchy*）、《行动哲学》（*Philosophy of the Act*）、《社会主义与共产主义》（*Socialism and Communism*）中提出的观念的再次陈述。[①]可见赫斯对马克思的明显影响。赫斯将无产阶级作为推翻私有财产制度的社会力量，他是无产阶级革命的拥护者。到 1843 年底，马克思在赫斯的共产主义思想中增加了对无产阶级的至关重要的强调，不只是作为一个经济阶级，而是注定在共产主义到来时成为"普遍阶级"。诺曼·利温（Norman Levine）也提出在《〈黑格尔法哲学批判〉导言》中，马克思接受赫斯的思想，[②]马克思则将魏特林和赫斯、恩格斯一起，作为对他形成自己的共产主义思想具有至关重要影响的人。魏特林（Wilhelm Weitling）倡导无产阶级革命，1843 年出版了对马克思产生多重影响的著作《和谐与自由的保证》（*Guarantees of Harmony and Freedom*），在这本书中魏特林呼唤一场革命，并将无产阶级作为这一革命的领导力量。1844 年马克思在《导言》中认为哲学只有在实践中才能被实现，无产阶级就是这一革命实践的动力。

二、Proletariat/Proletarian 日译及汉语从日语借词

早期关于社会主义、共产主义的汉语及日语文献，都没有专门表达 Proletarier 和 Proletariat 的术语。在最早把《共产党宣言》译成日文时，堺利彦（Sakai Toshihiko）和幸德秋水（Kōtoku Shūsui）用"平民"来表达 Proletariat。[③]"'heimin 平民'的原型词是'proletarian'，也可以翻译为'劳働者'"。[④]

1903 年，马君武在《社会主义与进化论比较》中，介绍关于社会进化发展的思想，类似于原始社会、奴隶社会、封建社会、资本主义社会这样四

---

① Murray N、Rothbard，"Karl Marx: Communist as Religious Eschatologist"，*The review of Austrian Economics*，Vol. 4，1990，pp. 123-179.

② Norman Levine，*Marx's Rebellion Against Lenin*，Palgrave Macmillan，2015.

③ 《共产党宣言》，[日] 幸德秋水、堺利彦译，彰考书院 1952 年版，第 42 页。

④ 《共产党宣言》，[日] 幸德秋水、堺利彦译，《平民新闻》，1904 年 11 月，第 427—433 页。

个阶段，在讲到第四阶段时说，"至于今日，农仆之制，变为自由作工之制，乏资财者服社会中劳动之役，以得酬金，而争其生存焉，是为第四级"①。这里马君武说的"乏资财者服社会中劳动之役，以得酬金，而争其生存"，可以看作对"无产阶级"实质状况的描述。1906 年 6 月宋教仁（雳斋）在《万国社会党大会略史》中提到世界分为两大阶级，文中摘译了《共产党宣言》最后一段，将 Proletarians 译为"平民"。这种译法明显来自堺利彦、幸德秋水日语译文的影响。

李博认为朱执信不想借用日语术语来翻译马克思社会主义概念，而为了表达 Proletariat 这个术语的含义，他创造了地道的汉语词："细民"，即"穷苦大众"。朱执信称作"豪右"的，主要指占有资本的人，他所说的"细民"也没有包括农民，而主要是指使用劳动力供以自养的群体，接近于我们所说的"无产阶级"。李博说，"朱执信认为，在'Proletariat'，即其翻译为'细民'的这个概念里也包括农民，……这与其后毛泽东的思想有着惊人的相似之处。"李博还讲到，"尽管朱执信曾提出很多理由反对使用'平民'这个词，但是这个从日语借用的术语却在 10 多年当中一直在中国的社会主义文献里占有统治地位，后来甚至朱执信也逐渐开始在文章里使用这个词了"②。其实在更早一些时间的 1906 年 1 月《民报》第二号上，朱执信就用"平民"来翻译过"无产阶级"这个概念，在这篇名为《德意志社会革命家小传》的文章中，他介绍了马克思（他译为"马尔克"）和《共产党宣言》（他译为《共产主义宣言》）的内容，文中翻译了《共产党宣言》最后一段和第二章中的十条纲领。其中对《宣言》最后一段的译文是："各地之平民，其安可以不奋也。"③ 可以看到，这里为"平民"的地方，正是德文版《共产党宣言》中的"Proletarier"。

1908 年《天义报》刊载署名民鸣翻译的《共产党宣言》第一章，申叔（刘师培）写的《共产党宣言序》中说，"日本堺利彦君，曾据英文本直译，而民鸣君復译以华文"。可见，民鸣的译文是译自堺利彦的日文译本。英文

---

① 《马君武文选》，广西师范大学出版社 2000 年版，第 88 页。

② ［德］李博：《汉语中的马克思主义术语的起源与作用》，赵倩等译，中国社会科学出版社 2003 年版，第 323—325 页。

③ 朱执信（署名蛰伸）：《德意志社会革命家小传》，《民报》1906 年 1 月第 2 号。

本第一章标题 Bourgeois and Proletarian，译为"绅士与平民"①。"至于今日，至为单纯，乃现今绅士阀时代之特征。故今日社会全体之离析，日甚一日。由双方对峙之形，以成巨大之二阶级。此阶级惟何？一曰绅士二曰平民。"② "且绅士阀者，不惟铸造有害己身之武器，并造成使用此武器之人。此人惟何？即近代劳动阶级（即平民）是也。"③ "故平民（即近代之劳动阶级）发达亦与绅士阀（疑为'阀'之误——本文作者注）（资本）发达同一比例。居此平民阶级者，惟从事于劳动生活，且因劳动力所增加之资本，以得职业。故不得不恒卖其身，与商品同。"④ 对照英文本，Proletariat 和 proletarian，都译为"平民"。其译文中"平民阶级"一语，在英文中为 a class of laborers，在德文原著中是 die Klasse der modernen Arbeiter。1912 年陈振飞译《共产党宣言》第一部分，标题为《绅士与平民阶级之争斗》，proletarian 译为"平民阶级"。

可以看出，早期《共产党宣言》汉译以及一些介绍马克思和社会主义思想的术语都来自日文译法的影响。汉语当中也曾对 Proletarier 和 Proletariat 这个概念作过音译的尝试，比如曾经一度出现过"普罗列塔利亚"，"普罗列太利亚特"，以及"普罗阶级"，"普罗列太林"。《现代汉语外来词研究》中分类所列现代汉语中的一般外来词，其中在第（九）类社会类中，来自日语的词有"kaikyū（阶级）"，汉语为"阶级"；来自英语的有 proletarian，汉语为"普罗（洛）列太林"；来自法语的有 bourgeois，汉语为"布尔乔亚"，bourgeoisie 汉语为"布尔乔亚氾（布尔乔亚阶级）"，prolétariat，汉语为"普罗列塔利亚（普罗列太列亚特）"⑤。这本 1958 年出版的书中却没有用"无产阶级""资产阶级"这些术语，说明当初这些术语传入中国时，最初并不是以"无产阶级""资产阶级"这些形式使用的。这些音译用法我们可以在那时的许多作者的作品中看到，比如鲁迅的作品中就能看到这种最初用法的痕迹。同样，《五四以来汉语书面语言的变迁和发展》一书"五四以

---

① 《共产党宣言》汉译纪念版，陈望道等译，中华书局 2011 年版，第 512 页。
② 《共产党宣言》汉译纪念版，陈望道等译，中华书局 2011 年版，第 513 页。
③ 《共产党宣言》汉译纪念版，陈望道等译，中华书局 2011 年版，第 521 页。
④ 《共产党宣言》汉译纪念版，陈望道等译，中华书局 2011 年版，第 521 页。
⑤ 高名凯、刘正埮：《现代汉语外来词研究》，文字改革出版社 1958 年版，第 126 页。

来汉语词汇的发展"这一章中，在"纯音译词"一栏列有来自法语的音译词"普罗列塔利亚（prolétariat）"，也没有说明"无产阶级"这一对应的汉语；在"半音半意译的"栏中列有"布尔乔亚阶级（bourgeoisie. 由法语译来的。）"也没有"资产阶级"这一意义的说明。① 这本 1959 年出版的书中，没有"无产阶级"和"资产阶级"这两个术语形式，但有"无产者""有产者""资本家"这三个术语。②

三、无产阶级术语的马克思主义中国化

"五四"前后或 1919 年是一个分界线，自那时以来，"无产者"和"无产阶级"在汉语里就成为公认的表达马克思主义 Proletarier 和 Proletariat 的术语，完成了定名或固定化过程。

1919 年日本学者河上肇（Kawakami Hajime）在部分翻译《共产党宣言》中，使用了"musan-sha 無產者"这个术语。③ 1919 年李大钊在《我的马克思主义观》中用了"无产者"这个词。日文"musan-sha"表示的是"没有财产的人"或"没有生计的人们"。在河上肇使用"无产者"之前，李大钊在 1918 年 11 月 15 日《新青年》第五卷第五号《"Bolshevism"的胜利》一文中，就多次使用"无产"与"庶民"的组合，而且在这篇文章里使用了一次"无产阶级"这一术语，④ 李博指出，李大钊使用"无产"这个词的时候，总是强调其原来的具体含义"没有财产"，这并不符合严格的马克思主义意义上的 proletarisch，也就是说，他的"无产庶民"和"无产阶级"的概念比马克思社会学的概念 Proletariat 意义更广，而且"我们几乎可以完全这样认为，李大钊是从日语里借用了'无产'这种表达方式"。⑤ 李大钊在《我的马克思主义观》中节译了《哲学的贫困》《共产党宣言》（他文中是《共产者宣言》）、《〈政治经济学批判〉序言》（他文中为《经济学

① 《五四以来汉语书面语言的变迁和发展》，商务印书馆 1959 年版，第 103、104 页。
② 《五四以来汉语书面语言的变迁和发展》，商务印书馆 1959 年版，第 110、111 页。
③ ［日］河上肇：《マルクスの社會主義の理論體系》（马克思的社会主义理论体系），《社會問題研究》1919 年 1—11 月。
④ 《李大钊选集》，人民出版社 1962 年版，第 116 页。
⑤ ［德］李博：《汉语中的马克思主义术语的起源与作用》，赵倩等译，中国社会科学出版社 2003 年版，第 326 页。

批评》序文）中的一些段落，其中对《共产党宣言》一些语句的翻译，比如，"相逼对峙的二大阶级：就是有产者与无产者。""有产者阶级不但锻炼致自己于死的武器，并且产出去挥使那些武器的人——现代的劳动阶级、无产者就是。"都使用"无产者"与"有产者阶级"，没有出现"无产阶级"。李大钊在文中注明，"以上的译语，从河上肇博士"，说明他的用语都来自河上肇。①

我们通过这一时期一些关于《共产党宣言》的汉译文献来说明大致的情况。

《每周评论》1919 年 4 月 6 日，署名舍摘译《共产党宣言》（译文用的是《共产党的宣言》（摘译）），翻译了《共产党宣言》第二章最后一部分，包括 10 条纲领。德文原文中这部分四处出现"Proletariat"一词，摘译中分别译为"无产阶级""无产阶级的平民""无产阶级"，还有一处用"这些人"代替。

源泉译河上肇《马克思的唯物史观》，文中介绍了《共产党宣言》第一节的大要，在引用《共产党宣言》最后一段时，"劳动者所丧失的东西，是一条铁链。劳动者所得的东西，是全世界。"这里把 Proletariat 译为"劳动者"。在讲到"宣言书的第一节《有产者和无产者》的议论"，这里把 Proletariat 译为无产者。"到了我们的时代，详细说来，就是到了有产者本位的时代，阶级的组织变了很简单。全社会要分裂成两个相敌视的大营寨，两个相对峙的大阶级，这就是有产者阶级和无产者阶级。"这里又用的是"无产者阶级"。"有产阶级不但了锻炼杀身的武器，并且养成一种使用这种武器的力出来，这就是现代的劳动者无产者了。"这里原文中的 Proletaran 译为"无产者"②。可见，对 Proletariat 和 Proletarian 这两个术语的译法还不确定。

凌霜的《马克思学说的批评》介绍了《共产党宣言书》，包括"这宣言书中有十条件"，但文中只列举四条。文中介绍马克思的《资本论》和唯物史观时讲到，"到了资本家的社会，就是无产或是劳动的平民，和资本主义

---

① 李大钊：《我的马克思主义观》，《新青年》1919 年第 6 卷第 5、6 号。
② ［日］河上肇：《马克思的唯物史观》，源泉译，《晨报》1919 年 5 月 5—8 日。

决战，而最后的胜利，却在劳动家"①。这里"无产或是劳动的平民、劳动家"包含作者对"无产阶级"的一种表述。

李泽彭译《马克思和昂格斯共产党宣言》，文中"只译出第一段"《共产党宣言》。这"第一段"的标题译为"有产者和无产者"，"两个相对峙的大阶级，就是有产阶级和无产阶级。""有产者阶级不但锻炼了致自己死命的武器，并且产出去用那些武器的人——现代的劳动阶级，就是无产者。"② 文章对"无产阶级"和"无产者"的译法基本是确定的，但对应的是"有产者阶级"。

高田保马、衡重译《故罗巴利教授的唯物史观》。文章中介绍唯物史观时，有"唯物史观，是这样很广大的范围里面，试他的说明……有产阶级的崩溃，无产者阶级的发生，和那机能（这无产者阶级是伴那世界的社会的形态……）种种历史的叙述。"③ 文中使用的都是"无产者阶级"。

这些 1919 年的文献说明了，也正如李博指出的，随着河上肇和李大钊作品的问世，当时普遍来翻译 Proletarier 和 Proletariat 的术语，日语的 he-imin，汉语的"平民"，几乎一下子销声匿迹了，而 musan-sha，汉语的"无产者"，Proletarier，以及"musan-kaikyū 無產階級"，Proletariat，成为了日汉马克思主义文献里的标准译法。④ 所以 1919 年之后，全文翻译的《宣言》，译法基本固定下来。我们可以用建国前汉译《宣言》第一章的标题和其中两段在各种译本中的翻译情况作为范例进行对比。

1920 年陈望道全译本中译文："第一章有产者及无产者（有产者就是有财产的人、资本家、财主，原文 Bourgeois；无产者就是没有财产的劳动家，原文 Proletarians。（原文没有标点符号——本文作者注））"⑤ "有产阶级，不但锻炼了致自己死命的武器，还培养了一些使用武器的人——就是近代劳动阶级（Working（原文误为 Workirg——本节作者注）Class）——就是无产

① 凌霜：《马克思学说的批评》，《新青年》1919 年 5 月 15 日（实际出版于 9 月）第 6 卷第 5 号。
② 《马克思和昂格斯共产党宣言》，李泽彭译，《国民》1919 年 11 月第 2 卷第 1 号。
③ 《故罗巴利教授的唯物史观》，高田保马、衡重译，《民国日报》1919 年 10 月 7—12 日。
④ ［德］李博：《汉语中的马克思主义术语的起源与作用》，赵倩等译，中国社会科学出版社 2003 年版，第 321—325 页。
⑤ 《共产党宣言》汉译纪念版，陈望道等译，中华书局 2011 年版，第 10 页。

阶级"①。

华岗（1930 上海华兴书局版）英汉对照本与 1932 年上海中外社会科学研究社版：Proletariat 译为"无产阶级"，proletarian 译为"无产者"，bourgeois 译为"有产者"，bourgeoisie 译为"有产阶级"。其中在第一章标题后有解释，"有产者 Bourgeois 是指近代资本家的阶级，社会生产手段的所有者及工银劳动的雇用者而言。无产者 Proletarian 是指近代工银劳动者阶级，没有自己的生产手段而须靠出卖劳动力以谋生活的而言。"② 这是对恩格斯在 1888 年英文版这里的附注的译文。

成仿吾、徐冰（从德文翻译的）（1938 年延安解放社出版）：将 bourgeoisie 译为"资产阶级"，bourgeois 译为"有产者"。第一章标题译为"有产者与无产者"，Proletariat 翻译为"无产阶级"。乔冠华校注版相同。③

博古（依照俄文版）（1943 年延安解放社出版）译本：第一章标题译为"资产者与无产者"。"两大彼此对立的阶级——资产阶级与无产阶级。"④

陈瘦石（从英文版翻译的）（中山文化教育馆编辑，商务印书馆 1945 年出版《比较经济制度》（下）附录中收入）译本：第一章标题译为"资产阶级与无产阶级"，并翻译了恩格斯在 1888 年英文版这里的附注。proletariat 和 proletarian 都译为"无产阶级"。"互相火并的两大营垒，互相仇视的两大阶级——资产阶级与无产阶级。"⑤

百周年纪念版（1949 年苏联外文书籍出版社按照 1848 年德文版译出）：第一章标题译为"资产者与无产者"，bourgeois 译为"资产者"，其他无变化。⑥

可以看出，这一时期对相关术语的译法基本固定，完成了定名的阶段。"无产阶级"这一术语在汉语语境中的翻译、传播、接受过程，基本上反映了中国近现代接受西方现代观念的三个阶段特征，在第一阶段主要用中文里

① 《共产党宣言》汉译纪念版，陈望道等译，中华书局 2011 年版，第 13 页。
② 《共产党宣言》汉译纪念版，陈望道等译，中华书局 2011 年版，第 129 页。
③ 《共产党宣言》汉译纪念版，陈望道等译，中华书局 2011 年版，第 206 页。
④ 《共产党宣言》汉译纪念版，陈望道等译，中华书局 2011 年版，第 98 页。
⑤ 《共产党宣言》汉译纪念版，陈望道等译，中华书局 2011 年版，第 156 页。
⑥ 《共产党宣言》汉译纪念版，陈望道等译，中华书局 2011 年版，第 300 页。

原有的词来指涉西方近现代观念，在第二阶段，用多个不同词汇来表达同一西方近现代观念，表现为大量新名词的涌现（其中有不少是来自日本的新词），多个词指同一个概念，在第三阶段，由于新术语在汉语语境中有了明确的新含义，也就发生术语的固定化。

但是在"无产阶级"这个术语所表达的观念及对此观念的理解和使用上，还存在一些演化发展及中国化的历程。其中主要原因在于中国当时的社会历史条件，与马克思主义思想理论中"无产阶级"概念的内涵之间的一些社会历史和文化差异。

中国第一批工业无产者出现于19世纪40—50年代，当时广州等通商口岸出现了外国商人开办的船坞和工厂，一些破产的农民和手工业者，就成了中国最早的无产阶级。之后，洋务派和民族资产阶级创办厂矿，扩充了中国无产阶级队伍，不过，直到甲午战争，中国的无产阶级也只有大约10万人。到1925年底毛泽东写《中国社会各阶级的分析》一文时，估计当时中国的工业无产阶级人数大约200万人，也只占当时人口的不足百分之一。因此从数量上看，无产阶级还极其落后，这一直都是整个中国无产阶级革命史突出的问题。对于马克思主义所指出的无产阶级革命及其领导作用，如何与中国现实结合，就成为一个重要问题。

李大钊解决这一问题的办法是赋予"无产阶级"这个概念以民族性，将中华民族阐释为一个"无产阶级的民族"，他在《由经济上解释中国近代思想变动的原因》（1920年1月）一文中阐释了这一理论。这样，既然中华民族是"无产阶级"民族，也就达到了发展无产阶级觉悟的水平，而且因此中国人民也就在世界无产阶级运动中应该占有一席之地。①

毛泽东解决这一问题的办法是把农村的"雇农"和城市中的"手工业者和雇工"都归入了"无产阶级"的范围，在他的理论和表述中就是"农村的无产阶级"和"其他城乡无产者"。毛泽东还把中国的无产阶级分为工业无产阶级、半无产阶级、农村无产阶级三个部分。在这篇文章中，虽然对作为半无产阶级的贫农和农业无产阶级的雇农进行了区分，但并不是很清

① ［德］李博：《汉语中的马克思主义术语的起源与作用》，赵倩等译，中国社会科学出版社2003年版，第327—328页。

楚，在《湖南农民运动考察报告》中，毛泽东把半无产阶级的贫农和农业无产阶级的雇农放在了同等地位一视同仁，"游民无产者"也成为被压迫者和革命者。

经过复杂的历史演化，其中也有俄国革命以及普列汉诺夫、列宁等对无产阶级、无产阶级革命、无产阶级专政等思想的影响，形成了汉语语境中的"无产阶级"概念及其所表达的观念。

第四节　意 识 形 态

"意识形态"是马克思恩格斯著作中最为重要的术语之一，也是一个引起持久关注和争论的术语。从特拉西到马克思再到列宁，这一术语含义及用法的源流演化，以及其在中国具体国情和话语处境中形成术语含义和功能自身的特殊性，是值得研究的重要概念。

一、马克思恩格斯 Ideologie 术语及其源流

1796 年，特拉西（Destutt de Tracy）提出法语术语 idéologie，用来指称"观念学"，这是他所计划的一门有关对观念和感知系统分析的新学科。特拉西将这一"观念学"看作"第一科学"，因为一切科学知识都包罗观念的结合，并且认为这个学科具有严格的科学性。[1] 另一位法国哲学家路易·德·博纳德（Louis de Bonald）在 1800 年也使用了 idéologie 和 ideologique 这些术语，他可能不知道特拉西关于这个术语的使用情况，而且他对这一术语的使用情况到目前也基本没有引起研究者注意，但这说明，这个术语可能并不是特拉西创造而是"引入"的。

通常认为马克思对德语 Ideologie 一词的使用更多来自拿破仑和沙多勃利昂（François-René de Chateaubriand）的使用方式，而不是追随特拉西。拿破仑嘲笑"观念学"主张，认为那是一种脱离政治权力现实的抽象的推测性学说，他将特拉西这些人称为"意识形态家"（观念学家）。马克思、恩格斯的意识形态概念不仅仅来自于特拉西或拿破仑，18 世纪法国唯物主义和

---

① ［英］约翰·B. 汤普森：《意识形态与现代文化》，高铦译，译林出版社 2012 年版，第 32 页。

德国意识哲学，是经典作家意识形态概念得以形成的直接思想基础。这两大思潮都拥有批判态度，前者主要针对宗教和形而上学，后者主要针对传统认识论。马克思1844—1845年流亡巴黎期间曾阅读过特拉西的著作，并作了摘录，之后就与恩格斯写了《德意志意识形态》这一著作。但马克思和恩格斯是按照拿破仑对idéologie这个术语的用法，将青年黑格尔派的观点称作"意识形态的"，认为他们就像观念学家一样，高估观念在历史上和社会生活中的作用，认为对观念的批判就可以改变现实。

马克思在博士论文中引述古罗马传记作家第欧根尼·拉尔修的希腊文著作，曾将希腊文原著词 Εικοτολογίες 译为德文词 ideologie，《马克思恩格斯全集》中文第一版据此译作"意识形态"，同时将马克思本人对该词的附注译为"玄虚"①。在《马克思恩格斯全集》第二版校译时，则将两处统一译成"玄想"，与"意识形态"术语词区分开来。普遍认为马克思在《德意志意识形态》中首次使用Ideologie意识形态概念。比如艾伦·伍德就在他的《卡尔·马克思》一书中认为，马克思的"意识形态"概念最早出现在《德意志意识形态》；②拉雷恩也说，"在《德意志意识形态》中，第一次引入这一概念"。③ 在《德意志意识形态》中，Ideologie这一术语被使用大约50次左右，同时使用的还有Ideolog、Ideologisch等术语。不管在《德意志意识形态》还是之前和之后的著作中，马克思、恩格斯没有对这一概念进行过明确的定义。马克思、恩格斯不把自己的思想表述成"意识形态的"或是"无产阶级的意识形态"，也不提"无产阶级意识形态"，他们著述中是一种批判性概念。在考茨基、普列汉诺夫和伯恩施坦那里，意识形态概念的肯定性内涵已经出现，到了列宁，把这个概念进行了一般化，成为表达主要阶级各自利益的观念，肯定性意识形态概念得以广泛传播。这一点几乎为国内外马克思主义意识形态理论研究者所公认，正如拉雷恩明确指出的，从一开始，列宁对于意识形态概念的理解就是中性的，他把"意识形态"等同于全部的"社会意识形式"，并使用"无产阶级的意识形态"这样的表述，把

① 《马克思恩格斯全集》第40卷，人民出版社1982年版，第236、278页。
② Allen W. Wood. *Karl Marx*, 2nd Edition, New York and London: Routledge, 2004, p. 119.
③ ［英］乔治·拉雷恩：《马克思主义与意识形态：马克思主义意识形态论研究》，张秀琴译，北京师范大学出版社2013年版，第11页。

马克思那里作为旨在掩盖真实矛盾关系的歪曲的意识形式的意识形态概念中性化了。列宁的意识形态观，以及对这个术语的使用方式，也决定了马克思主义在中国传播和接受过程中，意识形态概念的内涵及术语使用的基本倾向，这种影响一直持续到今天，基本形成意识形态概念内涵和用法的固定模式。这种内涵理解以及术语使用情况，形成了关于意识形态工作、意识形态问题、意识形态理论等一系列中国话语，在一些特定时期也产生过对文学、艺术、哲学、道德等领域的"意识形态化"。

这其中一个重要原因可能在于，作为最为系统和深入阐述马克思意识形态思想的《德意志意识形态》一直没有发表，一直到 80 年后，第一章即"费尔巴哈章"首次于 1924 年在俄国出版，在德国出版的时间是 1926 年，1932 年《德意志意识形态》才全文出版。普列汉诺夫、列宁都不知道这一支持否定性意识形态概念的文本，而马克思、恩格斯再没有其他文献像《德意志意识形态》那样系统地充分论述意识形态问题。这期间关于意识形态概念的重要著述主要就是马克思 1859 年《〈政治经济学批判〉序言》，我国传入和接受"意识形态"这一术语也首先从《序言》开始。并且，有意无意之间，汉语意识形态术语引入和传播过程，与列宁将"意识形态"扩展到"社会意识形式"的趋势恰好具有契合之处，这一历史过程促成汉语语境中"意识形态"术语的语义特色和语用功能。

二、意识形态术语在汉语语境中的早期传播

汉语语境中"意识形态"术语引入、翻译、传播、重构过程中，一个重要而不为之前几乎所有研究者所注意的现象是，早在 19 世纪中叶和下半叶，作为今天"意识形态"术语的德文和英文形式已经在一些字典和工具书中出现了，并且有相应的汉语解释和翻译。1866—1869 年罗存德《英華字典》中，词目 ideology 的解释是："意論、意知"。1884 年井上哲次郎《英華字典》中，词目 ideology 的解释也是："意論、意知"。① 1908 年颜惠庆《英華大辭典》中，词目 ideology 解释：The science of ideas，觀念學，思

---

① An English and Chinese Dictionary, by The Rev. W. Lobscheid, as Revised an Enlarged by Tetsujiro Inouye, Bungakushi. Tokio: Published by J. Fujimoto, 16th year of Meiji, p. 604.

想學；词目 ideological 的解釋：Pertaining to ideology，觀念學的，思想學的；词目 ideologist 的解釋：研究觀念者、善思者、善揣度者、觀念家、思想家、理想家、深思者。① 1913 年《商務書館英華新字典》中词目 ideology 的解釋：思想學。② 在 1911 年衛禮賢《德英華文科學字典》中，德文词目 Ideologie 的英文解釋：ideology，汉语解釋：觀念學。③ 1916 年影响深远的赫美玲《官話》中，词目 ideology 解釋为：觀念學。④

可以看到，英文 ideology、德文 Ideologie，起码最晚至 1866 年左右，已经传入中国，但直到 1916 年，当时通行的字典或工具书对这一术语的解释都没有出现"意识形态"这样的表述。但这些字典的解释却更接近 ideology、Ideologie，尤其是法语 idéologie 原初的含义。后来 idéologie、Ideologie、ideology 在汉语语境中固定化为"意识形态"这一汉语译词，经历了中日在汉字圈的术语再造过程。最早将"意识形态"这一术语译介到中国的是陈溥贤和李大钊，还有罗琢章、籍碧，都是在转译日本学者河上肇《马克思的社会主义的理论体系》对马克思《〈政治经济学批判〉序言》中相关段落的日语译文时出现的。在《我的马克思主义观》中，现在译为"意识形态的形式"处，李大钊译为"观念上的形态"；现在译作"社会意识形式"处，李大钊反而译作"社会的意识形态"。⑤ 他这里说的"观念上的"，德语原文是 Ideologischen，英文是 ideological，现在定译为"意识形态的"。李大钊这样的翻译来自日语对马克思著作翻译时使用的术语。

日语中"ishiki 意識"一词公认是由西周（Nishi Amane）首创的，他曾在《生性發蘊》中对它作过这样的解释：

英文中的 consciousness，法语里的 connaisance，德文里的 Bewusstsein 和

---

① 顏惠庆（Yen，Wei-Ching Williams）：An English and Chinese Standard Dictionary，上海商務印書館（Shanghai：Commercial press），1908 年版，第 1150 页。

② 商務印書館編譯所：《商務書館英華新字典（English and Chinese Pronouncing Condensed Dictionary）》，上海商務印書館（Shanghai：Commercial press），1913 年版，第 254 页。

③ 衛禮賢（Wilhelm，Richard）：《德英華文科學字典（Deutsch-Englisch-Chinesisches Fachwörterbuch）》，Tsingtau：Deutsch-ChinesischenHochschule，1911 年版，第 228 页。

④ ［德］赫美玲（K. Hemeling）：ENGLISH-CHINESE DICTIONARY／OF THE／STANDARD CHINESE SPOKEN LANGUAGE／（官話），Shanghai：The Presbyterian Mission Press，1916 年版，第 678 页。

⑤ 《李大钊全集》第 3 卷，人民出版社 2006 年版，第 26 页。

荷兰语里的 bewustheid，我都译作"ishiki 意識"。①

这里的日语"ishiki 意識"并不是一个完全新创造词汇，而是古代汉语词汇的再应用，这个词在后汉时期王充的《论衡》中就有，作为佛学术语曾出现在《成唯识论》里。"意识"很快就被作为英文术语 consciousness 的对等词获得了认可。河上肇首先在翻译马克思的《〈政治经济学批判〉序言》时，用 ishiki 来翻译 Bewusstsein 这个词。② 西周首创"ishiki 意识"术语，用 ishiki 来翻译德语 Bewusstsein、英文 consciousness，这个"意识"是与"物质存在""社会存在"相对应的，并无马克思恩格斯 idéologie/Ideologie/ideology 术语的义项，与早期英汉词典中的 ideology 亦无干系。马克思、恩格斯的 idéologie、Ideologie、ideology 原著概念除了"观念学"、"观念上"，还有其他表述和译法，如"理想""精神的革命""社会思想""意德沃罗基""思想体系""精神（文化）""观念体系"等。《汉语外来词词典》中没有"意识形态"及其他相关词条，只收录音译词"意德沃罗基"，解释为：意识形态，观念形态；又作"意达沃罗基、意特沃罗基、德沃罗基"；源自：英 ideology［法语 idéologie］。另外在"思想"这个词条中，说明源自日语"思想 shisō"，［意译英语 thought，ideology］。③ 可以看出，在 1928 年之前，汉语语境中主要是在"观念（形态）""思想体系"的译名下来讨论马克思和恩格斯的意识形态概念的。④ 这种译词译法一方面援用了早期英汉词典的传统，一方面是有意与"ishiki 意识"相区分。瞿秋白在 1923 年的文章中最早将英文 ideology 引入汉语，但不是翻译为"意识形态"，而是译为"社会思想"。⑤ 直到 1928 年，成仿吾在《从文学革命到革命文学》一文中，将德语 Ideologie 与中文"意识形态"一词最早对应起来。⑥ 再到 1938 年郭

---

① ［日］Ōkubo Riken 大久保利谦：*Nishi Amanezenshū*（《西周全集》）第 1 卷，宗高书房 1966 年版，第 29—129 页。

② Kawakami Hajime 河上肇："Marukusu no shakai-shugi no riron-tekitaikei"《マルクスの社會主義の理論の體系》，Shakaimondaikenkyū《社會問題研究》，1919 年 1—11 月，第 3 章，第 20—25 页。

③ 刘正埮、高名凯、麦永乾、史有为：《汉语外来语词典》，上海辞书出版社 1984 年版，第 390、322 页。

④ 可以参阅李初梨《怎样地建设革命文学》（1930 年）、艾思奇《非常时的观念形态》（1936）、毛泽东的《新民主主义论》（1940）和《在延安文艺座谈会上的讲话》（1942）等。

⑤ 《瞿秋白文集》第 1 卷，人民出版社 1985 年版，第 255—256 页。

⑥ 成仿吾：《从文学革命到革命文学》，《创造月刊》1928 年第 1 卷第 9 期，第 4 页。

沫若首译《德意志意识形态》，基本上将汉语"意识形态"术语对应马克思恩格斯原著术语 idéologie/Ideologie/ideology，而与和制汉字词"ishikikeitai 意識形態"所指彻底区分开来。这些资料说明，其实当时汉语语境中对马克思"意识形态"这一术语的翻译和理解是多元化的，其中既有日语翻译的重要影响，也有德语和苏联的影响，使得这一术语在汉语语境中的翻译、传播、接受及语义和用法的演化呈现出自身的特色，不像其他马克思主义重要术语汉译那样，日语的翻译和影响成为决定性的因素。

三、"意识形态"术语在《共产党宣言》汉译中的流变

"意识形态"这一术语引入汉语语境的整个过程同时就与中国人自己的理解和使用方式相伴随。20 世纪上半叶，"意识形态"术语在汉语语境中翻译、传播和接受的多元化与特殊性，可以用《共产党宣言》这一文本来进行说明和呈现。之所以选择《共产党宣言》作为标本进行分析，是因为：1.《共产党宣言》写作于《德意志意识形态》之后，是马克思、恩格斯关于意识形态概念成熟之后写作和发表的文本，可以代表马克思、恩格斯对意识形态概念的科学运用；2. 不论是日语还是汉语语境中，最早全文翻译出版、最有影响、流播最广、版本最多的马克思主义经典著作，无疑就是《共产党宣言》，对马克思主义术语在各种语言文化中的翻译和理解具有最为重要的意义；3. 尤为重要的，至今没有研究者将《共产党宣言》作为马克思主义意识形态术语研究的文本进行研究，甚至认为这一文本与意识形态术语无关。

《共产党宣言》第二章使用意识形态术语的地方，中文定译文为："从宗教的、哲学的和一般意识形态的观点对共产主义提出的种种责难。"《共产党宣言》先后依据日、德、英、俄等多种语言蓝本汉译，分别以 1848 年德文版、1882 年俄文版、1888 年英文版、1906 年日文版为母本。以《共产党宣言》汉译纪念版收录的建国前七个汉译本为例，考察其中"意识形态的"（Ideologisch）术语使用情况可见，德文 Ideologisch 以及对应的英文 ideological，分别被翻译为"理想""观念形态的""意识形态的""思想方面"。幸德秋水、堺利彦合译的《共产党宣言》是从 1888 年英文版翻译的，德语原文 Ideologisch，英文 ideological，陈望道译为"理想"，日文版本中是

"理想的"。彰考书院 1952 年重印本后面有一个"校注",指出日文版本中此处"理想的",德文原文为 Ideologisch,就是"思想的";① 这说明当时在日语语境中,仍然把 Ideologisch 和 ideological 理解和翻译为"思想的""理想的"。没有受到 1928 年成仿吾创译词影响的《共产党宣言》华岗译本,甚至后来党外知识分子陈瘦石翻译的译本,都译为"观念形态"。其他中译本中,成仿吾、徐冰从德文翻译的译本,以及乔冠华参照英译本对成仿吾、徐冰译本的校译本,将 Ideologisch 以及对应的英文 ideological 翻译为"意识形态的",沿用了成仿吾 1928 年的创译词"意识形态",最符合今天的理解和用法。译自德文的莫斯科百周年纪念版,翻译成"思想方面";博古依照俄文版译本翻译为"意识形态的",并成为新中国成立前流传最广的《共产党宣言》译本。译自俄文版的中文版本,都是以 1882 年巴枯宁翻译的俄文本为母本,在这个俄文译本中,上面第二章中德文 Ideologisch 翻译成俄文词 идеологический,对应的汉语意思就是"思想的""意识形态的"。② 博古译本的译法及其广泛传播,标志着延安时期对"意识形态"概念的各种翻译、理解及使用,强烈地表现或突出了这一概念的社会结构属性、阶级属性、认识论属性,这一过程也促使意识形态术语更接近于"政治意识形态",即列宁所说的"观念的上层建筑",形成后来汉语语境中这个术语含义和用法的演化。20 世纪 80 年代后,"意识形态"术语译名大致统一,即普遍把 Ideologie 或 ideology 直译为中文"意识形态"一词,甚至包括 21 世纪台湾出版的《共产党宣言》译本。③

第五节　共　产　党

列宁指出,马克思主义政党的"名称问题不只是一个形式问题,而且是具有重大意义的政治问题",④ 中国共产党伟大名称的诞生,与《共产党

① ［日］幸德秋水、堺利彦译:《共产党宣言》,彰考书院 1952 年重印本,第 71、100 页。

② ［俄］巴枯宁译:《共产党宣言》,Москва: Государственное издательство политической лвтературы, 1961。

③ 《共产党宣言》,唐诺译,脸谱出版社 2001 年版,第 115 页。

④ 《列宁全集》第 39 卷,人民出版社 2017 年版,第 206 页。

宣言》等马克思主义经典著作汉译、传播与接受密不可分，坚持了这个伟大名称，标志着中国共产党坚持了新时代党的建设总要求。

一、马克思恩格斯至列宁时代马克思主义政党名称的衍变

1843 年，恩格斯在《大陆上的社会改革运动的发展》中，第一次使用了"共产党"一词。[①] 恩格斯原著语言是英文，"共产党"一词的母词是 Communist Party，但这一母词当时还没成为名称术语，仅是社会改革运动中的一种主张派别。四年后，正义者同盟第一次代表大会改组，更名为共产主义者同盟（Communist League），这是第一个真正意义上的无产阶级政党。同盟宣言成文过程中，马克思和恩格斯改用了意在凸显"党"的书名《共产主义者党宣言》，德语原著名称 *Manifest der Kommunistischen Partei*，马克思恩格斯亦缩写为 *Manifest der Partei*（《党宣言》），[②] 日语和汉语语法一般译为的《共产党宣言》。可见，马克思和恩格斯在创作《共产党宣言》时，就把马克思主义政党拟名为"共产党"。1863 年，拉萨尔在莱比锡创建的"全德工人联合会"。于 1875 年 5 月在哥达合并代表大会上，与德国工人党即爱森纳赫派合并，定名为"德国社会主义工人党"，1890 年更名为"德国社会民主党"。

列宁曾在《论工人政党对宗教的态度》一文中提道："社会民主党的整个世界观是以科学社会主义即马克思主义为基础的。"[③] 1898 年，俄国社会民主工党宣告成立。关于这个政党的性质，列宁曾这样评价："为这个更好的社会制度进行斗争的工人联盟就叫社会民主党"。[④] 但由于恩格斯去世之后，第二国际内部产生分歧，1914 年，第一次世界大战爆发，列宁宣布第二国际在思想政治上破产，1903 年，社会民主工党召开第二次代表大会，在这次会议中，列宁号召成立一个革命政党，因会上列宁的拥护者占多数，所以称为布尔什维克（在俄语意指多数派），而反对列宁的少数人，被称为

---

①　《马克思恩格斯全集》第 1 卷，人民出版社 1956 年版，第 592 页。

②　［日］大村泉：《〈共产党宣言〉的出版史与中译本问题》，《中共历史与理论研究》2015 年第 2 期。

③　《列宁全集》第 17 卷，人民出版社 2017 年版，第 388 页。

④　《列宁全集》第 7 卷，人民出版社 2017 年版，第 112 页。

孟什维克（在俄语中意指少数派）。布尔什维克党的建立，标志着俄国一个新型政党的出现，列宁也提到，"布尔什维主义作为一种政治思潮，作为一个政党而存在，是从 1903 年开始的"①。

十月革命胜利之初，列宁正式提出关于党名的修改问题，"我们不应再叫'社会民主党'，而应改称'共产党'"。② 1918 年，在俄共第七次全俄代表大会上，列宁指出："共产党这个名称在科学上是唯一正确的。"③ 1920 年7 月，列宁提出了关于加入共产国际的条件，其中第 18 条关于党的名称就明确提出成员党名称定为"某国共产党"。④ 从名称的科学性来讲，马克思、恩格斯、列宁都认为马克思主义政党应该叫共产党，与社会党、社会民主党或无政府共产党的名称相区分。

二、Communist Party/ Kommunistischen Partei 汉译词迁衍

汉语"共产党"这一术语由日本人最早创制，后来传入中国，"共产党"术语的汉译因译者立场、语境和理解不同，出现过形形色色、五花八门的译词，这里将考证的译词收集整理，按词义理解分十类列出。

（一）音译

对"共产党"术语的音译方式，主要源于四个母词：communist、socialist、Bolshevik、Radicalism。1877 年的《西国近事汇编》中，美国传教士林乐知在译文提到美国有"康密尼人乱党夏间起事，以体恤工人为名，实即康密尼党唆令作工之人与富贵人为难"，⑤ 这里的"康密尼党"便是"communist"的音译。次年，黎庶昌在《西洋杂志》中把 socialist 音译为中文"索昔阿利司脱"，意指社会主义者或社会党人，说"'索昔阿利司脱'，译言'平会'也"。⑥ 同年，李凤苞在《使德日记》中也提到了社会民主党，不过他音译为"莎舍尔德玛噶里会"，英文原意是 Social Democratic

① 《列宁全集》第 39 卷，人民出版社 2017 年版，第 4 页。
② 《列宁选集》第 29 卷，人民出版社 2017 年版，第 110 页。
③ 《列宁全集》第 34 卷，人民出版社 2017 年版，第 41 页。
④ 《列宁全集》第 39 卷，人民出版社 2017 年版，第 206 页。
⑤ 姜义华：《社会主义学说在中国的初期传播》，复旦大学出版社 1984 年版，第 13 页。
⑥ 谈敏：《回溯历史——马克思主义经济学在中国的传播前史》上，上海财经大学出版社 2008 年版，第 91 页。

Party，说"'莎舍尔德玛噶里会'，译音'平会'。"和黎庶昌一样，李凤苞把"社会民主党"看作是"平会"，并对各国的"平会"作了简单的总结："西语'莎舍尔德玛噶里会'，各国皆有之。瑞士为民政国，故混迹尤多。在俄曰'尼赫力士'，在法国曰'廓密尼士'"（Communist 音译）。① 这两种音译是对"共产党"最早的翻译，而这种音译方式也保持了下来，比如，后来国人介绍俄国建立的布尔什维克党时，也采取了音译。1917 年 11 月 10 日，上海《民国日报》刊登关于十月革命的新闻：《突如其来之俄国之政变》"谓美克齐美尔党（布尔什维克）占据都城，已四处拘捕大员"。1920 年 4 月，社会主义研究所发表了冯自由撰写的《社会主义与中国》，在第一章《中国社会主义之过去及将来》中写道，"俄国波尔色维克的劳农政府成立以后……其他英法美意各国也受波尔色维克的影响不少，各国的社会党和劳动党都反对本国派兵攻击波尔色维克的举动"。"波尔色维克的一个字，照俄文是多数派的意义，也有人译作广义派，日本人译过激派。是从英语 Radicalism 一字译出"。1920 年 6 月 1 日，《国民》第 2 卷第 2、3 号刊登了周炳林的《社会主义在中国应该怎么样运动》，提到"这是除旧布新的说法，且看鲍尔锡维党破坏之后有什么建设"。② 1919 年 9 月 1 日，金吕琴翻译了列宁的《鲍尔雪佛克之排斥与要求》。"美克齐美尔党""波尔色维克""鲍尔锡维党""鲍尔雪佛克"都是对俄国布尔什维克的音译。

（二）乱党、赛党、邪党、民党、民本党、破坏党

《西国近事汇编》中把康密尼党称作"乱党""民党"，说"今乱党以体恤工人为名，实即康密尼党唆令作工之人与富贵人为难"，"德国民党为国家逐出柏林者一百五十五人"。③ 1878 年，《万国公报》的一篇报道中提到"美国赛会意欲造反扰乱国政……令高低贫富于一式"。这里的"赛会""赛党"是对"乱党"的另一种称呼，除此之外，还出现了"邪党"的称谓，体现了对当时社会党的偏见。1903 年，广智书局出版的由日本福井准造撰写，赵必振翻译的《近世社会主义》（选录），提到"然而社会党之组

---

① 姜义华：《社会主义学说在中国的初期传播》，复旦大学出版社 1984 年版，第 18 页。
② 吕延勤：《马克思主义在中国早期传播史料长编（1917—1927）》上，长江出版社 2016 年版，第 1、248、321 页。
③ 姜义华：《社会主义学说在中国的初期传播》，复旦大学出版社 1984 年版，第 3、13、17 页。

织，果自何人而成也？或谓无赖无谋之徒所教使，以灭资本家者也，是为破坏党"，"激之愈甚，遂成为破坏党"，① 这里的"破坏党"是初期对"共产党"认识的一种偏差。1916 年，词典《郝美玲官话》中，还将 Radical Party 译为"民本党"。

（三）急进党、急进革命党、过激党、蔑古党

旧势力和改良主义者因马克思主义政党提倡阶级斗争，称其是急进党、过激党，《郝美玲官话》亦将 Radical Party 译为"蔑古党""急进党"。② 早在赵必振翻译的《近世社会主义》第四编中介绍法国社会党人物保尔·布鲁斯，就称其是"急进革命党之巨子"。③ 1919 年 1 月 25 日，上海《民国日报》发表了文章《中国宜防过激派主义之侵入说》，说俄国的"过激党"得势以来，国事日非，紊乱日甚。1920 年 4 月，社会主义研究所发表冯自由的《社会主义与中国》，专门解释过激党的母词及其马克思主义性质，文章称"'波尔色维克'的一个字，照俄文是多数派的意义，也有人译作广义派，日本人译过激派。是从英语 Radicalism 一字译出，与原意是不大对的。他们的宗旨也是奉行社会主义老祖的马克斯主义。"④ 1908 年 1 月 15 日，《天义报》发表民鸣译的《共产党宣言》，在野政党就被在朝政党污蔑为共产主义者，而在野政党认为"对于急进各党及保守诸政敌，有不诟为共产主义者乎？"⑤ 陈望道的首个《宣言》全译本此处直接译作"急进党"，意即共产党当时被旧势力蔑称是一种"急进党"。

（四）社会党、社会劳工党、社会民主党、社会主义党

译词"社会党"源自《译书汇编》，中国留日学生翻译日本学者有贺长雄的《近世政治史》，其中的《社会党之由来》详细介绍了马克思创建第一国际的历史，并提出了"社会党"一词。1903 年 10 月 10 日，《浙江潮》发

---

① 姜义华：《社会主义学说在中国的初期传播》，复旦大学出版社 1984 年版，第 84 页。
② 《郝美玲官话》，Shanghai：Statistical epartment of the Inspectorate General of Customs，1916 年，第 1152 页。
③ 谈敏：《回溯历史——马克思主义经济学在中国的传播前史》上，上海财经大学出版社 2008 年版，第 220 页。
④ 吕延勤：《马克思主义在中国早期传播史料长编（1917—1927）》上，长江出版社 2016 年版，第 20、249 页。
⑤ 《共产党宣言》汉译纪念版，陈望道等译，中华书局 2011 年版，第 511 页。

表了由大我编著的《新社会之主义》，提到 1835 年英国人洛朴窦因慧氏组织了一个社会团体，主张进行社会改革，"故名曰社会主义，名其成员曰社会党"。1876 年 7 月 15 日，第一国际解散之后，原美国会员又成立了"社会劳工党"，称为"美国社会主义工党"。① 1903 年，梁启超游历纽约期间，接触过"社会主义党员"，次年在《新大陆游记》上发表了《社会主义与中国》，虽然把社会主义看作是一种迷信，但对其党员："吾所见社会主义党员，其热诚苦心，真有令人起敬者"。② 1912 年 7 月 15 日，《社会世界》第 4 期发表文章《社会·社会学·社会主义·社会党》，给社会党下定义："社会党者，由研究社会主义之人集合而成，鼓吹社会主义之机关也。"③ 1919 年 5 月 1 日的《时事新报》副刊《学灯》刊登了刘南陔的《社会党泰斗马格斯 Marx 之学说》。同年 9 月 1 日，《解放与改造》刊出俞颂华的《社会主义之批判》，文中指出"欧洲诸国社会民主党所拟之办法，皆本马克斯之说，今即就马克斯之学说论之"。④ 这一阶段，"共产党"的译词结合了马克思主义学说和社会主义思想。

（五）**均贫富之党、通用之党、平和党、均富党、均分党、均产党、共有党、无产党**

中国知识分子习惯把传统大同思想来附会于共产主义，把"共产党"译为"通用之党""均贫富之党""均产党""平和党"等，这是一种传统的意译方式。李提摩太在《泰西新史揽要》中提到"通用之党"，"通用之意，盖谓他人有何财物，我亦可以取用……如有财有物，亦可任人通用"。⑤ 1901 年，天津《直报》刊登了严复译的《原强》，文中提到"均贫富之党兴，毁君臣之议起"。1905 年 7 月，日本《直言》周刊上发表了《清国之社

① 谈敏：《回溯历史——马克思主义经济学在中国的传播前史》上，上海财经大学出版社 2008 年版，第 103 页。

② 林代昭、潘国华：《马克思主义在中国——从影响的传入到传播》上，清华大学出版社 1983 年版，第 91、120 页。

③ 林代昭、潘国华：《马克思主义在中国——从影响的传入到传播》上，清华大学出版社 1983 年版，第 337 页。

④ 吕延勤：《马克思主义在中国早期传播史料长编（1917—1927）》上，长江出版社 2016 年版，第 60 页。

⑤ 谈敏：《回溯历史——马克思主义经济学在中国的传播前史》上，上海财经大学出版社 2008 年版，第 105 页。

会党》，其中写道，"彼信奉美国均产党（或为共产党）主义。"① 1906 年 6 月 26 日，《民报》第五号发表了《万国社会党大会略史》，在其《第一回巴黎万国社会党大会》篇中提道："社会党者，平和党也，行此示威运动于世界之工业大都会"。② 在民国初年的辞书中，1911 年的《卫礼贤德英华文科学字典》将 commune、communism 译为"共有党""均分党"，③ 1916 年，《郝美玲官话》将 commune 译作"共有党"、将 socialist 译作"均富党人"。④ 1922 年 7 月 1 日，在《新青年》第九卷第六号发表的《再论共产主义与基尔特社会主义——答张东荪与徐六几》篇中提道："无产阶级专政中的所谓一二个人者，他们有无产党，无产阶级监督"。⑤

（六）社会民治党、公共党

1921 年 2 月 15 日，蓝公武发表文章《社会主义与中国》，把科学社会主义理解成"马克思所倡导的社会民治的共产主义"，把社会民主党译成"社会民治党"，⑥ 民治主义是与无产阶级专政相对立的理解。1927 年 9 月 4 日，上海出版的《国闻周报》第四卷第三十四期中，载有署名厚照的作者《嘉尔·马克思传略》，这篇文章把"共产主义"译为"公共主义"，把"共产党"译为"公共党"。⑦

（七）作官党、集中民主社会党

1908 年 11 月 7 日，《新世纪》第七十二期发表了《驳〈时报〉论中国今日不能提倡共产主义》，提出无政府主义者对共产党的看法："现在有一般社会党，别名叫得假社会党，实则作官党。他们讲国有主义（有政府，

---

① 姜义华：《社会主义学说在中国的初期传播》，复旦大学出版社 1984 年版，第 38、346 页。
② 姜义华：《社会主义学说在中国的初期传播》，复旦大学出版社 1984 年版，第 378 页。
③ 《卫礼贤德英华文科学字典》，Tsingtau：eutsch-Chinesischen Hochschule，1911 年，第 266 页。
④ 《郝美玲官话》，Shanghai：Statistical epartment of the Inspectorate General of Customs，1916 年，第 1691、1352 页。
⑤ 吕延勤：《马克思主义在中国早期传播史料长编（1917—1927）》中，长江出版社 2016 年版，第 181 页。
⑥ 吕延勤：《马克思主义在中国早期传播史料长编（1917—1927）》上，长江出版社 2016 年版，第 526、529 页。
⑦ 高放：《从〈共产党宣言〉到〈中国共产党宣言〉——兼考证〈中国共产党宣言〉的作者和译者》，《中国人民大学学报》2011 年第 3 期。

自然有祖国），想要把一国的土地物产，都归国家所有"，① 无政府主义者称这是集产主义不是共产主义。1919 年 5 月，黄凌霜在《马克思学说的批评》中进一步提到"无政府共产党"的"共产"与马克思"集产方法"不同。② 1919 年 5 月，《新青年》第六卷第五号发表了刘秉麟的《马克思传略》，谈到了在 1872 年召开海牙会议时，因"主义之不同，可分为二，马氏主张中央集权（In favour of centralized authority），其所领之党，为集中民主社会党（The centralist democratic Socialist）"。③

（八）平民社会党、劳农党、农民党

1901 年 6 月，幸德秋水等人成立了"平民社会党"，这是日本社会民主党被勒令解散之后，又成立的一个党派。④ 1921 年 4 月 12 日，直隶省省长针对"劳农党在广东之举动"，颁发《严防俄劳农党之煽惑》训令，此次俄劳农党实际上是指俄国共产党。⑤ 1929 年 2 月 25 日，中共湖南省委派杨克敏到湘赣边界巡视，针对党在边界地区的组织状况，杨在给湖南省委的报告中提出："因为根本是个农民区域，所以农民党的色彩很浓厚。"⑥

（九）劳动社会党、劳动力党、劳动党、社会民主劳动党

1875 年，德国社会党两派合并，改称为"劳动社会党"，宗旨是"与君主政体反对，并与资本家及教会之势力相抗"；也有将两派合并后的名称称之为"德意志工人会党"，也就是德国的社会主义工人党。⑦ 1904 年，梁启超的《中国之社会主义》称参加第一国际的各党为"劳动力党"。1917 年

---

① 林代昭、潘国华：《马克思主义在中国——从影响的传入到传播》上，清华大学出版社 1983 年版，第 270 页。

② 吕延勤：《马克思主义在中国早期传播史料长编（1917—1927）》上，长江出版社 2016 年版，第 33 页。

③ 林代昭、潘国华：《马克思主义在中国——从影响的传入到传播》上，清华大学出版社 1983 年版，第 22 页。

④ 谈敏：《回溯历史——马克思主义经济学在中国的传播前史》上，上海财经大学出版社 2008 年版，第 369 页。

⑤ 吕延勤：《马克思主义在中国早期传播史料长编（1917—1927）》上，长江出版社 2016 年版，第 554 页。

⑥ 《杨克敏关于湘赣边苏区情况的综合报告》，《井冈山革命根据地史料选编》，江西人民出版社 1986 年版，第 136 页。

⑦ 谈敏：《回溯历史——马克思主义经济学在中国的传播前史》上，上海财经大学出版社 2008 年版，第 187、189 页。

11月10日，《盛京日报》报道十月革命称："俄国临时政府现经颠覆，探其原因，系守备队与劳动党大起冲突之所致。"1918年4月20日，《劳动》第二号发表文章《俄罗斯社会革命之先锋李宁史略》，文中写道，列宁"把从前组织的同盟会，改为'社会民主劳动党'"。1920年4月，冯自由在《社会主义与中国》的第一章《中国社会主义之过去及将来》中，指出马克思派就是集产派，集产派就是"将一切的产业都集于共同生活团体中心势力之下。现时欧美各国政治上、社会上、两方面活动的社会党和劳动党都属于这一派"。同时，还提到俄国大革命对其他英法美意各国都产生了很大的影响，"各国的社会党和劳动党都反对本国派兵攻击波尔色维克的举动"。陈望道翻译《共产党宣言》首个全译本时，译文也是把共产党视为"劳动党"的一种："共产党直接的目的，也和别的一切劳动党一样"。1921年元旦，李达发表《马克思还原》，指出马克思派的"社会民主劳动党"，被更名"社会民主党"，是与权力阶级妥协了。[①]

（十）革命党、社会革命党、红党、赤党

1903年，中国达识社翻译的幸德秋水的《社会主义神髓》在《浙江潮》上发表，在第六章中介绍了社会党运动，称"社会党是革命党，它的运动是革命的运动"。同年，高种翻译了日本大原祥一的《社会问题》，文中简单介绍了马克思的生平，谈道马克思"先结识婴额鲁（恩格斯）和拉沙尔（拉萨尔），后或为革命党，或为英国共产党后援，或立万国社会党同盟"。[②] 1919年9月7日，上海《民国日报》副刊《觉悟》发表李汉俊、金刚的译后语："人家叫我做民党叫革命党，我应该在这一点有切实的打算。"1920年2月2日，国务院公函第256号中"关于查禁苏俄在中国宣传革命之书刊与人员有关文件"，提到"据报俄国列宁政府对于中国社会革命党颇为活动，查得过激派传播物及来华人名，分别清录"。[③] 这里的社会革命党即指早期共产主义组织，是资产阶级政治革命继续推进社会革命之义而言。

① 吕延勤：《马克思主义在中国早期传播史料长编（1917—1927）》上，长江出版社2016年版，第2、8、254、348、511页。

② 谈敏：《回溯历史——马克思主义经济学在中国的传播前史》上，上海财经大学出版社2008年版，第255、283页。

③ 吕延勤：《马克思主义在中国早期传播史料长编（1917—1927）》上，长江出版社2016年版，第77、182页。

马克思在《1848 年至 1850 年的法兰西阶级斗争》中提到了"红党"的说法，说"红党，即联合的民主派，即使得不到胜利，也一定会获得巨大的成就"。① 而中国人对于"红党"的认识也是建立在共产党的基础上。延安时期，针对盟国建议更改党名，毛泽东提出："你叫保守党也好，什么党也好，他们还是叫你红党"。② 鲁迅亦曾在《而已集·答有恒先生》中称呼共产党为赤党。

三、"共产党"译名疏义

早期使用音译方式翻译马克思主义政党名称，这一阶段国人的认识只是出自单纯的名称界定，这些译词指称的党组织都是在第一国际和共产国际的思想影响下创建的，从历史上来看，这是中国人了解"共产党"的开端。19 世纪末，社会主义思潮从不同的渠道开始传入中国，从发表的文章、报刊可以看出，中国人对"共产党"的认识有了明显的发展。从"乱党""邪党""破坏党""蔑古党"的认识偏见，到把"共产党"理解成"急进党""过激党""急进革命党"，从"通用之党""均贫富之党""均产党""平和党""均分党""均产党""共有党"的译法，希望通过平均或共有社会财富追求社会公正，到"社会党""社会劳工党""社会主义党""社会民治党""公共党"等译词强调立党为公为民，尽管无政府主义者在误称共产党实行国有主义，是"集产党""作官党""集中民主社会党"，但并没有改变中国人对马克思主义新型政党阶级属性的认知。中国人认识到马克思主义政党是劳动人民为阶级基础的党，从开始着眼于中国人口最多的劳动者阶级农民阶级，称共产党为"平民社会党""劳农党""农民党"，到明确共产党首先是工人阶级先锋队，称为"劳动社会党""劳动力党""劳动党""社会民主劳动党"，明确了马克思主义政党的阶级基础和群众基础，并反映到对党名的称谓上，标志着"共产党"译名发生了实质性的提升。"革命党""社会革命党""红党"等译词凸显了马克思主义政党革命的彻底性，不仅要完成工业革命、政治革命，更要从根本上实现社会革命，不仅要推进

---

① 《马克思恩格斯文集》第 2 卷，人民出版社 2009 年版，第 135 页。

② 《毛泽东文集》第 3 卷，人民出版社 1996 年版，第 324 页。

社会革命，而且要推进党的建设的自我革命。

"政党"一词，最早由黄遵宪于 1890 年从《日本国志》中直接借入。1894 年，旅日华人黄庆澄在《东游日记》中就"自由党"名称解释道："这里所说的'党'，非如中国汉唐朋党之比，盖亦自泰西传来之流弊耳。"① 黄庆澄是从西方社会主义中认识"党"的含义，而非站在中国传统思想观念的角度上，这一观点使中国人认识"党"和"社会主义"有了新的视角。不过，受社会环境的影响，中国人对"党"的了解在初期只是称作为"党人"，这些"党人"也仅指怀有社会主义思想的个人集合，而不是政党组织。梁启超在流亡日本后，撰写了《戊戌政变记》，其中自称"改革党人"。1908 年，在《颜惠庆英华大辞典》中，communist 被译为"主均产之理者""共产党人"。② 1916 年，《郝美玲官话》将 commune 译作"共有党"、将 socialist 译作"均富党人"。③ 由此可以看出，这些党名在翻译的过程中还结合了中国传统的均产、共有思想，对"党"作出了全新的意译。1881 年，日本自由民权派思想家植木枝盛创造了和制汉字词"共产党"。次年，城多虎雄在《论欧洲社会党》中也使用了"共产党"一词。日本创造了"共产党"词语之后，中国的留日学生于 1901 年 1 月在主办的《译书汇编》杂志第二期中也提到了"共产党"一词。④ 这一时期，对"共产党"的理解也仅仅是一个简单的名称，还没有真正了解概念的内涵。直到 1904 年 11 月 13 日，日本《平民新闻》周刊第 53 号，为纪念该报创刊一周年，发表了日本社会主义者堺利彦和幸德秋水日译的《共产党宣言》，这个译本是依据恩格斯审定的《共产党宣言》1888 年英文版翻译的，Communist Party 与汉字词"共产党"正式成为对译术语。日译本《共产党宣言》的出现，让中国人对"共产党"的认识逐渐进入到一个新的阶段。1905 年 11 月，朱执信根据日文版《共产党宣言》，翻译了其中的要点和十项政纲，"共产党"和制汉字词开始进入汉语。

---

① 沈翊清：《走向世界丛书：东游日记》，岳麓书院 1985 年版，第 349 页。

② 《颜惠庆英华大辞典》，上海商务印书馆 1908 年版，第 428 页。

③ 《郝美玲官话》，Shanghai：Statistical epartment of the Inspectorate General of Customs，1916 年，第 1691、1352 页。

④ 李其驹等：《马克思主义哲学在中国——从清末民初到中华人民共和国成立》，上海人民出版社 1991 年版，第 5 页。

十月革命之后，东方国家流行把共产党称作 CP 或者 KP，即 Communist Party 和 Kommunistische Partei。1919 年 9 月 5 日，李汉俊在上海《民国日报》副刊《觉悟》中发表文章，提出了我国应该建立俄国式的"革命党"。瞿秋白在对共产国际报告中，提到十月革命之后，河北唐山的矿工组织了工人党，他们"自称中国工人党"。1920 年 6 月，陈独秀在上海提出建立中国无产阶级政党的意见，名称初定"中国社会党"。1920 年 6 月，列宁提出了《加入共产国际的条件》，为了让每一个劳动者清楚共产党与社会民主党和社会党的区别，列宁指出"一切愿意加入共产国际的党，都应当更改自己的名称……应该称为'某国共产党'"。① 该文迅即汉译，成为确立中国共产党名称的关键文件。1920 年 9 月 16 日，《新民学会会员通信集》发表了《蔡林彬给毛泽东》关于"共产党之重要讨论"的文章，蔡和森在信中写道："万国共产党即世界革命的总机关"。② 两个月后，在陈独秀主持下由上海共产主义小组起草《中国共产党宣言》，先前中国早期马克思主义者所提的"中国革命党""中国工人党""中国社会党"等等名称，统一确定为"中国共产党"。

第六节　党内政治生活

概念是理论思维的枢纽，习近平新时代中国特色社会主义思想的创立，离不开对经典作家核心概念的援用、容受和丰义。"党内政治生活"是列宁在新型无产阶级政党建设学说中的首创概念，这一概念先后进入毛泽东建党思想和邓小平党建理论，成为中国共产党审视自身建设的概念工具，并在全面从严治党实践中获得意义再生产，成为习近平总书记党的建设重要思想的核心概念。

一、列宁"党内政治生活"概念缘起

把人们的生活领域划分为物质生活、社会生活、政治生活和精神生活，是 1843 年马克思恩格斯在他们第一部合著《神圣家族》中开始提出，到

footnotes① 《列宁全集》第 39 卷，人民出版社 2017 年版，第 206 页。
② 《蔡和森文集》上，人民出版社 2013 年版，第 70 页。

1859 年马克思在《政治经济学批判》序言中阐发了这一思想，"政治生活"作为马克思主义概念确立下来。20 世纪之交，俄国成为世界帝国主义军事政治统治链条上的矛盾焦点，出现了通过政治手段整体解决社会矛盾的历史条件。国内政治生活表现出占先性，促使列宁直接承接了马克思恩格斯"政治生活"概念，俄国社会民主工党成立前夕，在《什么是人民之友以及他们如何攻击社会民主主义者?》中，他引述了马克思的《政治经济学批判》序言名句："物质生活的生产方式制约着整个社会生活、政治生活和精神生活的过程。"政治斗争相比经济斗争表现出的占先性，使列宁在承继马克思恩格斯"政治生活"概念的同时，发展了这个概念中的历史能动性意义，特别是无产阶级政党在政治生活中的自觉性和主体性意义。

改良主义者强调要争取"正常的政治生活条件"，列宁在俄国社会民主工党统一代表大会的报告中提出："当实际政治生活同议会斗争中所反映的政治生活不一致的时候，这时，只有这时，反对立宪幻想才是先进的革命阶级即无产阶级政党的当前任务。"[1] 列宁认为，丢掉立宪幻想，投身无产阶级革命，党必须在这种政治生活中找到自身的历史定位。1902 年，列宁在《怎么办》一书中提出："全部政治生活"的链条问题，这个最应该牢牢抓住最牢靠的政治环节，就是社会民主党把自身建设成为无产阶级革命运动的"自觉因素"。为了建成无产阶级先进部队，列宁在该书中实际上提出了党内政治生活的核心内容，他指出："谁把工人阶级的注意力、观察力和意识完全或者哪怕是主要集中在工人阶级自己身上，他就不是社会民主党人，因为工人阶级的自我认识是同那种不仅是理论上的……更确切些说，与其说是理论上的，不如说是根据政治生活经验形成的对于现代社会一切阶级相互关系的十分明确的认识密切联系着的。"[2] 党要成为"自觉因素"，就必须自觉地超越旧阶级的狭隘眼界，从无产阶级阶级意识和阶级立场出发，从政治上看清整个社会各个阶级之间的阶级关系。无产阶级政党从政治上分析社会阶级关系，协调全党的意志和行动，要求每个党员不仅在政治上为党工作，更要在党的组织内部掌握党的理论工具，总结政治生活经验，明确政治形势和

---

① 《列宁全集》第 13 卷，人民出版社 2017 年版，第 34 页。
② 《列宁全集》第 6 卷，人民出版社 2017 年版，第 67 页。

政治方向，严明政治纪律和政治规矩。党在全部政治生活中的自觉性，来自党内有组织的、科学理论指导下的、经常性的政治生活。由此开始，列宁开始使用"党内生活"字眼，在《就我们的组织任务给一位同志的信》中提到"我们大多数委员会近三四年的党内生活"，[①] 实际上是指党内政治生活内容。但孟什维克与布尔什维克在组织原则问题上发生了根本分歧，列宁和马尔托夫就俄国社会民主工党党章首条展开争论。马尔托夫的条文认为党员不一定参加党的一个组织，实际上允许党的同情者和罢工者游行示威者自行宣布为党员；列宁条文坚持党员必须亲自参加党的一个组织，因为离开党组织内部的政治生活，仅仅参加一般政治活动和政治斗争，无产阶级就无法超出一般阶级的传统眼界，党也不可能带领本阶级成为自为阶级。针对这种情况，列宁在 1904 年的《进一步，退两步（我们党内的危机）》一文中，提出了一系列极其重要的党内生活准则，特别是党内关系不能靠朋友关系或没有根据的"信任"来维持，而是以正式的、党内民主基础上的集中制原则做保障；任何一个党员和党组织，都有权充分地发表自己的意见，党要勇敢地开展自我批评并无情地揭露自己的缺点等。列宁还特别注重布尔什维克党内政治生活的原则性和战斗性，提出通过政党内部这样的政治生活能够解决意见分歧，"政党内部和政党之间的意见分歧要靠原则性的论战来解决，而且也会随着政治生活本身的发展得到解决。"[②] 党内生活的核心内容、组织载体、重要准则和根本特性，把布尔什维克党同孟什维克等机会主义派别区分开来，成为新型无产阶级政党"党内政治生活"概念的基本内涵。基于此，列宁于 1915 年在《空泛的国际主义党的破产》文章中提出"党内政治生活的组织方法问题"，[③] 在马克思主义发展史上完整地使用了"党内政治生活"的概念。

二、毛泽东建党思想援用"党内政治生活"概念

20 世纪初，当战争阴云笼罩欧洲时，中国国内政治生活高潮冲决了旧民主主义界限，中国共产党成为新民主主义革命的领导核心，列宁党的学说

---

① 《列宁全集》第 7 卷，人民出版社 2017 年版，第 18 页。
② 《列宁全集》第 11 卷，人民出版社 2017 年版，第 126 页。
③ 《列宁全集》第 26 卷，人民出版社 2017 年版，第 209 页。

中国化产生了毛泽东建党思想。其中，"党内政治生活"概念即直接来自列宁概念的传授，又深深根植于中国共产党自身建设伟大工程的实践逻辑之中。

十月革命后，由于俄国内战，中俄交通关闭，革命炮响不是直接，而是绕道欧洲，特别是经过留法的中国学生传进中国。其中，蔡和森在留法期间研究分辨各派社会主义和俄国革命，经过法语猛读猛译《共产党宣言》《俄国共产党大纲》等党建名著，特别是通过翻译《无产阶级革命与叛徒考茨基》《共产主义中的"左派"幼稚病》两篇著作，认同共产党通过组织内部的政治生活自我纠偏，坚决主张以列宁式方法建党，是提出"中国共产党"伟大名称的第一人，毛泽东在国内回信表示与蔡和森意见完全一致。第一次国共合作期间，共产党员以个人身份加入国民党，为保持中国共产党组织的先进性和独立性，共产党员经常、持续、严格地参加党组织内部的政治生活，更加重要和活跃。1925年10月，蔡和森担任中共驻共产国际代表，年底在莫斯科中共旅俄支部会上作《中国共产党史的发展》长篇报告，向旅俄党员介绍党内生活和建设经验，报告使用了"党的生活""党的政治生活"等概念。"党的政治生活"和"党的内部生活"概念与列宁的《怎么办》对党内外政治生活核心内容的界定如出一辙："同志们容易发生误会，以为无产阶级政党只应做无产阶级的事情，其实这是不对的"。在具体报告"党的政治生活"时，系统讲述了中国共产党与各阶级、各党派及其代表人物的关系，然后专门讲了"党的内部生活"，分析了"党内的生活都有什么问题呢?"特别是在中国共产党历史上第一次明确使用了"党内政治生活"概念，突出了党内政治生活对全部"党的政治生活"的意义。① 1926年2月10日，蔡和森又以中共中央局委员名义写成《关于中国共产党的组织和党内生活向共产国际的报告》，全面总结中共党内政治生活的状况和经验。

中国共产党内第二个完整使用"党内政治生活"的人，是有和蔡和森同时旅法经历的周恩来。1929年，党进入农村革命根据地，改造非无产阶级意识问题在党内突出出来。1月18日，周恩来根据中共中央政治局会议决定起草《中央关于党内宣传派别问题决议案》，针对"党内无产阶级基础

---

① 《蔡和森文集》，人民出版社2013年版，第151、152页。

的日益削弱和党内政治生活的日益低落",强调"提高党内政治指导扩大党的无产阶级基础"。① 年底召开古田会议,毛泽东指出:"教育党员使党员的思想和党内的生活都政治化,科学化",②"党内生活政治化"命题,不仅直接对应"党内政治生活"概念,而且用"化"字格话语方式阐明,"党内政治生活"并非"党内生活"之次级概念,党内政治生活与党内生活并非部分与全部的关系,而是内核与外延的关系,党内生活在本质上是政治生活,基本目标是"提高党内的政治水平","每个同志都政治化实际化,党的战斗力就强大起来了。"这是基于中国革命实践经验对列宁"党内政治生活"概念的深刻解读。《中国共产党红军第四军第九次代表大会决议案》于1930年4月首次在中央苏区刊印,成为党内政治生活指导性文献。

延安时期,中国共产党获得了相对稳定的党内政治生活空间环境,政治生活实践的丰富和列宁党内政治生活概念相关文本的汉译和学习,使"党内政治生活"成为毛泽东建党思想的重要概念。1937年底到1938年初毛泽东重新审读了《中国共产党红军第四军第九次代表大会决议案》,并对包含"党内生活政治化"命题的前三部分作了个别文字修改,使决议继续发挥党内政治生活指导文献功能,1942年,中共中央书记处编印的《六大以来》收入了这个决议。这一年任弼时在《为什么要做出增强党性的决定》中提出,"我们党已经成为中国政治生活当中一个重要因素。"③

随着马列学院及其编译部和延安解放社的设立,1939年6月再版了六年前由苏联外国工人出版社出版的《列宁选集》第三卷,其中收有列宁《怎么办?(我们运动中的迫切问题)》,《进一步,退两步(我们党内的危机)》也于1941年由延安解放社出版,延安解放社还出版了列宁选集16卷17册,其中就收录有《怎么办?》《进一步,退两步》《两种策略》《左派幼稚病》等。刘少奇的党内政治生活概念直接来自列宁,1939年在《论共产党员的修养》中,刘少奇直接引用列宁在《怎么办》中关于党内政治生活的表述,"当工人还没有根据各种具体而且确实现实的(当前的)政治事实和事件学会观察社会中其他各个阶级在其思想、精神和政治生活中的一切表

---

① 《建党以来重要文献选编(1921—1949)》第6册,人民出版社2011年版,第11页。
② 《毛泽东选集》第1卷,人民出版社1991年版,第92页。
③ 《任弼时选集》,人民出版社1989年版,第239页。

现时……工人群众的意识是不能成为真正的阶级意识的。"① 刘少奇直接承继了列宁无产阶级政党政治生活的概念，特别是通过党内政治生活超越个人的狭隘视野和本阶级利益的狭隘眼界，使党成为社会运动的自觉因素。刘少奇通过阅读解放社的《列宁选集》有关篇目，总结我党经验，对"党内政治生活"作出明确阐释。1945 年在《论党》中，刘少奇明确使用了"党内政治生活"这个概念，他指出"我们强调了党员积极参加党内政治生活的必要性"②。这里，刘少奇区分了组织生活和党内政治生活，指出组织生活是党内政治生活的载体，也从党员的角度强调了党内政治生活的政治性，指明了"党内政治生活"的执行主体。新中国成立初期，周恩来在 1954 年 2 月中国共产党第七届中央委员会第四次全体大会上发言，提出了党内政治生活的正常状态是生气勃勃，具有原则性和战斗性，"大家遵守六条规定，是不是要损害我们党内政治生活的生气勃勃、上下通气的优良传统，而变成死气沉沉、闭塞言路的官僚主义呢?"③ 这实际上由党内政治生活概念，提出了党内政治生态的问题。

三、"党内政治生活"概念在邓小平党建理论中定型

"文化大革命"结束，邓小平就主导推动了"党内生活正常化"，通过制定党内政治生活准则，重申党内政治生活目标，使"党内政治生活"作为马克思主义中国化概念定型下来。1978 年底，在十一届三中全会主题报告中，邓小平指出："在党内和人民内部的政治生活中，只能采取民主手段"，④ 区别党内政治生活和人民内部政治生活。人民内部政治生活是通过政治生活调整人民内部关系，而党内政治生活是通过政治生活调整党内关系，处理党内问题，巩固党内民主，形成党内生动活泼的政治局面。同时，再次明确人民内部生活和党内政治生活的主流和目标是生动活泼的，这是中国政治生活的主流。在十一届中纪委首次全体会议上，草拟了关于党内政治生活准则，本打算在十一届四中全会提出，但因为时间关系，推到五中全会

---

① 《刘少奇选集》上卷，人民出版社 1981 年版，第 119 页。
② 《建党以来重要文献选编（1912—1949）》第 22 册，人民出版社 2011 年版，第 418 页。
③ 《周恩来选集》下卷，人民出版社 1984 年版，第 120 页。
④ 《邓小平文选》第 2 卷，人民出版社 1994 年版，第 144 页。

表决通过。在五中全会上，邓小平讲话指出："我们党的政治生活，多年没有这么活跃了"，同时提出"制定党内政治生活的若干准则的问题"。① 正是这次会议所通过的《关于党内政治生活的若干准则》，使"党内政治生活"作为概念定型下来。《准则》是在总结党的几十年来处理党内关系经验的基础上所制定出来的一项党规党法，它从党性原则、政治路线、集体领导、党内民主、党内斗争、接受监督等方面规范了党内政治生活。《准则》的出台标志着"党内政治生活"概念正式进入党内法规，在全党树立起了"党内政治生活"的观念和意识，使处理和调整党内关系有了基本遵循，推动了党内政治生活正常化。

《准则》出台后，老一辈革命家和领导人从党的思想、组织、作风、纪律、党群关系、党的领导、党员的权利义务，具体阐释"党内政治生活"概念。1980 年 6 月，黄克诚指出，"经常开展批评自我批评，是党内政治生活正常化的一个标志。"② 同年 7 月，胡乔木在致胡耀邦的信中指出："现在党内围绕反对宣传毛泽东思想问题逐渐形成一股思潮，这是与党内政治生活准则第一条的规定不相容的。"③ 1981 年 2 月，邓颖超在中央纪律检查委员会上的讲话中指出："我们遵循党的三中全会路线，坚持了四项基本原则，制定了《关于党内政治生活的若干准则》。这是我们党的建设中的一个根本性的问题。"④ 提议把党内政治生活作为党的建设中的根本问题来抓。胡耀邦在党的十二大报告中进一步把党内政治生活提升到关系到党和国家生死存亡的根本性问题，指出"党内政治生活是否正常，首先是党中央和各级领导机构的政治生活是否正常，确实是关系党和国家命运的根本问题。"⑤ 并强调了党中央在党内政治生活中的首要地位。1987 年，李先念在总结经济建设的经验教训时指出："经济上的这种失误，与党内政治生活不正常、民主集中制受到损害有关。"⑥ 他们都把"党内政治生活"作为党的根本性问题提出来，倡导恢复党内政治生活正常化，营造健康的政治局面。

---

① 《邓小平文选》第 2 卷，人民出版社 1994 年版，第 274 页。
② 《黄克诚军事文选》，人民出版社 2002 年版，第 767 页。
③ 《胡乔木书信集》，人民出版社 2002 年版，第 282 页。
④ 《邓颖超文集》，人民出版社 1994 年版，第 193 页。
⑤ 胡耀邦：《全面开创社会主义现代化建设的新局面》，人民出版社 1982 年版，第 59 页。
⑥ 《李先念文选》，人民出版社 1989 年版，第 482 页。

四、"党内政治生活"概念在新时代的丰义

中国特色社会主义进入新时代，在党的十九大报告中，习近平总书记分别使用了"日常政治生活"和"党内政治生活"两个概念，这承续了邓小平十一届三中全会的主题报告对人民内部政治生活和党内政治生活两个概念的定位，日常政治生活就是人民内部政治生活，是中国共产党领导人民正确处理人民内部矛盾，带领广大人民治国理政的工作；党内政治生活是中国共产党的党内生活，这种党内生活是政治性的，是按照政治规矩调整党内政治关系，为治国理政实践营造政治生态。在习近平党的建设思想中，政治建设摆在党的建设新的伟大工程首位，党内政治生活概念的定位、特性和内涵进一步丰富。

（一）党内政治生活的定位

定位就是厘定党内政治生活概念在管党治党话语中的逻辑层次。"党内政治生活"概念进入新时代中国核心政治话语，"党的领导""党的建设""全面从严治党""党内政治生活""党的纪律建设"共同构成了新时代管党治党的话语体系。"党的领导"是管党治党话语体系中的最高逻辑，党是最高政治领导力量，必须加强党的全面领导，坚持党对一切工作的领导。党的领导地位由党的建设质量来保证，党的建设是管党治党话语体系的二级逻辑，党的建设新的伟大工程中政治建设统领全局，制度建设贯穿其中。管党治党要求管到位上，严到份上，每项建设都要从严，敢于自我革命，全面从严治党在管党治党话语体系中处于三级逻辑。全面从严治党要从党内政治生活严起，管党治党本质上是促使党员产生、保持和发扬党性，党性不是抽象的，而是来自有组织的、常态化的、持续性的党内政治生活，因此，党内政治生活是管党治党的总平台，在管党治党话语体系中居于四级逻辑。严肃党内政治生活，要靠党的纪律，马克思主义执政党用纪律管好党员干部，就管住了公共权力，纪律建设是管党治党的治本之策，所以纪律建设在管党治党话语体系中居于落地逻辑，靠纪律建设落实落细落微。在新时代管党治党话语体系的逻辑层次中，党内政治生活概念在管党治党话语体系中居于四级逻辑，即是说，党的建设是总范畴，全面从严治党是展开概念，党内政治生活则是二者的支撑概念。

（二）党内政治生活的特性

党内政治生活是马克思主义政党锻造党性的平台，党员个人在党的组织内部，通过经常、持续、严格的政治生活，和党内同志一起，运用马克思主义立场管党方法，对世情、国情、党情和社会上发生的事情进行了解、把握、分析、讨论、辩论乃至争论，站在人民立场，形成集体的认知、判断、意志和抉择，从而超越个人眼界和狭隘私利，从而保持和增强党性。因此，党内政治生活必须具有政治性、原则性、时代性和战斗性。其中，党内生活在本质上是政治生活，旗帜鲜明讲政治是马克思主义政党的鲜明特点，政治性是党内政治生活的本质属性。原则性根源于马克思主义政党的组织性，党是阶级的最高组织，党内政治生活必须坚持四项基本原则，坚持党的基本理论、基本路线和基本方略，按原则处理党内各种关系，按原则解决党内矛盾和问题。党内政治生活的时代性是马克思主义政党先进性的必然要求，党内政治生活必须勇立时代潮头，把握时代脉搏，回应时代呼声。战斗性是党内政治生活的根本属性，是马克思主义政党通过党内生活自我净化、自我完善、自我提高、自我革新的关键所在。

（三）党内政治生活的内涵

党内政治生活的内涵，就是从政治上调整党内关系，从而树立起来的党内政治生态中的显规则、明规则、好规则，这些规则贯穿于党内生活和党治国理政全部实践。在习近平总书记亲自主持制定的《关于新形势下党内政治生活准则》中，可以看到这些显规则、明规则、好规则的内在规定层面、支撑保障层面和实施运转层面。内在规定层面包括党内政治生活的目的、任务、要求和内容。党内政治生活的重要目的在于维护党中央权威，首要任务和重要任务在于树立坚定的理想信念和保持清正廉洁的政治本色，严明党的政治纪律是党内政治生活的重要内容，密切党同人民群众的血肉联系是党内政治生活的根本要求。支撑保障层面包括党内政治生活的基础、保证和保障。发扬党内民主，保障党员权利，是党内政治生活的基础，坚持党的基本路线是开展党内政治生活的根本保证，坚持正确选人用人导向是组织保证，民主集中制则是制度保障。实施运转层面包括载体、举措、手段。党内政治生活概念的内涵，就是涵盖内在规定、支撑保障和实施运转三个层面，包括目的、任务、要求、内容、基础、保证、保障、载体、举措和手段十个方面，这就从纵向横向立体地廓清了概念内涵。

第七节　中　国　化

"中国化"这一术语词源比较特殊，是汉字组词，但受到日语借词影响，19世纪末日本在翻译西学的过程中，用和制汉字词创设了"制""党""力""性""化"等许多日式语缀，这些后缀引入汉语后，提高了汉字组造多音词的能产性。其中，"化"与"性"两个后缀相合，一个表示"-过程"，一个表现"-结果"，如"普遍化"带来"普遍性"，"大众化"带来"大众性"，"时代化"带来"时代性"，"中国化"带来"中国性"（即毛泽东、邓小平所言"中国特性"）。清末时期"中国化"一词就已由传教士李提摩太首先使用，李提摩太曾言："借中国固有的语言，发扬基督教义；以耶稣真理为骨子，妆饰为中国化。"① 但"中国化"在汉语语境中最初是一般语词，并不是专用术语，作为专用术语使用，最早是现代新儒家代表人物梁漱溟在文化学意义上使用，梁氏在新文化运动后期反对"全盘西化"派"要将中国化连根的抛弃"，力倡"中国化复兴"。② 从新文化运动到新启蒙运动期间20年间，"中国化"术语走进中国学术，形成了"学术中国化"思潮。毛泽东在《实践论》《矛盾论》中，提出了"普遍性/特殊性"（共性/个性）范畴，突破了近代以来中国人向西方学习的"体/用""道/器""本/末"之辩，从而把"中国化"从单纯的文化或学术领域走出来，上升为"马克思主义中国化"。本节挖掘开发抗战时期"中国化"报纸语料，考证"中国化"术语确立为"马克思主义中国化"概念的历史逻辑，此基础上进一步考究当代中西方学界关于"马克思主义中国化"的不同理解，归纳"马克思主义中国化"概念的含义层次。

一、从"中国化"术语到"马克思主义中国化"概念

史上重大的中外文明接触，每一次都发生了域外思想文化的中国化，与

---

① 苏惠廉：《李提摩太传》，上海广学会1924年版，第15页。
② 罗荣渠：《从"西化"到现代化》，北京大学出版社1990年版，第52、72页。

之同时，每一次都发生了中国话的重要变化。术语是文化之砖，五四至抗战时期以马克思主义为集成的西方新文化中国化进程中，一个重要的话语现象是"化字格"话语形式涌现，特别是在桂林抗战文化城以"中国化"术语凝聚了思想文化共识。这表明，全民族抗战的实践伟力激发出最高度的思想自觉和文化自信，以"中国化"术语述论中华民族复兴之路。通过发掘中国共产党以统一战线面目举办的《救亡日报》文献，运用语料库技术对该报"中国化"术语分析研究，从微观视角洞察"中国化"术语确立为"马克思主义中国化"概念的历史逻辑。

（一）"中国化"语料的选择与话语分析路径

出版物占全国百分之八十的桂林文化城，在全民族抗战历史语境中深刻影响了中国话语潮流。鉴于传播速度和受众面积，就话语影响力分而言之，刊物胜过图书，报纸又胜刊物，特别是日报，发行量大，辐射面广，副刊见长。从 1938 年末至 1941 年皖南事变爆发，《救亡日报》由中国共产党实际领导，在桂林以抗日民族统一战线面目出现，注重以独特的话语风格吸引左、中、右和中左、中右作者读者，经营历时两年零一个月，面向西南、华南和海外日发行 8000 份，不仅承载着时代话语的型式变化，更引领了时代话语的前进方向，成为当时影响力最大的报纸。习近平同志在文艺工作座谈会上指出："文艺是时代前进的号角，最能代表一个时代的风貌，最能引领一个时代的风气。"在第 256 期桂林版《救亡日报》文艺副刊中，最为显著的话语形式是"化"字格，其中"中国化"使用最为普通，共计出现 67 次，全部报纸合计共有"中国化"话语 395 频次，刊载于 114 篇文章当中。[①] 词以类聚。通过词频分析、主题词分析及其搭配分析、索引行分析，能够客观把握语料文本的话语特质和内核。

可以将"化"字格语词归于三类，运用语料库技术逐类分析中国化的指向对象、行为主体和实现机制，廓清新文化中国化的所化之义、与化之人和成化之途，从而厘定中华文化复兴的方向和机制。第一类，前缀侧重化什么，具体包括"现代化""科学化""民主化""丰富化"，而反对"拉丁

---

① 具体语料参见靳书君等：《战时桂林版报纸"中国化"话语的文化方向》，《广西教育学院学报》2017 年第 4 期。

化""封建化""日语化",等等。第二类,前缀侧重谁来化,具体包括"大众化""通俗化""形象化""社会化""群众化""普遍化""具体化""情感化",乃至"省化县化乡镇化",而抵制"庸俗化""低俗化""公式化"。第三类,前缀侧重怎么化,具体包括"民族化""现实化""运动化""抗战化""枪杆化""战斗化""政治化""军事化",而拒绝"奴化""西化""欧化""概念化""固定化""机械化",等等。

通观"中国化"话语化什么、谁来化、怎么化,在"中国化"语料库中即高频出现"民族化""大众化""科学化",实际上接受、传播、公认了中共中央在延安提出的新民主主义文化纲领,中国共产党通过话语建构方式有效地实施文化领导权。在中国共产党不实施直接政治领导的国统区,党必须掌握文化领导权。在六届六中全会上,毛泽东提出"马克思主义中国化"命题后不久,周恩来在中共中央政治局会议上指出:"文化运动的口号应该是:民族化,大众化,民主化",① 周恩来还亲赴桂林八路军办事处宣布党对抗战文化运动的方针。对于延安的文化口号和文化方针,《救亡日报》积极予以话语回应,如1940年1月18日、21日、22日连续三天刊登作家林山的文章《延安的文艺工作和文艺工作者》,指出"延安文艺运动的总的倾向——通俗化或大众化"。② 中国共产党在国统区文化领导权的行使,借助以统一战线面目出现的《救亡日报》,采取关键词融通和话语型式对接的方式进行话语建构,达到了巧妙、柔性、跨界、泛在的效果。相辅相成,桂林版的《救亡日报》"中国化"话语的催生和演绎也为延安"马克思主义中国化"运动提供了最有力的文化支撑。

研究桂林版的《救亡日报》"中国化"话语,特别是基于其与延安马克思主义中国化的互动关系,对于加强和改进我党意识形态工作具有重要启示。首先,话语是意识形态工作的巧妙媒介,意识形态工作不只是宏大叙事式的理论灌输和说教,而更应注重通过话语建构于细微处潜移默化。党在"马克思主义中国化"命题与"中国化"话语之间寻求符号交汇点,将意识形态内容转换为非意识形态的话语方式,通过话语对接来扩大马克思主义意

---

① 金冲及:《周恩来传(1898—1976)》上,中央文献出版社2008年版,第504页。
② 林山:《延安的文艺工作和文艺工作者》,《救亡日报》1940年1月21日。

识形态的影响力，通过建构"中国化"话语实现对抗战文化运动的领导。其次，通过通用的话语概念和话语型式融通官方话语与民间话语，打造出主流话语系统，是意识形态工作的重要内容。意识形态一般通过官方话语进行原初表述，但不能停留在官方话语体系之中，意识形态内容真正厚实的话语依托是覆盖工、农、商、学、军各界的主流话语系统。由于官方话语体系和民间话语体系陈述方式差异，主流话语系统融通二者主要是通过通用话语概念和话语形式。"化字格"话语形式就是中国共产党党内政治话语与广大文化界人士通用，在此通用型式下又涌现出大量共用的高频概念，如大众化、民族化、中国化、科学化、现实化、运动化，等等，由这些党内话语与党外话语共用的话语概念，按照"化字格"型式，就构建了融通党内外的主流话语系统。又次，在文化上坚守本根又与时俱进，坚持中华民族的文化自信和文化自觉，是马克思主义理论自信和理论自觉的深厚基础。《救亡日报》"中国化"话语矫正了之前西方化和俄国化偏向，推动党的意识形态主流化。在当代中国，更需要矫正各色各样"去中国化"现象，才能防止"去主流化"问题，因为在社会主义核心价值观中，最深层、最根本、最永恒的是爱国主义，中国化是主流化的价值观根据。

二、中西方学者关于马克思主义中国化的基本观点对比

西方学者系统研究了马克思主义中国化的理论对象、客观依据、实现机制等基本问题，形成了关于"化什么、什么化、怎么化"各个方面的基本观点，中西方学者相比，有异曲同工之妙，亦有截然迥异之处。马克思主义中国化即马克思主义基本原理与中国具体实际相结合，其中，马克思主义基本原理是马克思主义中国化的理论对象，中国具体实际是马克思主义中国化的客观依据，"相结合"是马克思主义中国化的实现机制。围绕这一命题，学术界形成了关于马克思主义中国化"化什么、什么化、怎么化"等方面的基本观点，对比中西方学者的基本观点，有利于进一步廓清马克思主义中国化的所"化"之义、与"化"之物和求"化"之途。

（一）关于马克思主义中国化的理论对象

著名美国学者施拉姆（Stuart R. Schram）提出，马克思主义中国化"涉及哪些马克思主义理论或马克思主义中的什么因素应当被'中国化'

的问题。"① 马克思主义中国化"化什么",国内学界的主流观点是根据
"四个分清"的要求,援引毛泽东、邓小平、江泽民等中国马克思主义者的
有关论述,认为主要是向马克思主义找立场、找观点、找方法。西方学界带
有典型的"马/中两分法"色彩,大部分西方学者倾向于对马克思主义元典
的思想和学说进行对象性选择,分析"那些成分是规范的毛主义的核心,
那些更马列主义化一些",② 那些被选定的理论对象在中国化马克思主义中
保存下来并成为基本内核,主要观点有三种。

1. 马克思主义中国化"化"的是居于马克思主义深层的立场、观点和
方法,而非马克思的阶级分析或社会形式等具体观点和论断。施拉姆认为:
"马克思本人的著作只是他所揭示的立场、观点、方法的具体体现,未必比
斯大林或毛泽东本人对同样一些原则的应用更高明。"③ 澳大利亚马克思主
义中国化研究者尼克·奈特(Nick Knight)认为,马克思的阶级分析"只
是构成了一个需要同更能体现马克思主义本质特征的马克思的方法论区别开
来的一个方面,那么可以认为毛既坚持了真正的马克思主义的立场,又没拘
泥于马克思分析欧洲资本主义的具体内容。"④ 美国学者怀利(Raymond F.
Wylie)指出:"中国化的过程:马克思列宁主义的理论被分成两个不同的观
念性要素,革命科学('方法')和欧洲以及俄国的民族形式('字母')。
在中国具体的革命实践中,最初的民族形式被放弃,抽象的革命科学通过一
种中国的民族形式呈现出来。"⑤ 这一观点与毛泽东、邓小平、江泽民、胡
锦涛等中国马克思主义者的表述相吻合,也接近国内学界的主流观点。在
"四个分清"的前提下,2004 年,国内学术界、理论界提出了"深入研究马
克思主义的立场、观点和方法"的要求,强调马克思主义是世界观、价值
观和方法论的统一,马克思主义的立场、观点、方法是逻辑地内在地有机联

---

① [美]斯图尔特·R.施拉姆:《毛泽东的思想》,田松年、杨德译,中国人民大学出版社 2005
年版,第 72 页。
② 许纪霖、宋宏编:《史华慈论中国》,新星出版社 2006 年版,第 136 页。
③ [美]斯图尔特·R.施拉姆:《毛泽东的思想》,田松年、杨德译,中国人民大学出版社 2005
年版,第 74 页。
④ [澳]尼克·奈特:《毛泽东的马克思主义》,《毛泽东思想研究》1998 年第 4 期。
⑤ [美]雷蒙德·怀利:《毛泽东、陈伯达和"马克思主义中国化"(1936—1938)》,《现代哲学》
2006 年第 6 期。

系的整体，是马克思主义中国化整体性的理论对象。值得注意的是，中国马克思主义者把马克思主义的立场、观点、方法视为一个有机整体，这在西方研究者那里却是可以彼此分割的元素。

2. 中国马克思主义者接受的主要是无产阶级革命意识和严密的革命政党组织原则，即列宁主义给马克思主义添加的能动性。已故美国学者史华慈（Benjamin I. Schwartz）指出：："'民意'的观念会导致一种更为雅各宾主义—列宁主义化的观点，即认为一般群众必须在一个代表普遍意志的自觉的先锋队的领导下，才能走向未来。"① 与之同时代的另一位美国学者魏斐德（Frederic Wakeman）说："毛泽东接受了马克思和恩格斯关于党是先锋队的理论，并使这一理论中国化。"② 韩国学者宋荣培认为："中国化的马克思主义（毛泽东思想与继承它的邓小平思想）不断地号召要依靠'人的意志'即'不断的革命（或改革）实践'。笔者认为这里正是中国化的马克思主义的伟大之处，同时也是决定性的弱点。"③ 从这些认识可以看出西方学界在中国化马克思主义研究中的化约主义倾向，要么是经济决定论，要么是唯意志论，从理论对象方面探寻唯意志论的源头。国内学界虽然认同列宁主义政党学说的中国化，但同时普遍认为，马克思列宁主义对中国社会历史的能动性作用，是通过中国共产党组织自身的民族化建设完成的，恰恰是党的建设挣脱"布尔什维克化"的藩篱，建成了广泛群众性的彻底民族化的马克思主义政党，从而能够认清本国的国情，扎根本国的文化传统，在此基础上发挥先锋队的历史能动性，和所谓的唯意志论完全不是一回事。

3. 中国马克思主义者一度认同斯大林主义极权政治，斯大林模式对中国革命和建设具有持续的影响。埃谢里克（Joseph W. Esherick）认为：尽管毛泽东提出了马克思主义中国化，斯大林模式仍然对中国革命产生过强有力的影响。④ 迈斯纳（Maurice Meisner）是公认的在马克思主义中国化问题上善于独立思考的美国学者，他把斯大林极权主义的基本特征概括为官僚制

---

① 许纪霖、宋宏编：《史华慈论中国》，新星出版社 2006 年版，第 134 页。

② ［美］魏斐德：《历史与意志：毛泽东思想的哲学透视》，李君如等译，中国人民大学出版社 2005 年版，第 246 页。

③ 转引自赵存生、王东：《邓小平与当代中国和世界》，北京大学出版社 2004 年版，第 123 页。

④ Joseph W. Esherick. "Ten Theses on the Chinese Revolution", Modern China, Vol. 21, No. 1, (Jan., 1995), p. 50.

度化和精英上层化。迈斯纳认为，在马克思主义中国化的号召下，革命时期和后革命时期的毛主义都与斯大林主义显著不同，但后毛泽东时期邓小平的"非毛化"改革却带有"斯大林化"倾向。① 西方学者注意到了俄国化马克思主义对中国化马克思主义产生的巨大影响，所以把马克思主义中国化看作"列宁主义化"和"斯大林化"，但套用西方政治学框架因类比附，并不能深刻揭示马克思主义俄国化对中国化提供的理论中介作用。国内的主流学术观点一般认为，马克思主义中国化开始主要是反对教条化，特别是在中国革命和建设道路上摆脱斯大林模式影响的过程。

（二）关于马克思主义中国化的客观依据

关于马克思主义中国化，"什么化"？我国学者普遍赞同的观点是，中国具体实际包括中国的特殊国情、中国的文化特点和中国所处的时代特征，可以说马克思主义中国化的客观依据是包括这些方面"三位一体"的整体。马克思主义基本原理在这三个方面与中国具体实际相结合，国内学界通称为马克思主义具体化、马克思主义民族化和中国实际马克思主义化。西方学者，如施拉姆和迈斯纳，在马克思主义客观依据上的观点和国内学界基本相同，他们认为："当马克思主义理论面对中国具体的社会环境时，有三个互相联系基本方面引人注目。"② "实质上，在毛泽东看来，马克思主义中国化涉及三个方面：传播、条件和文化。"③ 也是关注中国的国情条件、文化传统和马克思主义传播的时代背景。当然，其他西方研究者理解中国具体实际也有许多独到的视角，归纳起来大致有五种代表性的观点。

1. 母语化（vernacularization），也就是通过语言文字的翻译，使马克思主义基本原理与中国的语言结构相结合，使马克思主义讲中国话，在此过程中由于中西语言结构的根本差异发生话语转义。施拉姆称："马克思主义中国化在最简单的层次上包括使用普通中国人易于接受的语言，用通俗化的谚

---

① Arif Dirlik, Paul Healy, Nick Knight. "Critical Perspectives on Mao Zedong，s Thought", New Jersey: Humanities Press, 1997, p. 199.

② ［美］莫里斯·迈斯纳：《李大钊与中国马克思主义的起源》，中共党史资料出版社 1989 年版，序言第 4 页。

③ ［美］斯图尔特·R. 施拉姆：《毛泽东的思想》，田松年、杨德译，中国人民大学出版社 2005 年版，第 228 页。

语和有声有色的成语使之生动活泼，间或引经据典予以强调。"① 华裔学者田辰山（Chenshan Tian）阐明，由于不同语言体系结构的差异，马克思主义中国化的语义转换实际上就是在语言的翻译当中，当我们把西方的语言翻译成中文，实际上某种程度上就产生了某种思想内容的创新创作。"从德文到英文已经产生了这种变化，再从英文到日文，最后到中文，再加上我们有一个中国化的运动，一个通俗化的运动，最后形成了完全属于我们自己的语言体系。"② 著名美国学者德里克（Arif Dirlik）指出："马克思主义母语化对中国马克思主义和共产主义运动的胜利至关重要。"③ 奈特认为："毛泽东从中得到的启发却彰显了母语化对马克思主义中国化进程的重大意义。"④ 西方学者最先从语言学角度研究马克思主义中国化问题，母语化是他们研究马克思主义中国化的独特视角。受西方学者启发，近些年国内有学者开始运用语源学、语用学研究马克思主义中国化，在科学实践观的指导下，把母语化研究提升为话语体系的转换研究，并将其纳入马克思主义中国化前沿问题研究。

2. 通俗化（popularization），马克思主义基本原理与中国的文化传统相结合，使马克思主义带上中国风格，形成中国人民喜闻乐见、通俗易懂的民族形式。华裔学者刘芃（Kang Liu）指出："在德里克洞察到的毛的马克思主义中国化或母语化的基础上，我进一步观察到处于马克思主义中国化中心的是一个关于民族形式的审美观念：毛的方法是用基本上的审美和艺术特征的民族形式装饰城市的、世界的、外国的思想（经典马克思主义）。"⑤ "毛泽东的马克思主义中国化就是把都市的、全球的、舶来的经典马克思主义，

---

① Stuart R. Schram. "Chinese and Leninist Components in the Personality of Mao Tse-Tung", Asian Survey, Vol. 3, No. 6, (Jun., 1963), p. 260.

② ［美］田辰山：《中国人思维方式与马克思主义中国化》，见 http://www.cul-studies.com/jiangtan/jianggao/200607/4124.html。

③ Arif Dirlik. "Review：[untitled]". Modern Asian Studies, Vol. 23, No. 4, (1989), p. 831.

④ Nick Knight. "The Role of Philosopher to the Chinese Communist Movement：Ai Siqi, Mao Zedong and Marxist Philosophy in China.", Asian Studies review, Vol. 26, No. 4, (2002), p. 439.

⑤ Liu Kang, "Popular Culture and the Culture of the Masses in Contemporary China", Postmodernism and China. boundary 2, Vol. 24, No. 3, (Autumn, 1997), p. 111.

赋予一种乡村的、本土的、国内流行的表现形式，使广大农民可以和能够接受。"① 怀利说："推断出马克思主义中国化的概念仅仅是毛泽东用于在党内争夺权力的工具，这是不公平的。它代表中国共产党第一次认真地尝试以一种通俗化的方式去向中国广大民众介绍一种复杂的外来的意识形态。"② 米斯拉（Kalpana Misra）看到："蒋介石把三民主义儒家化了，毛主义在中国共产党内的崛起则带来了马克思列宁主义的农民化或中国化。"③ 通过考察20世纪40年代中后期延安知识分子的作品风格，英国研究者贾德（Ellen R. Judd）认为："归功于乡村生活经历和他们对民间风格的学习，共产党知识分子的中国化努力移除了横亘在他们和农民之间的障碍。"④ 德国学者卜松山则举例说："毛泽东诗词极为生动形象地体现了作者本人'古为今用''洋为中用'的思想。简而言之，他的诗词是'马克思主义的中国化'的例证。"⑤ 西方学者所用"popularization"一词，也可译为"大众化"，但这里说的"popularization"，显然与中国马克思主义者和国内学者所称的"通俗化""大众化"含义并不相同，反而更贴近中国学者所说的"民族化"，因为我们讲"通俗化""大众化"，不局限于民族形式，更侧重在民众中传播和实践。

3. 民族化（nationalization），马克思主义基本原理与中华民族精神相融合，民族主义的情感、运动和目标反映和体现在马克思主义的理论和实践中。施拉姆指出："第三种类型的中国化在于使中国人易于理解马克思主义的内涵，不仅是给它穿上中国化的衣服，而且把它和以往的观念和事变联系起来。"⑥ 费正清（John King Fairbank）认为："形成中国化的最后因素，是

---

① Liu Kang. "Hegemony and Culture Revolution". New Literary History, Vol. 28, No. 1, （Winter, 1997），79.

② ［美］雷蒙德·怀利：《毛泽东、陈伯达和"马克思主义中国化"（1936—1938）》，《现代哲学》2006年第6期。

③ Kalpana Misra. Deng's China：From post-Mao to post-Marxism. *Economic and political weekly*, Vol. 33, No. 42/43，（Oct. 17-30, 1998），2744.

④ Ellen R. Judd. Prelude to the "yan'an Talk"：Problems in Transforming a literary intelligentsia. *Modern China*, Vol. 11, No. 3，（Jul.，1985），403.

⑤ ［德］卜松山：《与中国作跨文化对话》，刘慧儒译，中华书局2003年版，第203页。

⑥ Stuart R. Schram. Chinese and Leninist Components in the Personality of Mao Tse-Tung. *Asian Survey*, Vol. 3, No. 6，（Jun.，1963），p. 262.

基于文化和历史骄傲的中国民族主义的情绪，那时意味着中国人不能当别人的狗尾巴。"① 德里克说的更加明确："毛使马克思主义民族化，换言之就是，其民族主义思想带上马克思主义风格，民族主义的目标被看成是阶级和阶级意识的革命要求。"② 在全球化深入发展的当代中国，奈特认为，虽然中国文化面临"麦当劳化"或"可乐化"的现实危险，中国领导人从邓小平到胡锦涛并不认为中国参与全球化必然导致中国的西方化或美国化，"对民族精神的诉求，不仅是中共在马列主义、毛泽东思想之外寻求合法性的需要，而且是抵制全球化带来的腐蚀中国民族文化和国家认同的各种消极文化和思想的需要。"③ 在这里，我们看到了西方学者的独到眼光，发现了民族主义情感在马克思主义中国化进程中的催化功能，这是国内学者常常忽略的地方。

4. 具体化（reification），马克思主义基本原理与中国的社会历史条件相结合，在马克思主义指导下制定战略、策略、制度和政策工具，把马克思主义从理论形态转变为实践形态，这一观点和国内学界基本没有区别。华裔学者邹谠（Tang Tsou）指出："马克思主义中国化和毛泽东留下的历史遗产中或许更重要、更深远的一个方面密不可分，即他改造了理论与实践关系的观念。"④ 沃马克（Brantly Womack）据此认为："随着马克思主义革命的具体化，他们每个人的著作都成功地充当了其他革命者的一般框架。"⑤ 在当代中国，马克思主义理论更加需要适应具体条件加以变通，以符合实践发展的需要。田辰山提出，马克思主义科学观讲的是辩证法的科学，不是自由主义讲的工具性的科学，"马克思主义指导首先是世界观、方法论、立场、观点

① ［美］费正清：《伟大的中国革命：1800—1985》，刘尊棋译，国际文化出版公司1989年版，第234页。

② Arif Dirlik. "The Predicament of Marxist Revolutionary Consciousness: Mao Zedong, Antonio Gramsci, and the Reformation of Marxist Revolutionary Theory", *Modern China*, Vol. 9, No. 2, (Apr., 1983), p. 188.

③ ［澳］尼克·奈特：《对全球化悖论的反思：中国寻求新的文化认同》，《当代世界与社会主义》2007年第1期。

④ Tang Tsou. Mao Tse-tung Thought, the Last Struggle for Succession, and the Post-Mao Era. The China Quarterly, No. 71, (Sep., 1977). p. 501.

⑤ ［美］布兰特利·沃马克：《毛泽东政治思想的基础（1917—1935）》，霍伟岸、刘晨译，中国人民大学出版社2006年版，第251页。

和方法，是辩证法，是通变! 它在今天的具体化是'科学发展观'。"①

5. 马克思主义化（marxification），这个语词是指通过总结中国的实践经验来探索中国社会运动的特殊规律。澳大利亚学者格雷厄姆·杨（Graham Young）指出："中国化不仅仅是给马列主义的内容穿上中国话的新袍子，马列主义的理论观点会被采纳、改变或拒绝，并创造新的理论来处理中国革命的新情况。"② 田辰山认为："马克思主义哲学中国化的东西实际上就是我们传统中的东西，就是我们把社会生活、生产经验中的感受归纳总结出来的东西，比如，归纳出来的阴和阳，但是在总结出来的基础上又进行了进一步的抽象化，比如对阴和阳，又进行了深层次的分析和阐述，这就达到了更深层次的概括和抽象，就使它产生一种哲学化的东西。也就是通过推断把我们的经验变成哲学化的东西。"③ 德里克洞见，马克思主义中国化是作为中国革命和建设的理论建设工程而实现的，中国化"并非只是根据中国的历史经验解读马克思主义，而是将中国的历史经验'读进'马克思主义里去了。"④ 同时，"马克思主义的'中国化'并不是指在中国的文化空间里掌握马克思主义，而是指在面对并改变马克思主义实践的同时改变中国的文化空间"⑤。因此，"毛的马克思主义中国化的最终内涵，也可以看作中国特性的马克思主义化。这其中的本质所在是，毛泽东意识到，革命性的创造一方面是面向社会和政治力量，同时另一方面面向文化和阶级自觉"⑥。马克思主义与中国的特殊国情、中国的文化特点相结合，国内学界通称为马克思主义具体化和民族化，而作为同一个过程的两个侧面，最终达到发掘中国传统文

---

① ［美］田辰山：《关于"马克思主义与中国传统文化"的思考》，《马克思主义与现实》2008 年第 4 期。

② Graham Young, Review: "Ideology, Authority and Mao's Legacy", *The Australian Journal of Chinese Affairs*, No. 9, (Jan., 1983), p. 156.

③ ［美］田辰山：《中国人思维方式与马克思主义中国化》，见 http://www.cul-studies.com/jiangtan/jianggao/200607/4124.htmlArif Dirlik. "Review: ［untitled］". Modern Asian Studies, Vol. 23, No. 4, (1989), p. 831。

④ ［美］田辰山：《中国辩证法：从〈易经〉到马克思主义》，萧延中译，中国人民大学出版社2008 年版，第 9 页。

⑤ ［美］阿里夫·德里克：《后现代主义、东方主义与自我东方化》，《东方论坛》2001 年第 4 期。

⑥ Arif Dirlik. "The Predicament of Marxist Revolutionary Consciousness: Mao Zedong, Antonio Gramsci, and the Reformation of Marxist Revolutionary Theory", Modern China, Vol. 9, No. 2, (Apr., 1983), p. 199.

化资源，在根本上解决中国经济社会发展的时代性问题，从而创造出新的理论体系和文化体系，就完成了马克思主义与中国所处的时代特征的结合，国内学界援用毛泽东的说法，称谓"中国实际马克思主义化。"德里克创造的"marxification"一词，可以说与国内主流学术观点唱和甚洽，只不过德里克对历史时代的分析不是奠基于马克思主义的科学实践观之上，对其"历史理论化和理论历史化的过程"，① 国内研究学者不宜作直观的字面理解。笔者曾另文指出："大陆学者公认的马克思主义具体化，马克思主义民族化，中国实际马克思主义化三个层面比照，台湾学者分析到了前两个层面，但不认可后者。"② 难能可贵的是，西方学者的研究视角比台湾学者要深，看到了马克思主义中国化所进行的理论创新，形成了中国化的马克思主义。

（三）关于马克思主义中国化的实现机制

马克思主义中国化，"怎么化"？田辰山认为，研究马克思主义中国化，就要探讨"马克思主义为什么和怎么样在中国变成现在的这种形式的问题"，③ 也就是马克思主义中国化的实现机制问题。从现有的研究成果看，我国学者研究马克思主义中国化的实现机制，一般是梳理出若干环节和步骤，其中有"五大环节"，是大多数研究者都会提及的：马克思主义理论的传播、中国共产党人的调查研究、中国实践经验的总结、中国文化资源的发掘、马克思主义学习型政党建设。和国内学界类似，华裔学者研究马克思主义中国化的实现机制也习惯于列举相关环节，比如，邹谠剖析了马克思主义基本原理和中国具体实际相结合的四个环节：（1）调查研究；（2）具体情况具体分析；（3）制定总体规划和具体政策，采取大胆行动；（4）把行动、政策、规划的方针及具体情况的分析给予提升概括。④

另有新生代的西方学者，尝试勾画马克思主义中国化得以实现的动态机

---

① ［美］阿里夫·德里克：《后现代主义、后殖民主义和全球化：当代马克思主义所面临的挑战》，《当代世界与社会主义》2007 年第 2 期。

② 陈洪江、靳书君：《台湾学者研究马克思主义中国化的基本情况》，《科学社会主义》2011 年第 2 期。

③ ［美］田辰山：《中国辩证法：从〈易经〉到马克思主义》，萧延中译，中国人民大学出版社 2008 年版，第 9—10 页。

④ Tang Tsou. "Mao Tse-tung Thought, the Last Struggle for Succession, and the Post-Mao Era", *The China Quarterly*, No. 71, (Sep., 1977), p. 501.

制。奈特勾勒了实现马克思主义中国化环环相扣的四个步骤：（1）行动指南。马克思主义理论的作用，只在于正确地认识社会历史条件，提供产生政策工具所需要的信息支撑；（2）采取行动。认清了历史条件，马克思主义者就可以在理论所阐述的现实框架的限度内采取适当的行动；（3）评价矫正；（4）理论提升。奈特观点的图示如后。

相比国内学者逐一列举若干环节，奈特对马克思主义中国化实现机制的动态勾画，要来得生动、形象，逻辑关联性强。但是，在奈特勾画的这个动态机制中，马克思主义中国化的逻辑起点是作为"行动指南"的中国化马克思主义，因此，这种"行动指南"对历史条件的分析是直观的、客体的、机械的。我国学界的马克思主义学术优势表现在注重科学实践观的指导意义，强调以调查研究作为马克思主义中国化的现实起点，对历史条件的把握来自于人民群众创造的实践经验，而不是静止的直观存在。当然，倘若在奈特的图示（图7-1）最右侧增加"调查研究"一个步骤，整个动态机制包括：通过调查研究取得经验，理论联系实际经验制定政策，政策接受实践反复检验得出规律，确实可以廓清依次经过的四个步骤，马克思主义中国化表现出一个从经验到政策、从政策到规律的理论创新机制。这当然是中西方学界相得益彰的结果。

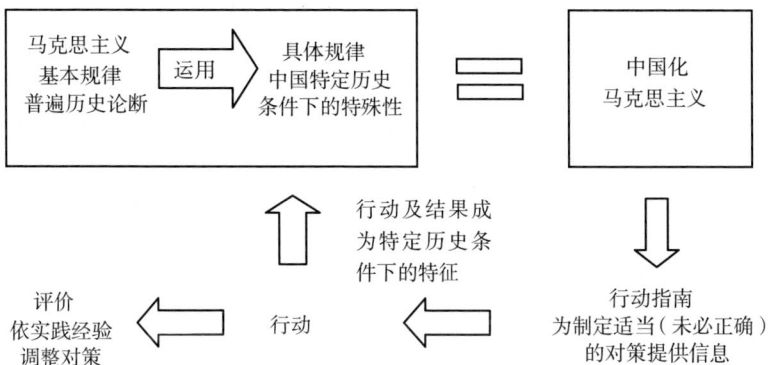

图7-1　马克思主义中国化实现机制

三、马克思主义中国化的含义层次

2015 年 2 月 14 日，习近平总书记来到延安杨家岭中共七大会址，60 年前毛泽东同志在这里将马克思主义中国化理论成果确定为党的指导思想。在中央大礼堂，习近平总书记指出："我们党之所以能够历经考验磨难无往而不胜，关键就在于不断进行实践创新和理论创新。马克思主义必须同中国实际相结合，实现中国化、时代化。"从 1919 年马克思主义传入中国并与中国革命实践相结合到 2020 年全面建成小康社会，完整意义上的马克思主义中国化整整 100 年，其间可以说是百年浪潮。新时代中国人奋力扬帆追逐梦想到达彼岸，坚定中国特色社会主义理论自信、道路自信、制度自信和文化自信，实际上是在这个百年浪潮的潮头，观潮弄潮。习近平总书记把中国共产党积百年之功而成的"红色秘籍"归结于马克思主义中国化。马克思主义中国化是 21 世纪中国政界学界的一大热词，近年来，随着中国综合国力及国际地位的提升，海外学者对中国政治十分关注，马克思主义中国化已成为研究的重点之一，足见当代中国人的理论自觉和理论自信已上升到很高层次。什么是马克思主义中国化，或者说马克思主义中国化的科学含义，理论界学术界研究了很多，但其中的几层含义及其之间的整体结构关系，仍需要进一步梳理清楚。

习近平总书记进一步精准地廓清了马克思主义中国化的含义层次及其结构关系。毛泽东同志在 1961 年 1 月 18 日召开的八届九中全会上指出："所谓马列主义中国化，就是马克思主义普遍真理跟中国革命具体实践的统一，一个普遍一个具体，两个东西的统一就叫中国化。"2009 年 11 月 12 日，习近平总书记在中央党校秋季进修班开学典礼上讲："马克思主义中国化，就是把马克思主义基本原理同中国具体实际相结合，深入研究和解决中国革命、建设、改革不同历史时期的实际问题，总结中国的独特经验，形成具有中国风格、中国气派的马克思主义。"两次定义时隔近半世纪，毛泽东同志的定义突出了最核心的内涵，就是普遍与具体相结合产生二者的统一体，这正是以"普遍与具体"这对马克思主义范畴，替代了"本末""道器""体用"等传统范畴，以社会运行规律的普遍性与具体性，替代思想文化元素的体用道器之辩，从根本上解答了外来先进文化与中国传统文化的结合方式问题。这个核心内涵在习近平定义中一脉相承、一以贯之。至于"具体"的方面，毛泽东同志定义用的是"中国具体实践"，紧紧抓住了马克思主义中国化最基础的含义，习近平同志定义用的是"中国具体实际"，更加全面、更加准确，在中国具体实践的基础上，还包括了中国文化传统、中国历史时代，都是"中国具体实际"的有机组成。马克思主义基本原理同中国具体实际相结合，就是不断与中国具体实践、中国文化传统、中国历史时代相结合，带上越来越浓厚的实践特色、民族特色和时代特色。这构成了马克思主义中国化的三层基本含义，从习近平同志给出的定义出发，能够精准地廓清马克思主义中国化的含义层次及其结构关系。

（一）马克思主义中国化是马克思主义基本原理与中国具体实践相结合

马克思主义中国化的第一层含义，也是最基础的含义，是马克思主义基本原理与中国具体实践相结合，形成具体的看得见、摸得着的，可操作的路线、方针、政策、制度措施以及立法建议等，解决中国实际问题。这层含义毛泽东称为"马克思主义具体化"。比如，中华人民共和国宪法，是一部可以具体操作的法律，按照它可以组建国家，可以运用它进行合宪性审查，这是马克思主义国家学说与近代中国历史际遇和国情相结合的产物。马克思主义的根本特性包括实践性、科学性、阶级性，其实，马克思主义最鲜明的特性，邓小平同志的概括最恰到好处，就是两个字"管用"。这里说的"管用"，是指作为一种信仰体系的思想体系，只有马克思主义管用。

马克思主义为什么管用？因为过去看来纷繁复杂的社会生活，马克思发现原来是有规律的，每一个人不论以什么方式从事经济社会，从事社会生活，从事文化社会，从事政治生活，都会表现出调整生产关系环节的目的指向，不同的个人，不同的群体，通过不同的社会领域表达的目的指向不尽相同，实际上最符合当前生产发展要求的那些目的指向，肯定是最大多数人都可以接受和执行的政策设计，这是马克思主义政党通过利益综合进行决策的科学基础。具体化是中国化的首要之义，是最基础的含义，首先必须在实践中拿来用，就是毛泽东讲的有的放矢，邓小平同志讲的摸着石头过河。

（二）马克思主义中国化是马克思主义基本原理与中国文化传统的结合

马克思主义中国化的第二层含义，是马克思主义基本原理与中国文化传统相结合，进入中国人的日常生活，重塑中国人的价值观念，重建中华民族的精神家园。如果我们仅仅停留在把马克思主义拿来用，还只是以实用主义方式对待马克思主义，那么马克思主义难以持续地、深刻地发挥改造中国的功能。只有进入中国文化传统，才能持续地、深刻地发挥改造中国的作用，因为文化的功能特点就是"集体无意识"。中秋节吃月饼、端午节吃粽子，不需要发通知，大家不约而同、心照不宣，马克思主义进入中国文化，也是这样，只有让精英和草根，上下齐心这样思考，才能把马克思主义根植于中华民族的凝聚力、创造力和生命力之中。正因为如此，习近平总书记曾说，教科书里面"去中国化"是很悲哀的，应该把经典嵌在学生脑子里，成为中华民族文化的基因。

现在，马克思主义在我们的社会文化生活当中，可以说无处不在无时不有，比如我们的节日、五一劳动节、七一建党节、十一国庆节，都是马克思主义带来的。领导如果要求职工周末继续上班，大家肯定抗议，抗议的底气来自哪里？来自马克思，来自马克思启动的工人运动史，有了马克思主义开启的工人运动，才有了缩短工时的制度和理念。这还是文化表层，文化的最深层是话语，就是我们的现代汉语表述。马克思主义传入中国，是与中国白话文运动同步，汉语白话文的形成，是靠 2000 个左右的现代汉语新词完成的，而其中，100 多个核心概念是通过翻译马克思主义经典著作产生的，这100 多个核心概念基本规定了 2000 多个术语和词语的思维范式，也就决定了现代汉语的基本方向。核心概念是思维的枢纽，只要你说中国话，你就基本上在使用马克思主义思考。离开这些核心概念，我们就无法思考，无法学习。

马克思主义具体化、民族化是同一过程的两个侧面，是两层含义，不是两个也不是两方面含义，也就是说不要理解成是两件事，而是一件事，是同一过程的两个侧面。例如，家庭联产承包责任制，是马克思主义集体经济思想与我国社会主义初级阶段农村实际相结合的一项具体政策，显然是马克思主义具体化；再从另外一个角度来看，这同时也是马克思主义民族化，是马克思主义集体经济思想与中国家庭本位文化相结合的产物，中国文化传统是家庭共产主义，在家庭内部各尽所能、按需分配，基本上没有交易成本，所以家庭作为农业生产基本单位最有效率。再比如，2014 年 5 月 26 日，习近平总书记在主持第十五次中央政治局集体学习时指出："提出使市场在资源配置中起决定性作用，是我们党对中国特色社会主义建设规律认识的一个新突破，是马克思主义中国化的一个新的成果，标志着社会主义市场经济发展进入了一个新阶段。"市场决定是马克思主义经济学说的具体化，习近平总书记将其定位为中国化，当然也包括民族化的含义。

（三）马克思主义中国化是马克思主义基本原理与中国历史时代相结合

马克思主义进入中国文化，激发传统智慧，根据国情作出决策解决实际问题，一直到决策反复实践，根据执行效果归纳在中国特定历史条件下的重复性现象，从而发现中国社会运行的具体规律，形成了新的理论体系，当然同时也是个文化体系，解决和回答了时代提出的根本性课题。这层含义，就是马克思主义基本原理与中国历史时代相结合，毛泽东称之为中国实际马克思主义化。恩格斯曾说过，对一切自然现象的研究，达到数学化，才是最终的科学认识。同样地，一切社会现象的研究，最终达到马克思主义化，才是最终的科学认识，马克思主义是社会科学的学科原则，正如数学是自然科学的学科原则一样。从 2011 年我国迈进中等收入国家门槛，到 2020 年全面建成小康社会，抵近高收入国家门槛，是中华民族伟大复兴道路上最具关键性和标志性的 10 年，在 21 世纪的中国历史上具有划时代的意义。在中华民族发展史的新时代，界定马克思主义中国化新的时间域、空间域和问题域，有利于推进马克思主义具体化、民族化，推进中国实际马克思主义化，催生和发展 21 世纪中国马克思主义。

第 八 章

中国马克思主义话语的建构与创新

马克思指出："语言是思想的直接现实。"① 在直接现实性上，马克思主义中国化就是让马克思主义说中国话，从文化的最深层看，就是马克思主义原著术语进入现代汉语系统，生成中国马克思主义概念，以此为基石构建中国马克思主义话语体系。在马克思主义中国化的进程中，汉语言文字迸发出了鲜活的生命力，通过汉字拼义，容纳中国革命、建设和改革的新鲜经验，把马克思主义原著术语转变成中国特色社会主义的重要术语。以这些术语、概念为基石，打造中国话语体系，就要沿着实事求是的思想路线，考察术语的概念意义生产，运用这些概念进行判断、推理，形成"时代精神—中国表述""群众创造—中国表述"的语句、语段。同时，以核心概念为桥梁和中介，实现学术话语和官方话语的概念兼容，官方话语与民间话语的概念对接，对人民群众丰富多彩的话语创造进行意义再生产，努力使消极话语转化成积极话语，粗俗话语转化成高雅话语，反面话语转化成正面话语，从而把非主流话语纳入主流话语系统当中。名正才能言顺，言顺才能理通，理通才能事成。理论体系、价值体系都要由特定的话语体系承载并发生作用，以概念为基石，打造中国特色社会主义话语体系，是中国马克思主义最成熟、最巧妙、最恒久的载体，是马克思主义理论体系、社会主义核心价值体系中国化时代化大众化的基本形式。

---

① 《德意志意识形态》，人民出版社 2003 年版，第 121 页。

第一节 建构中国马克思主义话语的基石与路径

在具体语用实践中，中国马克思主义概念成为建构话语体系的基石，并铺就马克思主义话语体系中国化的路径。

一、中国马克思主义话语的思想前提

近代西学东渐之初，西学对于中学居于高位文明，但中国与许多后发展国家相反，最终没有形成对西方的"话语依附"和"话语顺从"，反而建立起一套比西方话语更先进的现代话语体系，这里的根本前提就是马克思主义中国化。马克思主义虽然裔出西方，但又是西学发展的顶端和异端，是对西方资产阶级思想体系的涅槃式超越，中国人接受马克思主义，是摆脱话语依附的思想前提，因为马克思主义本身是全世界最大最先进的话语体系。这至少表现在六个方面：第一，马克思主义经典著作多语文本在世界上传播最广。仅《宣言》就有将近300种语言文字的文本，100多年来，在世俗社会，它的发行量最大，仅次于基督教的《圣经》。第二，它是当今世界上最大的概念体系，如"经济-政治-文化""生产力-生产关系-上层建筑""社会经济结构""资本主义""社会主义"等，已经成为世界通用的概念。不管人们是否赞同马克思主义，都离不开马克思主义的这套概念及其分析方法。第三，它影响并带动形成了世界上一大批著名思想家，包括西方世界的卢卡奇、葛兰西、萨特、哈贝马斯、德里达、沃勒斯坦等。正是这些思想家在引领世界思想潮流中发挥了不可替代的积极作用。第四，它深刻影响了当今世界各国的哲学社会科学或人文科学，包括哲学、经济学、政治学、社会学、法学、新闻学等。第五，它深刻影响了世界各国的社会思想文化和制度文化，包括文学、艺术、新闻、出版、广播、影视以及各种具有社会主义性质的制度文化。第六，它深刻影响了世界各国的大众文化，包括大众语言、生活节日，如"三八国际妇女节""五一国际劳动节""六一国际儿童节"等。应当说，在当今世界，马克思主义话语体系已经深入到人类文明的方方面面。所以，萨特、德里达等人认为，马克思主义是不可超越的。在西方国家的学术界，不懂马克思甚至被看作无知的代名词。

马克思主义给中国人民带来了思想武器也带来了话语武器，使中国人最终在话语上获得自觉和主动。中国被西来大潮裹挟的际遇，曾让恩格斯断言："在陆地和海上打了败仗的中国人必定欧洲化。"① 马克思主义来到中国并与中国具体实际相结合，却破解了中国参与全球化的依附性难题，把全球化战略纳入中国化的发展轨道。中国共产党人把探索中国特色的市场化道路作为马克思主义中国化的主题，为集成内外生产要素打造体制平台；通过社会整合寻求马克思主义中国化的主力，培育吸引外部要素的竞争优势；在国家重建中把党建设成马克思主义中国化的主体，保持对要素流向的国家控制力。随着中国开始为解决人类问题提供更多的中国智慧和中国方案，世界各国人民对人类和平与发展的前景既有期待，也有忧虑，期待中国表明立场和态度。中国特色社会主义进入新时代，中国作为一个负责任大国，也有话要说，提升中国话语时代影响力和国际影响力恰逢其时。这里的思想前提，仍然是马克思主义中国化，这套中国话语，必须是马克思主义话语体系。

打造中国马克思主义话语，第一要推进马克思主义经典著作基本观点研究。经典著作基本观点研究是马克思主义基本理论和马克思主义发展史研究的基础。这项工作也是常做常新的事情，需要人们不断努力才能准确把握马克思主义经典作家的思想精髓。近些年来，随着《马克思恩格斯全集》中文第二版的陆续问世②、MEGA 版的传入、经典作家新文献的发现，以及我国改革发展和人类社会的发展进步，人们对马克思主义基本观点的看法发生了很大变化，也引发了很多争论。其中重要原因之一是对马克思主义传播史了解不够。例如，很多历史上已经解决了的问题总是不断被重新提出来讨论。这就造成了大量重复劳动，而且造成了一定程度的思想混乱。要避免这些问题的出现，就需要对历史上经典著作的文本、版本、解读本以及相关的重要理论著作等进行认真梳理研究，弄清这些问题的来龙去脉。第二，要推进马克思主义中国化史的研究，马克思主义中国化是一个系统工程，又是一个历史过程，其中有很多环节，包括经典著作翻译、研究、出版、发行、普

---

① 《马克思恩格斯论中国》，人民出版社 1997 年版，第 127 页。

② 《马克思恩格斯全集》中文第二版翻译工作是在上世纪 80 年代完成第一版的基础上开展的，计划出版 70 卷，至 2020 年底已经出版 32 卷，主要依据新的 MEGA 版，同时参考德文版、英文版和俄文版。

及、应用、创新等。毫无疑问，马克思主义经典著作的翻译、研究和传播是中国化研究的重要内容。只有把这些具体环节的历史都一一梳理清楚，马克思主义中国化研究才能够深入下去，才能真正使人们体会到 100 多年来马克思主义对中国经济、政治、社会、思想文化以及人们生活方式的深刻影响。第三，要推进中国现代思想文化史研究，特别是对马克思主义在中国现代思想文化史上的地位和作用的研究。我们今天的哲学社会科学话语体系主要是在马克思主义话语体系基础上建立起来的，其中多半概念术语源于马克思主义经典著作及其研究和运用的成果。由于马克思主义话语体系是当今世界上影响最大、最为完整、最为先进的话语体系，因此，我国今天的话语体系是比较先进、比较科学、比较现代的。之所以会对马克思主义产生上述误解，一个重要原因是对马克思主义传播史缺乏研究，对我国近现代思想史上各家各派的话语体系缺乏深入的考证分析，更谈不上作概念、术语使用频率的数学统计了。所以，深入进行汉语马克思主义术语史、中国马克思主义概念史研究，并进行多方面的比较研究乃至科学的定性、定量分析，有助于科学认识中国现代思想文化演进的历史，中肯评价马克思主义以及各种思想流派的历史价值。

二、建构中国马克思主义话语体系的语言基石

术语是思想之花，概念是话语之砖，打造时代化大众化的中国话语体系，必须以新民主主义、中国特色社会主义等核心范畴为原点，运用马克思主义术语、概念为基石。现代中国的主流话语体系，就是新民主主义话语体系和中国特色社会主义话语体系。进入新时代，以"中国特色社会主义"核心范畴为原点，应该从什么地方集中突破与提升，才能融通中、西、马话语资源，构建中国化时代化大众化的话语体系？用列宁的话来说："概念是人脑的最高产物"，"概念的形成及其运用，已经包含着关于世界客观联系的规律性的看法、见解、意识。"[①] 语词是话语言说的基本单元，概念以语词的形式相对稳定地凝结了话语的本质规定性，话语体系不外是概念（语词）之间通过判断形成命题（语句），又经过推理得出结论（语段）。

---

① 《列宁全集》第 55 卷，人民出版社 2017 年版，第 139—149 页。

　　在成熟的话语体系中，概念是不变项，命题、结论等表述方式是概念的组合项。可以说，概念是在中、西、马之间进行跨文化旅行的话语使者，中、西、马之间的话语对接是通过概念完成的。西、马之间语词可以直接对译，不存在概念转换问题，但和汉语无法直接对译，几乎等于概念再造。这种语言张力不仅没有阻碍西方文化和马克思主义进入中国，反而成为中、西、马融汇的源头活水。中国人不是另造新概念，而是在翻译过程中，利用拼义文字使语词贯通中国历史和现实语境，赋予新含义使之成为中国话语的概念基础。通过词素组义是语词、概念得以流行的绝妙方式，事实上，西方拼音文字词素组义的空间有限，其容纳知识爆炸的基本方式是另造新单词，现代英语基本单词量已逾百万。汉字自甲骨文以来数千年没间断，蕴含着极其丰富的历史文化语义，三四千个常用字，可以自由组合新词汇新概念，无限量地容纳新鲜经验，同时又贯通历史智慧。

　　历史上每次外部思想文化输入，都伴随着一场话语变革。在中、西、马的对接转换中，传统的经学话语体系不合适，纯粹的西方话语体系不能用，马克思主义作为承认西学科学性而又批判现代西方社会经验存在的理论，改造并沿用了西方社会科学的主要术语，同时又使这些术语有可能容纳东方本土经验而成为中国马克思主义概念。术语、概念不仅包含静态的语词结构，更体现为动态的语用实践。列宁指出："只有当概念成为在实践意义上的'自为存在'的时候，人的概念才能'最终地'抓住、把握、通晓认识的这个客观真理。"[①] 17 世纪西学东渐以来，中国出现了上千个新词汇，其中有上百个变成了社会生活各领域的分析性概念，诸如"国家""科学""经济""实践""民族""干部""价值""发展""生产力"等，现在都在中国特色社会主义理论体系中广泛使用，成为其中的重要术语。基于中国特色社会主义新鲜经验涌现的话语表述，如"科学发展""和谐社会""生态文明""核心价值体系""社会主义市场经济"等等，大多是由这些分析性概念组合而来，当然还转用了一些西方和中国古典词汇。概念是话语的基石，构建中国话语体系，就是通过中国特色社会主义核心概念之间的相互界定和组合，立足于全面建设小康社会丰富的现实经验，提炼科学、准确、包容的

---

　　① 《列宁全集》第 55 卷，人民出版社 2017 年版，第 181 页。

"时代精神—中国表述""群众智慧—中国表述"。

　　运用马克思主义原典概念认识中国社会的客观真理，必须使之容纳中国的实践经验，从而能够走出书本，在实践意义上"自为"地言说中国特色社会主义道路、理论、制度和文化。中国特色社会主义核心概念的产生并非移花接木，而是投桃报李，以取之中国的语言元素，把马克思主义的原典概念具体化，形成中国化的概念、范畴，这些概念、范畴已经包含中国马克思主义者对中国问题的认识和理解，所以中国特色社会主义的概念和范畴系统，组成了一个话语体系，这个话语体系是中国化马克思主义最成熟、最巧妙、最恒久的载体。可见，在实践基础上把马克思主义话语体系中国化，是打造中国话语体系的必由之路。

　　由于中西方"话语逆差"，很多分析性概念存在对西方的"话语顺从"，对中国特色社会主义的实践特色、理论特色、时代特色和民族特色解释力不足，改革开放以来的许多争论和疑惑，都跟一些概念的话语含义模糊有关。因此，打造中国话语体系最实质性的工作，就是沿着马克思主义话语体系中国化的具体路径，系统研究马克思主义中国化进程中话语转换的规律和机制，厘清中国特色社会主义核心概念"哪里来、怎么来、哪里用、怎么用"，通过正本清源，结合时代特征和实践经验说文解字，对其话语含义做出时代化大众化的界定。

三、马克思主义话语体系中国化的路径

　　在路径选择上，按照马克思主义话语体系中国化的方向，沿着实事求是的思想路线，考察马克思主义原著术语，容纳中国新鲜经验发生的意义再生产、提炼核心概念，形成中国表述。过去一般把思想路线看作哲学上的认识路线，现在看来是远远不够的，认识路线大家都有，但全世界先后出现过100多个共产党，只有中国共产党形成和提出了自己的思想路线。在恢复实事求是优良传统的过程中，邓小平同志把思想路线系统化、有序化、操作化了，"十二大"通过的党章把实事求是思想路线归结为三个步骤：一切从实际出发，理论联系实际，在实践中检验真理和发展真理。习近平同志在中央党校"5·16"讲话中，进一步阐发了实事求是思想路线的步骤和方法，这些步骤和方法，环节不能减少，次序不能颠倒，组成一条马克思主义中国化

的具体路径。沿着这条路径，我们实际上摸着原著术语的石头过河，这其中有的石头被打磨成中国话语体系的基石，成为中国特色社会主义的核心概念。中国特色社会主义理论体系的形成过程，表现为"社会""人民""民主""劳动""生产力""公有制"等许多社会主义的传统概念，以及一度被抛出社会主义范畴的原典概念，如"市场""资本""价值""竞争""生态"等，重新定义进入中国特色社会主义话语体系的过程。打造中国话语体系，就要沿循思想路线，考察这些概念容纳中国新鲜经验发生的意义再生产，从中科学地提炼和界定中国特色社会主义的核心概念，运用概念进行判断、推理，形成"中国表述"的语句、语段。

没有调查就没有发言权，掌握话语权不是直接从术语到术语、从概念到概念，打造话语体系的第一个步骤是从实际出发，方法是从调查研究中探明概念的经验来源，把概念纳入中国语境。比如，1983 年春，邓小平同志苏南调研，发现不吃计划饭的社队企业反而比国营企业效益好，由此得出了一条重要经验："看来，市场经济很重要。"① 经验只能借鉴不能照搬，第二个步骤是理论与实际相结合，方法就是从用马克思主义理论分析典型经验作出的科学决策中，发现概念的实践基础。苏南调研一年半后，十二届三中全会提出"公有制基础上有计划的商品经济"，执行一揽子新的经济政策，邓小平同志称为"马克思主义的基本原理和中国社会主义实践相结合的政治经济学。"② "市场"作为经济学概念，可不可以进入社会主义范畴，留待实践检验。第三个步骤是在实践中检验和发展真理，方法是归纳政策执行中反复出现的结果，这种规律性即是最终凝结在概念中的客观真理。实行经济体制改革的新政策八年后，江泽民同志总结出规律："实践表明，市场作用发挥比较充分的地方，经济活力就比较强，发展态势也比较好。"③ 这一规律揭示了"市场"与社会主义经济的内在联系，"市场"概念成为提出"社会主义市场经济"表述的基石，进入中国特色社会主义话语体系。

以马克思主义术语、概念为基石建构话语体系，必须转换为中国语用主体。如英国学者雷蒙·威廉斯所说："词语的使用既反映了历史进程，也改

---

① 《邓小平思想年谱》，中央文献出版社 1998 年版，第 249 页。
② 《邓小平思想年谱》，中央文献出版社 1998 年版，第 297 页。
③ 《江泽民文选》第 1 卷，人民出版社 2006 年版，第 226 页。

变了历史进程，他们始终与政治社会利益和合法性问题紧紧相联"，① 任何概念、范畴、术语作为话语产生的基本单位，其自身隐藏着特定指向与预设，蕴含情感色彩和行为动机，服务于整个制度的合法性。它们相互作用所建构的秩序支撑着意识形态所规定的行为方式与价值理念，这些影响远超过文字符号本身。如果这些概念未经甄别与考辨便直接"挪用"到中国，忽视概念产生的历史语义环境及文字游戏背后的政治利益与价值导向。因此，构建中国马克思主义话语，必须厘清马克思主义术语、概念的基本语义，祛除苏联话语与西方话语思想与价值的影响，立足中国实践，提炼"中国命题""中国表述"，用汉语马克思主义术语和中国马克思主义概念阐释"中国道路"。"苏联话语"与"西方话语"的改造与清理是中国马克思主义话语创新的前提。移植西方语境下的术语、概念、范畴乃至分析框架，生搬硬套到中国经验，运用晦涩执拗的西方译语阐释"中国问题"，这种腾挪与推演不仅抹杀了中国历史实质的"独特性"和"丰富性"，而且必然被话语框架所牢笼，囿于西方范式，难以反映中国社会发展的现实需要，不免方枘圆凿，不得要领。习近平总书记在哲学社会科学工作座谈会上的讲话中指出："对国外的理论、概念、话语、方法，要有分析、有鉴别，适用的就拿来用，不适用的就不要生搬硬套。"以西方话语为例，在经济全球化背景下，中国话语完全脱离西方话语，闭门造车或逃避现代化中呈现的普适性理论话语亦无所助益。我们应该清醒地认识到在苏联话语体系或西方话语体系中"这些范畴'在认识中有自己的领域，在这个领域中它们必定有效'。但是一旦作为'漠不相关的形式'，它们就会成为'谬误或诡辩的工具'，而不是真理的工具"。② 作为"工具"的任何术语、概念与范畴均有其特定的生成语境与写作意图。现代语用学认为，语言符号并非是任意性（Arbitration）的，而是具有隐喻性（metaphoricalness），隐喻体现在语言的字、词、句、篇、章等多个层面的意识形态生产。马克思恩格斯在《德意志意识形态》中指出："全部问题只在于从现存的现实关系出发来说明这些理论词句。"③

---

① ［英］雷蒙·威廉斯：《关键词：文化与社会的词汇》，刘建基译，三联书店 2005 年版，第 8 页。

② 《列宁全集》第 55 卷，人民出版社 2017 年版，第 78 页。

③ 《马克思恩格斯文集》第 1 卷，人民出版社 2009 年版，第 547 页。

因此，一方面，我们应对苏式话语与西方话语条分缕析，澄清他们在本国历史文化语境中的物质基础、生成条件、制度支撑等，从源头反思术语、概念与范畴背后的精神生产，毕竟一些我们习以为常的术语、概念，其实有复杂的西方学术背景，并不是中国传统固有的术语。像"现代性"这个概念虽然多次被学界所使用，但我们却往往忽视该术语乃是对西方社会实践的"反映"，盲目地照搬将导致遮蔽真正的"中国问题"与"中国经验"。另一方面，我们应详细分析外来话语进入中国的背景、过程以及期间的语义变迁，拒绝话语泛化式使用，因为任何撇开中国语境的"话语对接"必然造成学术与现实的扭曲。与苏联或者西方学界在创造术语、概念与范畴时有着独特的现实需要与历史语境一样，这些概念进入中国亦有着其特定的现实需求与历史背景。我们应该把重要概念、范畴与术语重新置于其生成的中国历史语境中，解读其蕴含的深意，进而分析当下语义场中它的适用性，赋予其中国意义，实现术语、概念与范畴的中国化。

提炼中国共产党领导中国人民进行伟大社会革命的经验与规律是马克思主义话语体系中国化的关键，中国马克思主义者援用马克思主义经典作家的那些语词，化用中国传统文化中的哪些术语与马克思主义语词作为对译词，这些语词以什么样的结构关系构成新的话语谱系，不是中国马克思主义者的主观臆造，而是在解决中国实际问题的实践中，为分析、研究具体情况围绕中国问题进行言说形成的，也就是说，必须在中国具体语境中展开表述，中国马克思主义者作为语用主体才能够真正出场。在中国具体语境中围绕中国问题展开表述，是话语体系中国化的历史语义基础。在解决中国问题实践中，不断根据中国经验对马克思主义经典作家的语词进行意义生产和再生产，从而日益与相应的汉语术语相对接，随着实践的深入，涉及的术语增多，按照一定的结构关系构成新的特定语汇谱系，形成中国马克思主义话语体系。无论是"革命"还是"建设"，无论是"改革"还是"发展"，中国马克思主义话语体系的主题由中国社会实践发展和问题域的转换所决定。可以说，马克思主义话语体系创新离不开对中国问题的关切。以往学界对中国社会发展规律的研究受他者思维、逻辑与理论的"干扰"，缺乏对中国问题的发现、中国经验的提炼与中国道路的总结。中国马克思主义话语建构应着眼于中国道路的"独特性"，将"中国经验"置于中国数千年的历史长河中解读，提炼那些在中国历史长河中不曾有过但注定对中国社会发展有深远影响的因素，反思它们的生成、运行与作用的逻辑框架，用中国式的新术语、新概念与新范畴加以阐释，建构"中国话语"。此外，从"北京共识"到"中国模式"再到"中国道路""中国方案"，新时代中国特色社会主义引起世界关注，中国改革开放的理论与实践对那些既想加快发展又想保持自身独立性的民族国家的世界意义凸显。"中国话语"在世界舞台上发声既不能拘泥于西方话语又不能缺乏世界视野，这就要求中国化马克思主义话语体系创新要关照世界历史的问题谱系与方法传统，把握世界文明转型的内在脉络，挖掘"中国模式"的世界意义。总之，中国马克思主义话语建构要立足于中国社会实践的独特经验，在中国与世界的双重维度中，解答中国问题，解读中国道路，建构中国马克思主义话语。

第二节　中国马克思主义经济话语

话语就是术语的群落，所有制、资本、市场等术语作为中国马克思主义经济学范畴，蕴含一个解释现实、赋予实践意义的概念系统，还是一个追求理想社会的意识形态动力体系，马克思主义经济学重要术语中国化形成了中国马克思主义经济话语。特别是40多年的改革开放，推动了我国所有制结构不断调整和完善，也引起了生产过程中人们的地位及其相互关系的变化，促进了分配制度的合理变革。从市场经济的中国实践中产生的新术语、新概念、新命题等经济话语创新，不仅需要确定其在种概念子集中的相对位置，并确定概念的内涵与外延，而且还需要确定其与不同种属概念之间的逻辑关系，并确定概念的地位和功能，更重要的是经济话语创新还会造成对语言逻辑结构的扰动而推动中国特色社会主义政治经济学学术体系的发展。中国特色社会主义政治经济学是运用马克思主义经济学的理论和方法对中国经济实践活动的规律进行总结和提炼而形成的经济哲学理论，而表达其思想和观念的概念、词汇和语句等语言符号构成了中国特色社会主义政治经济学话语体系。

一、由所有制术语建构的基本经济制度话语

《共产党宣言》宣告："共产主义的特征并不是要废除一般的所有制，而是要废除资产阶级的所有制。"所有制术语作为政治经济学概念，是指它属于经济基础的范畴，在特定的生产方式中，所有制决定阶级划分和阶级关系，构成一个社会的基本经济制度，所有制变革也是社会革命和改革的根本问题。所有制这一概念系统中包括公有制、私有制、地主所有制、资产阶级所有制、社会所有制、多种所有制、所有制结构、所有制实现形式，以及公有资本、社会主义市场经济，等等，消灭私有制话语。从马克思主义传入中国到新中国成立半个世纪形成的所有制话语，包括私有制、地主所有制、帝国主义、垄断资本、官僚资本等术语。由这些术语构成的话语论述私有制（包括帝国主义、官僚资本主义和封建主义的私有制）是各种苦难的根源，革命就是要推翻这些私有制，建立美好的公有制的理想社会。中国最早介绍、引介马克思主义的思想者都不是纯粹的理论家，他们引介马克思主义的目的是救亡图存，为了改变中国的面貌，而不是作纯理论的研究，他们更加注重马克思主义理论中能激发人们革命斗志的成分，所以"阶级斗争""暴力革命"等内容很早就被介绍到中国，"所有制"就属于这一行列。新中国成立之前，马克思主义的传播已经逐渐形成一套所有制话语体系，这一话语体系的核心实际上是《共产党宣言》"消灭私有制"的中国表达，强调私有财产制度是阶级剥削的基础，中国要获得解放就要推翻私有制。早期向国内介绍马克思主义的那些思想家几乎都摘译或介绍了共产主义要消灭私有制和剥削，实现生产资料公有制的思想，李达 1919 年在《民国日报》副刊《觉悟》上发表的《什么叫社会主义》《社会主义目的》就明确提出"反对私有财产制"，[①] 党的"一大"通过的纲领，直接提出："推翻资本私有制，没收一切生产资料，如机器，土地，厂房和半成品等，应悉归社会公有。"[②] 毛泽东则更为具体地将我们要推翻的对象归结为帝国主义、官僚资本主义和封建主义这"三座大山"，实际上这"三座大山"就是三种私有制形式。毛

---

① 《中共党史参考资料》第 1 册，人民出版社 1979 年版，第 229 页。
② 吕延勤：《马克思主义在中国早期传播史料长编（1917—1927）》上，长江出版社 2016 年版，第 697 页。

泽东在"七大"的口头政治报告中，真真切切地把新民主主义经济纲领归结为《共产党宣言》的一句理论概括："共产主义的纲领就是消灭私有制"。井冈山时期打土豪，毛泽东曾到一个土豪家里去看有没有书，一个老妈妈走出来问他来干什么，他说来找东西，老妈妈说："昨天已经共了产，东西都共掉了，现在没有东西可共了。"当时很多农民都认为，把地主的财产分给他们，这就叫共产主义。毛泽东指出这当然不对。[①] 可见，在所有制科学概念中国化进程中，中国马克思主义者已经明确区分了财产与所有制概念，从而推动中国革命超越旧式的劫富济贫，而能够在马克思主义指导下深入到所有制变革，深入到阶级关系变革，从而深入到现代民族国家建设过程中的国体、政体设计。

社会主义公有制话语。从新中国成立到改革开放前，这个时期的所有制话语主要包括：私有制改造、公有制、国家所有制、集体所有制，以及由此延伸出来的人民公社、生产大队、生产队、生产小组等各级所有制。所有制话语从革命年代向建设年代的转变也有一个过程，在这一过程中各所有制经济成分的转变呈现如下逻辑：第一，私有制经济成分的地位逐渐走向下降，被边缘化，乃至于最终被彻底消灭。革命年代中国共产党允许甚至鼓励私营经济的存在和发展，而且在新中国成立之初，也允许民族工商业的存在和发展，在讨论"何时消灭私有制？"问题时，毛泽东、刘少奇、周恩来等都曾认为全国胜利后还要15—20年，也就是说，新中国成立前后党中央并没有立即消灭私有制的设想。1952年后形势发生变化，毛泽东等领导人开始考虑私有制的社会主义改造问题，私有经济逐渐被改造成了公有制经济成分，私有制经济成分的消除意味着社会主义经济基础建立起来。第二，在公有制经济成分中，公有的范围和程度是从小到大发展的，全民所有制高于集体所有制，公社所有制高于大队所有制，大队所有制高于生产队、生产小组所有制。斯大林的《苏联社会主义经济问题》一书1952年被翻译成汉语，稍后苏联科学院经济研究所编写的《政治经济学教科书》也被翻译成汉语传入，这两本书对国内产生了重要影响，把公有制当成社会主义唯一的经济基础，把提高公有制范围和程度看作社会主义经济发展。

① 《毛泽东文集》第3卷，人民出版社1996年版，第323、324页。

中国特色社会主义基本经济制度话语，包括公有制主体地位、多种所有制、非公有制、所有制结构、所有制实现形式等术语。我国改革开放的历史和逻辑起点，就是廓清了所有制与所有权的不同层次，在经济制度上保持公有制主体地位的前提下，在法律层面实行所有权与使用权分开，两权分开的具体方式又成为所有制的多种实现形式。从党的十五大起，所有制成为社会主义基本经济制度的核心概念，在中国特色社会主义实践中，廓清了与法律规范意义上的所有权术语的不同含义。2015 年 11 月 23 日，中共中央政治局第二十八次集体学习时，习近平总书记强调，要坚持和完善社会主义基本经济制度，毫不动摇巩固和发展公有制经济，毫不动摇鼓励、支持、引导非公有制经济发展，推动各种所有制取长补短、相互促进、共同发展。在中国特色社会主义基本经济制度话语中，所有制、所有权、财产（所有物）内涵明确、外延清晰。所有制属于经济制度，要在生产关系意义上适应生产力水平，实现多种所有制共同发展；各种所有制为了共同发展，在经济运行的法律规范框架下，探索所有权与使用权分开的有效实现形式，以发挥公有制主体地位和非公有制经济活力；多种所有制取长补短、相互促进，才能使创造社会财富的源泉充分涌流，共同构成中国特色社会主义市场经济有机组成部分。

改革开放 40 多年来，我国所有制结构的演变过程其实就是劳动与资本的关系从排斥对立到和谐共存的历史过程，体现了中国特色社会主义政治经济学对资本的态度从否定到肯定，再到否定之否定的辩证发展；同时也是生产关系的主题从注重公平忽视效率到效率优先兼顾公平再到公平与效率并重的历史过程，体现了中国特色社会主义政治经济学的经济正义价值原则的历史演进。生产资料所有制形式是经济正义的社会基础，生产资料所有制形式的历史演进，推动中国特色社会主义政治经济学对劳动与资本关系进行深度反思，达成对"亚当·斯密问题"的中国解决，从而创新中国特色社会主义政治经济学话语体系。

在所有制结构的判断标准上：从"一大二公三纯"到"公有制为主体多种所有制经济共同发展"。改革开放前，我们曾将社会主义所有制等同于单纯的公有制，片面强调公有制规模要大，程度要高，成分要纯。"一大二公三纯"成为政治经济学最响亮的术语。但是，现实的实践却将公有制纯化，私有制废除了，却没有消除私有制的恶果，反而带来的是效率的低下；公有制诞生了，却没有带来公有制应然的期许，反而带来的是平均主义的泛滥。改革开放后，我们将"是否有利于发展社会主义社会生产力、是否有利于增强社会主义国家的综合国力、是否有利于提高人民的生活水平"① 作为衡量工作是非得失的重要标准，确立了公有制为主体多种所有制经济共同发展的基本经济制度。"公有制为主体多种所有制经济共同发展"成为中国所有制结构的最新术语。"公有制为主体多种所有制经济共同发展"是基于中国具体国情对社会主义所有制结构作出的制度设计。

改革开放前，资本被视为资本主义经济的特有范畴，并且以资金术语取代资本概念，"国营企业""合作社经济"成为表述公有制形式的基本术语，认为在社会主义公有制条件下，无论是"国营企业"还是"合作社经济"都只存在资金循环而不存在资本循环。这在否定了资本的剩余价值增殖功能的同时，也使"国营企业"和"合作社经济"都失去了保证自身生存的效率机制。劳动被赋予了神圣的光环，并且对劳动作了区分，认为在公有制条件下，无论是在"国营企业"还是在"合作社经济"里，劳动都不再具有外在性，而真正成为自主性的行为。改革开放以来，无论是农村集体经济的"家庭联产承包责任制"的改革，还是国营企业的"国有企业"的变革，抑或对公有制企业的"股份制"改造，都是对公有制实现形式多样化的积极探索。"国有企业""股份制企业""家庭联产承包责任制"成为表述公有制实现形式的新话语。在公有制的实现形式上：从"国营企业""合作社经济"到"家庭联产承包责任制""国有企业""股份制企业""混合所有制"。将公有制与公有制实现形式分开，就是承认资本所创造出来的普遍利用自然属性和人的属性的社会生产关系体系对于社会生产力的积极作用。

公有制经济和非公有制经济的结合方式上：从"国家资本主义"经济形式到"混合所有制"经济形式。建国初期，我国对资本主义工商业进行改造，其过程经历了初级到高级的国家资本主义形式。"国家资本主义"成为表述公有制经济和非公有制经济结合方式的基本术语。在过渡时期，国家资本主义有利于冲破旧的生产关系束缚，以其高效率的生产关系来促

---

① 《邓小平文选》第3卷，人民出版社1993年版，第372页。

进社会生产力的迅速发展，并且利用国家政权来限制和规定资本活动范围。即使如此，国家资本主义依然充分彰显了资本强大的异化力量，从行贿，到偷税漏税，到盗骗国家财产，到偷工减料，到盗窃国家经济情报，莫不如此。国家资本主义对劳动者和劳动产品的关系作出调整，对劳动过程作出制度上的规范，对劳动者的思想道德觉悟进行改造。改革开放后，在经济体制改革过程中逐步探索出"混合所有制"的经济形式，混合所有制经济形式是指由国有、集体、私营、外资、个体等不同的产权主体共同投资而组建的经济形式，成为表述公有制经济和非公有制经济结合方式的新型术语。

在农村土地所有制问题上：从"政社合一"到"双包到户"再到"三权分置"。改革开放前，我国农村普遍举办政社合一体制特征的"人民公社"。人民公社初期，土地等主要生产资料收归公社所有，属于单一的公社所有制，后来经过调整，实行公社、生产大队和生产队"三级所有、队为基础"的农村三级所有制。"人民公社"成为最嘹亮的农村土地所有制术语。从严格意义上讲，公社所有制的主体并没有获得完整意义上的所有权，即公社所有制的所有权是受限制的，资金无法作为普遍劳动体系将生产资料和劳动力结合起来创造更多的价值。但是，我们也要承认公社所有制还是赋予了产权主体对生产资料的一定程度上的占有、支配、使用、收益的权利，为我国农村经济相对平稳发展和工业化的初期积累作出的积极贡献。按形式逻辑讲，在公社所有制的制度安排之下，消灭了资本对劳动的剥削，社员的劳动属于互助合作性质，劳动成果实行按劳分配，社员的收入应该不断提高，但是，由于分配上的平均主义，再加上缺乏有效的监管机制，无法激发社员的劳动积极性，也就导致农业社会生产力长期低水平徘徊。中国改革从实行家庭联产承包责任制开始，突破了人民公社政社合一体制，"大包干""联产承包""双重经营""双包到户"成为改革开放初期的重要术语，"双包到户"一度是改革开放的代名词，成为新时期农民最响亮的口号。在发展社会主义市场经济的进程中，以"双层经营""双包到户"为基础，农民在新世纪又创造了土地所有权、承包权、使用权分开，推动农产品商品化、农业集约化、农民市民化，"三权分置"成为新世纪农村土地所有制的新术语。

二、人们在生产过程中的地位及其相互关系

从计划经济时期的互助合作关系到市场经济时期的新型劳动关系，在劳动关系格局上由一元化走向多元化，在劳动关系隶属上由行政化走向契约化，在劳动关系的主体地位上由依附化走向独立化，在劳动关系的运行机制上由计划化走向市场化。这种演变过程本质上就是劳动与资本的矛盾关系的辩证展开过程，期间资本经历了从被妖魔化到重新获得对现实问题的话语权的转变，劳动经历了从被神圣化到重新审视在经济和社会发展中的作用的转变。中国特色社会主义政治经济学对劳动与资本关系的重新审视，将为深化改革提供新的概念支撑点。

在劳动关系格局上由一元化走向多元化。从"基于单一公有制的劳动关系"到"基于公有制为主体的劳动关系和基于多种所有制共同发展的劳动关系并存"。市场经济时期，与公有制为主体多种经济共同发展的所有制结构相适应，我国形成了多元化的企业劳动关系，对非公有制经济中从业人员在社会主义经济建设中的贡献予以肯定，形成了市场化、企业化、契约化的新型劳动关系。"企业主""打工仔""老板""雇员"成为流行的时代术语。公有制为主体多种所有制共同发展的基本经济制度无论是在公有制经济中还是在多种所有制经济中，都确认资本与劳动双方权利与义务的相对均衡。在劳动关系隶属上由行政化走向契约化。从"固定工"到"合同工"。"固定工"曾是最诱人的劳动关系术语。由于从根本上否定了市场在劳动力要素配置中的决定性作用，也使计划体制根本无法实现对劳动力资源的效率配置。随着社会主义市场经济体制的发展，逐步建立起了劳动合同制度，企业不再由国家直接经营，劳动者也不再是国家职工，企业和劳动者基于市场自愿原则建立起劳动合同关系，并依照法律契约明确双方的责权利。"合同工"成为新型劳动关系的标志性术语。公有制为主体多种所有制共同发展的基本经济制度赋予了市场对资源，包括劳动力要素配置的决定性作用。

在劳动关系的主体地位上进一步走向自主选择，从"单位人"到"社会人"。计划经济时期，国家建立了能够迅速贯彻其指令性计划的单位制度。单位成为计划经济时期极具中国特色的制度化组织形式，而个人则被纳入以单位为组织中介的国家行政控制之中，成为享受国家统一规定工资标

准、劳动保险和福利待遇的"单位人"。"单位人"成为最具优越性的身份术语。单位人依据行政权力主导的计划机制，而不是资本权力主导的市场机制来获得工资、奖金、住房、副食补贴、医疗保障、离退休金等，在社会资源短缺的状况之下能够获得高于社会平均水平的收入。单位人成为生产资料的主人，单位人的劳动还受到地域、身份、职业、体制等外在强制性因素的限制，尚不具备自主性劳动的空间条件和时间条件。改革开放以后，市场逐步取代计划成为资源配置的决定性因素，基于市场机制的自主经营、自负盈亏、独立核算的社会经济实体成为社会组织的基本形式，劳动者从对单位的依附中解放出来，转变为具有自由身份的劳动力。"社会人"成为市场经济时期新生的身份术语。"社会人"按市场机制来进行职业选择，劳动力成为资本所建构的普遍劳动体系的内在组成部分，从而最大限度激发劳动者的生产效率。"社会人"摆脱了身份制度的束缚，在一定程度上获得了能够自由发展自己劳动能力的自由空间和自由时间，劳动者期盼通过劳动来寻求生存需要的满足，希冀在劳动过程中得到人文关怀，也期望以劳动来实现人生价值的实现。

在劳动关系的就业机制上由计划化走向市场化，从"统包统配"到"双向选择"。"统包统配"曾经是流行的就业术语，依据行政权力所主导的计划机制，对劳动力资源进行统一计划配置。"统包统配"就业制度可集中优质劳动力资源进行统一调配，为国家工业化战略重点的人力资源需求提供了有效的制度保证。但是，"统包统配"就业制度缺乏有效的牵引机制、激励机制、约束机制、竞争机制、淘汰机制，也就无法对劳动者的价值创造、价值评价、价值分配的价值链进行效率整合。"统包统配"就业制度将每一个人都不同程度地纳入行政权力主导的单位组织控制范围之内，以现代组织形式克服了劳动力资源配置的散漫状态，有助于提升企业的劳动生产率。然而，"统包统配"本身意味着拒绝市场竞争，没有竞争不仅意味着无法淘劣存优而降低产品的劳动力成本，而且还无法激发劳动者创造新的生产方法而推动技术进步。改革开放之后，国家逐步打破"统包统配"就业制度，实行企业和劳动者的"双向选择"，劳动者根据自己的能力、兴趣、爱好选择就业岗位，企业根据自己的岗位需要自主选人，从而使劳动者与企业在市场上形成一种双向选择机制，"双向选择"成为时代流行的职业术语。

三、劳动产品的分配方式

计划经济时期，生产资料的全民所有制和集体所有制决定了我国按劳分配的产品分配方式。改革开放以后，收入分配领域实行以按劳分配为主体多种分配方式并存的分配制度。从按劳分配到按劳分配为主体多种分配方式并存的分配制度，在国家与国企的分配关系上，由"统收统支"更换成"税利分流"，在企业与个人的分配关系上，由"大锅饭"转换成"按劳动力要素分配"，在城市与农村的分配关系上，由"统购统销"转变为"市场调节"，在个人消费品的供应方式上，由"凭票供应"变换为"市场供应"。中国特色社会主义政治经济学对劳动与资本在价值分配中地位和作用的重新审视，将为全面深化改革提供新的理论论证。

在国家与国企的分配关系上：由"统收统支"更换成"税利分流"。计划经济时期，国家与国企利润分配关系逐步形成了"统收统支"体制。国企将全部或绝大部分利润上缴国家财政，企业进行再生产或扩大再生产的支出由国家财政统一拨付。"统收统支"成为最有影响力的分配术语。"统收统支"体制将资本变成资金，资本失去在普遍性劳动体系中的组织作用，行政权力成为普遍性劳动体系的布局者，这的确能够使国家有限的财力得到有效利用，基本保证了市场供应，也防止了企业与企业之间收入差距的扩大，在一定程度上维护了社会公平。但是，"统收统支"体制因失去资本的动力机制、竞争机制、激励机制而变得日趋僵化，企业因失去对资本的所有权地位而限制了企业的自我积累和自我发展能力。劳动在没有成为人的第一需要之前，其创造性的发挥是需要欲望力量的驱使，"统收统支"体制消解了资本对劳动的支配权力，而荣誉、典型示范、意识形态等外在因素无法植入到劳动者欲望的深处，也就无法真正激发劳动者价值创造的积极性。实行社会主义市场经济，国家以"税利分流"方式，理顺国家与国企的分配关系，这是继企业基金制、利润留成制、利改税制、承包经营责任制之后，国家采取规范化的方式来调适国家与国企的分配关系。企业依照税法上缴税收和适当比例的利润后，剩下的收入由企业自主支配，这就提高了企业生产的积极性，激励企业努力实现利润的最大化，"税利分流"成为最有特色的分配术语。

　　在城市与农村的分配关系上：由"统购统销"转变为"市场调节"。计划经济时期，我国对粮食实行"统购统销"的财政政策，即国家确定留粮标准后，对农民手中的余粮按照较低的价格进行统一收购，同时国家以较低的价格对城镇居民需要的粮食进行计划供应。后来油料、棉花、棉布、烤烟、生猪、羊毛等物资也被纳入"统购统销"的范围。"统购统销"成为最有争议的政策术语。"统购统销"政策以行政手段成功地遏制了资本的投机行为，较好地解决了城镇的粮食供给问题，为优先发展重工业提供了资金积累，"统购统销"政策的初试成效促使国家以行政权力为中心，在全社会范围内建构起了普遍利用自然属性和人的属性的计划经济体系，成为解决落后农业国工业化问题而作出的一项战略选择。从此，国家依赖行政命令来组织农业生产活动，致使农业生产活动长期在计划经济的封闭体系中低水平徘徊，延缓了农村商品经济的发展。"统购统销"政策通过行政手段限制了农村家庭手工业的发展，为城市机器大工业的发展提供了制度保证，在客观上促进了个体劳动向集体劳动的转型，的确有助于根除小农经济向私人资本主义演变的可能性，但是，其却同样造成了生产资料和劳动者的分离，而且这种分离是以准军事化劳动生产组织形式的建构为代价的，在准军事化的劳动生产组织形式下，劳动者更不能自由地发挥自己的智力和体力。改革开放以后，"市场决定"成为最深入人心的资源配置术语。"市场决定"使资本获得了社会主义经济范畴的合法性，资本的流动本性松动了传统城乡二元的板块结构，突出表现为乡镇企业的崛起。"市场决定"使劳动力获得自由买卖的权利，劳动力的流动本性松动了传统城乡二元的板块结构，突出表现为农民工在城乡之间的结构性流动。

　　在个人消费品的供应方式上：由"凭票供应"变换为"市场供应"。计划经济时期，"票证"成为象征当事人权力和地位的身份术语。在商品短缺时代，"票证制度"有助于将有限的资本投向国家急需重点发展的战略性行业，而且也有助于实现居民对紧缺型商品需求的公平消费。但是，由于票证规定和限制了资本的活动范围，资本只能按照票证规定的时间、数量、方向进行流动，失去流动性的资本无法充分发挥促进社会资源合理流动的功能，无法发挥分散价格变动风险的效用。在某种意义上讲，正是由于制度化的票证限制了资本的流动性，进而导致了伴随计划经济体制始终的市场供需紧张、社会资源浪费、投资风险集中。"票证制度"通过对消费资料的凭票供应将劳动置于国家的控制之下，在城市中，市民成了高度组织化的"单位人"，而在农村，农民成了"人民公社"里的社员，实现了个体劳动向集体劳动的转向，这对于克服传统小农经济框架之下劳动的自发性、散漫性、脆弱性具有积极意义。但是，集体劳动并没有使劳动成为真正自主性的劳动。改革开放以后，随着社会生产力的发展，国家逐步取消了个人消费品的"凭票供应"，实行个人消费品的"市场供应"，企业根据市场机制生产符合消费者需要的产品，消费者根据个人兴趣在市场上自由选购消费品。"市场供应"成为时代流行的分配术语。"市场供应"打破了个人消费品供应的身份区域制度，劳动者获得了在市场上自主选购所需要的生活资料的权利，这为人们提供了平等竞争的自由空间，有利于形成公平的社会分配秩序。

第三节　中国马克思主义文艺话语

习近平总书记在文艺工作座谈会上的讲话中指出："文艺是时代前进的号角，最能代表一个时代的风貌，最能引领一个时代的风气。"经过文艺话语的中国化时代化大众化，马克思主义和中国传统文化的结合不是水乳交融，而是盐溶于水，完全融入其中而又丝毫不改底色，运化无痕，这是一种马克思主义民族化的至善境界。本节以"词"这一汉语独有的话语形式为例，以毛泽东的词创作为典型，分析中国马克思主义文艺话语建构。文载道，诗言志，词喻情，从话语形式看，"词"是地地道道的中国独有的话语形式，"词"作为一个文艺学术语甚至与马克思主义原著语言德、英、俄、法不能对译，即使在日语里，"词"和"诗"的发音也没有区分。"词"始于南朝，成于隋唐，盛于宋代，之后虽有回光返照，但终究风华不再，难以恢复昔日的民族性。"词"作为释放个性之"情"的代言体，本身也亟待先进的思想理论体系，冲破传统意识形态的话语禁锢，光复民族文化瑰宝。德国学者卜松山说："毛泽东诗词极为生动形象地体现了作者本人'古为今用''洋为中用'的思想。简而言之，他的诗词是'马克思主义的中国化'的例证。"① "词"是地

---

① ［德］卜松山：《与中国做跨文化对话》，刘慧儒译，中华书局2003年版，第203页。

地道道中国独有的话语形式，毛泽东词的意境又实实在在是马克思主义的。

一、毛泽东用壮美之词替换凄美之词更新语汇谱系

列宁指出："任何词（言语）都已经是在概括。"[①] 语词是语族共同体普遍体验的结晶，在本语族的话语环境中，每一个语词都有和它关联的一系列语词形成语汇谱系，语汇谱系规定了其中单个语词引生言外之想的方向和意蕴。中国马克思主义者在翻译经典著作的过程中，并非简单的语词和语法对译，而是自觉或不自觉地将汉译文本纳入中国的语汇谱系，从而形成中国表述，在母语化的同时完成了中国化。

在词创作中，毛泽东用壮美之词替换凄美之词更新语汇谱系，使马克思主义思想情感得以用中国话语进行表述。令词中调寥寥几十字，长调也就百余字，篇幅简短，关键是凭藉特定的语汇谱系，数语点拨言外浓情厚意。旧词的语汇以凄婉之美触动人，中国马克思主义者在为中国问题寻找前途的过程中，从马克思主义的社会理想中看到的希望，在探索中国道路的实践中取得的成功，使毛泽东能够逆袭旧词的美学倾向，惜字如金而又遣词精当，以强而力的实词、慨而慷的虚词、大而全的量词建构语汇谱系，以壮丽之美感染人。这种语汇创新于咏梅词中可见一斑。毛词于陆词中脱化时，名词基本保留，但全部替换了动词。"风雨"不是"著"而是"送"，"春"不是"争"而是"迎"和"报"，"山花"不是"妒"而是"漫"，烘托出梅花从"无""任""落""碾"变成"有""待""在""笑"，美好的事物被打碎变成被拱卫，彻底扭转了美学倾向。又例如毛词《忆秦娥·娄山关》化自李白《忆秦娥》。两词的上阕看似同样萧煞，但毛泽东用大雁、战马替代秦娥和柳色，暗含了强有力的生命，用喇叭声替代箫声，让战斗的军号出场，三个新名词为"迈""越"两个发力动词埋下伏笔，成就过片处词势急转上扬的壮美。

毛泽东使用的实词语汇中，名词瞩目于勇猛的生命如龙、马、鹰、雁、鲲鹏、天兵、飞将，另外是山、海、江、河、天、风等雄伟的景物，频次最高的是山。35 首毛词中，7 首直接以山为题，20 多处提到中国的名山，甚

---

① 《列宁全集》第 55 卷，人民出版社 2017 年版，第 233 页。

至传说的仙山、不周山。与这些名词搭配的是强劲勃发的动词，"雨后复斜阳"化自温庭筠"雨后却斜阳"，一个"复"字把雨与阳都赋予了积极形象。"雄鸡一唱天下白"化于李贺"雄鸡一声天下白"，一个"唱"字被郭沫若称作"飞跃性的点化"，比原句雄奇万分。大量如竞、争、驱、踏、越、缚、卷、驰、持、立、驱、冲、跃，等等，与名词组成主谓或动宾结构，形成活脱脱的动感地带。

在虚词语汇中，毛泽东以表征慷慨彻底的形容词、副词，填充他的壮美谱系。形容词如"白"："漫天皆白"，"一唱雄鸡天下白"，"歌未竟，东方白"；如"彻"："搅得周天寒彻"，"衡阳雁声彻"。副词喜用"直"："直把天涯都照彻"，"直上重霄九"，"直下龙岩上杭"，"要向潇湘直进"，"直指武夷山下"，"颠连直接东溟"，"席卷江西直捣湘和鄂"；又如"都"："直把天涯都照彻"，"洒向人间都是怨"，"一片汪洋都不见"，"都是人间城廓"。

就数量词而言，毛词的语汇追求大而全的壮观，船是"百"舸，林是"万"木，物是"万"类，山是"万"山，峰有"千"嶂，骑有"万"马，敌有"千"军，人有五"亿"，冰封"千里"，崖悬"百丈"。巨大的数量词与特定的名词动词、形容词副词组合，构成博大的镜像，使毛词能跳脱旧词意向而别开生面。比如，传统以《黄鹤楼》为题的词，很难脱开晴川、芳草、汉阳树、鹦鹉洲等景物，毛泽东的《菩萨蛮·黄鹤楼》，呈现的是"茫茫九派""沉沉一线""龟蛇锁江""烟雨莽苍"这样的语词组合，展现阳刚十足的壮美。

二、毛泽东以人民之子取代精英士子作为语用主体

中国马克思主义者对语汇谱系的更新，远超出传统文人玩弄辞藻之上，而是立足于马克思主义的理论自信，运用马克思主义把握了历史深处涌动的脉搏，找到了推动历史前进的正能量。因此，中国马克思主义者能够站在历史发展的最高点，既不做历史名人的崇拜者，也不做经典专家的迷信者，而是以中国马克思主义者作为语用主体，即以中国人民之子、以人民公仆的立场、语气，进行中国表述。

以毛泽东词创作为例，毛泽东手书过辛弃疾的《菩萨蛮·书江西造口

壁》，辛词三处用"山"："可怜无数山""青山遮不住""山深闻鹧鸪"，这些山不是遮挡视线的，就是增添愁闷的，虽然造语清新壮观，但词势难抵毛词。毛词的壮美立于词人面对宇宙，赞颂其阔达悠远，同时又坚信人类改造世界的伟力。在《念奴娇·昆仑》中，"我"剑指昆仑，截山分赠，依天评说千秋功过。这种力量自信来自马克思主义历史观，这使毛泽东破天荒地以"工农"入词，"军叫工农革命""十万工农下吉安""百万工农齐踊跃""唤起工农千百万"，这令以气魄宏大著称的苏词也无法望其项背。毛泽东曾手书苏轼《念奴娇·赤壁怀古》，并将细数风流人物的词句化用到《沁园春·雪》《贺新郎·读史》中，但归结到"还看今朝"，并自注"末三句，指无产阶级"，宣称工农劳动阶级才是真正的历史主体，气势胜出苏词"浪淘尽"甚远，古来叱咤风云的大人物，在无产阶级面前都黯然失色。《卜算子·咏梅》原句"她在旁边笑"，酌改为"她在丛中笑"，用梅花品格托喻置身普罗大众之中，对陆词咏梅孤芳自赏，反其意而用之。"国际悲歌歌一曲，狂飙为我从天落"化自杜甫"呜呼一歌兮歌已哀，悲风为我从天来"，杜句表达对个人和家眷生计的悲悯之情，毛词赞颂革命烈士的悲壮之情。"我"已不是个体"小我"，而与历史主体站在一起成就"大我"，"我"不是超脱民众的精英士子，而是为历史主体服务的人民之子，毛泽东运用马克思主义校准了词人的历史定位。"词人者，不失其赤子之心者也。"① 传统词人的本真个性，被提升到人民之子的党性本色，精英士子的曲径唱幽转变成人民之子的振臂高呼，光复了词原初的民族性、群众性。

三、毛泽东将喻情的依托由双重性别置换为双重语境

旧词以双重性别喻情，真正的社会历史主体没有出场。秋瑾觉察了这个问题，倒过来女人说男人话："身不入，男儿列；心却比，男儿烈！"虽然把历史人物和盘托出，但消解了双重托喻的艺术魅力。日本学者竹内实认为："中国把文学史上的某些'词'当作不健康的作品予以排斥，然而所谓不健康之处，恰恰是其魅力所在。"② 被当作不健康的是男女性别，魅力所

① 王国维：《人间词话》，上海古籍出版社 2011 年版，第 4 页。
② ［日］竹内实：《毛泽东的诗词、人生和思想》，张会才等译，中国人民大学出版社 2012 年版，第 12 页。

在正是双重托喻。毛词语汇的壮美转向和语用主体变换、历史主体出场，使双重性别喻情不仅理所不当，而又势所不能。毛泽东回忆说：在战争中积累了多年的景物观察，一到娄山关这种战争胜利和自然景物的突然遇合，就造成了得意之作《忆秦娥·娄山关》。革命战争与自然景物遇合，人事和景物互相烘托、渲染，社会语境和自然语境互相映照、形塑。毛泽东以双重语境取代双重性别作为喻情的依托。景物是意象，人事是源泉，感情是词人追求对象化存在的本质力量，是把景物化为形象的生发剂。毛词把景物和人事作为双重语境，社会语境作为情感的源泉，自然语境连缀成形象体系映衬感情至深，最终结晶在词作品中。通过研读毛词《十六字令》，美国学者特里尔认为："他的诗句表达了大自然与历史的结合，这一点就是毛泽东最终成为革命家和亚洲首位马克思主义理论家的秘密。"① 三首《十六字令》写活了山形、山势、山魂，山岳的感情化，乃是词人自身山岳化的产物，山和人融合在一起，情凝结其中。在独立寒秋的词人眼里，那本无联系的山红江碧、林染舸游、鹰击鱼翔，浑然成为一体，呈现出宇宙万物不断变化、不断发展、不断斗争，显示出无限生机无限美。此景此情，当然不是钟灵毓秀于楚天湘水，论其源泉，乃在于青年词人在长沙度过的激情岁月，乃在于当年工农运动的革命风暴。毛泽东以双重语境托喻，有的作品甚至整阕用自然语境的形象体系烘托情感，另阕在社会语境中推出历史主体，揭示情感源头，这样的词包括两首《沁园春》和两首《菩萨蛮》《念奴娇·昆仑》《如梦令·元旦》《采桑子·重阳》《水调歌头·重上井冈山》。更妙的是，《沁园春·长沙》《沁园春·雪》《念奴娇·昆仑》等名作，上下阕之间链接过片句："问苍茫大地，谁主沉浮？""江山如此多娇，引无数英雄竞折腰。""千秋功罪，谁人曾与评说。"这样的过片句，把自然语境径情直遂地带进社会语境，把情感完好地结晶在整篇词作之中。

四、毛泽东词的话语境界

"词以境界为最上。"② 通过对旧词的马克思主义改造，毛泽东把词人当

---

① ［美］罗斯·特里尔：《毛泽东传》，何宇光、刘加英译，中国人民大学出版社 2010 年版，第162 页。

② 王国维：《人间词话》，上海古籍出版社 2011 年版，第 1 页。

作历史主体的一分子，运用壮美的语汇谱系刻画历史主体的创造活动，词家只要把触发真情实感的景物和人事叙写出来，则情与理自在其中。毛泽东把诗性眼光和政治眼光完全同一起来，把诗人的婉转超脱和政治家的现实追求同一起来，从根本上突破了旧词"情"与"理"的矛盾，进入情理相生的词境，这是求遇索报的传统词人无法梦怀和辟造的。

毛泽东词实现了豪放主义和婉约主义的统一。旧词的美感特质在以女性化的话语喻情，"苏轼的出现把'词'男性化了。"① 在婉约派词家看来，男性化消解了双重托喻的美感特质，豪放派实际上把词诗化了，豪放主义难成词风的主流，婉约、豪放格格不入。毛泽东指出："婉约派中的一味儿女情长，豪放派中的一味铜琶铁板，读久了，都令人厌倦的。"② 他手书古人《解配令》："老去填词，一半是空中传恨，几曾围、燕钗蝉鬓。"传统精英士子意在参政不在家庭，空中传恨是借女性话语排解郁闷，婉约派、豪放派抒发的同是社会情感，爱情、亲情、友情等私人情感在传统词文化中是缺位的。针对这种情感缺失，鲁迅曾疾呼："无情未必真豪杰，怜子如何不丈夫！"毛泽东通过语用主体的变换，彻底颠覆了男尊女卑、上智下愚等旧社会性别结构和等级结构的局限，不需要借用女性话语，而是词人直接出场，将爱情、友情等私人感情都纳入了他恢宏的人生追求，毛泽东通过词创作"苦情重诉"而又"独有豪情"。1959 年 8 月，毛泽东写信劝慰刘思齐，阅读"登高壮观天地间"的豪放词句，可以消愁破闷。③ 1975 年 4 月董必武逝世，毛泽东放了一整天豪放派词人张元翰的《贺新郎》录音，并把原词"更南浦，送君去"，改为"君且去，休回顾"。毛泽东真真切切地把爱情、亲情、友情上升到社会历史的层次，把私人情感和社会情感融合在一起，补白了旧词传统的情感缺位。对于发妻和战友杨开慧，"女子革命而丧其元，焉得不骄"的赞语，把"骄杨""称'杨花'也很贴切"的昵语，④ 更有贯穿《蝶恋花·答李淑一》全篇的"痛失—缅怀—欢欣—慰藉"的抒情波澜，

---

① ［日］竹内实：《毛泽东的诗词、人生和思想》，张会才等译，中国人民大学出版社 2012 年版，第 12 页。

② 《毛泽东文集》第 7 卷，人民出版社 1999 年版，第 304 页。

③ 《毛泽东家书品读》，红旗出版社 2004 年版，第 217 页。

④ 毛岸青、邵华：《想您，亲爱的妈妈——纪念杨开慧烈士诞辰 100 周年》，《人民日报》2001 年10 月 24 日。

串联了婉约主义和豪放主义互通的脉搏。正如竹内实所说："毛泽东从这两派最显著的长处中吸取了营养，把自己的作品锤炼到更高层次的诗境。"①马克思有名句："我的歌声就会更加高亢激昂，我和琴弦就会如泣如诉，倾吐衷肠。"② 毛泽东的词风圆满地达到了马克思的这种诗境。

　　传统豪放主义词家偏移双重托喻的美感特质，由于毛词用双重语境代替双重性别喻情，不仅打开了豪放词可以双重托喻的魔匣，而且让豪放主义成为毛词的主调，化解了传统豪放派词人忧愤寄词的隐曲归旨，使词生成境界顿开、情怀至高的壮观势头。旧词初兴之际，是以中调和令词浅吟低唱，长调慢词是豪放词出现后适应抒发豪情壮志而创作的，毛词完全打破了长调和中调、小令的喻情界限。毛泽东谈到《浪淘沙·北戴河》时说："李煜写的《浪淘沙》都属于缠绵婉约一类，我就以这个词牌反其道行之，写了一首奔放豪迈的。"③ 在传统词人那里，《蝶恋花》《忆秦娥》《如梦令》这些词牌专写儿女缠绵之情，毛泽东创造性地以《从汀州向长沙》《娄山关》《元旦》为题，写成了革命急行军的壮词。

　　毛词的豪放主调不仅没有偏废，反而升华了词的婉约意蕴。日本学者认为："毛泽东的'词'，在气势宏伟和感情豪放方面，继承了豪放派的体系。在各个重要处的用词上表现出来的女性式感觉来讲，在本质上与婉约派有共同之处。"④ 伟人之词微以婉，毛泽东擅长以恰到好处的用语惟妙惟肖地把婉约意蕴绽露出来。传统婉约派惯用的"酒""泪""愁"等字眼，毛泽东惜墨如金，全部毛词只用过两次"酒"和两次"泪"，两次"酒"都是悼念战友，两次"泪"都是为杨开慧同一人所用。"愁"字仅有三处："堆来枕上愁何状""凭割断愁丝恨缕""秋收时节暮云愁"，同一个"愁"字，贯穿了个人、夫妻和阶级的情感，凡人情感微妙地融进伟人情操。《贺新郎·赠杨开慧》原稿曾有"我自欲为江海客，更不为昵昵儿女语"，后改为"要似昆仑崩绝壁，又恰像台风扫寰宇。"从语汇上显然跃出了传统的婉约

---

　　① ［日］竹内实：《毛泽东的诗词、人生和思想》，张会才等译，中国人民大学出版社2012年版，第14页。

　　② 《马克思恩格斯全集》第1卷，人民出版社1995年版，第538页。

　　③ 龚育之等：《毛泽东的读书生活》，三联书店2011年版，第231页。

　　④ ［日］竹内实：《毛泽东的诗词、人生和思想》，张会才等译，中国人民大学出版社2012年版，第13—14页。

格调，而从语用主体的立意看，升华卿卿我我的一己之爱而做"重比翼"的人生憧憬，又是更胜一筹的婉约之韵。

毛泽东词境达到了现实主义和浪漫主义的统一。由于语用主体隐身不出场，旧词当中无论是对酒当歌的豪放，还是泪眼问花的婉约，总沾染一层浮光掠影，缺少从生活斗争中激发的真实感。"能写真境物、真感情者，谓之有境界。"① 在毛词中，词人或个人，或携朋友、战友，直接以人民之子的角色在场，从语用主体的现实经验中激发出强烈的真实感。列宁指出："现实高于存在并高于实存。"② 毛词对景物和人事的叙写不是临摹生活的原貌，而是根据语用主体理想的要求去拔高存在和实存，化自在之物成为我之物，让幡随心动、景由情生，把自然存在连缀成形象体系，用自然语境烘托语用主体生活其中的社会语境。因此，毛词一方面从生活出发，依照生活原貌反映生活，赋予形象以感情，走现实主义路线；一方面又从理想出发，依照理想的要求去描绘生活，赋予感情以形象，超出日常生活逻辑，走浪漫主义路线。毛词把写景和造景、写实和写意、实写和虚写，总而言之，把现实主义和浪漫主义完美地结合在每一部作品里。在传统文艺作品中，"浪漫主义一碰到现实就一败涂地了。"③ 生活和理想的反差造就浪漫主义和现实主义的隔阂，路漫漫其修远兮，从现实生活通达理想的行路之难催生无为之困。马克思主义与中国现实斗争的结合，使中国人第一次找到了实现中国梦的中国道路，这种民族性的道路自信在生活和理想之间，从而在文艺创作的现实主义和浪漫主义之间，架起了桥梁。马克思主义与中国现实斗争相结合的力量使词人毛泽东越来越成熟，越来越自信，越来越浪漫，他直接置身于词境之中，凭借这种道路自信历数群雄、颐使天兵、面斥顽敌、剑指昆仑、气贯江河。即便是在游仙体中，照样有真人出场，嫦娥、吴刚崇敬人间英雄，不是人羡仙，倒是仙敬人，既神化又人化。

毛泽东提出："在文学上，就是要革命的现实主义和革命的浪漫主义相统一。"④ 毛词的创作都是基于词人经历的重大事件，甚至具体到一场战斗、

---

① 王国维：《人间词话》，上海古籍出版社 2011 年版，第 2 页。
② 《列宁全集》第 55 卷，人民出版社 2017 年版，第 131 页。
③ 《列宁全集》第 2 卷，人民出版社 2017 年版，第 223 页。
④ 陈晋：《文人毛泽东》，上海人民出版社 1997 年版，第 464 页。

一次会议、一件往事，根植于强烈的现实主义背景。毛泽东在 1927 年创作的《西江月·秋收起义》，加上其后连续创作的《西江月·井冈山》《清平乐·蒋桂战争》《采桑子·重阳》《如梦令·元旦》《减字木兰花·广昌路上》《蝶恋花·从汀州向长沙》《渔家傲·反第一次大"围剿"》《渔家傲·反第二次大"围剿"》《清平乐·会昌》等十篇精品，每篇基于一场战斗，有序构成了一组笔力千钧的井冈山道路的胜利凯歌。长征初期哼成的《十六字令》三阕，每阕分别针对一次紧急会议写开。毛泽东认为自己的这些马背词作为史料都是可以的，这是传统的现实主义词人没有达到的境界。同时，毛词对每场战斗、每次会议都不是秉笔直书，而是言辞壮丽，豪气冲天，带有浪漫主义的显著特征。《西江月·井冈山》是以诗词形式的《井冈山的斗争》，但"文""词"相比，后者多联想、遐想、幻想，"山下旌旗在望"，毛泽东自称："其实没有飘扬的旗子，都是卷起的。"① "黄洋界上炮声隆"，黄洋界保卫战其实只有一声炮响。"敌军围困万千重"，就保卫战本身而言进犯之敌只能沿羊肠小道长蛇阵前进。两首《渔家傲》，原稿"十万大兵重入赣，飞机大炮知何限"，改为"二十万军重入赣，风烟滚滚来天半"，原稿"同心干，教他片甲都不还"，改为"同心干，不周山下红旗乱"，如此浪漫主义的手法更能突显人民战争的情势和威力。现实主义和浪漫主义结合最妙处，是虚做实处虚亦实，实做虚处实亦虚，"百年魔怪舞翩跹"，"七百里驱十五日"，"屈指行程两万"，其中的数字词人都仔细计算过，大数实写，现实主义中透出浪漫色彩。

　　毛泽东词的话语境界还实现了爱国主义和共产主义的统一。浪漫主义和现实主义在毛词中的完美结合，是以共产主义作为语用主体人生理想和社会理想的统一体为归旨的。从"衣被词人"的屈原，到南宋爱国词人群体，一直到清代纳兰、秋瑾，旧词的爱国主义传统纠结于以血亲胞族为核心的国统存续。在毛泽东的读书生涯中，"他圈得较多的是辛稼轩、张元幹这样一些爱国主义的词人的豪放作品"，② "西风""残阳""长空""壁上""弯月""旌旗""孤城"，毛词多处援用这些典型的爱国主义军旅词的壮美语

---

① 《毛泽东文集》第 8 卷，人民出版社 1999 年版，第 364 页。
② 臧克家：《毛泽东同志与诗》，《红旗》1984 年第 2 期。

汇。毛泽东继承了词文化的爱国主义传统，把爱国主义安放在共产主义的意境之上。《念奴娇·昆仑》原句"一截留中国"改成"一截还东国"，用一种地理区域取代国家，国家将要消亡了，爱国主义和国家的消亡，从而和共产主义同一起来。"昆仑"在神话传说里是中华民族的梦想所在，《念奴娇·昆仑》一改传统爱国主义对国统存续的守成，以人民之子的主体身份祈愿与世界各民族共享中国梦，"大同世界，环球同此凉热。"这种最彻底的共产主义境界不是镜花水月的空想，毛词反过来又把共产主义大同世界的到来，落脚在社会主义新国家的建设和发展上，盛赞新社会、新生活、新人物。《浪淘沙·北戴河》回首千年往事，感喟"换了人间"，词的画龙点睛之笔烙在创作时间：1954 年，社会主义改造的蓝图已经绘就。"换了人间"这一命意在毛词里再三道之："人间变了"，"还看今朝"，"当惊世界殊"，"雄鸡一唱天下白"，"歌未竟，东方白"，"而今一扫新纪元"，等等。

第四节　习近平新时代中国特色社会主义思想话语

时代是思想之母，实践是理论之源，话语则是思想理论之砖。习近平总书记善于从中国传统文化中吸取养分，融经史子集、经典故事、民俗谚语于系列重要讲话之中，生动传神，寓意深邃，发出了新时代的最强音。孟子有云：言近而旨远者，善言也。这套话语体系成为习近平新时代中国特色社会主义思想大众化的话语基础。

一、引经史子集充实话语载体

围绕治国理政新理念新思想新战略，习近平常引用经、史、子、集中的经典名句来提纲挈领，形成了许多大家耳熟能详、掷地有声的新话语。习近平引用的文化经典的名言警句中，既有出自儒家的四书五经，也包含道家、法家、墨家著作经典，也包括《史记》《左传》《战国策》《旧唐书》《资治通鉴》《吕氏春秋》《贞观政要》等史学巨作，又有《二程集》《苏轼文集》《王安石文集》等名家文集，还囊括《格萨尔王》《江格尔》《玛纳斯》等中国各民族英雄史诗。

经即经书，指儒家为主体，也包括道家、佛教的经典著作。"经"是中国传统文化的重要组成部分，是儒家思想的核心载体，四书五经更是中国历史文化古籍中的宝典。它详实地记载了中华民族思想文化发展史上最活跃时期的政治、军事、外交、文化等各个方面，对为官从政、为人处世、治学之道着重阐述。因此，四书五经被作为历代科举选士的命题书籍和教科书。今天，四书五经所载内容及哲学思想对我们现代人仍有非常重要的影响。习近平总书记在讲话中常引经据典阐述治国理政的新思想，他引用《论语》《礼记》《诗经》《墨经》《孝经》《道德经》，等等。如"得众则得国，失众则失国"，字面讲的是百姓与国家的关系，被延伸为如何密切联系群众、凝聚中国力量、走中国道路、实现中国梦想的问题。如"政者，正也。其身正，不令而行；其身不正，虽令不从"①，指古代官员的作风与政令的落实关系问题，引申为党员干部的纪律问题、作风问题，说明党员干部只有率先垂范、身先士卒，才有可能令行无阻、上下一致。又如"富贵不能淫，贫贱不能移，威武不能屈"②，乃孟子的经典名句。在孟子看来，能够侵蚀一个人信念的有三样东西：财富地位、贫穷困苦、权势武力，能够在三者面前而不改初衷、不忘初心，必是心怀理想、秉承信念之人，才是真正"居天下之广居，立天下之正位，行天下之大道"的君子。对于党员干部而言，"广居"，乃整个国家民族的利益，"正位"，指共产主义的信仰，"大道"，就是中国特色社会主义道路。党员干部只有居广居，立正位，行大道，面对财富不动心，面对利益不伸手，面对诱惑不变色，才能成为一个坚定纯粹的共产党人。用"经"的背后是治世，是从历史出发对当代中国社会主义改革和发展的思考。

史即史书、正史。不读古今书，不知天下事，读史使人明智，可知兴替，看成败，鉴得失。作为中国传统文化的重要组成部分，史书记录了各个朝代的盛衰成败，兴亡得失，是历代君王、士子为政治世的重要参考。在习近平系列重要讲话中，常以用"史"观过去，谈现在，看将来，从历史中借鉴治世的智慧，寻找解决现实问题的办法。在讲话中，也常常引用《左传》《史记》《资治通鉴》的名句，讲爱民，说用人，谈治理。讲爱民时，

---

① 人民日报评论部：《习近平用典》，人民日报出版社 2015 年版，第 25 页。

② 习近平：《干在实处 走在前列——推进浙江新发展的思考与实践》，中共中央党校出版社 2016 年版，第 9 页。

唯物史观认为：人民群众是历史的创造者，恩格斯曾经说：历史活动是群众的事业。习近平总书记用"治国犹如栽树，根本不摇则枝繁叶茂"的史书句子来表述，使得马克思主义的内容更加形象，更加贴近中国百姓的语言逻辑。人民群众在中国历史和现实中一直被喻为载舟之水、种子的土地、枝叶的根本，为官爱民一直是中国士子所恪守的为官之道，也是新时期党员干部的党性要求。习近平用"德莫高于爱民，行莫贱于害民"来强调为官当立德、爱人民、为人民服务，不可将与人民群众的"鱼水关系"变化为"油水关系"。讲用人时，用"为政之要，莫先于用人""盖有非常之功，必待非常之人"等来讲我党要重视人才的选拔，始终把选贤任能作为关系党和人民事业的关键性、根本性问题来抓。

子指诸子百家著作。先秦是百家争鸣、学术繁荣的黄金时代。各家学派，或著书立说阐述，或聚徒讲学，或质疑辩难，彼此交相辉映，众相争鸣，各成一家之言。诸子文集更是中国文化浓墨重彩的一笔，给后世留下了珍贵的文化遗产，特别是道家、法家、墨家等关于治世、为学、立德思想在当代中国仍有巨大影响。习近平在讲话中也常常引用道、法、墨等各家经典，包括《老子》《庄子》《孟子》《荀子》《管子》《尸子》《朱子》《韩非子》等等。道家素来讲究辩证法，主张"怀素抱朴"，推崇人与自然的和谐，反对腐败与奢侈，这对今日中国的社会转型有着重要的启示意义。习近平总书记多次强调："治大国若烹小鲜"，讲治理国家如烹饪，要像烧菜一样精心，要掌握火候，都要注意配料，不可多也不可少。习近平还用"为之于未有，治之于未乱"告诫广大党员干部要保持清醒头脑、增强忧患意识，居安思危、防患未然。用"祸莫大于不知足，咎莫大于欲得"，提醒党员干部要谨防贪欲之害，干干净净做人做事做官；墨子的名言"力，形之所以奋也"，[①] 阐释以供给侧结构性改革为主线，推动动力革命、质量革命的道理。还用梁启超的《少年中国说》中的名句："红日初升，其道大光"，坚定全国人民实现中华民族伟大复兴中国梦的道路自信。

习近平总书记引用诸子的话说："法者，治之端也。""凡将立国，制度

---

① 《习近平谈治国理政》第 3 卷，外文出版社 2020 年版，第 247 页。

不可不察也。"① 法律是国家治理的根基，遵循私道治国，国家就会动乱，以法度治国，社会才会稳定。法治也是政治走向成熟的重要标志。在推进全面依法治国实践中，习近平总书记引用古代法家名句阐述了新思想，用"法令行则国治，法令弛则国乱"，指出国家的强弱与法治的辩证关系；用"天下之事，不难于立法，而难于法之必行"，阐述立法与执法的对立统一。习近平在不同场合引用法家经典来强调党员干部要重视"法治思维"和"法治方式"，狠抓法律的制定和落实，把法治意识、纪律定力内化为道德的自律，外化为行动的自觉，实现内外的统一，如定锤之音，直击心灵。

集即诗词文集，意取集聚众篇为一书，是收历代诗文集、文学评论及词曲方面的著作。包括楚辞、别集、总集、诗文评、词曲等五个大类。每一个时代都有时代的代表，天地英华之所聚，卓然不可磨灭。先秦屈原、唐代李白、杜甫、杜牧，宋代苏轼、王安石、程颐、程颢、包拯，明代张居正、王阳明……上下五千年，纵横三万里，他们留下的诗文典籍存量巨大，造就了繁荣的中华文化。古代的学者在其文集词句之间流露出"为天地立心，为生民立命，为往圣继绝学，为万世开太平"的价值追求，成为后世学习和追求的目标，也是习近平总书记系列讲话所引用的高频名句。如"去民之患，如去腹心之疾"，讲为官当站在百姓的立场思考问题，以群众之心为心，面对民生疾苦要像"腹心之疾"一样，必欲除之而后快；如"利民之事，丝发必兴，厉民之事，毫末必去"，强调对待民生问题要认真细心，群众利益无小事，为民解忧不可略去细微点滴，鸡毛蒜皮，这样才能赢得群众发自内心的拥护和支持；还有"衙斋卧听萧萧竹，疑是民间疾苦声。些小吾曹州县吏，一枝一叶总关情"，强调对百姓而言，柴米油盐的琐碎小事，都是实实在在的大事，甚至是急事难事，解决好这些细小实事，就是在解决国家的民生大事；又有用苏东坡"江上之清风、山间之明月"，表达封建时代就有如此胸襟的士大夫，今天我们共产党人应该有更高境界。习近平总书记引用经典一方面勉励党员干部要心系百姓，为人民服务不辞辛苦；另一方面古为今用，用经典来分析时代问题，阐述了马克思主义道理，激发传统文

① 《习近平谈治国理政》第2卷，外文出版社2017年版，第540页；第3卷，外文出版社2020年版，第119页。

化的时代活力，使之更加契合时代发展需要。

二、用经典故事丰实话语素材

中国的经典故事门类众多，突出的有几类：一是励志故事，它通过语言素材讲述古人刻苦学习实现自身价值的过程，为后人树立学习的标杆；二是政治故事，主要通过阐述历史名人修身为人、治国为政的事迹为后人提供借鉴参考；三是民间故事，主要通过普通百姓在生活交往中的事实，传递崇尚和睦、追求和谐的价值理念。习近平的系列重要讲话中常常以这三类故事作为马克思主义在当代中国的话语素材。

一是用励志故事叙述马克思主义人生观。中国古代有着丰富的励志故事，它包含先贤"立志为学，精忠报国"的人生追求。无数读书人更为实现这一目标而不懈努力，古有车胤、孙康，囊萤映雪等发奋苦读的典型。当然这些励志故事背后也有时代的局限，在封建时代，读书人奋发努力的最终目标在于"学得屠龙术，卖与帝王家"，实现"升官发财"的梦想，这与马克思主义的人生观相悖。习近平总书记连续用盘古开天、女娲补天、伏羲画卦、神农尝草、夸父追日、精卫填海、愚公移山等神话励志故事，表达了中国人民的梦想精神，这些故事立足于当代中国，在引用这些故事时，摒弃了故事中的历史糟粕，融入马克思主义人生观的内涵，将其作为新时期激励加强共产党人思想理论学习、提高党性修养、树立正确人生观的话语素材。

二是以政治故事烘托马克思主义政绩观。正确的政绩观，强调心正，以"立党为公，执政为民"为根本出发点，不为私心所扰，不为名利所累，不为物欲所惑；正确的政绩观，还强调为民，既站在人民的立场，在工作中坚持群众的观点，在实践中走群众路线，急民之所急；正确的政绩观，强调谋实，一切从实际出发，踏实做人，踏实做事，踏实为政。

中国政治故事记了许多官员清正廉洁，心系天下的典范。如"三命而俯"的春秋宋国名臣大夫正考父，身居高位而不自傲，始终谦虚、谨慎、廉洁、自律为后人所熟知，成为古代官员廉洁之代表。还有战国时期魏国名臣西门豹，以重典惩腐败、大破"河伯娶媳"的巫风，发动百姓挖掘12渠，引水灌溉保障生产，促进了一方繁荣，因此有了"西门豹治邺，民不敢欺"的历史佳话；也有王安石"治绩大举，民称其德"，为后来的变法打下基础。在当代，也有如福建东山县委书记谷文昌，他在任时不追求所谓的"显绩"，而是默默无闻，带领当地干部群众踏实干事，通过十几年的努力建成了一道惠及子孙后代的沿海防护林，为长远发展作出贡献。这些故事都讲述官员清正为民、心系百姓的政绩观。习近平总书记在讲话中结合时代需要，恰如其分地引用这些政治故事阐述政绩观的具体要求，使马克思主义的话语表述在当代中国获得新的素材，契合干部群众的文化水平和话语逻辑，引起广泛的共鸣。

三是以民间故事渲染人类命运共同体意识。人类命运共同体意识，是在世界多极化、经济全球化、文化多样化和社会信息化的时代背景中提出，是纷繁复杂的经济模式、政治观念和文化要素共同作用的结果。马克思虽没有明确提出这一概念，但是在《1844 年经济学哲学手稿》《黑格尔法哲学批判》《论犹太人问题》等早期政治哲学文本中提出的共同体思想，为人类命运共同体思想提供丰富的思想素材。人类命运共同体意识，同样蕴含于中国的历史文化当中。中华文化历来讲究"和"，这种观念往往通过百姓交往故事体现出来。习近平总书记在讲话中也常引用大家所熟知百姓交往故事阐述传递和平发展理念，强调人类命运共同体意识。

习近平总书记系列重要讲话从古代的佛教东传、"伊儒会通"，讲到近代的西学东渐、新文化运动，直到马克思主义和社会主义进入中国的中外文明交流故事。他还讲了中华民族和阿拉伯民族"舟舶继路、商使交属"的丝路故事。① 他以古代张骞和郑和出使外国的具体故事，来阐释"伊儒会通"。两人都是和平的使者，张骞两出西域，历经艰难险阻，将中原文明传播至西域，又从西域诸国引进物种到中原，张骞开辟的早期"丝绸之路"成为了东西方经济文化交流的纽带。郑和七下西洋，带着和平交流的使命，始终奉行"共享太平之福"的对外政策，发展与各国的友好关系，把中国与亚非各国的贸易推进到一个新的台阶，促进了中华文明和伊斯兰文明交流互鉴，共同发展。

习近平总书记引用了近代许多感人的百姓故事，有如苏联飞行大队队长库里申科援华与中国人民共同抗敌，血洒长空，最后埋骨中国的故事；有加

---

① 《习近平谈治国理政》第 3 卷，外文出版社 2020 年版，第 471、480 页。

拿大医生白求恩，远渡重洋来到中国，在前线拯救抗日战士生命，最后牺牲的壮举；有毛岸英参加白俄罗斯第一方面军，加入反法西斯队伍，转战千里，直至攻克柏林的故事；也有飞行员唐铎作为苏军空中射击团副团长，鹰击长空，在反法西斯空战中屡建战功的故事。在抗日战争时期，许多国际友人离开亲人，远渡重洋来帮助中国，在苏联卫国战争期间，也有许多中华热血男儿走出国门投身于抗击法西斯德军的斗争。这些英雄儿女的故事早已跨越国家的界限，是患难与共、互帮互助的精神体现，是对和平与发展的诉求，是对人类命运共同体的意识阐释。

习近平总书记讲话还引用了许多现代的故事，有瓦莲金娜的儿子几十年跨国寻亲的感人故事；有哈萨克斯坦留学生鲁斯兰身怀"熊猫血"，在海南大学读书期间，积极参加无偿献血，为中国病人解除病痛作出贡献的故事。还有约旦小伙义乌的阿拉伯餐馆的故事，穆罕奈德把原汁原味的阿拉伯饮食文化带到了中国，并与一位中国姑娘结婚，把自己人生梦想融入中国发展的故事。国之交在民相亲，习近平总书记在讲话中把一个个百姓之间的相亲相爱的交往故事延伸到国家间和平交往，互助互赢，共同发展主题，以平实的语言，真挚的情感传递了"人类命运共同体"理念。

三、借民俗谚语夯实话语根基

当代中国的话语体系包括两个层面、两套亚系统，一套是在主流意识形态层面，以党的文献、文件、章程，领导人的讲话、文选以及主流政治新闻等体裁表现出来的官方话语系统，另一套是人民群众日常生活层面，以民俗谚语、桥段、民谣呈现的民间话语系统。在民间话语系统之中，存在大量的概念、词汇、民俗谚语，它们包含群众对于政治、经济、哲学等官方话语的思考，与官方话语体系的众多核心词汇、语句的意义相通相映。这些民间词汇、金句，成为马克思主义进入民间话语系统，扎根人民群众的桥梁。

首先是围绕核心词汇打造民间和官方共通的话语系统。在系列重要讲话中，习近平总书记常常结合一些群众所熟悉的民间话语词汇阐述治国理政方略，形成了许多干部群众"听得进、记得住、说得出、用得上"的流行话语，发出了时代新声。如"把权力关进制度的笼子里"，"笼子"如鸟笼、猪笼、鸡笼等，是老百姓的平时生活中常见设施，代表着约束和治理。把权力缚于笼子之中，用制度的"笼子"来制约一切滥用权力的行为，处于群众的监督之下。又如"打虎""拍蝇""猎狐"等，"老虎"是凶猛的野兽，食物链的顶端，代表着少数权势和地位极高的腐败干部数量虽少，但性质恶劣，影响深远，危害巨大；"苍蝇"是细小的昆虫，生活中却处处可见且数量巨大，传递着细菌和病毒，人见人恨，比喻基层侵害群众利益的干部，数量巨大，面积宽广，大多数发生在群众身边，直接危害群众的切身利益，所以危害也大；"狐狸"是狡猾的动物，善于隐藏和投机，比喻狡猾外逃的贪官，侵害国家利益，外逃他国，影响恶劣。反腐就是要打"老虎"，拍"苍蝇"，猎"狐狸"。习近平总书记系列重要讲话中，常常使用群众所熟悉的关键词汇，使新时代中国特色社会主义话语体系中，有许多与官方话语一一映射的民间词汇，例举如表8-1。

表8-1 官方话语映射的民间词汇

例句	民间话语词汇	官方话语对应词汇
敢啃硬骨头，敢于涉险滩	硬骨头 险滩	困难 危险
把权力关进制度的笼子	笼子	制度体系
拧紧总开关	总开关	核心价值观
精神上缺钙就会得软骨病	钙	理想信念
接接地气，充充电	地气电	基层能力
带电的高压线	高压线	铁的纪律
我们要有钉钉子的精神	钉钉子	做工作
为民服务不能一阵风	一阵风	短期行为
迈过锅台上炕	锅台	程序 流程
不要换一届领导就兜底翻	兜底翻	全盘否定
党面临的赶考远未结束	赶考	执政考验
转变工作作风就要打破围城玻璃门、无形墙	围城 玻璃门 无形墙	脱离群众
鞋子合不合脚，自己穿了才知道	鞋子 脚	道路 国情
防止出现意大利碗面现象	意大利碗面	自相矛盾
照镜子、正衣冠、洗洗澡、治治病	镜子 洗澡 治病	自我净化
不能在温室里养干部	温室	安逸环境

例句	民间话语词汇	官方话语对应词汇
引进人才要防止近亲繁殖	近亲繁殖	宗派主义
文化产品也要讲票房价值	票房价值	经济效益
莫把制度当作稻草人摆设	稻草人	形式主义
这种不求有功、但求无过的墙头草多了	墙头草	好人主义
朋友圈越来越大	朋友圈	结伴外交
中华民族的根和魂	根 魂	精神文明
中国人的饭碗要端在自己手里	饭碗	粮食安全
人生的扣子从一开始就要扣好	扣子	价值观
绿水青山和金山银山	绿水青山 金山银山	生态环境经济发展

其次，结合民俗谚语丰富民间和官方共同话语系统。除了用一些民众所熟悉的话语词汇阐述新时代治国理政的方略，习近平总书记还通过人民群众所熟悉的一些民俗谚语进行形象具体的表述。民俗谚语、民谣是人民群众在生产生活中长期积累起来，描述各种经验的简练语言，是人民群众智慧的结晶，在表达句式上具有简洁明了、幽默诙谐的特点，深为广大群众所喜爱。习近平在讲话中，常用民俗谚语分析问题，讲述道理，形成许多雅俗共赏、耳熟能详的流行语句。在阐述以人民为中心的发展思想时，用民间谚语"人心就是力量""众人拾柴火焰高""小康不小康，关键看老乡""全面建成小康社会，一个也不能少；共同富裕路上，一个也不能掉队"等来表述。讲全面深化改革时，习近平总书记用"没有比人更高的山，没有比脚更长的路""中华民族伟大复兴，绝不是轻轻松松、敲锣打鼓就能实现的"，来表达改革前途的光明和道路的曲折；用"手莫伸，伸手必被捉""开弓没有回头箭"强调了反腐的决心和态度。"把中国人的饭碗牢牢端在自己手中""房子是用来住的，不是用来炒的""让有为者有位、吃苦者吃香、流汗流血牺牲者流芳"，[①] 这些话语虽简洁明了，却意义深远，又有很强的韵律和节奏，说起来又朗朗上口，深受人民的喜爱。习近平总书记通过这些民俗谚语阐述新时代新思想，于平实之中蕴含治国理政的智慧，使马克思主义在当

---

① 《习近平谈治国理政》第 3 卷，外文出版社 2020 年版，第 157 页。

代中国获得更加灵活丰富的表达形式。

列宁说过："对人民讲话不要故作高深，要通俗易懂。"① 习近平总书记系列重要讲话从百姓视角，融人民群众熟悉的诗文经典、寓言故事，民俗谚语等打造的具有中国特色的话语体系，使马克思主义的人生观、价值观、政绩观的表述在当代中国获得新载体、新素材、新形式，丰富了共产党人修身为学、为政治国、和平外交、人类命运共同体的思想理念的话语表述。围绕着新载体、新素材、新形式打造的新时代中国特色社会主义话语体系，不仅展现了传统文化的时代魅力，更贯穿了马克思主义的思想精髓，使马克思主义在当代中国获得新的话语表现形式，实现官方话语与民间话语的衔接联通。

---

① 《列宁全集》第 29 卷，人民出版社 2017 年版，第 106 页。

参 考 文 献

一、经典著作译本、版本

《共产党宣言》译本、版本

摘译

1. ［英］企德：《大同学》，李提摩太译，蔡尔康撰，《万国公报》1899年 2—4 月。

2. ［英］基德：《社会进化》，李提摩太译，蔡尔康撰，《万国公报》1899 年 2—4 月。

3. ［日］福井准造：《近世社会主义》，赵必振译，上海广智书局 1903 年版。

4. 宋教仁：《万国社会党大会略史》，《民报》1906 年 6 月第 5 号。

5. 廖仲恺：《社会主义史大纲》，《民报》1906 年 9 月第 7 号。

6. 何震：《女子革命与经济革命》，《天义报》第 13、14 卷合刊 1907 年 12 月。

7. ［日］河上肇：《马克思的唯物史观》，陈溥贤译，《晨报》副刊 1919 年 5 号第 3 期。

8. 刘秉麟：《马克思传略》，《新青年》第 6 卷 1919 年 5 月第 5 号。

9. 凌霜：《马克思学说的批评》，《新青年》第 6 卷 1919 年 5 月第 5 号。

10. 许新凯：《共产主义与基尔特社会主义》，《新青年》第 9 卷 1921 年

9 月 1 日第 5 号。

节译

1. 朱执信：《德意志社会革命家小传》，《民报》1905 年 11 月第 2 号。

2. 叶夏生：《无政府党与革命党之说明》，《民报》1906 年 6 月第 7 号。

3. 因格尔斯：《"共产党宣言"序言》，民鸣译，《天义报》第 15 卷 1908 年 1 月 15 日。

4. 马尔克斯、因格尔斯：《共产党宣言》，民鸣译，《天义报》第 16—19 卷合刊，1908 年。

5. 陈振飞：《绅士与平民阶级之争斗》，《民生日报》1912 年 9—10 月。

6. ［日］煮尘重治：《社会主义大家马儿克之学说》，朱执信译，《新世界》第 2 期 1912 年 6 月 2 日。

7. 李泽彭：《马克思和昂格斯共产党宣言》，《国民》1919 年第 2 卷第 1 号。

8. 谭鸣谦：《"德漠克拉西"之四面观》，《新潮》第 1 卷 1919 年 3 月 25 日第 5 号。

9. 张闻天：《社会问题》，《南京学生联合会会刊》1919 年 8 月 19—21 日。

10. 胡汉民：《唯物史观批评之批评》，《建设》第 1 卷 1919 年 12 月第 5 号。

变译

1. ［日］幸德秋水：《社会主义神髓》，朝报社发行所 1903 年版。

2. ［日］幸德秋水：《社会主义神髓》，中国达识社译，浙江潮编辑所 1903 年版。

3. ［日］幸德秋水：《社会主义神髓》，高劳译，商务印书馆 1923 年版。

4. 申叔：《〈共产党宣言〉序》，《天义报》1908 年 3 月 15 日第 16、17、18、19 四册合刊。

5. 《中国共产党宣言》，见《中国共产党第一次代表大会档案资料》，人民出版社 1984 年版。

6. 《美国共产党宣言》，P. 生译，《共产党》1920 年 12 月 7 日。

7.《俄共产党之宣言》,《汉口新闻报》1921 年 3 月 1 日。

8. 励冰:《〈共产党宣言〉的后序》,《先驱》1922 年 2 月 15 日第 3 号。

9. 李大钊:《我的马克思主义观》,《新青年》1919 年第 6 卷 5、6 号。

全译

1.《共产党宣言》,陈望道译,社会主义研究社 1920 年版。

2.《共产党宣言》,华岗译,华兴书局 1930 年版。

3.《共产党宣言》,成仿吾、徐冰译,解放社 1938 年版。

4.《共产党宣言》,博古译,解放社出版 1943 年版。

5.《共产党宣言》,陈瘦石译,商务印书馆 1943 年版。

6.《共产党宣言》(百周年纪念版),外国文书籍出版局 1948 年版。

7.《共产党宣言》,乔冠华译,中国出版社 1948 年版。

8.《共产党宣言》,成仿吾译,人民出版社 1978 年版。

9.《共产党宣言》,唐诺译,脸谱出版社 2001 年版。

10.《共产党宣言》,人民出版社 2017 年版。

11.《共产党宣言》(纪念马克思诞辰 200 周年特辑),人民出版社 2018 年版。

12. 韦正翔:《〈共产党宣言〉探究——对照中、德、英、法、俄文版》,中国社会科学出版社 2013 年版。

13.《共产党宣言》汉译纪念版,陈望道等译,中华书局 2011 年版。

14.《共产党宣言》(俄华对照),时代出版社 1954 年版。

15.《共产党宣言》(中德俄英多语种纪念版),中央编译出版社 2018 年版。

《德意志意识形态》译本、版本

1. 高语罕:《唯物的见解和唯心的见解之对立》,亚东图书馆 1930 年版。

2. 杨东莼、宁郭伍:《唯物的见解和唯心的见解之对立》,昆仑书店 1932 年版。

3. 马克思恩格斯:《德意志意识形态》,郭沫若译,言行出版社 1938 年版。

4. 王福民:《〈德意志意识形态〉第一卷手稿片段》,《哲学丛林》1978

年第 2 期。

5. 《德意志观念体系》，周建人译，珠林书店 1941 年版。

6. 《德意志意识形态》，吴恩裕译，《新经济半月刊》1940 年第 3 期。

7. 《德意志意识形态》，章克标译，《哲学》1940 年第 2 期。

8. 《德意志意识形态》，人民出版社 2003 年版。

《法兰西内战》译本、版本

1. 《法兰西内战》，吴黎平、刘云译，解放出版社 1938 年版。

2. 《法兰西内战》，郭和译，海潮出版社 1939 年版。

3. 陈叔平：《马克思关于巴黎公社报刊消息摘录》，吴惕安译，商务印书馆 1975 年版。

4. 陈独秀：《马克思学说》，《新青年》第 9 卷 1922 年第 6 期。

5. 《法兰西内战》，人民出版社 2017 年版。

《哥达纲领批判》译本、版本

1. 李春蕃：《德国劳动党纲领批评》，解放丛书社 1923 年版。

2. 《哥达纲领批判》，何思敬、徐冰译，解放社 1939 年版。

3. 《哥达纲领批判》，熊德山译，《今日》1922 年第 1 卷第 4 号。

4. 李达：《德国劳动党纲领批评》，《新时期》1923 年。

5. 彭雪霈：《德国劳动党纲领批评》，《学灯》1923 年。

6. 邓中夏：《共产主义与无政府主义》，《先驱》1922 年。

7. 《哥达纲领批判》，人民出版社 2015 年版。

《国家与革命》译本、版本

1. 沈泽民：《论无产阶级在这次革命中的任务》，人民出版社 1921 年版。

2. 江一之：《国家论》，上海浦江书店 1927 年版。

3. 《国家与革命》，李春蕃译，华兴书局 1929 年版。

4. 《国家与革命》，中共苏区中央局宣传部 1932 年版。

5. 《国家与革命》，博古译，延安解放出版社 1943 年版。

6. 张太雷：《马克思政治学》，《觉悟》1924 年。

7. 《关于国家和阶级专政》，马思果译，世文书店 1947 年版。

8. 《国家与革命》，仓木译，人民出版社 1953 年版。

9. 沈雁冰：《阶级的社会与国家》，《共产党》1921 年第 1 卷第 4 期。

10.《国家与革命》，李春蕃译，《革命》1927 年。

11.《俄国的政党和无产阶级的任务》，《解放与改造》1919 年第 1 卷第 1 期。

12. 李春蕃：《共产主义与社会底进化》，《觉悟》1923 年。

13.《国家与革命》，人民出版社 2015 年版。

《资本论》译本、版本

1.《资本论》，陈启修译，上海昆仑书店 1930 年版。

2.《资本论》，潘冬周译，北平东亚书局 1932 年版。

3.《资本论》，郭大力、王亚男译，读书生活出版社 1938 年版。

4.《资本论》，侯外庐、王思华译，生活书店 1932 年版。

5.《资本论》，吴半农译，商务印书馆 1934 年版。

6.《资本论》第 1—3 卷，人民出版社 2004 年版。

7.《资本论》（节选本），人民出版社 2018 年版。

文献

1.《马克思恩格斯选集》第 1—4 卷，人民出版社 2012 年版。

2.《列宁选集》第 1—4 卷，人民出版社 2012 年版。

3.《毛泽东选集》第 1—4 卷，人民出版社 1991 年版。

4.《邓小平文选》第 1—3 卷，人民出版社 1993、1994 年版。

5.《周恩来选集》上、下卷，人民出版社 1980、1984 年版。

6.《刘少奇选集》上、下卷，人民出版社 1981、1985 年版。

7.《朱德选集》，人民出版社 1983 年版。

8. 习近平：《之江新语》，浙江人民出版社 2007 年版。

9. 习近平：《摆脱贫困》，福建人民出版社 2014 年版。

10. 习近平：《干在实处 走在前列——推进浙江新发展的思考与实践》，中共中央党校出版社 2006 年版。

11.《习近平谈治国理政》，外文出版社 2014 年版。

12.《习近平谈治国理政》第 2 卷，外文出版社 2017 年版。

13.《习近平谈治国理政》第 3 卷，外文出版社 2020 年版。

14.《陈望道全集》第 1—11 卷，浙江大学出版社 2011 年版。

15.《孙中山选集》上、下卷，人民出版社 1981 年版。

16.《李大钊全集》第 1—5 卷，人民出版社 2013 年版。

17.《布哈林文选》上、中、下册，人民出版社 1981 年版。

18.《葛兰西文选》，人民出版社 2008 年版。

19.《张闻天文集》，中共党史出版社 1990 年版。

20.《胡耀邦文选》，人民出版社 2015 年版。

二、辞书史料工具书

辞书

1. 商务印书馆编审部编：《辞源》，商务印书馆 1915 年版。

2. 陆而奎、方毅等编：《辞源》正续编合订本，商务印书馆 1939 年版。

3. 夏征农：《辞海》，上海辞书出版社 2000 年版。

4. 许慎：《说文解字》，中华书局 1987 年版。

5. 沈国威：《新尔雅》，上海辞书出版社 2011 年版。

6. 黄河清：《近现代辞源》，上海辞书出版社 2010 年版。

7. 赵登荣、周祖生：《杜登德汉大词典》上、下卷，北京大学出版社 2013 年版。

8. 李玉汶：《汉英新辞典》，商务印书馆 1918 年版。

9. 颜惠庆：《英华大辞典》，商务印书馆 1908 年版。

10. 罗竹风：《汉语大词典》，汉语大词典出版社 1997 年版。

11. 李鼎声：《现代语辞典》，光明书局 1933 年版。

12. ［日］内田庆市、沈国威：《字典集成》，商务印书馆 2016 年版。

13. 阮智富：《现代汉语大词典》，汉语大词典出版社 2000 年版。

14. 罗念生、水建馥：《古希腊语汉语词典》，商务印书馆 2005 年版。

15. 刘正埮主编：《汉语外来词词典》，上海辞书出版社 1984 年版。

16. ［英］马礼逊：《马礼逊华英字典》，英国东印度公司澳门印刷厂 1815—1823 年版。

17. ［英］麦都思：《麦都思华英字典》，Parapattan1842—1843 年版。

18. ［美］卫三畏：《卫三畏华英韵府历阶》，香山书院 1844 年版。

19. ［英］麦都思:《麦都思华英字典》，Mission Press1847—1848 年版。

20. ［美］卫三畏:《卫三畏英华分韵撮要》，羊城中和行出版 1856 年版。

21. ［英］马礼逊:《1865 马礼逊五车韵府》，Mission Press1865 年版。

22. ［德］罗存德:《罗存德英华字典》，The Daily Press Office 1866—1869 年版。

23. ［美］卢公明:《卢公明英华莘林韵府》，Rozario, Marcal and Company1872 年版。

24. ［英］司登得:《司登得中英袖珍字典》，Lane, Crawford & Co1874 年版。

25. ［美］江德:《江德英华字典》，美华书馆 1882 年版。

26. ［英］麦嘉湖:《麦嘉湖英厦词典》，TRUBNER & Co1883 年版。

27. ［日］井上哲次郎:《井上哲次郎订增英华字典》，J. Fujimoto1884 年版。

28. 邝其照:《邝其照英华字典集成》，循环日报 1899 年版。

29. ［日］田边庆弥（Tanabe Keiya）:《汉译日本法律经济辞典》，商务印书馆 1913 年版。

30. ［美］卫三畏:《卫三畏汉英韵府》，American Presbyterian Mission1903 年版。

31. 颜惠庆:《颜惠庆英华大辞典》，商务印书馆 1908 年版。

32. ［德］卫礼贤:《卫礼贤德英华文科学字典》，Deutsch-Chinesischen Hochschule1911 年版。

33. ［英］翟理斯:《翟理斯华英字典》，Kelly & Walsh1912 年版。

34.《商务书馆英华新字典》，商务印刷馆 1913 年版。

35. ［英］富翟氏:《富翟氏英华字典》，Edward Evans & Sons LTD1916 年版。

36. ［德］郝美玲:《郝美玲官话》，Statistical Department of the Inspectorate General of Customs1916 年版。

37. ［英］季理斐:《季理斐英华成语合璧字典》，The Presbyterian Mission Press1918 年版。

38. ［德］斯特凡·约尔丹：《历史科学基本概念辞典》，孟钟捷译，北京大学出版社 2012 年版。

39. 黄岳洲：《汉语词根辞典》，华语教学出版社 2015 年版。

40. 黄丘隆：《社会主义词典》，学问出版社 1989 年版。

41. 卢之超：《马克思主义大辞典》，中国和平出版社 1993 年版。

42. 徐光春：《马克思主义大辞典》，崇文书局 2018 年版。

43. ［英］汤姆·博托莫尔：《马克思主义思想辞典》，陈叔平等译，河南人民出版社 1994 年版。

44. ［德］沃尔夫冈·弗里茨·豪格：《马克思主义历史考证大辞典》（第 1 卷），俞可平等编译，商务印书馆 2018 年版。

史料

1. 吕延勤：《马克思主义在中国早期传播史料长编（1917 — 1927）》上、中、下，长江出版社 2016 年版。

2. 康文龙：《列宁主义在中国早期传播史料长编（1917 — 1927)》上、中、下，武汉大学出版社 2019 年版。

3. 北京大学《马藏》编纂与研究中心：《马藏》第一部、第二部，科学出版社 2019、2021 年版。

4. 欧阳淞、章育良主编：《红藏：进步期刊总汇（1915 — 1949)》，湘潭大学出版社 2014 年版。

5. 中国中共文献研究会：《毛泽东读书集成》，中央文献出版社 2013 年版。

6. 黎庶昌：《西洋杂谈》，湖南人民出版社 1981 年版。

7. 沈国威：《六合丛谈》，上海辞书出版社 2006 年版。

8. 钟叔河：《走向世界丛书》（全 50 册），岳麓书社 2016 年版。

9. 谈敏：《1917 — 1919：马克思主义经济学在中国的传播启蒙》（上、中、下），上海财经大学出版社 2017 年版。

10. 杨金海等主编：《马克思主义经典文献传播通考》，辽宁人民出版社 2019 年版。

11. 黄遵宪：《日本国志——清末民初文献丛刊》，朝华出版社 2017 年版。

12. 《知新报》，新华出版社 1996 年版。

13. 曾纪泽：《出使英法俄国日记》，岳麓书社 1985 年版。

14. 郭嵩焘：《伦敦与巴黎日记》，岳麓书社 1984 年版。

15. 李圭：《环游地球新录》，湖南人民出版社 1980 年版。

16. 爱汉者等编：《东西洋考每月统记传》，黄时鉴整理，中华书局 1997
年版。

17. 《中国近代期刊汇编〈时务报〉》，中华书局影印 1991 年版。

18. 《中国近代期刊汇刊〈昌言报〉》，中华书局影印 1991 年版。

19. 译书公会报报馆：《译书公会报》上、下册，中华书局 2007 年版。

20. ［日］松浦章、［日］内田庆市，沈国威：《遐迩贯珍》，上海辞书
出版社 2005 年版。

21. 胡汉民：《总理全集》，上海民智书局 1930 年版。

22. 薛福成：《出使英法义比四国日记》，中国旅游出版社 2016 年版。

23. 张德彝：《随使法国记（三述奇）》，湖南人民出版社 1982 年版。

24. 梁启超：《饮冰室合集》，中华书局 1989 年版。

25. 梁启超：《新大陆游记》，社会科学文献出版社 2007 年版。

26. 沈志华：《苏联历史档案选编》第 1—34 卷，社会科学文献出版社
2006 年版。

27. 蔡尔康、林乐知：《李鸿章历聘欧美记》，湖南人民出版社 1982
年版。

28. 余又荪：《日译学术名词沿革》，《文化与教育旬刊》1935 年第 69、
70 期。

29. 《列宁研究》第 1—5 辑，中央编译局列宁斯大林著作编译室
1995 年。

30. 王韬：《弢园文录外编》，辽宁人民出版社 1994 年版。

31. 李达：《民族问题》，上海南强书局 1929 年版。

32. 《时务报》，上海时务报馆 1896—1998 年版。

33. 《清议报》（全六册），中华书局影印 1991 年版。

34. 《民报》（第 1—26 期），科学出版社影印 1957 年版。

35. 孙仲瑛：《广州民国日报》，广东省中山图书馆摄制 1987 年版。

36. 《〈申报〉影印本》，上海书店 2008 年版。

37. 梁启超：《新民丛报》，中华书局影印 2008 年版。

38. 《文汇报》，香港文汇报有限公司影印 1938—1946 年版。

39. 瞿秋白：《布尔塞维克》，人民出版社影印 1927—1932 年版。

40. 创造社：《创造季刊》，创造社出版部影印 1922 年版。

41. 创造社：《创造月刊》，创造社出版部影印 1926—1929 年版。

42. 胡愈之：《东方杂志》，商务印书馆 1904—1948 年版。

43. 《观察》，上海周刊观察社 1946 年版。

44. 创造社：《洪水》，光华书局 1924—1927 年版。

45. 《历史语言研究所集刊》，江苏古籍出版社影印 2008 年版。

46. 全国图书馆文献缩微中心：《民国日报》，广东省中山图书馆摄制 1986 年版。

47. 《群众周刊》，全国图书馆文献缩微中心 1994 年版。

48. 《少年中国》，少年中国学会影印 1919—1924 年版。

49. 《史学年报》，燕京大学历史学会 1929—1940 年版。

50. 《现代评论》，现代评论社 1924 年版。

51. 《向导》（第 1—5 集），向导周报社影印 1922—1927 年版。

52. 新潮社：《新潮》，全国图书馆文献缩微中心影印 1994 年版。

53. 上海新青年社编辑部：《新青年》，人民出版社影印 1954 年版。

54. 周熙良：《新语半月刊》，新语社 1945 年版。

55. 《新月》，新月编辑部 1981 年版。

56. 吴宓：《学衡》，学衡杂志社 1922—1933 年版。

57. 孙德谦：《亚洲学术杂志》，亚洲学术杂志社 1921—1922 年版。

58. 《政治周报》，政治周报社影印 1925—1926 年版。

59. 《西国近事汇编》，河南人民出版社 1993 年版。

60. 《译书汇编》，译文汇编社 1900—1903 年版。

61. 《每周评论》，每周评论社 1933—1947 年版。

62. 《晨报》，晨报社影印 1937 年版。

63. 《国民》，国民杂志社 1943 年版。

64. 《广东中华新报》，中国大百科全书出版社 1994 年版。

65.《建设》，报国工业会 1946—1948 年版。

66.《人民周刊》，人民周刊社 1926 年版。

67.〔英〕甘格士：《泰西民法志》，胡贻榖译，全国图书馆文献缩微中心 2013 年版。

68.〔美〕丁韪良：《中西闻见录选编》，文海出版社影印 1877 年版。

69.〔美〕林乐知：《万国公报》（全 60 册），上海书店出版社影印 2014 年版。

70.〔英〕法思德：《富国策》，汪凤藻译，同文馆聚珍版 1880 年版。

工具书

1. 杨金海、李惠斌主编：《马克思主义经典著作研究读本》系列丛书，中央编译出版社 2013—2018 年版。

2. 王学东等主编：《国际共产主义运动历史文献》第 1—60 卷，中央编译出版社 2012—2018 年版。

3. 靳书君主编：《马列经典句读丛书》第 1—5 卷，广西师范大学出版社 2020 年版。

4.《简明不列颠百科全书》，中国大百科出版社 1985 年版。

5.《马列著作编译资料》第 1—18 辑，人民出版社 1979—1981 年版。

6. 赵建山：《科学社会主义百科全书》，知识出版社 1994 年版。

7.《〈共产党宣言〉俄文版注释》，人民出版社资料组编印 1977 年。

8. 孟氧：《〈资本论〉历史典据注释》，中国人民大学出版社 2005 年版。

9. 谭汝谦：《中国译日本书综合目录》，香港中文大学出版社 1980 年版。

10.〔英〕戴维·米勒：《布莱克维尔政治思想百科全书》，邓正来译，中国政法大学出版社 2011 年版。

三、外国语文献

1. Karl Marx, Friedrich Engels. The Communist Manifesto, Random House, 1992.

2. Karl Marx, Friedrich Engels. The Communist Manifesto, Penguin

US, 2011.

3. Karl Marx, Friedrich Engels. Draft of a Communist Confession of Faith, Selected Works, Vol. 1, Progress Publishers, Moscow, 1969.

4. Karl Marx. The Eastern Question, ed. by Eleanorn Marx Aveling and Edward Aveling (originally published in London, 1897), Burt Franklin: New York, 1968.

5. David W. Lovell. Marx's Proletariat: The Making of a Myth, Routledge, 1988.

6. Terrell Carver. Friedrich Engels: His Life and Thought, Macmillan, 1989.

7. Lars T Lih. Lenin Rediscovered: "What is to be Done" in Context , Brill Academic Publishers, 2005.

8. MarcelLiebman. Leninism under Lenin, London: Merlin Press, 1975.

9. Crane Brinton. The Anatomy of Revolution, New York: Vintage Books, 1965.

10. Theda Skocpol. The States and Social Revolutions, Cambridge: Cambridge University Press, 1979.

11. Peter Calvert. Revolution and Counter-Revolution, Mihon Keynes Open University Press, 1990.

12. David Leopold. The Young Karl Marx, Cambridge University Press, 2007.

13. Roger F. Hackett. Chinese students in Japan1900−1910, Paper on China, Vol 3, Harverd University, 1949.

14. HymanKublin. The Origins of Japanese Socialist Tradition, The Journal of Politics, Vol. 14, May 1952. No. 2.

15. Li Yuning. The Introduction of Socialism into China, Columbia University Press 1971.

16. Robert a. Scalapino. The Japanese Communist Movement1920−1966, University of California Press, 1967.

17. George E. Taylor. Communism and Chinese History, Soviet and Chinese

Communism Similarities and Differences, edited by Donald W. Treadgold, University of Washington Press, 1968.

18. John Schrecker. The Chinese Revolution in Historical Perspective, Westport: Praeger Publishers, 2004.

19. MartinMalia. History´s Locomotives. Revolutions and Making of the Modern World. Yale University Press, 2006.

20. Norman Levine. Marx' s Rebellion Against Lenin, Palgrave Macmillan, 2015.

21. Eucken Rudolf, Die grundbegriffe der gegenwart, historisch und kritisch entwickelt, Leipzig: Veit & Comp, 1893.

22. Karl Marx. Über China Das Eindringen des englischen Kapitalismus in China, Besorgtvom Marx-Engels-Lenin-Stalin-Institut beim ZK der SED, Berlin: Dietz Verlag, 1955.

23. BernhardSchäfers, Grundbegriffe der Soziologie, Wiesbaden: Deutscher Universitätsverlag, 2000.

24. Begriffsgeschichte, Diskursgeschichte, Metapherngeschichte, hrsg. von Hans Erich Bödeker, Göttingen: Wallstein, 2002.

25. PeterPrechtl, Grundbegriffe der analytischen Philosophie, Stuttgart: J. B. Metzler, 2004.

26. Heinz-Hermann Krüger & Werner Helsper, Einführung in Grundbegriffe und Grundfragen der Erziehungswissenschaft, Wiesbaden: VS Verlag für Sozialwissenschaften, 2004.

27. Johannes Kopp &Anja Steinbach. Grundbegriffe der Soziologie, Wiesbaden: VS Verlag für Sozialwissenschaften, 2016.

28. К. Маркс: Восемнадцатое брюмера луи бонапарта, Государственное издательство полптической литератур, 1948.

29. Плеханов, Георгий Валентинович, 1856–1918. Основные вопросы марксизма / Г. В. Плеханов, Госполитиздат, 1959.

30. Керженцев, Платон Михайлович. История Парижской коммуны, 1871/П. М. Керженцев, Соцэкгиз, 1959.

31. К. Маркс，Ф. Энгельс：Маркс и Энгельс о профсоюзах，Издательство ВЦСПС профиздат，1959.

32. Левин，Л. А. Библиография библиографий произведений К. Маркса，Ф. Энгельса，В. И. Ленина / Л. А. Левин，Госполитиздат，1961.

33. Laski：『共産黨宣言への歴史的序説』，法政大學出版局 1950 年版。

34. 宮島達夫：『「共産黨宣言」の訳語』，「言語の研究」むぎ書房 1979 年版。

35. 狹間直樹：『中国社会主義の黎明』，岩波書店 1976 年版。

36. 石川禎浩、狹間直樹：『近代東アジアにおける翻訳概念の展開：京都大学人文科学研究所附属現代中国研究センター研究報告』，京都大学人文科学研究所 2013 年版。

37. 佐藤金三郎：『マルクス遺稿物語』，岩波出版社 1989 年版。

38. Karl Heinrich Marx：『マルクス數學に關する遺稿』，岩波出版社 1949 年版。

39. 『マルクス主義』，マルクス協會發行 1927 年版。

40. 広松渉：『マルクスと歴史の現実』，平凡社 1999 年版。

41. オーギュスト. コルニュ：『マルクスと近代思想：マルクス主義形成過程の研究のために』，白揚社 1932 年版。

42. ルイス.ブディン：『マルクス學說體系』，白揚社 1925 年版。

43. D. Rjazanov：『マルクス.エソゲルス傳』，弘文堂 1928 年版。

44. 柄谷行人：『マルクスその可能性の中心』，講談社 1978 年版。

45. ウイルヘルム. リープクネヒト：『カール. マルクス追憶』，刀江書院 1927 年版。

46. メーリング：『マルクス傳』，白揚社 1930 年版。

47. ニコライ. レー：『國家と革命：國家に關するマルクス主義の理論と革命に於けるプロレタリアートの諸任務』，司法省刑事局 1929 年版。

48. 大内兵衛：『マルクス.エンゲルス小伝』，岩波書店 1964 年版。

49. 大内兵衛、向坂逸郎：『現代史と社会主義革命』，河出書房新社 1971 年版。

50. 沈国威:『漢字文化圏諸言語の近代語彙の形成』，関西大学出版部 2008 年版。

索　引

后　记

　　2011年夏天，我师从杨金海先生开始博士后研究，老师说，马克思主义发展史研究在宏观层面几乎穷尽了所有问题，要想进一步深入探索，必须借鉴物理学思维，向微观和宏观层面努力，微观层面的术语研究亟待考据和发掘。在老师的指引下，我意识到马克思主义越出拉丁语言圈，进入汉字文化圈，术语无法一一对译，马克思主义原著概念汉译无异于术语再造。中国人通过古语配词、日语借词、汉字组词，为原著概念创制汉译术语，这个术语再造的过程正是意义生产和再生产的过程，是马克思主义中国化的源头活水。汉字集音形意三位一体，三四千个常用字组词拼义，比三四万个英语基本词条的拼音表义，具有更强大的思想生产力。所以，《共产党宣言》首译者陈望道先生断定："词是文章中根本的成分"，翻译马克思主义经典著作关键是术语再造，他提出了"方言超升、古语重生、外国语内附"的汉译术语再造路径。通过这条路径，使汉译术语字形达意，又具有拼音文字无法比拟的跨行业、跨时代的思想传播力。确定研究马克思主义重要术语中国化，虽然坚定了本人书山有路的信心，却始终走不出学海无涯的痴茫，遑遑十年工夫，把研究结果加和起来，就是呈献给学界师友的这本书，祈盼得到更多批评指点，为下一个十年的深入研究把脉定向。

　　语言是历史的蓄水池，术语是思想的结晶体，概念则是马克思主义跨语言移植绽开的思想之花，而术语、概念的探究者，恰是这烂漫花海之中觅采的一群工蜂。有人计算过，采一公斤蜜，一个工蜂必须在一百万朵花上采集原料，要在蜂房与花丛之间往返十五万个来回。马克思思索过蜜蜂的活动跟人类的劳动有什么区别，其实人类劳动很有必要学习工蜂的精神。考证考据术语概念，正如这本书第一句话所说：在这里只说空话是无济于事的，只有靠大量的、批判地审查过的、充分地掌握了的历史资料，才能解决这样的任务。我要特别感谢研究团队的老师和同学们，正是我们大家一道，批判地审查、充分地掌握大量的历史资料，才能完成这本书的研究写作任务。在这群具有工蜂精神的人当中，中共福建省委党校李永杰教授承担了第四章马克思主义社会学术语中国化渊流考释；中央民族大学杨须爱教授承担了第六章马克思主义民族学术语中国化渊流考释；南京审计大学李晔教授承担"无产阶级""共产主义""意识形态"术语中国化渊流考释；广西财经学院周子伦副教授承担"资本""法律"术语中国化渊流考释；广西师范大学黄振地副教授承担"自由""平等"术语中国化渊流考释，李恩来教授承担"实践"术语中国化渊流考释；南京航空航天大学邓伯军教授承担中国马克思主义经济话语的研究撰写。我的研究生做了大量缜细入微的基础工作，博士生谢辉负责整理经典著作的译本集成，王凤负责梳理经济术语的汉译脉络，刘虹负责梳理政治术语的汉译线索，硕士生张丽婷负责制作译词演变总表，王绚灏负责书稿校对和注释核对，周李行、巫秋芸、梁盼、王硕等同学，都付出了辛勤的劳动！

古之学者必有师，我的入门老师是陈洪江教授。1999 年 9 月 14 日在桂林王城第一次见到老师，今年 3 月 27 日本书付印，在西苑王城厢摆宴送别，万未曾想，送别竟成诀别！每忆桂子累折枝，故园二十二年前；从兹前路当自矜，承训再无严师音！

难以忘怀在京从事博士后研究期间为我传道解惑的季正聚老师、李惠斌老师、林进平老师、张远航老师，没有他们，我不可能铆定马克思主义概念史研究十有年。

真挚感谢江苏师范大学岑红副书记，马克思主义学院曹典顺院长、沈道海书记，依靠学校和学院的支持、帮助和鼓励，研究工作才能排除疫情干扰，提前结稿，按时出版。特别的感谢，送给人民出版社马列室崔继新主任，从十年前出版第一部个人专著到这本书杀青，他的悉心帮助、尽心指导、悉心校正和精心编排，令我钦佩和感激。

靳书君
辛丑年夏于徐州玉泉雅筑

责任编辑:崔继新

封面设计:肖　辉　汪　阳

版式设计:肖　辉　周方亚

责任校对:马　婕

图书在版编目(CIP)数据

马克思主义经典著作重要术语中国化渊流考释/靳书君等 著. -北京:
　人民出版社,2021.5
(国家哲学社会科学成果文库)
ISBN 978－7－01－023235－5

Ⅰ.①马…　Ⅱ.①靳…　Ⅲ.①马列著作-名词术语-研究-中国　Ⅳ.①A85-61

中国版本图书馆 CIP 数据核字(2021)第 044871 号

马克思主义经典著作重要术语中国化渊流考释

MAKESI ZHUYI JINGDIAN ZHUZUO ZHONGYAO SHUYU ZHONGGUOHUA YUANLIU KAOSHI

靳书君　等　著

人民出版社 出版发行

(100706　北京市东城区隆福寺街 99 号)

北京盛通印刷股份有限公司印刷　新华书店经销

2021 年 5 月第 1 版　2021 年 5 月北京第 1 次印刷
开本:710 毫米×1000 毫米 1/16　印张:29.5
字数:468 千字

ISBN 978－7－01－023235－5　定价:108.00 元

邮购地址 100706　北京市东城区隆福寺街 99 号
人民东方图书销售中心　电话 (010)65250042　65289539